高等学校教材

环境科学基础

Huanjing Kexue Jichu

韩宝平　王子波　主　编

朱雪强　李　新　葛　滢　副主编

高等教育出版社·北京

HIGHER EDUCATION PRESS　BEIJING

内容提要

　　本书全面阐述了有关环境保护的基本知识。全书共分为九章。第一章概述环境、环境问题、环境保护和环境科学的基本概念；第二章介绍人口与环境；第三章概述生态学的基本知识；第四章简介环境监测；第五章重点讲述环境污染及其防治；第六章简介环境法规；第七章为环境规划与管理；第八章为环境影响评价；第九章重点阐述可持续发展的基本理论及其实践途径。

　　本书可作为高等院校非环境专业环境素质教育的教材，也可作为环境科学、环境工程、生态学以及相关专业本科生的教学用书或参考书，同时可供从事环境保护的科技人员及行业管理人员阅读参考。

图书在版编目（CIP）数据

环境科学基础/韩宝平，王子波主编 . -- 北京：高等教育出版社，2013.4

ISBN 978-7-04-036881-9

Ⅰ. ①环… Ⅱ. ①韩… ②王… Ⅲ. ①环境科学 - 高等学校 - 教材 Ⅳ. ①X

中国版本图书馆 CIP 数据核字（2013）第 020056 号

| 策划编辑 | 陈海柳 | 责任编辑 | 陈海柳 | 封面设计 | 于文燕 | 版式设计 | 王艳红 |
| 插图绘制 | 尹 莉 | 责任校对 | 胡晓琪 | 责任印制 | 尤 静 | | |

出版发行	高等教育出版社	咨询电话	400 - 810 - 0598
社　　址	北京市西城区德外大街 4 号	网　　址	http://www.hep.edu.cn
邮政编码	100120		http://www.hep.com.cn
印　　刷	三河市华润印刷有限公司	网上订购	http://www.landraco.com
开　　本	787mm×960mm　1/16		http://www.landraco.com.cn
印　　张	25	版　　次	2013 年 4 月第 1 版
字　　数	460 千字	印　　次	2013 年 4 月第 1 次印刷
购书热线	010 - 58581118	定　　价	33.80 元

编著委员会

（按姓氏拼音排序）

白向玉　陈亢利　葛　滢　韩宝平
李　新　王进欣　王子波　朱雪强

前　　言

　　当今世界,环境问题已成为全球共同关注的问题,环境保护和科学发展已经成为时代的主题。当前我国社会和经济发展总体上呈现出"跨越式"、"转变式"的特点,给我国环境保护工作带来了严峻的挑战,同时也提供了难得的机遇。环境保护与可持续发展成为基本国策和国家战略,必将促进全体国民环境素质的提升,并加快环境学科的发展。环境教育是实施节约资源和保护环境基本国策的基础工程,"环境科学基础"是高校大学生环境素质与可持续发展理念教育的重要组成部分。近30年来,国内已出版发行了若干版本的《环境科学导论》、《环境科学概论》等教材,对环境高等教育产生了积极的推进作用。环境科学作为一门新兴交叉学科,近些年发展很快,新知识不断涌现,学科结构不断完善,教材应及时反映国内外学科进展。由于我国发展阶段和环境问题特征与欧美发达国家不同,所以国外的优秀教材也不宜整体照搬到国内来。本书在参考国内外同类教材的基础上,吸收国内外环境学科发展的最新动态,并融入了编者各自最新科学研究成果,力图使之具有创新性、先进性和一定的普适性,以适应"宽口径、厚基础"的人才培养要求。本书在编写体例上进行了有益的探索,在章首设计了导读,章后设计了思考题、阅读材料。阅读材料主要介绍学科热点或是不同流派的学术观点,以期促进学生进行深层次的思考,培养发散思维。本书着重阐述了环境问题的产生与发展、环境监测、环境法规、环境规划与管理、环境影响评价、环境污染与控制和可持续发展战略的基本理论及实践途径,适合作为高等院校非环境专业环境素质教育的教材,也可作为环境科学、环境工程、生态学以及相关专业本科生的教学用书或参考书。

　　本书由徐州工程学院、扬州大学、中国矿业大学、苏州科技学院、南京农业大学、江苏师范大学等六所高校的多名教师共同编写、合作完成。全书共分九章,编写分工如下:韩宝平(徐州工程学院)负责教材总体编写思路、细纲、前言、第一章、第五章第四节,王子波(扬州大学)编写第四、八章,朱雪强(中国矿业大学)编写第六、九章,李新(苏州科技学院)编写第七章,葛滢(南京农业大学)编写第五章第一、二、三节,王进欣(江苏师范大学)编写第三章,白向玉(中国矿业大学)编写第二章,陈亢利(苏州科技学院)编写第五章第五节,全书由韩宝平统稿。

　　本书在编写过程中参阅并引用了大量国内外有关文献资料和教育部高等学校环境科学与工程教学指导委员会多次会议的成果;上海交通大学贾金平教授

审阅了本书初稿，并提出了建设性的修改意见；高等教育出版社陈海柳女士积极筹划，推动了本书的编写和出版工作。在此一并表示衷心的感谢！由于作者水平及经验所限，教材中的疏漏在所难免，敬请读者批评指正。

编　者

2012 年 7 月

目 录

第一章　　绪　　论

导读

　　人类是环境的改造者，人类要依赖自然环境才能生存和发展。人类在向自然界大肆索取的同时，也受到了应有的惩罚。温室效应、臭氧层破坏、物种灭绝、生物多样性减少和土地沙漠化等全球性环境问题使人类生存环境受到严重威胁，这一系列变化在很大程度上是人类自种的苦果。环境科学学科的形成与发展，标志着人类开始理性地关注与之休戚相关的自然环境。通过本章学习，应当熟练掌握环境的概念、组成、分类、功能及其特征；掌握环境问题的概念、分类、产生和发展，了解主要的全球环境问题；掌握环境保护的概念和主要内容；熟练掌握环境科学的概念、研究对象、任务、内容及特点，了解环境科学的分支学科，深刻理解人类发展与环境保护的辩证关系。

第一节　环境的分类及其特性

一　环境的概念

　　环境总是相对于某一中心事物而言的，与某一中心事物相关的周围事物的集合就称为这一中心事物的环境。中心事物与环境既相互对立又相互依存、相互制约、相互作用和相互转化，它们之间存在着对立统一的相互关系。环境因中

1

心事物的不同而不同,随中心事物的变化而变化,中心事物与周围环境之间通过物质、能量和信息进行联系与交换,见图1-1。

中心事物是环境的主体,与中心事物相关的周围事物就是环境的客体。主体是环境服务的对象,主体的不同是各个学科所研究的环境之间最根本的差别。客体可以是物质的,也可以是非物质的,客体的不同是各子环境之间的差别。

在环境科学知识体系中,环境是指以人类为主体的外部世界,即人类赖以生存和发展的各种因素的综合体。它是人类生存发展的基础,也是人类开发利用的对象。也就是说,环境科学研究的环境,其主体是人类,客体是人类周边的相关事物,即人类与地球表面发生相互作用的自然要素及其总体,包括自然环境和人工环境。

自然环境和人工环境之间存在着物质、能量和信息流动,构成了环境科学所研究的特有复杂体系,见图1-2。

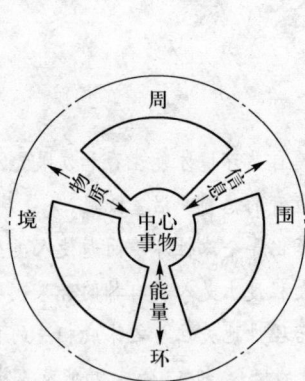

图1-1 中心事物与环境的关系
(资料来源:魏振枢等,2003)

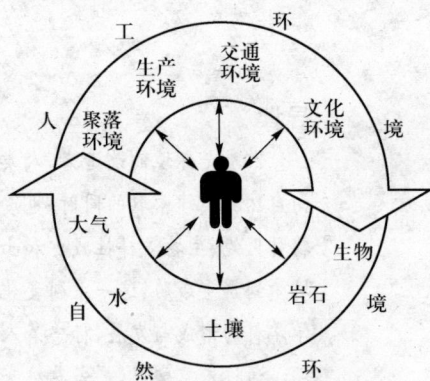

图1-2 人与环境的关系
(资料来源:杨志峰等,2010)

中国以及世界上其他国家颁布的环境保护法规中,对环境一词所作的明确具体界定,是从环境科学含义出发所规定的法律适用对象或适用范围,目的是保证法律的准确实施,它不需要也不可能包括环境的全部含义。《中华人民共和国环境保护法》明确指出,“本法所称环境,是指影响人类生存和发展的各种天然的和经过人工改造的自然因素的总体,包括大气、水、土地、矿藏、森林、草原、野生动物、野生植物、水生生物、名胜古迹、风景游览区、温泉、疗养区、自然保护区、生活居住区等。”

二 环境的类型

环境是一个非常复杂的体系,环境类型的划分涉及范围广而复杂,目前尚未形成一个统一的分类方法，一般是按照环境的主体、范围进行分类。

　　按照环境的主体分类，环境可以分为人类环境和生物环境两类。人类环境是以人或人类作为主体，其他的生命或非生命物质都被视为环境要素。在环境科学分类中，大多数采用的是这种分类方法。生物环境是以生物体（界）作为环境的主体，而把生物以外的物质视为环境要素。在生态学中，往往采用的是这种分类方法。因此，环境科学中所研究的是人类环境，不能将其与自然环境完全等同起来，它包括自然环境和人工环境，见图1-3和图1-4。

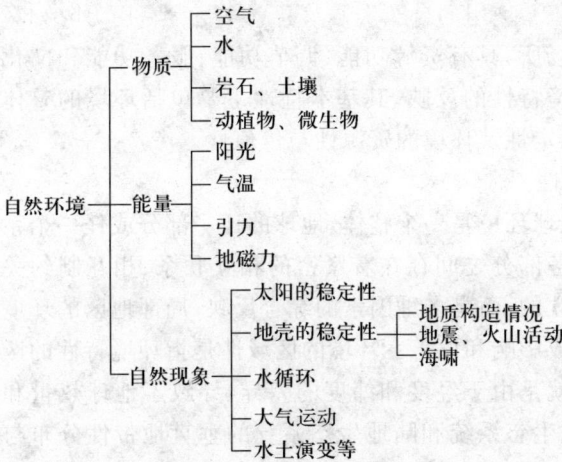

自然环境
- 物质
  - 空气
  - 水
  - 岩石、土壤
  - 动植物、微生物
- 能量
  - 阳光
  - 气温
  - 引力
  - 地磁力
- 自然现象
  - 太阳的稳定性
  - 地壳的稳定性
    - 地质构造情况
    - 地震、火山活动
    - 海啸
  - 水循环
  - 大气运动
  - 水土演变等

人工环境
- 综合生产力(包括人等)
- 技术进步
- 人工构筑物
- 人工产品和能量
- 政治体制
- 社会行为
- 宗教信仰
- 文化与地方等因素

图1-3　自然环境的组成
（资料来源：鞠美庭等，2004）

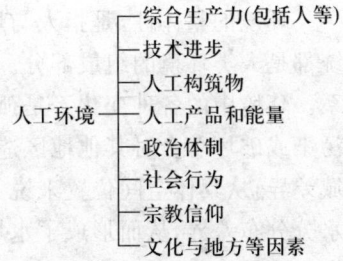

图1-4　人工环境的组成
（资料来源：鞠美庭等，2004）

　　自然环境是人类出现之前就存在的，是人类赖以生存、生活和生产所必需的自然条件和自然资源的总称，即阳光、温度、气候、地磁、空气、水、岩石、土壤、动植物、微生物以及地壳的稳定性等自然因素的总和。人工环境是指由于人类活动而形成的环境要素，它包括由人工形成的物质、能量和精神产品以及人类活动中所形成的人与人之间的关系。

　　按照环境范围分类，人类环境由近及远、由小到大可分为聚落环境、区域环境、全球环境和星际环境。聚落环境是人类群居生活的场所，是人类利用和改造自然而创造出来的与人类关系最密切、最直接的生存环境。按其性质、功能和规模大小可分为：居室环境、院落环境、村落环境、城市环境等。聚落环境为人类创造了方便、舒适、安全、健康的工作生活环境，是人口密集、生产发达和生活活动频繁的场所，所以一直作为防治环境污染的重点。区域环境包括人工环境在内占有一定地域空间的自然环境，区域范围可大可小，区域内环境结构、特点和功能千差万别。以自然环境为主体的区域环境有森林、草原、沙漠、冰川、海洋、湖泊、河流、山地、平原等多种类型。全球环境又称地球环境,范围包括大气圈中的对流层和平流层的下部、水圈、土壤岩石圈和生物圈。它是人类生活和生物栖息繁衍的场所,是向人类提供各种资源的场所,也是不断受到人类活动改造和冲击的空间。宇宙环境是指大气层以外的环境,它是人类生存环境的最外圈部分,即大气层以外的宇宙空间。这是人类活动进入大气层以外的空间和地球邻近的天体的过程中提出来的概念,也称空间环境。

三　环境的特性

环境是人类生活和栖息的场所,具有资源功能、调节功能、服务功能和文化功能。这四个基本功能正是环境特性的反映,其基本特性主要包括环境的整体性与区域性、环境的变动性和稳定性及环境的资源性与价值性。

（一）环境的整体性和区域性

环境的整体性,是指人与地球环境是一个整体,地球的任一部分或任一个系统都是人类环境的组成部分。各部分之间存在着紧密的相互联系、相互制约关系。环境中的各种变化不是孤立的,而是多种因素的综合反映,局部地区的环境污染或破坏总会对其他地区造成影响和危害。环境的区域性是指环境特性的区域差异,从具体空间位置来说,就是由于经度和纬度的差异,导致了地球热量和水分分布差异,从而形成了水域生态系统和陆地生态系统的垂直地带性分布与水平地带性分布的特点。

（二）环境变动性和稳定性

环境变动性是指在自然或人类社会行为的作用下,环境的内部结构和外在状态始终处于不断的变化中。环境的稳定性是相对于变动性而言的。所谓相对稳定,是指环境通过物流、能流和信息流而处于不断变化中,但环境系统具有一定抗干扰的自我调节能力,只要干扰强度不超过环境所能承受的界限,环境系统的结构和功能就能得以逐渐恢复,表现出一定的稳定性。通常,环境的变动性和稳定性是相辅相成的,变动是绝对的,稳定是相对的。

（三）环境的资源性和价值性

环境的资源性,是指环境就是一种资源。因为人类的生存与发展,社会的进步,都离不开环境。环境既然是一种资源,其价值性也就显而易见了。最初人们对环境价值的认识是有误区的。事实证明,这种错误的认识,导致了人类大肆索取自然资源,并由此引发了严重的环境污染和生态破坏。

第二节 环境问题

一 环境问题的概念

环境与人类具有十分密切的关系,从人类诞生开始就存在着与环境的对立统一关系,两者相互影响、相互作用、相互依存和相互制约。因此,当人类活动作用于人们周围的环境,引起环境质量的变化时,就产生了环境问题。

环境问题主要是由于人类生活和生产活动的迅速发展而引起的。但对环境问题的理解,可以有广义与狭义两种。广义的环境问题是指任何不利于人类生存和发展的环境结构和状态的变化,其产生原因包括自然和人为两方面。狭义的环境问题是指在人类社会经济活动作用下,人们周围环境结构与状态发生不利于人类生存和发展的变化,其产生的主要原因是人为方面的。

环境问题的产生主要与人类不明智的社会经济活动有关,并且随着人类社会经济活动的规模、深度、广度的发展而发展。产业革命后,特别是第二次产业革命以来,环境问题一直在加速发展。现代环境问题已成为人类面临的严峻挑战之一,是全人类所面临的共同问题,已从局部扩展到区域甚至全球,从地表延伸到高空及地下,表现形式更加多样化,具有明显的地域性,许多地方由于环境问题的严重性已经损害了人类的健康与福利,威胁人类的生存和发展。

二 环境问题的分类

环境问题的分类方法很多,按照影响范围来划分,环境问题可分为全球性、区域性和局部性等不同等级。按照发生机制来划分,环境问题又可以分为原生环境问题和次生环境问题两大类型,见表 1−1。

表 1−1　环境问题分类

环 境 问 题			内　　容
原生环境问题			火山、地震、台风等
次生环境问题	环境破坏		水土流失、沙漠化、物种灭绝等
	环境污染与干扰	环境污染	水体污染、大气污染、土壤污染等
		环境干扰	噪声干扰、振动干扰、电磁波干扰等

（资料来源:刘培桐,1995）

5

（一）原生环境问题

原生环境问题又称第一环境问题，它是由自然环境自身变化引起，没有人为因素或很少有人为因素参与。这一类环境问题是经过较长时间自然蕴蓄过程之后才发生，主要包括地震、火山活动、滑坡、泥石流、台风、洪水、干旱、自然地球化学异常等，它不完全属于环境科学所解决的范围。对于这一类环境问题，目前人类的抵御能力还很脆弱。例如，2008 年 5 月 12 日中国汶川发生了 8.0 级地震，这是新中国成立以来破坏性最强、波及范围最大的一次地震，重创约 50 万 km^2 的中国大地，共有 69 142 人丧生，17 551 人失踪。

（二）次生环境问题

次生环境问题又称第二环境问题，是由于人类活动作用于周围环境引起的环境问题。这一环境问题主要包括环境破坏、环境污染与干扰两种类型，如水土流失、物种灭绝、水体污染、大气污染、噪声干扰和电磁波干扰等，是环境科学研究的主要对象。

环境破坏又称生态破坏，主要指人类社会活动引起的生态退化及由此而衍生的有关环境效应，它们导致了环境系统结构与功能变化，对人类生存与发展产生不利影响。其表现形式多种多样，按对象性质可分为两类：一类是生物环境破坏，如因过度砍伐引起森林覆盖率锐减、过度放牧引起草原退化、滥肆捕杀引起许多动物物种濒临灭绝等；另一类属非生物环境破坏，如盲目占地造成耕地面积减少、毁林开荒造成水土流失和沙漠化、地下水过度开采造成地下水漏斗或地面下沉以及其他不合理开发利用造成地质结构破坏或地貌景观破坏等。目前，我国大部分地区不同程度地存在着环境破坏问题。环境污染与干扰，主要是指由于人类活动排出的废物和余能进入环境，带来了环境污染和干扰。例如，2007年 5 月 29 日中国无锡太湖蓝藻大爆发，造成近百万无锡市民生活饮水困难，再次敲响了因污染而导致太湖生态环境恶化的警钟。

三 环境问题的产生和发展

人类自身是地球环境演化到一定阶段的产物，环境是人类赖以生存和发展的基础。人类的生产和消费活动所引发的环境问题并非是今天才发生的事情，实际上它是伴随着人类的出现而产生，并随着人们生活和生产的发展而逐渐加剧。换句话说，人类对大自然的破坏史同人类的文明史一样古老。但是，人们对于环境问题的真正认识不过是近 50 年的事，而且这一认识过程是建立在资源危机和环境危机基础上的漫长历史过程。

审视人类社会发展历程，可将环境问题的产生和发展概括为以下 3 个阶段：

第一个阶段是从人类诞生到工业革命之间这个漫长的历史时期，这一阶段人类社会先后经历了采猎文明和农业文明时期。在采猎文明时期,人口数量很少,生产力水平极其低下,人类生活完全依赖于自然环境,很少对自然环境进行改造。因此,人类造成的环境问题不是十分明显,并且也很容易被环境的自我调节所抵消。在农业文明时期,生产力水平进一步提高,出现了耕作农业和养殖畜牧业,此时人类可以利用自身力量去影响和改变局部地区的自然环境。这种影响必然引起自然环境的响应,就会形成环境问题,如砍伐森林、破坏草原、引起水土流失、造成土壤沙化,以及由于人口集中产生的垃圾和污水造成的一些环境问题。但此时人类对自然的作用还远远未达到造成全球范围环境破坏的程度。

第二阶段是从工业革命时期到第一次发现"臭氧层空洞",这个阶段是城市环境问题突出、环境"公害"事件频发的时期。1765 年,瓦特发明了蒸汽机,迎来了产业革命,标志着工业革命时期的到来,使生产力水平得到了极大提高。由于工业化的到来,大批农民涌入城市,使得人口更加集中,老城市不断扩大和新城市不断出现。城市化的发展加剧了环境的恶化——交通拥挤、城市供水不足、城市环境卫生状况恶劣、环境污染日趋严重等。此时,人们只沉浸在胜利的喜悦与征服地球的梦想之中,所以根本没有意识到人类与环境之间还存在着协同发展的规律,更未意识到人类对环境的每一次作用,都会受到环境不同程度的反作用。直至威胁人类生存和发展的环境问题——"公害"出现时,才真正引起了人们的思考。20 世纪中叶,由于人类社会迅猛发展,人类对环境的开发利用也达到了前所未有的强度,此时环境污染已发展成为公害。震惊世界的"八大公害"事件就发生在 20 世纪中后期的 40 多年中。据有关资料统计,在 1953—1973 年20 年间全世界共发生"公害"事件 52 起,因"公害"而死亡的人数达到 14 万人。在此阶段,环境污染的特点是:工业污染转向城市污染和农业污染;点源污染转向面源污染;局部污染转向区域污染甚至全球性污染。由于环境污染的扩大化,构成了世界第一次环境问题爆发的高潮。

第三个阶段始于 1984 年英国科学家发现南极臭氧空洞。这个阶段环境问题主要是全球性环境问题,包括酸雨、全球变暖和臭氧层破坏等问题。由于这阶段环境问题比起上一阶段更为严重,影响范围更广,更具有代表性,因而构成了第二次全球环境问题爆发的高潮,也成了世界各国政府和全人类关注的焦点。

综上所述,环境问题自古有之,随着社会发展而发展,人类越进步,环境问题也就越突出。1992 年,可持续发展思想在全球各个国家达成共识后,人们虽然已经认识到人类发展对环境破坏会受到大自然的惩罚,并且开始重视解决环境问题。但是,新技术发展又带来了新的环境问题。此外,许多发展中国家的崛起又在走发达国家的老路。他们在发展经济的同时又造成更多的环境污染,使环境问题出现频率增加、强度更大、波及面更广。因此,环境问题产生是一个有关社会和经济的综合问题,要解决环境问题,就要从人类、环境、社会和经济等综合的角度出发,找到一种既能实现发展又能保护好生态环境的途径,协调发展与环境保护之间的辩证关系,实现人类社会可持续发展。

四 **全球与区域环境问题**

总体而论,无论是环境污染还是生态破坏,当前已经演变成区域性以至全球性环境问题,威胁到人类生存和社会发展,受到世界各国普遍关注。全球(或区域)环境问题是指对全球(或区域)产生直接影响,或具有普遍性随后又发展成对全球(或区域)造成危害的环境问题。目前,国际社会最关心的全球环境问题主要包括全球气候变暖、臭氧层破坏、酸雨、生物多样性减少和土地沙漠化等。

(一)全球气候变暖问题

全球变暖,是指全球气温升高。近 100 多年来,全球平均气温经历了冷—暖—冷—暖两次波动,总体为上升趋势。进入 20 世纪 80 年代后,全球气温明显上升。据联合国政府间气候变化专门委员会(IPCC)第四次评估报告,最近 100年(1905—2006 年)全球地表气温上升了 0.74 ℃(0.56~0.92 ℃);自 1961 年以来,全球海平面平均每年上升 1.8 mm(1.3~2.3 mm),而从 1993 年以来平均每年上升 3.1 mm(2.4~3.8 mm),如图 1-5 所示。而我国近百年年平均气温升高了 0.5~0.8 ℃,略高于同期全球增温平均值,近 50 年变暖尤为明显。《2011年中国海平面公报》显示,近 20 年来中国沿海海平面上升明显,近 3 年中国海平面处于历史高位。1980—2011 年,中国沿海海平面总体上升了约 85 mm,平均上升速度为 2.7 mm/a,高于全球平均水平。如今全球变暖趋势仍在继续,2011年全球地表平均温度比 1961—1990 年的平均值(14.0 ℃)高 0.40 ℃,是 1880 年以来的第 11 最暖年。2011 年亚洲地表平均气温比常年偏高 0.49 ℃,为 1910年以来的第 12 高值年。

气候变暖的原因是错综复杂的,既有太阳辐射、大气环流和地表状况等自然因素作用,也有人为因素如温室效应作用。关于气候变暖,究竟是温室作用结果还是属于气候本身的自然波动,或两者兼而有之,仍然存在着科学上的不确定性。尽管如此,人类活动已大幅增加大气中温室气体浓度,增强自然温室效应,引起地球表面和大气进一步升温,并对自然生态系统和人类产生不利影响,已是客观存在的事实,令人类感到忧虑。温室气体包括 CO_2、CH_4、O_3、N_2O、氯氟烃(CFCs)等,但主要来自化石燃料及生物质的燃烧,包括煤、石油、天然气及薪材和作物秸秆等。工业化以前,大气中的 CO_2 体积分数稳定在 208×10^{-6},1990年上升到 345×10^{-6},2000 年上升到 368×10^{-6},2010 年上升到 387×10^{-6},估计到 21 世纪中叶,大气中 CO_2 体积分数将达到 560×10^{-6},即工业化之前的 2 倍。其他温室气体在大气中含量大体也呈加速增长的趋势。

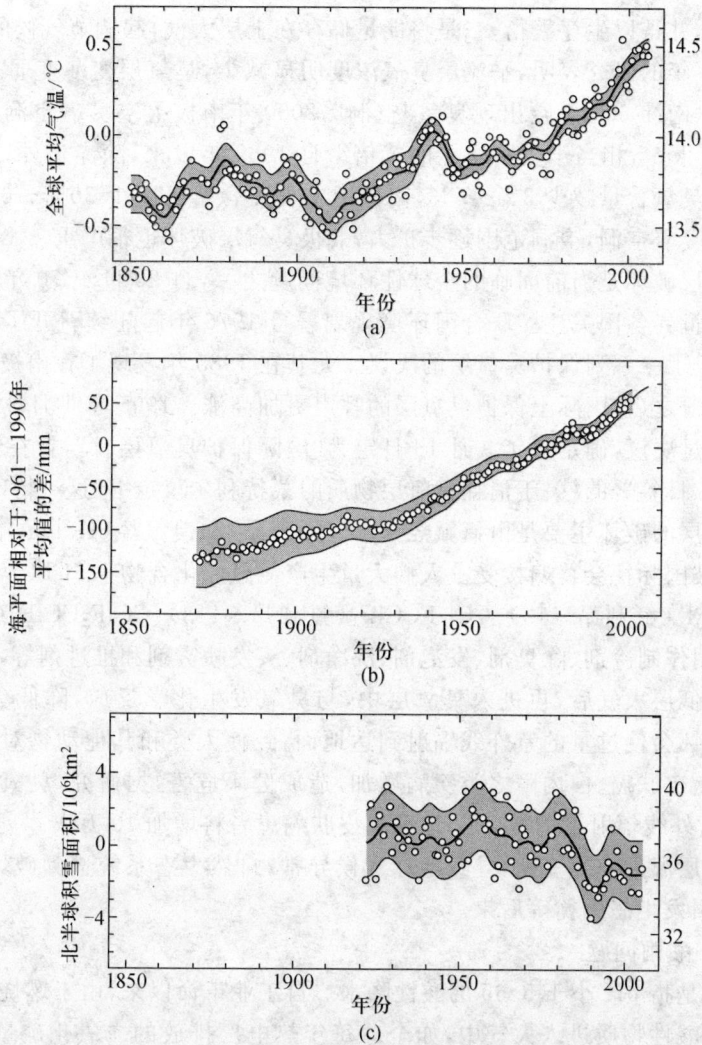

图 1-5　气温、海平面高度和北半球积雪面积变化

(资料来源:IPCC,2007)

(a) 全球平均气温;(b) 全球平均海平面高度;(c) 北半球积雪面积

　　全球气候变暖,会使全球降水量重新分配、冰川和冻土消融、海平面上升等,既危害自然生态系统的平衡,更威胁人类的食物供应和居住环境。

　　(二) 臭氧层破坏

　　自然界中臭氧大多分布在距离地面 10~50 km 的大气层内,并在 25 km 处浓度达到最大,形成了平均厚度(在标准条件下压缩)为 3 mm 的臭氧层。臭氧层的作用主要包括两个方面:一是能吸收太阳紫外辐射,使得地球上生物免受紫外线伤害,并得以生存繁衍;二是将能量储存在上层大气,起调节气候的作用。

近20年的研究表明,平流层臭氧浓度明显减少,臭氧层变薄变弱。1985年发现南极(南纬60°)上空出现臭氧"空洞",2000年南极上空臭氧空洞面积达到2.85×10^6 km²,相当于美国领土的3倍。自1969年以来,除赤道外,所有地区臭氧层中臭氧含量减少3%～5%,南极上空臭氧含量已减少30%～65%,并周期性出现臭氧空洞,空洞范围逐步扩大,北极臭氧层破坏也很严重。

臭氧层破坏是当前面临的全球性环境问题之一,自20世纪70年代以来就开始受到世界各国关注。联合国环境规划署自1976年起陆续召开了各种国际会议,通过了一系列保护臭氧层的决议。尤其在1985年发现了在南极周围臭氧层明显变薄之后,国际上保护臭氧层的呼声更加高涨。1995年1月23日,联合国大会通过决议,确定每年9月16日定为"国际保护臭氧层日",旨在纪念1987年9月16日签署的《关于消耗臭氧层物质的蒙特利尔议定书》这一特殊的日子。

臭氧层的破坏主要是由氯氟烃(CFC,氟利昂)和溴氟烃(Halon,哈龙)引起的,这已被国际社会普遍接受。人们大量生产氯氟烃化合物,如$CFCl_3$(氟利昂-11)、CF_2Cl_2(氟利昂-12)、CCl_2FCClF_2(氟利昂-113)、$CClF_2CClF_2$(氟利昂-114)等,用作制冷剂、除臭剂、发泡剂、洗净剂、头发喷雾剂和推进剂等,绝大部分释放进入低层大气后,再进入臭氧层中,与臭氧发生化学反应,降低臭氧浓度。臭氧层破坏会使过量的紫外线辐射到达地面,致使人类和其他动物对疾病的抵抗力降低,皮肤癌、白内障之类疾病增加,造成健康危害,据研究,臭氧含量每减少1%,紫外线辐射量增加2%,地球上皮肤癌患者将增加10万人。臭氧含量降低使平流层温度发生变化,导致地球气候异常,自然生态系统遭到破坏,影响植物生长,引发生态失衡等后果。

(三)酸雨问题

酸雨是指pH小于5.65的酸性降水。自工业革命以来,由于燃烧化石燃料产生大量酸性物质进入大气中,如全球每年热电厂排放的二氧化硫量约为151亿t,导致了酸雨问题。

20世纪50年代后期,酸雨在欧洲出现;20世纪70年代,英国和西欧排放的二氧化硫使瑞典的15 000个湖泊和挪威的许多河流酸化。20世纪80年代,美国东北部的酸雨已蔓延到西部,使整个西部的水资源、林业资源和11个国家公园蒙受损失。此外,亚洲、南美洲许多地区也深受酸雨之害。20世纪80年代初,我国出现了区域性酸雨,20世纪90年代,我国已经形成4个酸雨区:以广东、广西、四川盆地和贵州大部分地区为中心的华南、西南酸雨区;以长沙、南昌为中心的华中酸雨区;以厦门、上海为中心的华东沿海酸雨区;以青岛为中心的北方酸雨区。我国降水酸度由北向南逐渐加重,江南酸雨较多,并已连接成片,华南和西南地区已普遍发生酸雨,有些地区酸雨发生率竟高达90%以上。

1977 年,联合国会议承认酸雨属于全球性污染问题。20 世纪 70 年代末,联合国环境规划署、欧洲委员会和世界气象组织协作建立了酸雨监测网。1979 年,在日内瓦,东西方 34 个国家签订了一项控制远距离越界空气污染公约。1982 年人类环境国际会议又把酸雨作为一个重要问题提出,同年 6 月在瑞典专门召开了由 33 个国家参加的酸雨问题国际会议。

酸雨中含有多种无机酸和有机酸,绝大部分是硫酸和硝酸,对大气、江河水域、森林和农作物等造成严重危害。酸雨的危害主要有:一是能直接伤害植物,使农作物减产,如浓度为 1‰ 的二氧化硫能使棉花、小麦和豌豆等农作物明显减产;二是引起土壤酸化,影响生物数量和群落结构、抑制硝化细菌和固氮菌等的活动,使有机物分解和固氮过程减弱,导致土壤肥力降低;三是使非金属建筑材料(混凝土、砂浆和灰砂砖)表面硬化水泥溶解,出现空洞和裂缝,导致强度降低,损坏建筑物。

(四) 生物多样性减少

在《保护生物学》一书中,蒋志刚等(1997)给生物多样性下的定义为:"生物多样性是生物及其环境形成的生态复合体以及与此相关的各种生态过程的综合,包括动物、植物、微生物和它们所拥有的基因以及它们与其生存环境形成的复杂的生态系统。"具体而言,生物多样性应包括生态系统多样性、物种多样性和遗传多样性三个组成部分。物种多样性是指动物、植物及微生物种类的丰富性。遗传多样性指存在于生物个体、单个物种及物种之间基因多样性。生态系统的多样性主要是指地球上生态系统组成、功能的多样性以及各种生态过程的多样性,包括生境的多样性、生物群落和生态过程的多样化等多个方面。其中,生境的多样性是生态系统多样性形成的基础,生物群落的多样化可以反映生态系统类型的多样性。

生物多样性是人类社会赖以生存和发展的基础。我们的衣、食、住、行及物质文化生活的许多方面都与生物多样性的维持密切相关。但是,随着人口增长和经济发展,森林大面积减少,尤其是热带森林的砍伐,大大加快了物种灭绝的速度,湿地干涸、草原退化、环境污染等都导致生物多样性迅速减少。例如,中国植物种数占世界总数的 11%,其中包括 240 个特有属,哺乳类、鸟类、爬行类和两栖类动物拥有量也占世界总量的 10%,微生物中酵母约占全世界酵母总数的 40%,但是由于人口压力导致森林破坏和过度开发,我国部分生物种濒临灭绝的危险境地,有些物种已经灭绝,数以百计的物种已列入国际濒危物种名单。

(五) 土地沙漠化

土地沙漠化是指原由植物覆盖的土地变成不毛之地的自然灾害现象。随着人类活动的不断扩张,生态环境受到日益严重的破坏,草原和森林以空前的速度退化,沙漠化趋势正从各个方向向人类生命区推进。沙漠化正成为一个举世瞩目的环境问题,引起越来越多的担忧。全球每年沙漠化土地达 600 万 hm^2,受沙漠化威胁的土地面积达 3800 万 km^2。据联合国环境署估计,全球有 8.5 亿人正被沙漠化困扰。

我国面临着严重的土地沙漠化问题。近几年来,我国的沙漠化土地面积由原来 13.7 万 km^2 增加到 17.6 万 km^2。在我国沙漠化土地中,其中已经沙漠化了的土地为 17.6 万 km^2,潜在沙漠化危险的土地有 15.8 万 km^2,在湿润地带的风沙化土地有 1.9 万 km^2。受沙漠化影响的人口达 500 余万人,有近 400 万 hm^2 的旱农田和 500 万 hm^2 的草场受其影响。近年来,我国南方湿润地区,如鄱阳湖平原也出现了土地沙化现象。中国国家林业局 2006 年 6 月 17 日公布,中国沙漠化土地达到 173.97 万 km^2,占国土面积 18% 以上,影响全国 30 个一级行政区(省、自治区、直辖市)。

土地沙漠化是对世界农业发展的一个重大威胁,是环境退化现象。它使土地滋生能力退化,农牧生产能力及生物产量下降,可供耕地及牧场面积减少。由于沙漠化而导致的水土流失、土地贫瘠已使不少国家遭受连年饥荒。我国土地沙漠化的形成,除了因风作用而造成沙丘前移入侵的自然因素以外,过度农耕、过度放牧、过度砍伐、工业交通建设等破坏植被的人为因素引起沙漠化的现象更为普遍。因此,保护和利用好土地,封沙育草,营造防风沙林,实行林、牧、水利等综合开发治理措施,以充分发挥植被群体效应,达到退沙还土的目的。

第三节　环　境　保　护

一　环境保护的概念

环境保护涉及自然科学和社会科学的许多领域,但也有其独特的研究对象。一般而言,环境保护是指人类为解决现实的或潜在的环境问题,利用环境科学的理论和方法,协调人类与环境之间的关系,保障经济社会持续发展,保护和改善环境的一切人类活动的总称。其方法和手段有工程技术、行政管理,也有法律、经济、宣传教育等。环境保护所要解决的问题大致包括两个方面内容:一是保护和改善环境质量,保护人类身心健康,防止机体在环境影响下变异和退化;二是合理利用自然资源,减少或消除有害物质进入环境,保护自然资源(包括生物资源)和扩大再生产,以利于人类生命活动。

1972 年联合国人类环境会议后,"环境保护"这一术语被广泛采用。例如,苏联将"自然保护"这一传统用语逐渐改为"环境保护";中国在 1956 年提出了

"综合利用"工业废物方针,20 世纪 60 年代末提出"三废"处理和回收利用的概念,到 20 世纪 70 年代改用"环境保护"这一比较科学的概念。

环境保护与经济建设和社会发展之间必须协调发展,这是人类从发展经济的教训中总结出来的经验。如果三者之间的关系一旦失调,必将造成生态破坏、环境污染,所带来的损失和影响非常大,甚至无法计算。若使被破坏的环境得以恢复,需要很长时间和代价,或者根本无法复原,将严重影响甚至阻碍经济的建设,并造成社会发展的一系列问题的出现。

二　世界环境保护发展历程

在原始时期,人类主要是利用自然而非改造自然,虽然也出现了环境问题,但并不突出,而且很容易被自然生态系统的自身调节能力所抵消。进入农业时代后,人类利用和改造自然的能力越来越强,出现了一定的环境问题。人类社会进入工业文明时代后,经济进入了高速增长期,这种高速的经济增长不仅加剧了通货膨胀、失业等固有的社会矛盾,而且加剧了南北差距、能源危机、环境污染和生态破坏等更为广泛而严重的问题。于是人们不得不理智、冷静地聆听地球发出的各种警告,重新审视自己的行为。同时,人们也在不断地改进生产模式,寻找新的出路。人类的环境保护工作,大致经历了以下 3 个阶段。

（一）20 世纪 50—60 年代限制治理阶段

环境污染早在 19 世纪就已发生,如英国泰晤士河的污染、日本足尾铜矿的污染事件等。工业发展导致环境污染问题过于严重,20 世纪 50 年代前后,相继发生了英国伦敦烟雾、日本水俣病和骨痛病等事件,即所谓的"八大公害"事件（表 1-2）。当时,由于尚未认清这些公害事件产生的原因和机理,一般只是采取限制措施。例如,英国伦敦发生烟雾事件后,制定了法律,限制燃料使用量和污染物排放时间等。

20 世纪 50 年代末到 60 年初,发达国家环境污染问题日益突出,环境保护成了举世瞩目的国际性大问题。1962 年,美国海洋生物学家蕾切尔·卡逊出版了引人瞩目的《寂静的春天》一书,书中阐释了农药杀虫剂 DDT 对环境污染和破坏作用。由于该书的警示,各发达国家相继成立环境保护专门机构。

由于当时的环境问题只是被看做工业污染问题,所以 20 世纪 50 年代的环境保护工作主要就是治理污染源(末端治理),60 年代转向区域性污染的综合治理。如在法律措施上,颁布了一系列环境保护的法规和标准;在经济措施上,采取给工厂企业补助资金,帮助企业建设净化设施等。在这一阶段,经过大量投资,环境污染有所控制,环境质量有所改善,但成效并不显著。

（二）20 世纪 70—80 年代综合防治阶段

表 1-2　世界八大公害事件

序号	公害事件名称	发生地点	发生时间	中毒情况	中毒症状	致害原因	公害成因	污染物
1	马斯河谷烟雾事件	比利时马斯河谷	1930.12	几千人发病，60人死亡	咳嗽、流泪、恶心、呕吐	二氧化硫转化为三氧化硫进入肺的深部	山谷工厂多，逆温天气，工业污染物积聚，又遇雾日	烟尘、二氧化硫
2	富山事件（骨痛病）	日本富山县（蔓延到其他县的7条河流流域）	1931—1972.3	患者超过280人，死亡34人	关节痛，神经痛，全身骨痛，最后骨骼软化，饮食不进，在衰弱疼痛中死去	吃含镉的米，喝含镉的水	炼锌厂未经处理的含镉废水净化物排入河流	镉
3	洛杉矶光化学烟雾事件	美国洛杉矶	1943.5—10	大多数居民患病，65岁以上老人死亡400人	刺激眼、鼻、喉，引起眼病、喉头炎	石油工业和汽车废气在紫外线作用下生成光化学烟雾	汽车多，每天有1000多吨碳氢合物进入大气，市区空气水平流动缓慢	光化学烟雾
4	多诺拉烟雾事件	美国多诺拉	1948.10	4天内42%的居民患病，17人死亡	咳嗽，呕吐，腹泻，咽痛	二氧化硫与烟尘作用生成三氧化硫，吸入人肺部	工厂多，遇烟雾与逆温天气	烟尘、二氧化硫
5	伦敦烟雾事件	英国伦敦	1952.12	5天内4000人死亡	咳嗽，呕吐，腹泻	烟尘中的三氧化二铁使二氧化硫变成硫酸沫，附在烟尘上，吸入人肺部	居民烟煤取暖，煤中硫含量高，排出的烟尘量大，遇逆温天气	烟尘、二氧化硫
6	水俣病事件	日本九州南部熊本县水俣镇	1953	水俣病患者180多人，死亡50多人	口齿不清，步态不稳，面部痴呆，耳聋眼瞎	甲基汞被鱼吃后，人吃中毒的鱼而生病	氮肥生产中，采用氯化汞和硫酸汞作催化剂，含甲基汞的毒水废渣排入水体	甲基汞

序号	公害事件名称	发生地点	发生时间	中毒情况	中毒症状	致害原因	公害成因	污染物
7	四日事件（哮喘病）	日本四日市（蔓延到几十个城市）	1961	患者500多人，有36人在气喘病折磨中死去	支气管炎、支气管哮喘、肺气肿	有毒重金属微粒及二氧化硫吸入肺部	工厂向大气排放二氧化硫和煤粉尘数量多，并含有钴、锰、钛等	二氧化硫、烟尘、重金属
8	米糠油事件	日本九州爱知县等23个府县	1968.3	患病者5000多人，死亡16人，实际受害者超过1万人	眼皮肿、掌出汗、全身起红疙瘩、重者呕吐恶心、肝功能下降、肌肉痛、咳嗽不止、甚至死亡	误食含多氯联苯的米糠油所致	生产米糠油中用多氯联苯作载热体，因管理不善，使毒物混进米糠油中	多氯联苯

20 世纪 70 年代初,由巴巴拉·沃德和雷内·杜博斯两位执笔,为 1972 年人类环境会议提供背景材料——《只有一个地球》一书。书中提出环境问题不仅是工程技术问题,更主要的是社会经济问题;不是局部问题,而是全球性问题。于是"环境保护"成为科学技术与社会经济相结合的问题,这一术语也被广泛应用。

1972 年 6 月 5—16 日,联合国在瑞典斯德哥尔摩召开了人类环境会议。这是国际社会就环境问题召开的第一次世界性会议,标志着全人类对环境问题的觉醒,是世界环境保护史上第一个路标,对推动世界各国保护和改善人类环境发挥了重要作用和影响。

围绕会议的主题"人类要寻求一个什么样的发展道路",大会提出了"只有一个地球"的口号,通过了《人类环境宣言》。宣言指出:环境问题不仅仅是环境污染,还应包括生态环境的破坏。另外,它冲破了以环境论环境的狭隘观点,把环境、资源和发展联系在一起,从整体上来解决环境问题。对环境污染问题也开始实行建设项目环境影响评价制度和污染物总量控制制度,从单项治理发展到综合防治,侧重预防,强调区域规划和合理布局。1972 年,第 27 届联合国大会接受并通过了联合国人类环境会议的建议,确定每年的 6 月 5 日为"世界环境日"。1973 年 1 月,联合国大会决定成立联合国环境规划署,负责处理联合国在环境方面的日常事务工作。

斯德哥尔摩人类环境会议的历史功绩在于将环境问题严肃地摆在了人类面前,唤醒了世人的警觉,引起了世界各国的广泛共识,开始把环境问题摆上了各国政府的议事日程,并与人口、经济和社会发展联系起来,寻求一条健康协调的发展道路。

(三)20 世纪 90 年代以来可持续发展阶段

1972 年联合国人类环境会议以后,许多国家都把环境保护写进了宪法,定为基本国策,环境污染的治理也从完全的"末端治理"向"综合防治"发展。但是,实践证明这种环境治理方式投资较高、运营费用较大,对城市社会经济的发展是一个重要的制约因素。

20 世纪 80 年代以来,人们开始重新审视传统思维和价值观念,认识到人类再也不能为所欲为地成为大自然的主人,人类必须与大自然和谐相处,成为大自然的朋友。1987 年,由挪威首相布伦特兰夫人在《我们共同的未来》中提出了可持续发展的思想。

1992 年 6 月 5 日,在巴西里约热内卢召开了联合国环境与发展大会,这标志着世界环境保护工作又迈上了新的征途,进入了可持续发展阶段。会议通过了《里约环境与发展宣言》和《21 世纪议程》两个纲领文件,并使与会各国普遍认识到:人类社会要生存下去,必须彻底改变靠无限制地消耗自然资源,同时又破坏生态环境而维持发展的传统生产方式,人类必须走经济效益、社会效益和环境效益融洽和谐的可持续发展道路。里约会议的历史功绩在于让世界各国接受了可持续发展战略方针,并在发展中开始付诸实施,这是人类发展方式的大转变,是人类历史的新纪元。

里约会议后,尽管各国采取不同的措施,出现了一些积极变化,但是全球的环境形势依然严峻。联合国环境规划署发表的 2000 年环境报告指出:尽管一些国家在控制污染方面取得了进展,环境退化速度放慢,总体上全球环境恶化的趋势仍没有得到扭转。2002 年 8 月 26 日—9 月 4 日,联合国在南非约翰内斯堡桑顿会议中心召开了 21 世纪迄今级别最高、规模最大的一次国际盛会——约翰内斯堡可持续发展首脑会议。会议涉及政治、经济、环境与社会等广泛的问题,全面审议了 1992 年联合国环境与发展大会通过的《里约宣言》、《21 世纪议程》等重要文件和其他一些主要环境公约的执行情况。并在此基础上,就今后的工作形成面向行动的战略与措施,积极推进全球的可持续发展。9 月 3 日,原国务院总理朱镕基在约翰内斯堡可持续发展世界首脑会议上宣布,中国已经核准《〈联合国气候变化框架公约〉京都议定书》,表明了中国参与国际环境合作、促进世界可持续发展的积极姿态。

三　中国环境保护发展历程

中国在 20 世纪 50 年代以前,虽然对环境污染也采取过治理措施,并以法律、行政等手段限制污染物排放,但尚未明确提出环境保护的概念。1957 年以后,片面加快工业发展的思想和方法使工业污染和城市环境质量日趋恶化。同时,在一些发达国家出现了反污染运动,人们对环境保护概念有了一些初步的理解。当时认为,污染问题是"三废污染"和某些噪声的污染,采取措施的目的是消除公害,使人体健康不受损害。

1973 年我国环境保护事业开始起步,成立了国家建委下设的环境保护办公室,后来改为国务院直属的国家环境保护总局。在 2008 年"两会"后,国家环境保护总局升格为环境保护部,并对全国的环境保护实施统一的监督管理。中国环境保护工作大体经历了 3 个阶段。

（一）中国环保事业起步阶段（1973—1978 年）

1972 年中国发生了多起环境污染事件,引起了国家的重视。同年,中国派代表团参加了在斯德哥尔摩召开的人类环境会议,通过这次会议,使中国代表团的成员比较深刻地了解到环境问题对经济社会发展的重大影响。高层次的决策者们开始认识到中国也存在着严重的环境问题,需要认真对待。在这样的历史背景下,1973 年 8 月 5—20 日,在北京召开了第一次全国环境保护会议。这次会议标志着中国环境保护事业的开端,为中国的环保事业做出了应有的历史贡献。

1974年5月,国务院批准成立国务院环境保护领导小组及其办公室。随后,各省、自治区、直辖市和国务院有关部、委、局也相应设立了环境保护管理机构。

在起步阶段,主要做了四项重要工作:一是进行全国重点区域的污染源调查、环境质量评价及污染防治途径的研究;二是开展了以水、大气污染治理和"三废"综合利用为重点的环保工作;三是制定环境保护规划和计划;四是逐步形成一些环境管理制度,制定了"三废"排放标准。

（二）中国环保事业发展阶段（1979—1992年）

1978年12月31日,中共中央批准了国务院环境保护领导小组的《环境保护工作汇报要点》,这是第一次以党中央的名义对环境保护做出的指示,它引起了各级党组织的重视,推动了中国环保事业的发展。

1983年12月31日—1984年1月7日,在北京召开了第二次全国环境保护会议,这次会议是中国环境保护工作的一个转折点,为中国环境保护事业做出了重要的历史贡献。

1989年4月底—5月初在北京召开了第三次全国环境保护会议,这次会议主要的贡献如下:① 提出了"努力开拓有中国特色的环境保护道路";② 总结确立了八项有中国特色的环境管理制度。

（三）中国环保事业可持续发展阶段（1992年以来）

1992年里约会议后,实施可持续发展战略已经成为世界各国的共识,世界已经进入了可持续发展时代,环境原则已经成为经济活动中的重要原则。

1992年8月,52个部门、300多名专家参加的工作小组开始编制《中国21世纪议程》的工作,1994年3月25日国务院第16次常务会议讨论通过,并公开发表了《中国21世纪议程——中国人口、环境与发展白皮书》。这个议程是指导今后中国环境保护工作的行动指南,在我国发展历史上具有划时代的意义。

1996年7月在北京召开了第四次全国环境保护会议,这次会议对于部署落实跨世纪的环境保护目标和任务,实施可持续发展战略,具有十分重要的意义。会后,国务院发布了《国务院关于环境保护若干问题的决定》,决定要求到2000年,全国所有工业污染源排放污染物要达到国家或地方规定的标准;各省、自治区、直辖市要使本辖区主要污染物排放总量控制在国家规定的排放总量指标内,环境污染和生态破坏的趋势得到基本控制;直辖市及省会城市、经济特区城市、沿海开放城市和重点旅游城市的环境空气、地表水环境质量,按功能区分别达到国家规定的有关标准（概括为"一控双达标"）。另外就是实施"33211"工程,即污染防治的重点是"三河"（淮河、辽河、海河）、"三湖"（太湖、巢湖、滇池）、"二区"（二氧化硫污染控制区、酸雨污染控制区）、"一市"（北京市）和"一海"（渤海）。

2001 年 3 月 15 日,第九届全国人民代表大会第四次会议批准的《中华人民共和国国民经济和社会发展第十个五年计划纲要》中第四篇"人口、资源和环境"的第十四章提出节约保护资源,实现永续利用,其中强调要重视水资源的可持续利用、保护土地、森林、草原、海洋和矿产资源。第十五章提出要加强生态建设,保护和治理环境。

2002 年 1 月 8 日,第五次全国环境保护会议在北京召开,会议强调保护和改善环境就是发展生产力。实践证明,无论什么地方,保护好环境就能增强投资吸引力和经济竞争力。经济建设决不能以破坏人类生存环境为代价,不能把环境保护同经济建设对立起来或割裂开来。要把认识真正统一到走可持续发展的道路上来,要让这种思想深入人心,决不能做"吃祖宗饭、断子孙生路"的事情。

2003 年 1 月,新的《排污费征收使用管理条例》由国务院第 369 号令公布,于 2003 年 7 月 1 日起正式实行。2003 年 3 月 9 日,每年一次的中央人口资源环境工作座谈会在人民大会堂举行,中共中央总书记胡锦涛主持座谈会并发表重要讲话。2003 年 3 月底召开的全国环保厅局长关于落实 2003 年中央人口资源环境工作会议精神的座谈会上,提出今后要重点做好三大领域的环保工作:一是防治污染,控制和削减污染物排放总量,改善环境质量;二是保护生态环境,防止人为破坏;三是加强核安全工作,确保万无一失。

2006 年 4 月 17—18 日召开了第六次全国环境保护会议,会上提出了推动经济社会全面协调可持续发展的方向。温家宝总理强调,做好新形势下的环保工作,要加快实现三个转变:一是从重经济增长轻环境保护转变为保护环境与经济增长并重,在保护环境中求发展;二是从环境保护滞后于经济发展转变为环境保护和经济发展同步,努力做到不欠新账,多还旧账,改变先污染后治理、边治理边破坏的状况;三是从主要用行政办法保护环境转变为综合运用法律、经济、技术和必要的行政办法解决环境问题,自觉遵循经济规律和自然规律,提高环境保护工作水平。

2007 年,党的十七大第一次把建设生态文明作为一项战略任务确定下来,提出要基本形成节约能源资源和保护生态环境的产业结构、增长方式、消费模式,推动全社会牢固树立生态文明观念。

2011 年 12 月,召开了第七次全国环境保护大会,本次大会的标志性成果是,提出了坚持在发展中保护、在保护中发展,积极探索代价小、效益好、排放低、可持续的环境保护新道路。

总之,我国的环境保护事业尽管起步较晚,但发展较快,取得了一定的成绩。目前,清洁生产、循环经济和低碳经济的可持续发展模式正在逐步深入人心,我国的环境保护事业也由此迅猛、稳步地向前发展。

第四节　环境科学的发展及其学科体系

一　环境科学的概念

随着人类社会发展,人类对环境的影响逐渐增大,人与环境之间的矛盾也日益突出。环境科学是人类在长期解决环境问题和进行环境保护的基础上,不断总结经验而形成的成果,是为了创造更适宜、更美好的环境而逐渐产生并发展起来的一门年轻而具有活力的学科。它的兴起和发展,标志着人类对环境认识、利用和改造进入了一个新阶段。

环境科学的产生和发展虽然只有短短几十年,但随着环境保护工作迅速扩展和环境科学理论研究不断深入,其概念和内涵日益丰富和完善。现阶段,环境科学主要研究在人类活动影响下,环境质量变化规律以及环境保护与改善的科学。狭义而言,研究环境系统结构与状态运动变化规律及其与人类社会活动之间的关系,研究人类社会与环境系统之间协同演化、持续发展的规律和具体途径的科学。它的形成和发展过程与传统的自然科学、社会科学、技术科学有着十分密切的联系,是一门新兴的问题导向型交叉学科。

二　环境科学的产生和发展

古代人类在生产和生活中就有了保护自然的思想,逐渐积累了防治污染、保护自然的技术和知识,这就是环境科学最早的萌芽。1962 年出版的《寂静的春天》,通俗地说明杀虫剂污染造成严重的生态危害,是人类进行全面反省的信号。可以认为,以此为标志的近代环境科学开始产生并发展起来。

作为一门科学,环境科学是在 20 世纪 60 年代诞生,70 年代得到迅速发展,90 年代学科体系趋于成熟,21 世纪在广度和深度上得到了全面的拓展。它的形成和发展大致可分为两个阶段。

（一）环境科学分化发展阶段

20 世纪 50 年代,环境质量逐渐恶化,环境“公害”事件频发,环境状况令人担忧,环境问题开始受到世界各国和全人类关注。为了迫切解决这些问题,历史上第一次把人为活动引起的“环境问题”同自然因素造成的灾害区分开来,并作为专门的科学研究领域。此时,物理、化学、生物、医学和地学等学科的相关学者在各自学科的基础上,直接运用地学、生物学、化学、物理学、公共卫生学、工程技术科学的原理和方法,阐明环境污染的程度、危害和机理,探索相应的治理措施和方法,由此发展出环境地学、环境生物学、环境化学、环境物理学、环境医学、环境工程学等一系列新的边缘性分支学科。从"环境问题"提出到"环境科学"诞生,完成了环境科学发展史上一次质的飞跃。但是,这些学科是属于不同学科内部分化的产物,使用不同的理论与方法解决不同学科内部的环境问题,还没有形成一个较完整的统一体系,这是环境科学分化发展阶段。

环境科学分化发展阶段,主要围绕环境质量进行研究,内容有环境污染和生态破坏机理、污染物迁移转化规律、污染物生态社会效应和危害程度及防治措施、环境质量标准和评价等,主要偏向与自然科学和工程技术的交叉。

(二)环境科学分化与整体化同时发展阶段

随着环境问题日趋复杂化,人类开始认识到环境问题不是纯粹的人类行为问题,要从根本上解决环境问题,就必须站到如何协调人类活动、社会系统与环境演化三者之间关系的高度上,综合考虑人口、经济、资源和文化等诸多因素相互制约的关系,多层次探讨人与环境协调发展的途径和控制方法。环境科学由单纯侧重自然科学、工程技术逐渐扩展到社会科学、经济学等领域,进入了由分化状态走向整体性发展阶段。此阶段的特点有两个方面:一是新的环境科学分支学科在不断产生,各分支学科在新的层次上进行新的交叉,形成了多学科层次上渗透和交叉;二是环境科学以整体观念为指导,向整体化方向发展,与当代科学技术水平和社会实践相适应。

三 环境科学的研究对象与任务

人类及其生存环境是在劳动和自然环境共同作用下发生和发展起来的。人类的生存环境不是由单纯的自然因素、社会因素构成,而是在自然背景基础上,经过人为改造和加工形成,它凝聚着自然因素和社会因素的交互作用,体现人类利用和改造自然的性质和水平,影响人类生产和生活,关系着人类的生存和健康。

环境科学是以"人类-环境"系统作为特定的研究对象,研究"人类-环境"系统的发生和发展、调节和控制以及改造和利用的科学。其目的是要通过调整人类的社会行为,保护、发展和建设环境,使环境永远为人类社会持续、稳定、协调发展提供良好的支持和保证。

环境科学的基本任务,就是揭示人类与环境这对矛盾的本质,研究和掌握它的发展规律,调控它们之间的物质和能量交换过程,寻求解决矛盾的途径和方法,以改善环境质量,造福人类,防止人类与环境关系失调,促进人类社会更加繁荣昌盛地向前发展。1983年出版的《中国大百科全书环境科学(上卷)》在社会各界广泛讨论的基础上,对环境科学的性质作了比较全面的概述,并指出环境科学的主要任务是探索全球范围内环境演化规律,在人类改造自然的过程中使环境向有利于人类生存方向发展;揭示人类活动同自然生态之间的关系,使人类生产和消费系统同环境系统之间物质和能量达到平衡;探索环境变化对人类生存的影响;研究区域环境污染综合防治技术措施和管理措施。

四　环境科学的研究内容与特点

（一）环境科学的研究内容

环境科学的研究内容丰富多彩,涉及自然科学、社会科学、工程技术科学的各个领域。通常认为环境科学应该回答三个问题:一是人类赖以生存与发展的环境是如何演化的;二是人类的各种活动,如经济活动、开发活动、污染物排放等是如何影响环境,并如何反过来影响人类社会;三是人类应该如何与自然环境协同演化,如何通过调整自身的行为,包括经济发展模式、消费方式、技术选择等,以实现可持续发展。

环境科学的具体研究内容包括:① 探索全球范围内的环境演化规律;② 揭示人类活动同自然生态系统的相互作用关系;③ 探索环境变化对地球生命及其支持系统的影响;④ 揭示环境污染物在环境中的变迁及其对人体健康与生物的影响;⑤ 研究环境污染治理技术与资源循环利用技术;⑥ 探索人类与环境和谐共处的途径与方法。

（二）环境科学的特点

根据环境科学的研究对象和内容,环境科学具有较明显的特点是问题导向性、整体性和综合性。

1. 导向性

环境科学是在对社会发展过程中产生的环境问题的研究中发展起来的,主要是立足于环境问题的解决和预防。从某种意义上讲,没有环境污染,就没有环境科学。不同人类社会发展阶段表现出不同的环境问题,也就对环境科学的发展指出了方向。

2. 整体性

环境科学的主要特点体现为对环境的整体性研究。人类环境是由自然和社会综合形成的一个有机整体,环境中的各种因素相互影响、相互依存。因此,环境遭受污染和破坏常常不是一个因素,而是多种因素相互影响的结果。

3. 综合性

环境科学的另一特点体现为环境问题的综合性研究。环境是一个有机整体,几乎关系到每一个自然因素和社会因素。解决某一个环境问题,必须组织多学科的综合研究。无论是环境污染问题,还是环境破坏问题,都要与自然科学、工程技术科学、社会学、经济学密切联系,共同攻关,才能协调解决问题。

环境科学的研究内容决定了它是一门融自然科学、社会科学和技术科学于一体的应用性很强的新兴学科,即以解决环境问题为开端,以研究环境建设,寻求社会、经济与环境协调发展途径为中心,以争取人类社会与自然界的和谐为目标。其学科形态整体化,它将建立起自己的理论思想、主导原则、概念体系、逻辑框架、价值目标和方法论。

五　环境科学的分支学科

在现阶段,环境科学主要是运用自然科学和社会科学有关学科的理论、技术和方法来研究环境问题,形成与有关学科相互渗透、交叉的许多分支学科。环境科学是一门新兴的学科,而且还处在蓬勃发展之中,对环境科学的分科体系迄今尚未有一致的看法。例如,南京大学左玉辉老师将环境科学的学科结构概括为"1+4+X",其中"1"指环境学,"4"指环境自然科学、环境社会科学、环境经济科学和环境技术科学,"X"指建立在"1+4"基础上的环境规划学等以及正在发展中的环境科学分支学科。

目前,大多数学者将环境科学分为环境学、基础环境学和应用环境学3个基本的学科。环境学是环境科学的核心,它侧重于对环境科学基本理论和方法论的研究;基础环境学是环境科学发展过程中所形成的基础学科,包括环境数学、环境物理学、环境化学、环境污染生态学、环境毒理学、环境地学等;应用环境学是环境科学中实践应用的学科,包括环境控制学、环境工程学、环境经济学、环境

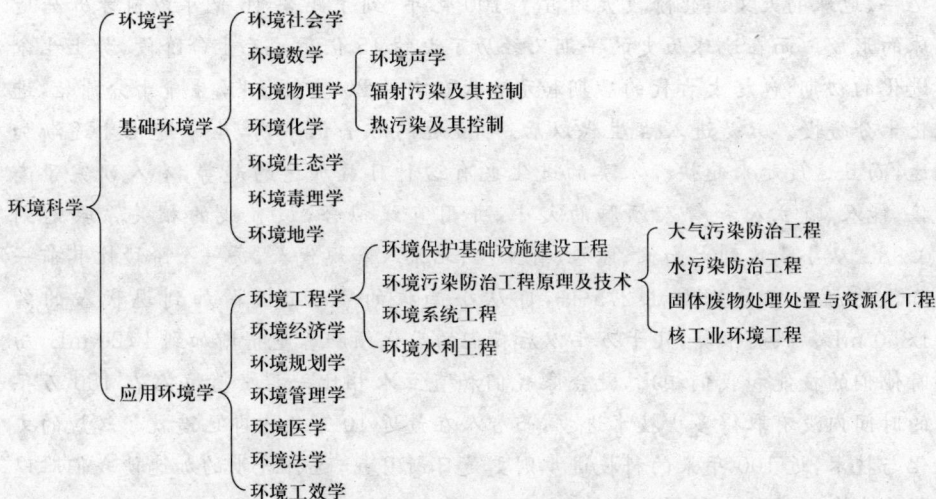

图 1-6　环境科学的分支学科

医学、环境管理学和环境法学等,见图 1-6。

阅 读 材 料

材料 1　地球生命史和人类史给我们的启示

地球上生命与人类的出现,在其必然性后面潜藏着巨大的偶然性。如果地球的轨道不是在今天的位置上,而是处在离太阳更近或更远一些,譬如说,增加或减少半个天文单位,即大约处在金星或火星的轨道上,则地球至今很可能依然同这两个星球那样一片荒凉。如果把眼光再放远一些,环顾我们周围的天体,则在现代科学手段所能感知的范围之内,尚未发现有生命的存在。

地理环境历来处于不断的变化之中,从早期的熔融状态到第四纪的冰期往复,从以氢、氨等气体为主的大气层到以氮、氧为主的大气圈的形成,地球的地质构造、海陆位置、山脉河流、地势高低、大气组成、气候冷暖干湿、土壤类型、生物种类以至人类本身,无不处于永恒的变化发展之中。尤其是到了近代,由于人口规模与科学技术的发展,人类对环境的变化更起着举足轻重的作用,环境的变化比以往更为迅速。这种变化有些可以预料,有些则尚难以预料,有些向着有利于人类生存的方向发展,有些则相反,向着不利的方向发展。我们必须密切注意环境的变化。

环境与生命的演化有一种逐渐加速的趋势。如果把宇宙的历史暂定为 150 亿年,地球的天文演化阶段大约占了 100 亿年,到了距今 46 亿年以前才开始地球的形成。而在地球历史的早期又经历了大约 15 亿年的无生命阶段,加上生命进化的初期,包括太古代的后期和元古代在内的 20 多亿年内,生命十分原始,进化十分缓慢。只是进入古生代以后,即最近的 5.7 亿年内,生命进化才逐渐加速,而且速度越来越快。人类的进化也有这种日益加速的趋势,有人研究了南猿、能人、直立人和智人颅脑的大小,并用直线拟合,该直线的相关系数达到0.98。从小南猿到大南猿、能人、直立人、北京人和现代人,每一个阶段比其前一阶段的颅脑容量增加 1.275 倍,即从小南猿的 400 mL 增加到现代人的约1 350 mL。照此推算,几十万年以后我们的后代颅脑容量将增加到 1 720 mL,届时他们的技能和我们相比,就会像我们和直立人相比一样。直立人在 150 万年的时间内没有取得多少技术进步,而智人在最近 10 万年内即已造就了辉煌的文化与技术,近 100 年来的科技进步则更是日新月异,这种进步的加速使我们难以想象未来人类所能取得的发展。

然而,迄今人类所取得的发展大多是以资源和环境为代价的。为了人类的

24

未来,我们应该更好地了解人类赖以生存的环境,了解人类与环境的相互作用关系,进而预测人类本身和环境将要发生的变化,使人类与环境这个复杂的大系统得以持续地运行下去。否则,我们就是一群盲目的实践家:盲目地发展人口、盲目地消耗地球的资源、急剧地恶化我们的环境,从而有可能加速人类的消亡。环境科学的主要目的之一,就是要唤起人们对人地关系的正确认识。

（资料来源:何康林等,2007）

材料2 大地女神(Gaia)假说

Gaia 在希腊神话中是大地女神的意思,Gaia假说的中心思想是生命活动创造了今天的地球环境,该假说最早是由 Lovelock 在 1969 年美国普林斯顿大学举行的有关生命起源的国际会议上公开提出的。1979 年,Lovelock 的第一部著作《Gaia:对地球上生命的认识》引起了人们对该假说的关注,之后又于 1988 年在其第二部著作中对假说进行了完善和修正,Gaia 假说也是地球自我调节理论的简称。

Gaia 假说的框架是一个生物区系、海洋、大气和土壤组成的复合系统,这个系统改变了地球上的环境,并通过对系统自身的直接控制来维持地球的活动或使之更有生命力。

Gaia 假说的主要论点是:① 地球上的所有生物都在不断主动积极地对地球环境起着调节作用;② 正是上述调节作用使地球生态系统保持稳定性,而此稳定性的实现是基于 Gaia 系统内部生物的各个部分相互有序、协调的合作;③ 强调只有把生物和环境看成一个整体才能真正了解地球;④ 在地球进化系统中包括地球上所有的生物和物质环境,即强调生物对地球进化的作用和影响,气候和化学组成的调节是该进化系统的自发的应变特性,进化本身是逐渐和间断地结合。

Gaia 假说作为一种理论是可以检验的,目前研究检验整个地球上所有生物之间相互作用及其对环境条件的控制还有较大难度,Lovelock 通过建立理想的雏菊世界模型,意在解释证明 Gaia 理论,对 Gaia 假说所进行的检验已有部分得到了肯定。随着时间的推移,该理论的影响不断扩大,但对此假说还有一些不同意见,讨论还将继续下去。

（资料来源:杨志峰等,2010）

材料3 人与环境应和谐相处

文明是人类改造世界物质成果和精神成果的总和。在改造自然的过程中,人并不能纯粹按自我规定的活动来实现自己的主观愿望,不能无限制地发挥人的主观能动性。

从 20 世纪中叶以来,在处理环境问题的实践中,人们经历了认识-实践-再认识-再实践的过程,进一步认识到单靠科技手段和用工业文明的思维定式去修补环境是不可能从根本上解决问题的,必须在各个层次上去调控人类的社会行为和改变支配人类社会行为的思想。

随着环境科学研究的不断深入,对环境问题的认识也在逐渐深化。1972 年瑞典斯德哥尔摩召开的第一次人类环境会议认识到当前环境污染问题的严重性,并开始重视环境保护工作。大量环境保护工作的实践又使人们认识到环境问题是一个发展问题,是一个社会问题,是一个涉及人类文明的问题。

自 1987 年"联合国环境与发展委员会"发表了《我们共同的未来》一书以来,特别是 1992 年在巴西里约热内卢召开了"联合国环境与发展大会"以后,掀起了研究"可持续发展"的热潮,普遍接受了"可持续发展战略"思想。

为了人类社会的持久生存和发展,人们必须建立新的资源观、价值观和道德观。以人类社会与自然环境的和谐发展为目标,以经济与社会、环境之间协调为发展途径,不断充实环境科学研究内容的理论与实践,将为实现人类新的文明时代——人类社会经济与环境协调可持续发展的时代做出应有的贡献。

(资料来源:王宁,2003)

材料 4　气候变暖与反变暖之争

气候变化是当前国际社会关注的重点问题之一,人类需大幅减排温室气体以应对全球变暖已成主流观点和联合国相关谈判的理论依据,在一定程度上全球变暖已成为气候变化的代名词。但近年来质疑全球变暖的声音也在增强,特别是 2009 年底英国气候学界的"邮件门"、2010 年初联合国报告一系列出错事件以及北半球罕见严冬等,使气候变化"怀疑论"引起国际社会极大关注。在科学界内部,有关全球气候变暖的问题正吵得天翻地覆。持"人类自身排放的温室气体导致全球气候变暖"观点的是联合国直接支持的政府间气候变化专业委员会(IPCC)。IPCC 成立于 1988 年,迄今发布了 4 份关于全球气候变化的评估报告:IPCC-FAR,1990;IPCC-SAR,1995;IPCC-TAR,2001;IPCC-AR4,2007。并正在准备第五份评估报告。

差不多与此同时,持反对意见的一批科学家从 1993 年起成立了一个针锋相对的组织,并在 2007 年正式命名为非政府间气候变化专业委员会(NIPCC)。NIPCC 于 2009 年 6 月发布了题为"气候变化的再思考"的报告,对 2007 年的IPCC-AR4 评估报告逐条作了尖锐批评。NIPCC 总的结论是:① 自 20 世纪中期以来全球气温的升高,自然原因很可能是主要原因,人类排放的温室气体不起主要作用,那种认为人类排放的温室气体正在引起灾难性的地球气温升高的声音,毫无科学根据;② 地球气温的升高和 CO_2 浓度的增加只会对人类、植物和野生物种更有利,而IPCC的结论是高度有选择性和有争议的;③ 由IPCC的不全面和不科学的结论引发的对全球变暖非理性的恐惧症,将引发经济上不合理、不合算的措施出台,如不现实的汽车耗能的苛刻标准,建造昂贵的利用风能、太阳能、生物质能可再生能源发电站,耗费巨资的CO_2深埋计划等。NIPCC还批判了国际上碳排放限额和碳交易的做法,认为以上这些措施和政策都将使"包括我们在内的大量民众受损,而得利的只是少数"。

(资料来源:庆承瑞,2010;赵宏图,2010)

思 考 题

1. 如何理解"环境"的基本概念?
2. 什么是环境问题? 它们是如何产生和发展的?
3. 目前人们关注的主要全球环境问题有哪些?
4. 如何理解"环境保护"的概念? 人类环境保护史上的三个路标是什么?
5. 什么是环境科学? 它的研究对象、内容与任务是什么?
6. 人类应该怎样处理自身与环境之间的关系?
7. 环境问题的实质是什么? 如何理解?

第二章

人口与环境

导读

　　随着人口快速增长和生活质量提高,人类对资源需求不断增强,从环境中获取资源时,由于缺乏正确认识,造成了自然资源的退化和枯竭,引发了环境污染和生态破坏等一系列环境问题。同时,环境问题日益严峻也影响着人口的总量、分布与素质。因此,如何协调人口和环境之间的关系已成为当今人类社会可持续发展进程中面临的重大课题。通过本章学习,了解世界和我国人口的发展历史,理解世界和我国人口增长的特点,掌握人口增长对环境造成的影响及环境污染对人体健康的影响,合理处理好人口与环境之间的关系。

第一节　人口发展的历史

一　世界人口发展历史

　　自从人类出现到现在的二三百万年历史中,人类作为一个特殊的生物种群不断繁衍并创造了人类文明。回顾过去,展望未来,人类的文明演进大致经历了渔猎文明、农业文明、工业文明和生态(绿色)文明四个阶段。在这四个阶段过程中,人口随着不同历史文明时期社会因素和环境因素的改变而变化。

（一）渔猎文明阶段（公元前 200 万年—公元前 1 万年）

渔猎文明是人类由猿转变为人以后的第一个阶段，人类的生存完全依赖与自然力的抗争，饥饿、疾病和猛兽是该阶段中限制人口增长的主要因素。整个渔猎文明时期，人口增长比较缓慢，全球人口还没有超过 1000 万，见图 2-1。

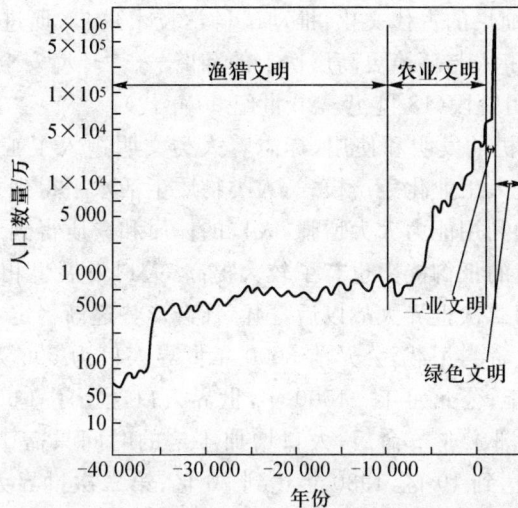

图 2-1　自公元前 4 万年开始的世界人口发展的估计

（资料来源：左玉辉，2002）

在此阶段，社会是以石器等原始工具、手工劳动和简单合作为特征的初级形态生产力和以部落、家庭或社区交往为表征的简单生产关系构成，人口总数很少且活动能力和范围非常有限，人类在很大程度上是适应环境，依赖于环境资源提供的恩赐，对环境的改善和破坏作用都很小。所以，人与环境的和谐关系处于最低阶段——"适应生存"。

（二）农业文明阶段（公元前 1 万年—公元 18 世纪）

进入农业文明阶段以后，人类逐渐掌握了铜器和铁器制造，并且学会了驯养禽畜，更重要的是掌握了农业种植技术，生产技术水平得到了极大提高。人类已经能够通过发挥主观能动性去影响和改变局部地区的生存环境，如饲养家畜、建房造田、纺纱织布、以马代步等。此时，人类依靠自然力的恩赐和对生物资源的直接开发利用，具有较稳定的食物来源，逐渐摆脱了饥饿的威胁，聚居地渐渐远离了野兽经常出没的地区，医学开始萌芽，人口有机会得到缓慢增长。

由于人类对自然规律在认知上的局限性和利用上的盲目性，向自然界过度索取就成了必然，也就不可避免地产生了一些环境问题。当时人类的绝对生存空间广博，原始自然资源丰富，生态环境具有较强的自我调节能力。人类的生产活动虽曾在局部地域造成自然循环失衡,但没有造成区域性的破坏。农业文明时期,人口增长曲线呈现为大幅度升降的波浪形,下降时比较急剧,恢复时比较缓慢,人口分布在时间和空间上极不平衡,影响人口增长的主要因素是瘟疫、频繁的战争以及自然灾害。

农业文明时期人口增长出现波折,总趋势是不断增长。在这一漫长的历史时期,人类营造了灿烂的古代文化,推动了科学技术进步,促进了社会生产力发展,无意识中达到了人与环境更高层次上的和谐——"环境安全"阶段。

(三)工业文明阶段(18世纪—20世纪90年代)

1765年,蒸汽机的发明和使用,标志着人类文明进入了工业文明阶段。人类社会生产逐渐进入工业化生产模式,人类物质生活水平得到了空前提高,对自然资源利用强度和利用能力大大增强,人口的体质和素质得到了较大改善,对自然灾害和社会风险的抵御能力也有了较大提高,人口发展也相应进入了高速增长时期。特别是第二次世界大战以后,国际社会形势逐渐稳定,全球人口出现爆炸式增长。据有关资料记载,公元前8000年世界人口为500万,当时人口增加1倍约需要1700年;公元元年—1500年,世界人口经历了1500年才由2.5亿增加到4.5亿;欧洲工业革命后,人口增加1倍的时间只需150年;公元1800年,世界人口首次达到10亿,1930年达到20亿;第二次世界大战后,人口增长更为迅速,1950—1980年世界人口年平均增长率达到19‰。由于科学发展和医疗卫生事业的进步,历史上导致世界人口增长出现波动的因素基本消除,所以这一阶段的人口增长极少出现大范围波动。

在此阶段,工业文明是建立在对自然的粗放性、功利性、掠夺性和征服性的关系基础上,人类过分强调资本的发展,没有认识到人类与环境之间存在着协同发展的客观规律,导致人口过度增长,给土地、森林资源、能源、生存环境、工业生产和气候造成了日趋严重的压力,严重制约了社会经济进一步的发展,对人类自身生存和延续构成了严重威胁。从此,人类与环境的关系进入了"环境健康"阶段。

(四)生态(绿色)文明阶段(20世纪90年代以来)

20世纪60年代,有识之士开始反思人类的发展模式。1972年,在瑞典斯德哥尔摩召开了人类环境会议,标志着全人类对环境问题的觉醒。1987年,世界环境与发展委员会(WECO)在《我们共同的未来》中正式提出了可持续发展的理论模式。1992年,在巴西里约热内卢的环境与发展大会上,可持续发展理论得到全球共识,并签署了《里约环境与发展宣言》。以此为标志,人类社会进入了善待自然,寻求人与环境和谐,实现可持续发展为特征的绿色文明时代。

这一阶段,全球以"和平与发展"为主题,大力发展科学技术水平,提高人类生活质量,以"环境安全"、"环境健康"、"环境舒适"和"环境欣赏"为人类与环境和谐的标志。世界上许多国家(特别是发展中国家)迫于人口压力,纷纷采取各种措施(如计划生育),控制人口增长,人口的增长将经历增长减缓、零增长、负增长,再到零增长等多个阶段,最终趋向一个适宜的总量。

纵观世界人口发展的历史可以看出,人口增长和各时期技术进步有着密切关系。人类历史上共有3次重要的技术革命,人口数量也随之发生了重大改变。曾有不少学者对不同时期世界人口数量进行研究,其中以克赖默的研究最为详尽,见表2-1。

表2-1 世界历年人口总数

年份	时代	人口数量
公元前100万年	灵长类动物	12.5万
公元前30万年	猿人	100万
公元前1万年	旧石器时代	400万
公元前5000年	新石器时代	500万
公元前1000年	铜器时代	5 000万
公元前500年	春秋、希腊文化	1亿
公元前200年	西汉	1.5亿
公元元年	东汉、罗马文化	1.7亿
公元600年	南北朝、拜占庭文化	2亿
公元1000年	宋代	2.65亿
公元1500年	明、文艺复兴	4.25亿
公元1800年	清、蒸汽机	9亿
公元1850年		12亿
公元1900年		16.25亿
公元1950年		25.16亿
公元1990年		53.33亿
公元2000年		60.55亿
公元2011年		70亿

(资料来源:张镜湖,2004;UNFPA,2011)

二 中国人口发展的历史

中国是世界上最古老的国家之一,有着5 000多年的文明发展史,一直也是世界上人口最多的国家。中国人口发展经历了几次较大的起伏,大致可分为以下4个时期:

(1)第一个时期是从夏禹到秦统一中国。这一时期中国处于奴隶社会和由奴隶社会向封建社会过渡的时期,随着社会经济发展,人口数量虽有一定增长,但速度极其缓慢。据史书记载,自公元前21世纪—公元221年的2000多年漫长岁月中,中国人口一直维持在1000万~2000万,由于人口少、生产力水平低,人类对自然界的影响力小,所以生态系统基本保持了原始状态,在中国历史上也称为生态环境的"黄金时代"。秦始皇统一六国后,全国人口只有1200万,仍停留在夏禹时期的水平。

(2)第二个时期是从西汉开始到明末清初。这一时期中国正处于封建社会,中间经历过十几个朝代,农民起义和外族入侵等战争较多,人口有几次大的波动。西汉时期,人口达到5900万,人类对环境的影响大大加强,形成了中国第一次环境恶化期;东汉至隋朝是战乱、动荡时期,人口减至4000万~4600万,此时环境处在相对恢复期;唐代至元朝,人口又升至5800万~6500万,形成了中国第二次环境恶化期。

(3)第三个时期是从康熙税赋改革到新中国成立。从公元1712年康熙实行税赋改革后,人口急剧增长。据史书记载,1741年人口增至14341.2万,1751年达到2亿,1794年达到3亿,1834年时已突破4亿。到1949年新中国成立时,全国人口总数为5.4亿。

(4)第四个时期是从新中国成立至今。中华人民共和国成立后,中国社会经济发展进入了一个崭新的阶段,这期间除了1960年和1961年的自然灾害导致人口停止增长外,其余时间一直都是直线上升。据统计,中国人口由1949年的5.4亿上升到1954年的6亿人,1969年达到8亿人,1982年增至10亿人,1995年达到12亿人,2000年第5次人口普查结果为12.95亿(包括台湾省)。中国人口在世界人口中的比例自1947年以后,一直保持在1/5以上,人口总数居世界第一。

纵观中国人口的历史变化可以看出,中国人口从奴隶社会初期1300多万发展到新中国成立时的5.4亿,人口增加5亿多,共经历了4200多年,平均每年增长人数仅12万多,而且大部分是近100~200年来增加的。新中国成立后,中国人口进入了快速增长期,50多年来,人口净增7亿多,平均每年净增人口1500万~1600万。中国历年人口总数见表2-2。

表2-2 中国历年人口总数

公元纪年	人口数/万
公元前5000年出现原始农业	493
公元前340年战国初期	3000
公元前221年秦朝初期	2000
公元前202年西汉初期	1300
公元2年西汉平帝元始二年	6300

公 元 纪 年	人口数/万
公元 157 年东汉桓帝永寿元年	7 200
公元 265 年三国末期	2 500
公元 300 年晋惠帝永康元年	3 379
公元 368—407 年十六国东晋中后期	3 128
公元 520 年南北朝中期	5 240
公元 581 年南北朝末期	4 430
公元 609 年隋炀帝大业五年	5 542
公元 624 年唐高祖武德元年	2 274
公元 755 年唐玄宗天宝十四年	8 775
公元 860 年唐懿宗咸通元年	6 700
公元 960 年五代十国末期	3 979
公元 1110 年宋徽宗大观四年	11 946
公元 1207—1223 年南宋金章宗泰和七年—南宋宁嘉宗十六年	12 540
公元 1351 年元惠宗至正十一年	9 730
公元 1566 年明世宗嘉靖四十五年	16 480
公元 1661 年清世祖顺治十八年	8 490
公元 1691 年清圣祖康熙三十年	11 023
公元 1751 年清高宗乾隆十六年	20 560
公元 1805 年清仁宗嘉庆十年	33 218
公元 1851 年清文宗咸丰元年	43 216
公元 1874 年清穆宗同治十三年	35 890
1912 年"中华民国"元年	44 294
1949 年	54 545
1950 年	55 196
1960 年	66 207
1970 年	81 235
1980 年	98 705
1990 年	114 333
2000 年	129 533
2011 年	133 972

（资料来源：左玉辉，2002；国家统计局，2011）

第二节　人口增长及其特点

一　世界人口增长情况及其特点

(一) 世界人口增长情况

在世界人口历史发展的四个阶段,绝大部分时间内,人类的生存繁衍受到自然的约束,世界人口增长缓慢。统计表明,世界人口增长速度达到人类历史上的高峰是近百年的事情。1650 年世界人口大约为 5 亿,1800 年初增长到 10 亿左右,这一数字说明世界人口翻一番大约用了 150 年。然而,世界人口从 1950 年的 25 亿增加到 1987 年的 50 亿,仅仅用了 37 年时间。2011 年 10 月 31 日,世界人口达到 70 亿。

联合国人口基金会预测未来人口增长分高、中、低三种速度发展,见表 2-3。依据现有人口发展趋势(中速发展)进行预测,2025 年世界人口将达到 80 亿;2050 年世界人口将达到 93.1 亿,预计世界人口最多的国家,见表 2-4。

表 2-3　联合国人口基金会的人口预测

发展速度	2025 年人口数/亿	2050 年人口数/亿
高速发展	83.2	106.1
中速发展	80.0	93.1
低速发展	76.9	81.1

(资料来源:United Nations,2011)

表 2-4　预计 2050 年人口最多的国家

国家	印度	中国	美国	尼日利亚	印度尼西亚	巴基斯坦	巴西	孟加拉国	菲律宾	刚果民主共和国
人口数/亿	16.92	12.95	4.03	3.89	2.93	2.74	2.23	1.94	1.54	1.49

(资料来源:United Nations,2011)

世界不同地区人口变化情况也各不相同,表 2-5 是联合国对 2025—2100 年世界主要地区人口预测结果。从表 2-5 可以看出,未来几十年内人口最多的仍为亚洲,其次为非洲;但亚洲人口增长速度较为缓慢,非洲人口增长速度较快。

表 2-5　2025—2100 年世界主要地区人口预测　　　　　单位:百万

年份	总量	亚洲	非洲	欧洲	北美洲	拉丁美洲和 加勒比海地区	大洋洲
2025	8 003	4 730	1 417	744	388	679	45
2050	9 306	5 142	2 192	719	447	751	55
2075	9 905	4 965	2 966	681	493	738	62
2100	10 125	4 596	3 574	675	526	688	66

（资料来源:United Nations,2011）

(二)世界人口增长的特点

目前,世界人口仍处于不断增长过程中,对人类生存提出了严峻挑战,该问题已引起世界各国普遍关注,其增长特点主要包括以下 3 个方面。

1. 世界人口逐年快速增加,发展中国家表现尤为明显

近几十年来,发达国家人口出生率下降,而发展中国家人口猛增。1999 年10 月 12 日世界人口突破 60 亿,联合国特别设立了"60 亿纪念日"。世界人口快速增长,其直接原因就是发展中国家人口基数大且增长过快。

在世界人口迅速增长的情况下,人口增长地区差异较大,这种差异主要表现在两个方面:一是人口数量的地区差异,见图 2-2;二是人口增长速率的地区差异,主要表现为发展中国家人口增长率为发达国家的两倍以上,见表 2-6。

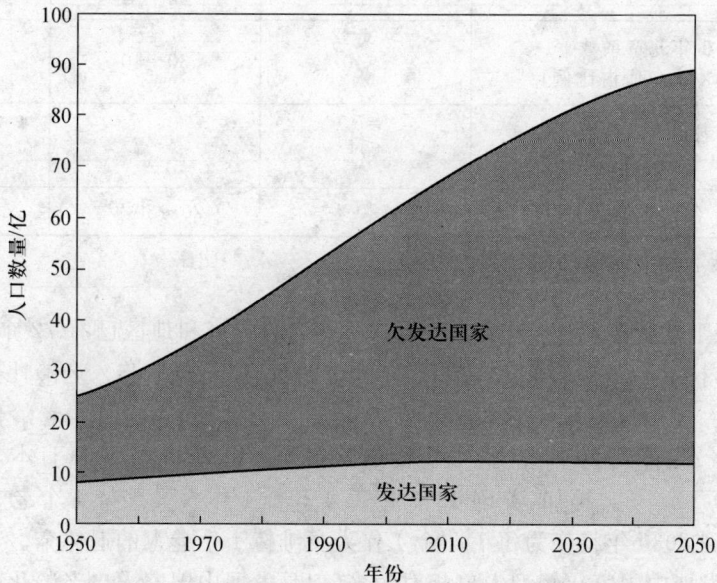

图 2-2　发达国家与欠发达国家人口增长情况

（资料来源:鞠美庭,2004）

表 2-6 世界人口增长情况比较

项目	世界平均数	发达国家（欧洲、北美）	发展中国家（亚、非、拉）
年出生率/%	3.3	1.6～1.8	3.7～4.6
年死亡率/%	1.3	0.8～1.0	1.0～2.0
年增长率/%	2.0	0.7～1.0	2.3～2.8
倍增期/%	35	70～100	25～30

（资料来源：王岩等，2003）

世界人口问题就是发展中国家的人口问题，发展中国家对人口若不加以控制，其影响将进一步加大发展中国家与发达国家之间的差距，加剧世界性人口同资源、环境之间的矛盾。

2. 世界人口年龄结构呈老龄化趋势发展

人口年龄结构常指一定时间某地区各年龄组人口在全体人口中的比重，又称人口年龄构成，通常用百分比来表示，有时也用各年龄组人口的数量表示。人口年龄构成可以分为年轻型人口、成年型人口和老年型人口 3 种基本类型，据此人口也分为 3 类：0～14 岁为少年儿童，15～64 岁为成年人，65 岁及以上为老年人。目前国际通用标准如表 2-7 所示。

表 2-7 人口年龄构成类型标准

类型	年轻型	成年型	老年型
少年儿童系数 （0～14 岁人口所占比例）/%	＞40	30～40	＜30
老年人口系数 （65 岁以上人口所占比例）/%	＜4	4～7	＞7
年龄中值数	＜20 岁	20～30 岁	＞30 岁

（资料来源：鞠美庭等，2004）

对照上述标准，目前全球进入人口老龄化的国家和地区已有 72 个，其中欧洲 41 个，拉丁美洲和加勒比海地区 14 个。因此，发达国家步入老龄社会的趋势较为明显。例如，2000 年意大利的老龄化人口比例为 18%，日本老龄化人口比例为 17%；预计到 2015 年，意大利的老龄化人口比例为 22.5%，日本老龄化人口比例为 24.7%。再如，美国 1995 年每 4.5 个工作人员维持 1 个老人的退休金，预计到 2030 年将变为每 1.7 个工作人员维持 1 个老人的退休金。与发达国家相比，发展中国家年轻型人口相对较多，但是发展中国家人口老龄化的速度也在加快，人口年龄结构从年轻型变为老年型的时间将大大缩短。

总体来说，世界人口正在老龄化，世界人口年龄结构变化如图 2-3 所示。

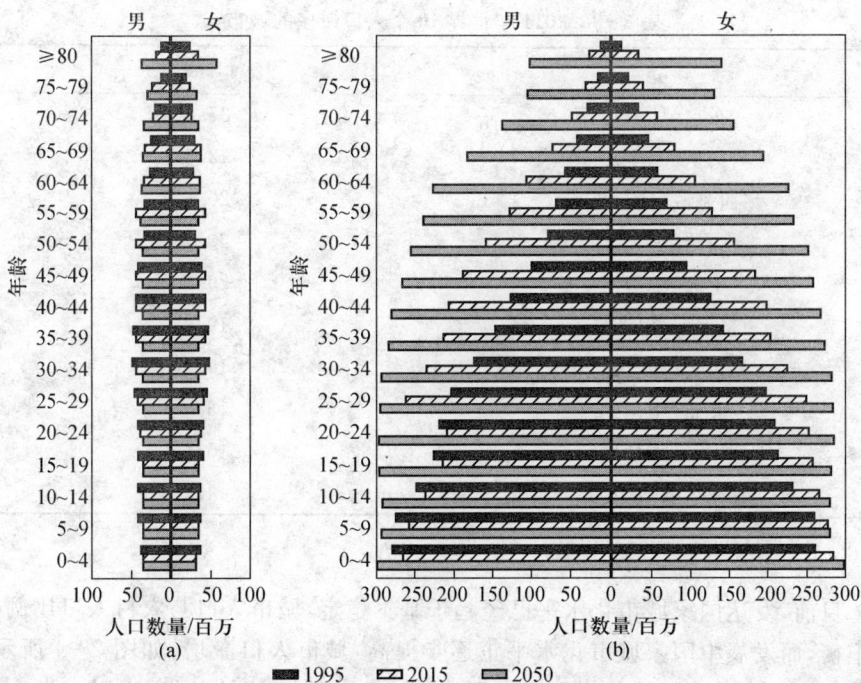

图 2-3　世界人口年龄结构变化图

（资料来源：鞠美庭等，2004）

（a）发达地区；（b）不发达地区

预计到 2050 年，全世界 60 岁以上人口数将增长到 20 亿，届时世界 60 岁以上人口将首次超过 0～14 岁儿童人口数，世界上每 5 个人中有一个老年人，2150 年时每 3 个人中将会有一个 60 岁以上的老年人。年龄中值将会不断提高，预计到 2025 年年龄中值将超过 30 岁。

人口老龄化将引起社会人口结构、投资结构、消费结构和产业结构的变化，对世界经济社会的发展产生多方面重要影响，将不可避免地带来压力、挑战和新的发展机遇。

3. 城市人口随着世界城市化进程的加快急剧增长

城市是经济和技术集中的地方，城市化是以农村人口向城市迁移和集中为特征的一种历史过程，表现在人的地理位置的转移和职业的改变以及由此引起的生产与生活方式的演变。有关城市化水平的数据大约 1800 年后才出现，1800 年全世界达到 100 万人口规模的城市只有伦敦 1 座，1850 年为 3 座，1900 年为 16 座，1950 年增加到 115 座，1980 年达到 234 座。2011 年，全世界人口超过 100 万的大城市已有 457 座，超过 1000 万人的超大城市有 23 座。2011 年世界人口排在前 10 位的城市如表 2-8 所示。

表 2-8　2011 年世界 10 个人口最多的城市

城市	人口/百万
东京(日本)	37.2
德里(印度)	22.7
墨西哥城(墨西哥)	20.4
纽约(美国)	20.4
上海(中国)	20.2
圣保罗(巴西)	19.9
孟买(印度)	19.7
北京(中国)	15.6
达卡(孟加拉国)	15.4
加尔各答(印度)	14.4

(资料来源:United Nations,2012)

　　目前,发达国家城市化水平已经趋于基本稳定,城市人口与农村人口比例相对平衡,而发展中国家城市化水平正逐步提高,城市人口激增,如图 2-4 所示。发展中国家正处于经济快速发展时期,就业机会多、经济效益好,吸引大批农民转向城市,是造成城市人口暴涨的直接原因。

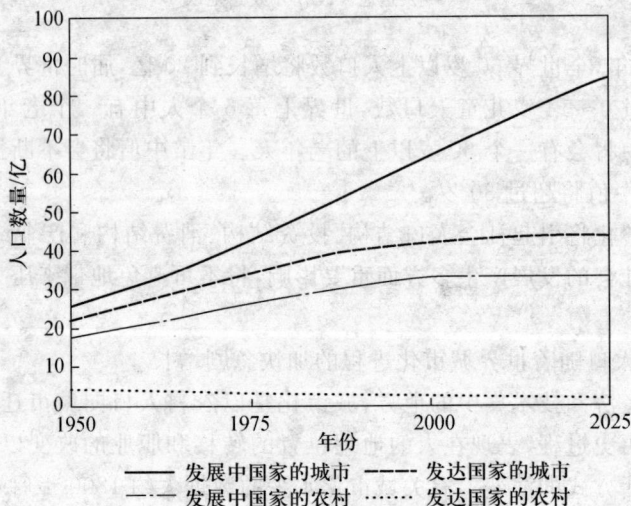

图 2-4　发达国家和发展中国家人口增长情况

(资料来源:鞠美庭等,2004)

二　中国人口增长情况及其特点

（一）中国人口的增长情况

纵观中国人口发展的历史，新中国成立前中国人口增长主要是在秦至西汉、唐至元朝、明清以后至 1949 年 3 个时期。新中国成立后，中国人口增长经历了第一个人口增长高峰期（1949—1957 年）、人口增长低谷期（1958—1961 年）、第二个人口增长高峰期（1962—1973 年）和人口发展下降期（1973 年以后）4 个时期。

针对中国人口问题的严峻性，中国政府采取各种措施积极实施计划生育政策。从提出计划生育到 20 世纪末，中国计划生育工作先后经历了提出计划生育阶段（1953—1961 年）、计划生育困难阶段（1962—1970 年）、计划生育全面展开与艰苦爬坡阶段（1971—1978 年）、计划生育走出困境阶段（1979—1990 年）和计划生育健康发展阶段（1991—2000 年）六个阶段。自 20 世纪 70 年代全面实施计划生育并作为我国必须长期坚持的基本国策以来，我国的生育水平有所降低，人口发展进入了下降期。

进入 21 世纪，我国人口增长进入了稳定低生育水平的新时期。这一时期的主要任务是稳定低生育水平、提高出生人口素质，大致可以分为 3 个阶段。

1. 稳定低生育水平的关键期（2000—2010 年）

《中共中央国务院关于加强人口与计划生育工作稳定低生育水平的决定》明确指出，2000—2010 年的 10 年是稳定低生育水平的关键时期。21 世纪初，我国的低生育水平并不稳定，受人口增长的惯性影响，我国人口仍以年均净增 1 000 万左右的速度持续增长。同时，人口和计划生育工作的发展很不平衡，在农村和西部地区的生育水平还比较高，少数地方没有摆脱越生越穷、越穷越生的循环。因此，稳定低生育水平的任务还十分艰巨。"十五"期间的生育水平已稳定在更替水平以下，人口年均自然增长率不超过 9‰。到 2010 年底，全国总人口控制在 14 亿以内，年均人口出生率不超过 15‰。

2. 全面建设小康社会创造良好的人口环境（2010—2020 年）

到 2020 年，将全国总人口控制在 15 亿以内，出生人口素质显著提高，基本解决出生婴儿性别比偏高的问题，育龄群众享有更加优质的计划生育/生殖健康服务，全面实现避孕节育措施的"知情选择"；在全社会形成科学文明的婚育观念、生育文化和人口文化，计划生育真正成为群众的自觉行为，建立完备的人口和计划生育政策法律体系，建立有利于人口和计划生育的社会保障制度和高效的工作运行机制。

3. 实现人口的零增长（2020 年—21 世纪中叶）

在 21 世纪中叶,力争把人口总量控制在 16 亿以内,实现人口的零增长,并使之开始缓慢下降。实现这个人口控制目标,现代化建设就有了重要保障。可以说,人口发展目标的实现,是全面实现现代化最基本、最重要的前提条件。

综上所述,以 2000 年第 5 次人口普查的约 13 亿人口为基础,人口自然增长率仍能继续得到有效控制的情况下,到 21 世纪中期我国人口将达到 16 亿人。人口学家普遍认为,这是中国人口的极限,即中国土地可负荷和供养的最大人口数。此后,我国人口会略有回落,并在某一时期达到最佳人口数而稳定下来。

(二)中国人口增长的特点

新中国成立以来,我国人口增长具有 7 个基本特点:① 人口增长速度快;② 农村人口比重大;③ 人口城市化加快;④ 人口渐趋老龄化;⑤ 男女性别比例偏高;⑥ 人口分布不均;⑦ 人口素质亟待提高。

21 世纪以来,中国在政治、经济和文化等方面都取得了较大发展,同时中国人口发展特点也有所变化。对比分析第五次、第六次全国人口普查数据(不含港澳台地区),其变化主要体现在以下 6 个方面:

1. 人口总量平稳增长

从 2000 年 11 月 1 日第五次全国人口普查以来,截止到 2010 年全国第六次人口普查,中国人口总数达到 13.397 亿(不包括港、澳、台,下同),10 年间人口增加了 7 390 万,增长 5.84%。

2. 流动人口继续增加

与 2000 年相比,中国的迁移流动人口从 1.444 亿增加到 2.614 亿,增加了1.170 亿。人口流动仍然主要表现为以近距离的省内流动为主,占迁移流动人口总量的 2/3。

3. 老龄化进程明显加快

2010 年底,60 岁及以上人口为 1.776 亿,占 13.26%,其中 65 岁及以上人口为 1.188 亿,占 8.87%。与 2000 年第五次全国人口普查相比,60 岁及以上人口的比重上升了 2.93%,65 岁及以上人口的比重上升了 1.91%。中国老龄化社会的特征更为明显。

4. 城市化快速推进

2010 年底,中国城镇人口已达 6.655 亿,占人口总数的 49.68%。近 10 年,中国城镇化率年均提高 1.35% 左右,城市化水平快速推进。与发达国家相比,中国城镇化水平仍然很低,制约着国民经济的快速增长和全面小康社会的实现进程。

5. 人口素质进一步提高

调查表明,中国具有初中及以上各种受教育程度的人口继续保持增加态势,人口受教育程度的结构重心逐步上移,国民整体受教育程度进一步提高。2010

年,全国具有大专及以上文化程度的人口已达到 1.196 亿。

6. 出生人口性别比居高不下

2010 年全国出生人口性别比略高于 2000 年的人口普查数据,出生婴儿男女性别比例失调。人口性别比的差异是导致社会不稳定的重要因素之一,因此有效遏制出生人口性别比偏高的问题已迫在眉睫。

第三节　人口增长对环境的影响

人类在发展过程中,必然要从环境中获取资源,如耕地开垦、牧地扩张、森林砍伐、矿产开发和水资源利用等,资源过度开发和不合理利用又会产生一系列环境问题。归根到底,当今人类面临的人口、资源和环境三大问题是由于人口爆炸式的增长和人类社会不合理的发展方式所造成。因此,人口问题是当前人类可持续发展亟待解决的首要问题之一。

一　自然环境对人口的承载容量

自然环境不仅是人类生存和发展所需的各类自然资源的源泉,也是人类活动代谢废弃物的场所。为了维持生态平衡和避免生态环境退化,一定地区,在一定生产力水平下所能提供的自然资源和生态环境的纳污能力是有限的。因此,自然环境对人口的承载能力(即环境人口容量)是有限的。

联合国教科文组织对环境人口容量的明确定义是:一个国家或地区的环境人口容量是指在可预见到的时期内,利用本地资源及其他资源和智力、技术等条件,在保证符合社会文化准则的物质生活水平条件下,该国家或地区所能持续供养的人口数量。该定义是以不破坏生态环境的平衡和稳定为条件,以保证资源的持续利用为前提的。

环境人口容量受到许多因素制约,其中资源、科技发展水平及人口的文化和生活消费水平对其影响较大。地球究竟能容纳多少人口,是目前全人类共同关心的问题。按照地球植物的生物生产总能量和维持正常生存每人每天需要的能量计算,地球可养活 8 000 亿人。但实际情况则不然,因为除了人类以植物为食外,其他各种动物也是直接或间接以植物为食,还有很多植物是不能供人类食用。因此,在地球的环境人口容量问题上,目前存在两种截然不同的观点:悲观者认为当今世界人口已大大超过了地球的环境人口容量,依目前的情况不能解决人口过多带来的环境污染和生态退化问题,如果人口再进一步增长,后果将不堪设想;乐观者认为按照人类获得地球植物总产能量的 1% 计算,全球环境人口容量在 80 亿左右,最大不能超过 100 亿。

对于中国的环境人口容量,许多学者做过研究。早在新中国成立以前,就有学者根据我国资源状况及经济发展水平,提出了中国环境人口容量问题,但系统、科学的研究是自 20 世纪 80 年代才开始的。根据马寅初、孙本文、胡保生和宋健等众多学者的研究结果,可以认为我国最佳环境人口容量为 6.5~8.0 亿。1991 年中国科学院自然资源综合考察委员会发表了《中国土地资源生产能力及人口承载力研究》报告,报告认为我国最大环境人口容量为 16 亿左右,目前尚未达到此值,但人口与环境的矛盾已十分突出。因此,应该正视人口增长与环境的现实矛盾,坚定不移地执行计划生育和环境保护两项基本国策,努力协调人口与环境之间的关系。

二 人口增加对自然环境的压力

自然资源是环境的重要组成部分,主要包括土地资源、水资源、气候资源、生物资源和矿产资源等,见图 2-5。自然资源不仅满足人类衣、食、住、行等生活需要,还为工业、农业、交通等各种生产部门提供原料、动力和场所。因此,自然资源是人类发展与社会进步的物质基础,人类的生存和发展都离不开自然资源。

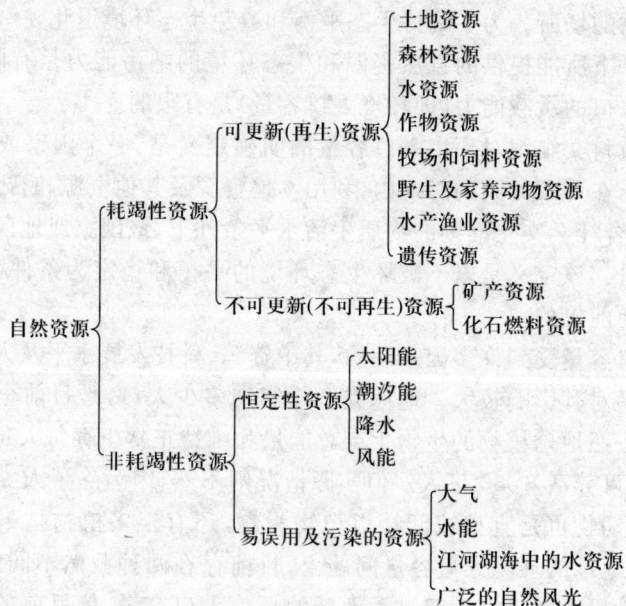

图 2-5　自然资源的分类
（资料来源:魏振枢等,2003）

42

随着世界人口剧增,人类为了生存和发展向环境索取资源,对自然资源无节制甚至掠夺式地开发,使自然资源遭受到严重破坏并导致某些资源的短缺,如世界性淡水资源危机、森林资源锐减、不少动植物已经或濒临灭绝、有些矿产资源面临枯竭和耕地大量丧失等。自然资源的破坏又导致了环境恶化,人类赖以生存的自然环境正处在危机之中,这种状况已经引起世界各国的普遍重视。图2-6给出了人口增长与资源耗竭和环境污染之间的关系:其中(a)表示在人均粮食和人均工业生产量达到高峰后,人口和污染仍继续增加,其结果是死亡的剧增;(b)表示资源消耗翻一番时,工业化达到更高峰值,到2100年时仍和(a)一样,所不同的是环境污染已经严重到无法控制的地步。

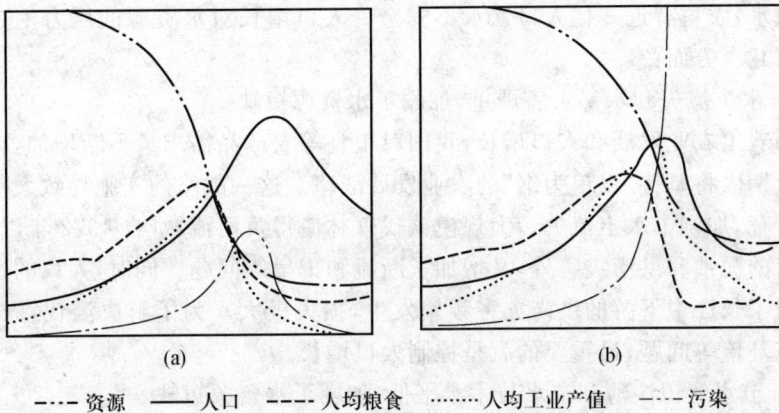

————资源 ——人口 ———人均粮食 ……人均工业产值 —·—污染

图2-6 人口增长-自然资源耗竭-环境污染的世界模型

(资料来源:黄润华等,1997)

人口增长对水资源、土地资源、能源、生物资源(森林、草原、物种)和气候等方面的影响如下。

(一)人口增长对水资源的影响

水是人类和一切生物赖以生存和发展的物质基础。据统计,陆地淡水资源储量仅为0.35亿 km^3,占陆地总储水量的73%,占全球总储水量的2.5%。其中,0.24亿 km^3(占淡水资源储量的69.6%)的水以各种形态分布于冰川、多年积雪、两极和多年冰土中,在现有的经济技术条件下很难被人类所利用。目前,可供人类利用的水只有0.1亿 km^3,占淡水资源总量的30.4%,占陆地总储水量的20.8%,占全球总储水量的0.8%,主要分布在600 m深度以内的含水层、湖泊、河流、土壤中。

目前,世界水资源总量尚可满足人类用水需要,由于水资源分布的地区性差异,致使许多地区可利用的水资源量不足。随着经济发展和人民生活水平提高,对水的需求量仍会急剧增加,使得水资源的缺乏日趋严重。人口增长加重了饮用、卫生、生产和灌溉等方面的用水负担,增加了污水量,减少了清洁的水资源,加剧了水资源短缺问题。到 2025 年,水资源危机将蔓延到 48 个国家,35 亿人为水所困。水资源危机带来的生态系统恶化、粮食产量降低和生物多样性破坏,也将严重威胁人类生存。有人预计,水资源危机将成为 21 世纪城市里"最容易引起争端的问题"。

人多水少、水资源时空分布不均是我国的基本国情和水情,水资源短缺、水污染严重、水生态恶化等问题十分突出,成为制约经济社会可持续发展的主要瓶颈。我国人均水资源量只有 2100 m^3,仅为世界人均水平的 28%,比人均耕地占比还要低 12%;水资源供需矛盾突出,全国年平均缺水量超过 500 亿 m^3,2/3 的城市缺水,农村有近 3 亿人口饮水不安全。人口增长对水资源的压力主要表现在以下几个方面:

1. 水土流失和水旱灾害严重,加剧了水资源短缺

随着工农业发展和人口增长,我国对粮食等农产品需求量不断增加,在很长一段时期内将坚持"以粮为纲"的农业发展战略。这一战略的实施导致大范围的毁林开荒,加剧了水土流失。大规模砍伐森林使得黄河流域(自 1972 年以来)除了原有的泥沙和洪涝灾害外,又增加了断流和干旱等问题。同时,人口的过度膨胀造成了长江中下游的洪涝灾害频繁发生,损失极大。为了解决滥伐森林和破坏生态环境等问题,最重要的就是控制人口增长。

2. 节水意识淡薄和节水技术水平低,加剧了水资源短缺

我国人口众多且人口素质差异大,很多人节水意识淡薄,加上节水技术水平和设备相对落后,对水资源的浪费无处不在。据预计,如果中国农业用水的利用率提高 10%,那么每年可节水 400 亿 m^3 左右,这个数字已经相当于整个南水北调工程的输水量。

3. 环境意识淡薄造成水体污染,加剧了水资源短缺

我国是人口大国,有些企业和个人环境意识较为淡薄,为了追求高额利润,一些造纸、冶金、化工、采矿等行业往往以牺牲社会利益、破坏生态和污染环境为代价,造成了水资源过度消耗和污染,加快了水资源短缺并导致一系列的生态环境问题。据统计,我国每年约有 1/3 的工业废水和 90% 以上的生活污水未经处理就排入水域;全国有监测的 1200 多条河流中,850 多条受到污染,90% 以上的城市水域也遭到污染,使许多河段鱼虾绝迹,符合国家一级和二级水质标准的河流仅占 32.2%。污染正由浅层向深层发展,地下水和近海域海水也正在受到污染,我们能够饮用和使用的水正在不知不觉中减少。

4. 水资源的不合理利用,加剧了水资源短缺

目前,我国因人口增长导致水资源不合理利用的情况较为严重。以黄河为

例,由于黄河上游地区采取最原始的大水漫灌方式,导致水资源严重浪费。因此,黄河所要承担的生态用水、城乡居民生活用水和生产用水等早已超出其供应的水量,造成黄河断流,使得黄河下游如河南、山东等省干旱严重,深受黄河水量供应不足之苦。此外,人口快速增长使得地下水超采日益严重,有些地区甚至出现地下水漏斗。尤其严重的是,有的城市在漏斗中心边缘已经出现含水层疏干现象,这是地下水资源枯竭的明显征兆。水资源不合理的开采和分配方式如果不改善,会进一步加剧资源型缺水的问题。

（二）人口增长对土地资源的影响

土地是人类赖以生存的主要环境因素之一,也是人类获取生物资源的基地。众所周知,全球陆地总面积为 5.1 亿 km^2,无冰雪覆盖的陆地面积为 1.33 亿 km^2。当前世界人口约 70 亿,人均占有陆地面积 1.85 hm^2,这个数字从任何意义上说都不能算小。但是,考虑到土地的质量属性（土地的地理分布、土层厚薄、肥力高低、水源远近、潜水埋深和地势高低、坡度大小等）,土地利用上存在的"限制性环境"约占 70%,其中极地和高寒地区占 20%,干旱区占 20%,陡坡地占 20%,岩石裸露区占 20%。在其余 30% 的土地中,限制性较小,适于人类居住,可用于耕地、住宅、交通、文教和军事用地等。按上述人均 2.5 hm^2 的 30% 计算,人均占有 0.75 hm^2。

目前,在全部适合居住地中,可耕地占 60%～70%,折合人均 0.45～0.53 hm^2。随着全世界人口的增长,城乡不断扩大,交通线路大量开辟,使得每年有大批耕地被占用,人口与耕地的矛盾日益尖锐化。为了缓解不断增长的人口压力,提供更多的粮食作物,必须尽可能地扩大耕地面积。另一方面,因为人口增长过快和管理不善等原因,世界耕地面积正在逐年减少。人口增加,导致耕地过度利用、肥力下降,引发土地沙化、水土流失、土壤盐碱化等一系列环境问题。

中国国土面积居世界第 3 位,但人均土地面积仅 0.777 hm^2,相当于世界平均水平的 1/3,见图 2-7。人均耕地面积为 0.106 hm^2,不足世界人均数的

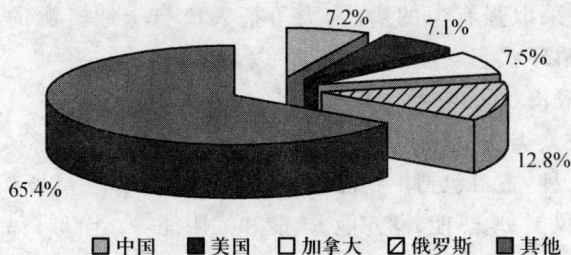

图 2-7　我国土地面积与世界主要国家的比较

（资料来源:何康林等,2007）

45

43%,见图 2-8。

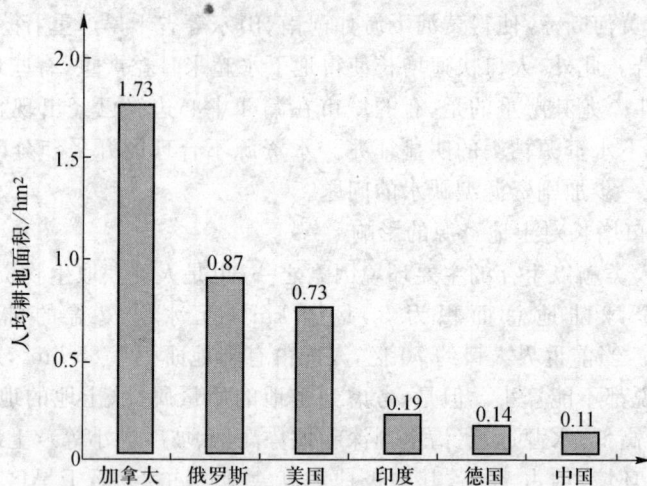

图 2-8　我国人均耕地面积与世界主要国家的比较

(资料来源:何康林等,2007)

　　目前,我国是世界上粮食产量最多的国家,但是每年人均粮食占有量不到 400 kg,低于世界平均水平。虽然我国的粮食产量在逐年增加,由于人口增长较快,人均粮食产量增长较为缓慢。人口增长过快导致城乡交通、住房建设等占地现象严重,土地沙化和水土流失等日益加重。据统计,我国土地沙化面积已达 109 万 km^2,占国土面积的 11.4%;仅"三北"地区沙化土地面积就达 17.6 万 km^2,还有 15.8 万 km^2 的土地正在被沙漠化侵吞。全国现有土壤侵蚀面积达到 357 万 km^2,占国土面积的 37.2%,年均土壤侵蚀总量 45.2 亿 t,约占全球土壤侵蚀总量的 1/5。主要流域年均土壤侵蚀量约为 3 400 t/km^2,黄土高原部分地区甚至超过 3 万 t,相当于每年 2.3 cm 厚的表层土壤流失。全国侵蚀量大于 5 000 $t/(km^2 \cdot a)$ 的面积达 112 万 km^2。为此,我国必须采取强有力的措施,力争把人口与土地资源的矛盾从恶性循环状态向良性循环状态转变。

　　(三)人口增长对能源的影响

　　能源是指被人类利用并由此获得能量的资源。迄今为止,人类所利用的能源种类不过十几种,主要包括生物能(包括薪柴、畜力和燃烧畜粪)、煤炭、石油、天然气、水电及风能、地热能、潮汐能、核能和太阳能等。全球商品能源的储量见表 2-9。

表 2-9　全球商品能源的储量

项目\地区	烟煤/10^6 t		褐烟和次烟煤/10^6 t		原油/10^6 t	天然气/10^8 m^3
	已探明储量	已探明可开采储量	已探明储量	已探明可开采储量	已探明可开采储量	已探明可开采储量
世界	1 696 519	1 075 473	149 747	522 507	123 559	10 933
非洲	133 861	62 031	1 518	279	8 033	7 249
北美洲和中美洲	233 097	118 055	220 598	106 038	13 132	10 708
南美洲	17 245	11 074	7 999	2 648	8 973	4 658
亚洲	807 793	674 352	146 927	131 344	82 323	37 536
欧洲	308 251	59 992	163 272	99 508	2 797	6 656
大洋洲	66 273	45 369	52 433	45 690	301	1 439

(资料来源:马光,2000)

　　纵观人类社会发展史,人类先后经历了柴草能源时期、煤炭能源时期和石油天然气能源时期,目前正向新能源时期过渡。据预测,21 世纪世界能源系统将发生重大变革,在 20 世纪形成的以石油、天然气和煤炭等化石燃料为主体的世界能源系统,在 21 世纪将转换成以可再生能源为主体的新的世界能源系统。世界能源委员会(WEC)和国际应用系统分析研究所(IIASA)合作完成的研究报告认为:在 21 世纪上半叶,石油、煤炭和天然气等化石燃料仍将是世界一次能源构成的主体;但到 21 世纪下半叶,太阳能、生物质能、风能等可再生能源将获得迅速发展;到 2100 年,可再生能源将占世界一次能源构成的 50% 左右。

　　能源是现代工农业生产的原动力,能源紧缺是当今世界普遍性问题。随着世界人口不断增长和世界经济持续发展,世界能源消费总量将保持继续增长。在过去 50 年里,全球能源需求增长速度是人口增长速度的两倍。目前,世界能源消费主要集中在美国、日本、德国以及其他发达国家,其消费量约占全球总消费量的 85%,而占全世界 70% 人口的发展中国家的能源消费量只占 15%。到 2050 年,随着发展中国家人口增加和生活的富裕,其能源消耗将会大大增加。未来 50 年,能源需求增幅最大的地区将是经济最活跃的地区。在亚洲,尽管人口增长仅仅 50%,但能源消耗却要增长 361%;在拉丁美洲和非洲,能耗量预计增长分别达到 340% 和 326%。因此,能源危机是人类未来面临的重大危机之一,不可忽视。

　　我国是一个能源短缺的国家,能源基本特点是富煤、贫油、少气,这就决定了在一定时期内,煤炭在一次能源中占有重要地位。据统计,我国煤炭资源总量为5.6 万亿 t,其中已探明储量为 1 万亿 t,占世界总储量的 11%,而石油仅占

2.4%,天然气仅占1.2%。同时,我国又是一个人口大国,人口增长必然会进一步加剧能源供给长期短缺的现象。

同时,能源在开采、运输、加工和利用等环节引发城市大气污染、酸雨等环境问题,对生态环境产生严重影响。要改变这种状态,必须在寻找和发展新能源的同时控制人口增长和人均能源消耗。

(四)人口增长对生物资源的影响

1. 人口增长对森林资源的影响

森林是保持人类环境质量的重要因素,是陆地生态系统的重要组成。森林是自然界的重要资源,它能够为人类生存和发展提供大量的木材、原料、食品与饲料。同时,在保护和美化环境方面发挥重要作用,具有净化空气、吸烟滞尘、调节气候、涵养水源、保持水土、防风固沙、保护农田和减弱噪声等功能,被称为“大自然的总调度室”。历史上,世界陆地曾经有2/3的土地为郁郁葱葱的森林所覆盖,面积约为76亿hm^2。据联合国粮农组织(FAO)报道,2010年世界森林总面积略高于40亿hm^2,覆盖率为31%左右;在2000—2010年期间,全球每年有大约1 300万hm^2森林被转做他用或因自然原因而消失。世界森林地理分布很不均衡,主要分布在南美洲、非洲、北美洲和俄罗斯联邦等地区。表2-10为2010年世界各大洲森林资源现状。

表2-10 2010年世界各大洲森林资源状况

区域/分区域	森林面积/10^3 hm^2	占全球森林面积/%
东部和南部非洲	267 517	7
北部非洲	78 814	2
西部和中部非洲	328 088	8
非洲总计	674 419	17
东亚	254 626	6
南亚和东南亚	294 373	7
西亚和中亚	43 513	1
亚洲总计	592 512	15
俄罗斯联邦	809 090	20
欧洲(除俄罗斯联邦外)	195 911	5
欧洲总计	1 005 001	25
加勒比海地区	6 933	0
中美洲	19 499	0
北美洲	678 961	17

区域/分区域	森林面积/10^3 hm²	占全球森林面积/%
北美洲和中美洲总计	705 393	17
大洋洲总计	191 384	5
南美洲总计	864 351	21
世界	4 033 060	100

(资料来源:FAO,2010)

随着人类社会发展,工业化建设突飞猛进,人口数量急剧增多,人们对木材需求量大大增加,越来越多的森林正在遭受破坏。在人类文明演进的历史长河中,全球森林面积减少与人口增长步伐是一致的。为了供养日益增长的庞大人口,需要不断地扩展耕地面积和增加对林产品需求,造成森林急剧减少。据估算,20世纪全球森林面积减少量占渔猎文明至今森林面积减少总量的75%。另外,大量砍伐森林导致生态平衡破坏,带来水土流失、土地沙化、气候异常和环境污染等一系列难以消除的生态后果。

第七次全国森林资源清查结果显示,截止到2008年,中国森林面积为1.95亿 hm²,森林覆盖率达到20.36%,仅为全球平均水平的2/3,排在世界第139位;人均森林面积为0.145 hm²,不足世界人均占有量的1/4;人均森林蓄积量10.151 m³,仅为世界人均占有量的1/7。

我国曾是个森林资源丰富的国家,但是随着人口的增长和耕地需求的增加,大量森林被砍伐,使得森林资源的矛盾日益尖锐化。在占中国国土面积50%的西部干旱和半干旱地区,森林覆盖率不足1%,许多地区无林可言。同时,由于森林的破坏,导致了某些地区气候变化、降雨量减少以及自然灾害(如旱灾、鼠虫害等)日益加剧。据调查,我国四川省已有46个县年降雨量减少了15%~20%,这不仅减少了江河的水量,而且造成四川盆地旱灾连年出现,且时间成倍延长。再如,我国长江上游地区由于森林的大量砍伐,造成大量的水土流失,使得长江含沙量不断增加,这种现象若不加以扭转,不久的将来长江会变为第二条黄河,这已引起各界的广泛关注。

2. 人口增长对草场资源影响

草场也称草地或草原,是地球半干旱地区分布的主要生态系统类型。草场不仅为人类提供了物质生活中必需的肉类、乳制品、皮革和动物纤维,同时还具有防止风沙侵蚀、涵养水源、保护土地、净化大气和美化环境的功能。全世界草场面积约30亿 hm²,占全球陆地面积的22%。

人口的增长使得人们对草场资源的利用程度升高,不合理开垦、过度放牧和重用轻养等因素存在,使得草原生态系统遭受到严重的破坏,造成生产能力下降、产草量减少和质量衰退。例如，北非、西亚等地区的牧场发生退化，造成沙漠扩大；许多热带、亚热带地区草场退化，引起了严重的水土流失。最终结果是这些地区的动植物资源遭到破坏，有些亿万年来适应了草原环境的物种濒于灭绝。

中国草原总面积约 3.53 亿 hm^2，可利用的面积约 3.1 亿 hm^2，占国土面积的 40% 以上，居世界第四位，其中有 2.66 亿 hm^2 为牧草地，是世界草场面积最大的国家之一。中国的天然草场主要分布在大兴安岭—阴山—青藏高原东麓一线以西、以北的广大地区；人工草场主要在东南部地区，与耕地、林地交错分布。由于人口增长和自然粗放式经营，我国草场退化情况很严重。20 世纪 70 年代中期退化草原面积占全国草原面积的 15%，80 年代中期占 30% 以上，90 年代中期达到 50% 以上，而到 21 世纪初草原退化面积已增加到 90% 以上。草场退化使昔日一些优良草场变为沙漠，并成为沙尘暴的沙源，对环境影响极大。

3. 人口增长对物种资源的影响

世界自然保护联盟（IUCN）2012 年 6 月 19 日发表的《濒危物种红色名录》显示：在被评估的 63 837 个物种中，801 个物种已灭绝，63 个野外灭绝，3 947 个极度濒危，5 766 个濒危，10 104 个脆弱（易受伤害）。在 19 817 个受威胁物种中，两栖动物占 41%，珊瑚占 33%，哺乳动物占 25%，鸟类占 13%，松柏占 30%。自人类进入工业化时代以后，自然界物种灭绝速度为自然条件下的 1 000 倍，是新物种形成速度的 100 万倍。

中国是野生动植物十分丰富的国家，有高等植物 3 万种，居世界第三位；脊椎动物 6 347 种，其中鸟类有 1 244 种，居世界首位；鱼类 3 862 种。中国的特有物种也极其丰富，高等植物 17 300 种，脊椎动物 667 种。但是，中国生物的多样性正面临严重威胁。被子植物中，濒危种有 1 000 种，极危种有 28 种；裸子植物濒危 63 种，极危 14 种，已有 1 种灭绝；脊椎动物受威胁的有 433 种。

自然界中每个物种的存在都有特定含义，因为它们在生态系统中占有一定位置，维持着自然界生态平衡，每个物种的存在都与人类有着千丝万缕的联系。但是，目前物种多样性已遭受到严重破坏，正在逐渐减少。造成物种多样性减少的主要原因是人类活动，主要包括以下两个方面：一是动植物栖息地或生长地的丧失和生活环境的破坏，如城乡建设、矿山开采、修路筑坝、开垦荒地、乱伐森林和滥垦草原等人类活动会使森林、草地、河湖等的生态环境发生巨大变化，使野生物种失去生存环境，导致大量物种灭绝。沿海地区自然环境特别适于生物繁衍，但却居住着世界人口的 60% 以上，大大挤占了野生动植物的生存空间。二是人为的滥捕滥杀。

物种多样性一旦被破坏，几乎不可能恢复。近些年来，人们建立起来保护野生动植物的观念。真正做好物种多样性的保护，至少需要做好以下 7 个方面的工作：① 加强立法；② 摸清现状；③ 加强宣传教育；④ 建立植物园和养殖场迁地保护；⑤ 建立自然保护区就地保护；⑥ 离体保护；⑦ 放归野化。

（五）人口增长对气候变化的影响

人类在数万年的发展过程中，绝大部分时间是被动地适应居住环境和相应的气候条件，并没有对环境和气候产生足够大的影响，气候仍在其基本因子的作用下变化着。但是，在工业革命后的 200 年间，由于地球上人口剧增、科学技术发展和生产规模的迅速扩大，人类对环境的破坏和对气候的影响变得越来越大，地球表面及大气的自然状态受到严重破坏。

联合国气候变化大会上，有关国际机构、专家学者和新闻媒体呼吁，人口过快增长给气候环境带来前所未有的挑战。因此，要高度关注人口这个重要的基础性因素在气候变化中的重要影响，妥善处理好人口发展和气候变化之间的关系。气候变化政府间专门委员会（IPCC）的专家认为，人口增长速度与温室气体排放量息息相关，这一点已经得到国际社会科学家们的广泛认可。联合国人口基金发表的 2009 年《世界人口状况报告》指出，通过人口增长对全球二氧化碳排放量增长影响的计算，已经得出了非常一致的结论，即人口过快增长是导致二氧化碳总排放量增长 40%～60% 的主要原因。对于人口快速增长因素的漠视，将阻碍以其他方式应对气候变化的有效性，从长远角度看，将阻碍人类发展。人口增长除了通过增加二氧化碳排放直接影响气候变化，还通过对其他机制的影响，间接地加剧气候变化问题，尤其是人口增长带来的住房、食品和饮用水的短缺。此外，增长的人口给已经很脆弱的健康体系带来额外负担，加剧人们抵御气候变化对健康不良影响的脆弱性。

据了解，在联合国气候谈判中，已有 37 个国家将人口问题作为抗击全球变暖的战略之一，欧盟也建议重视人口动态变化以解决碳排放问题。英国可持续发展委员会主席、著名环保专家祖纳森·鲍利特认为，为了应对全球气候变化，必须采取计划生育措施降低人口增长，发达国家居民人均对环境的影响比发展中国家大，应该更主动地承担责任。他认为英国每个家庭应该不多于两个孩子，以保持自身的可持续发展。美国加州大学迈尔克姆·鲍茨教授则强调，美国人均碳排放量是最不发达国家的 10 倍之多，在美国避免每一个非意愿妊娠，都会让世界各国的人呼吸更顺畅。

联合国人口基金报告指出，减缓地球上的人口增长将对战胜温室气体效应做出巨大贡献。减缓人口增长速度，将有利于增强人们应对气候变化影响的恢复能力，有利于降低未来温室气体排放。该报告还说，如果到 2050 年，地球上人口能够保持在 80 亿而不是 90 亿，每年将减少 10 亿～20 亿 t 的碳排放，为更清洁能源和其他政策的发展赢得宝贵时间。为了通过减缓人口增长使排放目标更容易完成，计划生育可能成为气候变化的最佳刹车器，是投入产出效益最高的减排方式之一。2010—2050 年期间，如果满足全球所有未被满足的避孕需求，将减少至少 340 亿 t 碳排放,每 7 美元用于基本的计划生育服务将减少超过 1 t 的二氧化碳排放。相比而言,用低碳技术减少 1 t 二氧化碳排放将花费 32 美元,比提供计划生育服务减少碳排放每吨多花费 25 美元。因此,在减碳策略中应当把计划生育作为基本方法之一,努力做到更少的排放者,更低的排放,更经济的措施,从而降低未来碳排放。

第四节　环境污染与人体健康

人类的出现开创了地球历史的新纪元。人类同其他一切生物一样,要从环境中获取生产和生活所需要的一切物质资源。因此,环境是人类的共同财富,人与环境的关系密不可分。人类赖以生存和发展的客观条件是环境,脱离了环境这一客体,人类将根本无法生存,更谈不上发展。

一　环境污染物在人体内的迁移转化

影响人体健康的环境因素大致可以分为三类:一是化学性因素,如有毒气体、重金属和农药等;二是物理性因素,如噪声、振动和放射性物质等;三是生物性因素,如细菌、病毒和寄生虫等。其中,化学性环境污染物对人体的影响最大,在人体内的迁移转化过程也相对比较复杂,主要包括侵入与吸收、分布与蓄积、生物转化和排泄 4 个过程,见图 2-9。

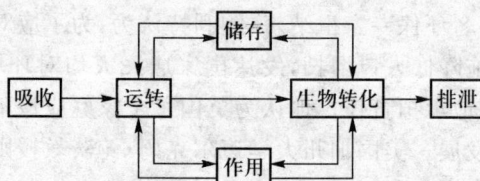

图 2-9　化学性环境污染物在人体内的迁移转化
(资料来源:魏振枢等,2003)

(一)侵入与吸收

环境污染物进入人体的途径包括 4 条途径,即消化道、呼吸道、皮肤和其他(如黏膜、伤口等),如图 2-10 所示。在这 4 条途径中,主要以呼吸道和消化道为主,如呼吸道是直接吸入大气污染物进入人体的主要渠道,见图 2-11。

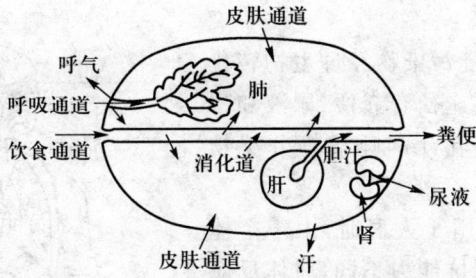

图 2-10　环境污染物进入人体的通道

（资料来源:何燧源,2002）

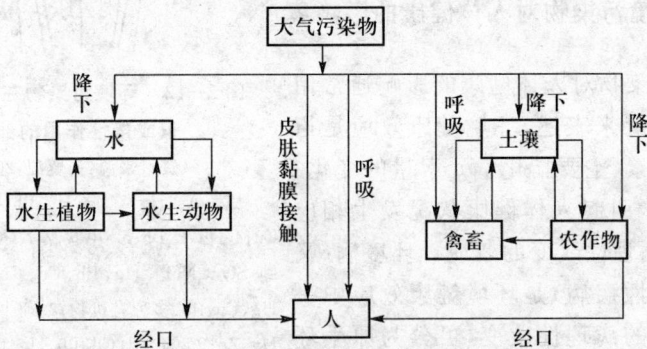

图 2-11　大气污染物进入人体的渠道

（资料来源:魏振枢等,2003）

（二）分布与蓄积

环境污染物被人体吸收后,由血液带到人体各个器官和组织。由于各种环境污染物的理化特性和化学结构不同,它们与人体内某些器官表现出不同的亲和力,从而使环境污染物分布在不同的器官和组织内,如一氧化碳（CO）与血红蛋白表现出极大的亲和力。环境污染物可以长期隐藏在组织内,逐渐积累和蓄积,蓄积量是摄取、分布、代谢和排泄各量的代数和。人体内不同部位蓄积环境污染物的种类是不同的,如图 2-12 所示。

（三）生物转化

环境污染物在某些酶的作用下发生代谢转化,该过程称为生物转化。生物转化过程可以分为两步进行:① 进行氧化、还原和水解,生成一级代谢产物;② 这些产物再与内源性物质结合生成酸性的二级代谢产物。

生物转化过程中,可能会发生两种反应:一是激活反应,将环境污染物变成致突变物或致癌物,使其毒性增加;二是降解反应,使污染物的毒性降低或无毒。

（四）排泄

进入人体的环境污染物经过生物转化后，排出体外的主要途径有粪便、尿液和呼吸，少量随着汗液、乳汁和唾液等分泌物排出。

环境污染物作用于人群时，由于个体的身体素质不同、抵抗能力不同，肌体反应在客观上呈"金字塔"式分布，如图2-13所示。

二 环境污染物对人体健康的影响

环境污染物对人体健康的影响通常用环境健康效应来表述，环境健康效应是指各种环境因素（主要指化学元素量的变化）作用于人体，引起人体健康状况发生相应的生理性、病理性改变的效应。环境病（又称地球化学性疾病）是环境健康效应中一种比较严重的病理性改变，可分为原生环境病（地方病）和次生环境病（公害病）两类。

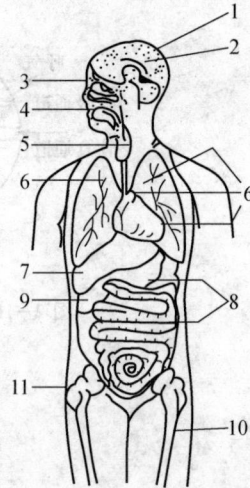

图2-12 环境污染物在人体中蓄积或毒性作用的部位

（资料来源：何燧源，2002）

1. 头发 As、Hg；2. 脑 Hg、Pb、CO；3. 鼻 Cr、Cu；4. 齿 F、Pb；5. 甲状腺 I、CO；6. 呼吸道肺 SO_x、NO_x、Hg、Pb、Cd、CN^-、IP；7. 肝 Hg、Cu、Pb、多种有机物；8. 肠胃 Ag、Mn、Pb、Hg、Zn；9. 肾 Al、Cd、Pb、Hg、Cu、Br；10. 骨 Pb、Cd、Mn、Zn、Re、F、P；11. 皮肤 Zn、Ag、Cu、Hg、CN^-

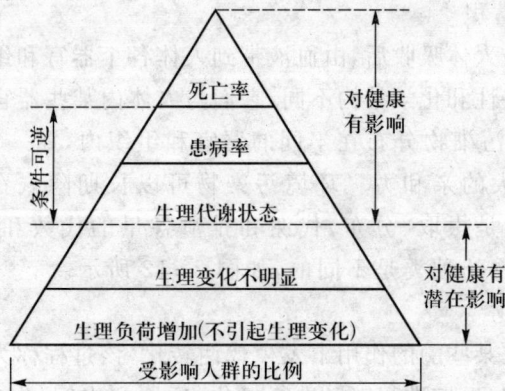

图2-13 人群对环境变化异常的反应

（资料来源：魏振枢等，2003）

54

环境污染物对人体健康的影响是复杂而巨大的,其能否对人体产生危害及危害程度,主要取决于污染物进入人体的"剂量"。有些污染物能够在短期内通过气、水、食物等多种介质侵入人体或几种污染物联合大量侵入人体,造成急性危害;也有些污染物小剂量持续不断地侵入人体,经过相当长时间才显露出对人体的慢性危害或远期危害,甚至影响到子孙后代。通常将其按照出现危害的时间分为急性危害、慢性危害和远期危害。

(一)急性危害

在毒理学中,环境污染物一次性或在一定时间(如 24 h)内多次作用于人或动物机体所引起的明显损害称为急性危害,又称急性中毒。当具有强毒性的环境污染物污染了空气、水体、食物以后,就会通过相应途径进入人体,引起急性中毒。一些典型环境污染物引起的急性中毒症状见表 2-11。

表 2-11   生活中常见毒物急性中毒症状

毒物	主要中毒症状
汞	消化道黏膜被腐蚀、呕吐、腹泻,重症者失水虚脱致死
砷	口腔和咽喉发干、呕吐、腹泻,重症者失水虚脱致死
一氧化碳	恶心、疲乏、心跳加快、血压上升,重症者瘫痪与昏迷、血压下降、大小便失禁以致死亡
甲醛	腹痛、呕吐、腹泻(口服);眼痛、流泪、咳嗽、胸闷(蒸汽吸入);致敏、发疹、组织坏死(皮肤接触)
有机氯农药	恶心、呕吐、兴奋、肌肉震颤、呼吸困难、昏迷、痉挛
吗啡	初时兴奋,继则嗜睡、血压下降、全身发绀、昏迷,最后因呼吸中枢麻痹而死亡
盐酸克伦特罗(瘦肉精)	心悸胸闷、肌肉震颤、心慌、战栗、头痛、恶心、呕吐

(资料来源:何燧源,2002)

20 世纪 30—70 年代,在一些发达的资本主义国家中,相继出现了不少环境污染公害事件,引起人群出现急性中毒而死亡。如 1952 年 12 月英国伦敦地区因烧煤排出的烟尘和二氧化硫造成 4 000 人因急性中毒而死亡。环境污染对人体造成的急性危害,近年来在我国也时有发生。如 2003 年 12 月 23 日,我国某气矿发生特大井喷事故,井内喷射出的大量含有剧毒硫化氢的天然气四处弥漫,造成 243 人死亡、2 142 人住院治疗和 6.5 万人被紧急疏散安置。2004 年 4 月 16 日,我国某化工总厂发生氯气泄漏事件,该事件造成 9 人死亡,方圆 2 km 范围内的 15 万居民被转移疏散。

(二)慢性危害

环境污染物在人或动物生命周期大部分时间或整个生命周期内持续作用所引起的损害称为慢性危害或慢性中毒。慢性中毒的特点是毒性显示与其在体内的代谢过程有关。从环境毒理学来看,存在慢性中毒的有机毒物多数具有此特点。

环境污染物的慢性作用潜伏期长,比较隐蔽,容易被人们忽视。例如,近年内孟加拉国砷中毒事件,源于恒河水底黄铁矿中所含砷化物缓慢溶出并散入居民生活水井,使恒河沿岸 7 000 万人慢性中毒。实际上,孟加拉国恒河沿岸约 400 万个井台系于 1960 年前后开掘用水,至发现中毒现象已历经了数十年之久。

当环境中同时存在多种有毒污染物时,在长期作用下可能出现污染物的慢性联合作用,产生更大的毒性,如氟铝、氟砷联合作用等。

（三）远期危害

远期危害是指某些环境污染物进入人体后,长期在体内蓄积,最终引发的"三致"作用,包括致癌、致畸和致突变作用。虽然"三致"污染物致病、致残和致死的效应是远期的,但对人类生存的威胁非常大,必须引起足够重视。

"三致"物质在环境中普遍存在,其种类数不胜数。常见存在于环境介质、生物体和人体中的"三致"污染物如表 2-12 所示。

表 2-12　存在于环境介质、生物体及人体中的"三致"物质(部分)

致癌物	艾氏剂、苯、苯并[a]芘、双醚、氯乙烯单体、氯仿、四氯化碳、氯乙烯、狄氏剂和异狄氏剂、二噁英、亚硝胺、石棉、铬酸盐、砷化物、放射性核素、霉素、病毒
致畸物	2,4,5-T、二噁英、有机汞、苯二甲酸酯、砷酸钠、硫酸镉、醋酸苯汞
致突变物	DDT、2,4-D、2,4,5-T、二噁英、苯臭氧、砷酸钠、硫酸镉、亚硝酸盐、硫酸镉、铅盐

（资料来源:何燧源,2002)

1. 致癌作用

致癌作用是指环境污染物诱发人体内滋生恶性肿瘤或良性肿瘤的一种远期性作用。国际癌症研究中心(MC)研究证明对人体致癌的化学物质达 26 种之多,经实验室研究确定致癌的化学物质达 221 种。这些生产和生活中的致癌物致癌有以下几个特点:① 人群接触某一化学致癌物,具有共同特性的癌症高发;② 持续不断地接触这种化学致癌物,可引起相应的癌症发病率不断升高;③ 癌症发病率与摄入这种化学物质的剂量呈现剂量-反应关系;④ 如果控制接触,可使发病率降低;⑤ 用致癌物做动物实验,动物的癌肿与人患癌肿相似。

2. 致畸作用

环境污染物通过人或动物母体影响胚胎发育和器官分化,使子代出现先天性畸形,叫做致畸作用。生物体在胚胎发育和器官分化过程中,由于遗传、化学、物理和生物等因素以及母体营养缺乏或内分泌障碍,都可以引起先天性畸形或畸胎。

致畸的因素主要有物理因素、化学因素和生物学因素。物理因素如放射性物质可引起白内障、小头症等畸形;化学因素如农药(敌枯双、螟蛉畏、有机磷杀菌丹、灭菌丹、敌菌丹、五氯酚钠等)、某些药物和食品添加剂、职业接触有毒物质和环境化学污染物等均可引起畸形,如甲基汞能引起胎儿性水俣病、多氯联苯(PCBs)可引起皮肤色素沉着的"油症儿"等;生物因素如母体怀孕早期感染的风疹等病毒,也会引起胎儿畸形等。

3. 致突变作用

环境污染物引起细胞遗传信息和遗传物质发生突变的作用,称为致突变作用。发生突变的遗传物质在细胞分裂繁殖过程中能够传递给子细胞,使其具有新的遗传特性。突变是生物界的一种自然现象,是生物进化的基础;然而对大多数生物来说,突变往往是有害的。如果哺乳动物的生殖细胞发生突变,可能影响妊娠过程,导致不孕或胚胎死亡等;体细胞发生突变,则可能形成癌肿;环境污染物中的致突变物,有的可通过母体的胎盘作用于胚胎,引起胎儿畸形或行为异常。

具有致突变作用的物质称为致突变物或诱变剂。常见的具有致突变作用的环境污染物有亚硝胺类、甲醛、苯、砷、铅、烷基汞化合物、甲基对硫磷、敌敌畏、谷硫磷、百草枯和黄曲霉素等。

近年来,各国采用了快速筛检办法及早发现环境污染物、食品添加剂、农药、医药中的致突变物。常用的方法有染色体畸变分析方法,如外周血细胞体外培养染色体分析、姐妹染色单体互换分析以及动物骨髓细胞和睾丸细胞染色体畸变分析等。

阅读材料

材料 1 历史上的 3 次人口大潮

如果人口增长的曲线始终沿陡坡爬升,那么地球村的居民早已无立锥之地。如同大海一样,人口增长也有潮涨潮落。在人类的发展史上,曾有 3 次人口大潮。

在漫长的岁月中,人类曾有过温饱难求的采集渔猎生活阶段。那时人的足迹被限制在适于植物生长和动物栖息的狭小地域,人的肩膀十分瘦弱,耐不住严酷的自然环境。据西方学者研究,人类最早生活的范围不超过 1 700 万 km^2,不及陆地面积的 1/10。在 10 万年前,世界人口总数约为 320 万。

人口增长的第一次浪潮出现在约 7 000 年前。这时人类社会步入了农业文明,原始种植业和畜牧业的发展,使食物逐渐丰富,对偶婚制取代了群婚制,一夫一妻制又取代了对偶婚制。人类用能够生产粮食的双手打开了新文明的大门。食物的增多,家庭的日益稳定,使人类具备了迅速增长的条件。但当时由于生产力水平低下,再加上战争肆虐、瘟疫流行,因而人口增长并不是很快。据西方研究资料,公元初世界人口约3.2亿,到17世纪中期时,也不过5.5亿。

人口增长的第二次浪潮发生在18世纪后期—20世纪中叶。比起第一次人口浪潮,第二次人口浪潮激起的人口增长浪花要高得多。随着工业革命的兴起,生产力和科学技术的车轮载着人类文明奔向物质空前富足的新境界。世界人口也以令人炫目的速度跃上了一个又一个的新台阶。到19世纪末,世界人口达到17亿。第二次世界大战结束时,世界人口又跃升至25亿。

第二次世界大战的硝烟刚刚散去,就在人类为食物充足、疾病退却、生产发展和人丁兴旺而舒展愁眉的时候,人口增长的第三个浪潮在咆哮中迎面而来。在欧洲小楼的壁炉旁,在非洲简陋的茅屋下,在拉美石砌的民居内,在中国四合院的暖炕上,新生儿呱呱坠地,汇成一曲遍及全球各个角落、回肠荡气的出生交响乐章,一奏就是50年。50载寒暑在人类历史上不过白驹过隙,但人口已增至吓人的地步。巨浪后,人类陷入新的苦恼与困惑之中。

这次新的人口浪潮与前两次人口浪潮不可比拟,无论在规模和人口增长速度上,还是在浪潮成因和造成的后果上,都是前所未有的。第一,范围空前广阔,它的冲击波延伸到世界一切地区和国家;第二,人口增长空前迅速,20世纪70年代全球年增长人口约7000万,80年代中期达8500万。目前,世界正处在第三次人口浪潮之中。

(资料来源:王宁,2003)

材料2　中国人口"推波助澜"

中国是现今世界人口最多的国家,又是世界文明古国之一,人口增长和变动趋势与世界基本相似,绝大部分时间处于高出生、高死亡和低增长状态。公元纪元以来至17世纪中叶的人口年平均增长率约为0.03%,恰好与世界同期人口增长率相吻合。据史料记载,1680年全国人口首次突破1亿大关,1740年增加到2亿,1790年增加到3亿,1834年增加到4亿,在以清代康熙到道光的一个半世纪里全国人口接连翻了两番,造成相对于世界人口的"提前起飞",奠定了中国人口众多的基础。1949年中华人民共和国成立时,人口已达到5.4亿。此后,经过20世纪50年代和60年代两次人口增长高峰,人口数量激增。20世纪70年代初期,人口过多的矛盾开始暴露出来。到1990年7月,我国人口已达到11.6亿(包括香港和台湾),占世界人口的21%左右。根据第五次全国人口普查,我国人口已达到12.9533亿(包括香港、澳门和台湾),预计到2050年达到

15亿～16亿时,才又可能实现零增长。可以说,在未来的半个世纪里人口可能增加3亿,人口压力有增无减,控制人口的数量增长依旧是解决人口问题的首要任务。

中国人口在20世纪50—70年代以史无前例的高速度迅猛增长,对世界人口膨胀起到了推波助澜的作用。中国人口增长之所以表现出"提前起飞"特征,除了和其他发展中国家客观上相似的社会经济因素外,还有如下主要因素:①中华人民共和国成立初期实施按人头分配粮食、住房和补贴的政策,同时人工流产和节育受到谴责和禁止;②20世纪50年代末对马寅初人口理论严厉批判,从此每说到人口控制问题就令人谈虎色变,噤若寒蝉;③在"大跃进"运动中,人口多被说成好事,正所谓"人多力量大、热气高、干劲足",人口越多,手也越多,便越可多快好省地建设社会主义;④"文化大革命"中,人口增速失控,1965—1970年连续5年创平均增升2.6%的记录。

(资料来源:王宁,2003)

材料3　中国孩子的经济成本

抚育孩子的经济成本由孩子出生前和出生后的两大费用支出构成。以1996年的厦门为例,孩子出生前的有关支出即从母亲怀孕至孩子出生这段时期的相关费用约为2771.44元。其中,占孩子出生前总费用比重前3名的是怀孕期间增加的营养费(39.69%)、住院接生费(21.41%)和婴儿用品预购费(20.91%)。用于对胎儿健康发育十分有益的胎教支出费用只占3.04%,处于各项支出的倒数第一位,这说明用母体食物进补来促进胎儿健康发育的传统方式在中国还很流行,而代表现代意识、更注重胎儿正常心智培养和开发的胎教还没有得到应有的重视。孩子出生后,从0～16周岁的费用约为119829.30元,再加上母亲怀孕分娩期间直接与孩子相关的费用2771.44元,中国孩子的平均经济成本或抚养总费用高达122600.74元。

从孩子的抚养费用构成来看,居第一位的是食品费用(49214.75元,占41.07%),居第二位的是教育费用支出(17573.21元,占14.67%),然后依次是家庭生活服务费(11981.93元,占10%)、衣着费用(11938.72元,占9.96%)、零花和压岁钱(9336.03元,占7.79%)、文化娱乐活动费(7003.12元,占5.84%)、健康保险费(4543.05元,占3.79%)、日用品支出(4341.41元,占3.62%)和医疗保险费(3897.04元,占3.25%)。

(资料来源:左玉辉,2002)

思 考 题

1. 世界和中国人口发展历史是怎样的?
2. 世界和中国人口增长的特点是什么?
3. 人口增长带来哪些环境问题?
4. 如何理解环境人口容量的概念?
5. 人口、资源和环境之间的关系是怎样的?
6. 环境污染物进入人体的途径是什么?
7. 环境污染物对人体健康具有哪些危害?
8. 中国人口在 20 世纪 50—70 年代迅猛增长的主要原因是什么?

<table>
<tr><td>第三章</td><td># 生态系统及其保护</td></tr>
</table>

导读

　　生态系统是研究生态与环境问题的主要载体,认识生态和环境问题首先要对生态系统有一定的了解。本章简述了生态系统的组成要素、结构、类型及其基本特征;阐明了生态系统的物种流、能量流、物质流、信息流和价值流的规律。本章内容的重点是能量流动的过程和特点,也是难点,学习时应注意联系食物链和食物网的知识。本章要求深刻理解与熟练掌握的重点内容有生态系统的概念、生态系统的组成成分与结构、生态系统的基本特征、生态系统的基本功能、生态系统平衡和失调的基本特征。要求一般理解与掌握的内容包括生态平衡的定义、生物多样性及其保护。

第一节　生态系统概述

　　生态系统属于生态学研究的最高层次,是生态学上的一个主要结构和功能单位。生态系统学将生物有机体和非生物环境看做是相互影响和彼此依存的统一体,强调他们之间的相互作用和彼此依存。本节将介绍生态系统的基本概念、基本结构、基本特征和类型。

一 生态系统的基本概念

生物成分和非生物成分之间密切联系、相互作用，通过物质交换、能量转换和信息传递，成为占据一定空间、具有一定结构和执行一定功能的动态平衡整体，称为生态系统(ecosystem)。按照生态系统的上述定义，我们既可以从生态系统组分上去理解，即生态系统是生物成分与非生物成分相互作用的自然系统，是无机环境与生物有机体的有机结合；也可以从生态系统功能上去理解，即生态系统中的各成分之间通过物质循环和能量流动而联系在一起的一个有机整体，该整体具有一定的大小和结构，各组分借助能量流动、物质循环和信息传递而相互联系、相互影响和相互依存，并形成具有自组织和自调节功能的复合体，它是一个重要的生态学功能单位。

生态系统一词是英国植物生态学家 Tansley 于 1935 年首先提出来。1944年，苏联植物学家 Sucachev 在深入研究植物群落中种群关系的基础上，提出了生物地理群落(biogeocoenosis)的概念。这两个概念都把生物及其非生物环境看成是互相影响、彼此依存的统一体，所以 1965 年在丹麦哥本哈根会议上决定生态系统和生物地理群落是同义语，此后生态系统一词便得到了广泛的使用。

生态系统概念的提出，使我们对生命与自然界的认识和理解提到了更高一级水平。生态系统的研究为我们观察分析复杂的自然界提供了有力的手段，并且成为解决现代人类所面临的环境污染、人口增长和自然资源利用与保护等重大问题的理论基础之一。生态系统的概念和原理已经在许多学科和实践领域得到了广泛应用，如环境科学领域的生态评价和保护生物学领域的生物多样性保护等。目前，无论是在生态学领域还是环境科学领域，生态系统都是备受人们关注的热点研究领域，如 20 世纪 60 年代开始的 IBP(国际生物圈计划)、70 年代开始的 MAB 计划(人与生物圈计划)、80 年开始的 SCOPE(国际科联环境问题科学委员会)和 IGBP(国际地圈生物圈计划)以及 21 世纪初开始的 MA(千年生态系统评估)等国际合作研究，所有这些使生态系统研究成为目前生态学研究的主流。为了在更大尺度上揭示生态系统的演变规律，减少生态系统管理的不确定性，长期的生态系统联网研究和监测是一种有效的方法。20 世纪 80 年代以来，世界上建立了多个生态系统研究网络。如美国的长期生态研究网络(LTER)、英国的环境变化研究监测网络(ECN)、加拿大的生态监测与分析网络(EMAN)和中国的国家生态系统研究网络(CNERN)等。

二 生态系统的组成成分

生态系统由生物成分和非生物成分构成,也可以说由非生物环境、生产者、消费者和分解者四种基本成分组成(图3-1)。

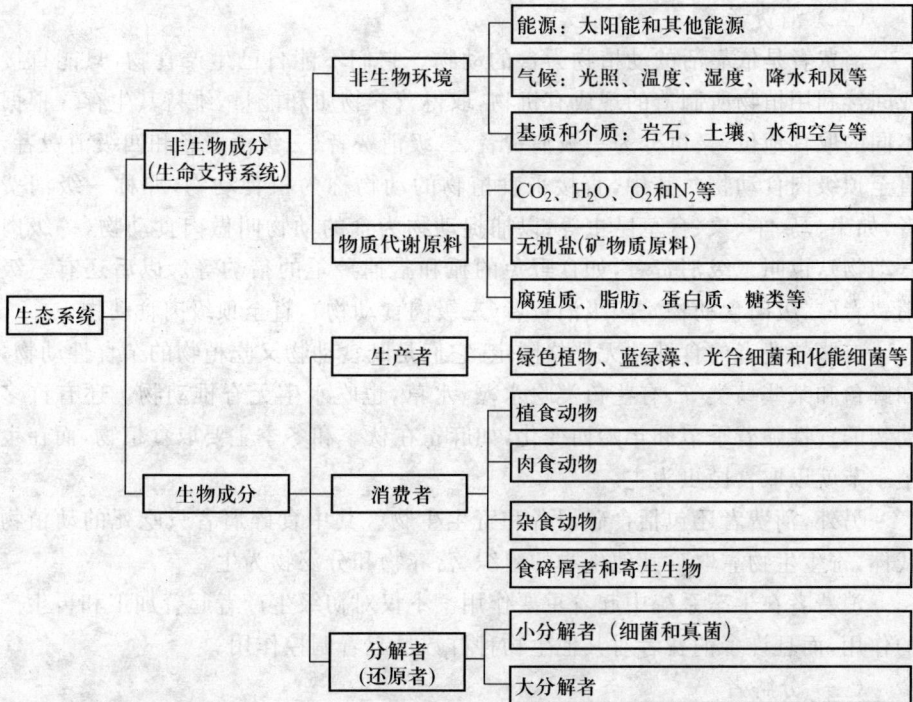

图3-1 生态系统的组成成分

非生物成分主要包括非生物环境(气候、能源、基质和介质等)和物质代谢原料(无机盐、二氧化碳、水、氧气、氮气、腐殖质、脂肪、蛋白质和糖类等),它们是生物生活的场所,是生物物质和能量的来源,也被称为生命支持系统。

生态系统中的生物成分按其在生态系统中的地位和作用可划分为三大类群:生产者(producers)、消费者(consumers)和分解者(decomposers)。因此,生产者、消费者和分解者又被称为生态系统的三大功能类群(图3-1)。

(一) 生产者

生产者指能利用简单的无机物质制造食物的自养生物,主要包括所有的绿色植物、蓝绿藻、光合细菌和化能细菌等。它们可以通过光合作用把水和二氧化碳等无机物质合成为糖类、蛋白质和脂肪等有机化合物,并将太阳光能转化为化学能贮存在有机物质中。它们是有机物质的最初制造者，是生态系统中最基本和最关键的生物成分，它们通过光合作用不仅为本身的生存、生长和繁殖提供营养物质和能量，而且它们所制造的有机物质也是地球上其他生物赖以生存的食物和能量来源。生产者在生态系统中起基础性作用，它们将无机环境中的能量同化，并构成输入生态系统的总能量，维系着整个生态系统的稳定，其中，各种绿色植物还能为各种生物提供栖息、繁殖的场所。

（二）消费者

消费者是依靠活的动植物为食的动物。它们不能自己生产食物，只能直接或间接利用植物所制造的现成有机物，取得营养物质和能量，维持其生存。根据不同的取食地位，又可分为一级消费者、二级消费者、三级消费者和四级消费者，直至顶级肉食动物。其中，直接采食植物的动物称为植食动物，亦称一级消费者，如牛、马、羊、象、食草昆虫等；以捕捉动物为食的动物叫做肉食动物（一级肉食动物），也叫二级消费者，如食野兔的狐和猎捕羚羊的猎豹等。以后还有三级消费者（二级肉食动物）、四级消费者（三级肉食动物），直至顶级肉食动物。

有些消费者的食性并无严格限定，它们是既食动物又吃植物的杂食性动物，如鲤鱼和某些鸟类等，有些鱼类吃水藻、水草，也吃水生无脊椎动物。还有许多动物的食性随着季节和年龄而变化，如麻雀在秋季和冬季主要取食植物，而在生殖季节就以取食昆虫为主。

另外，消费者还包括食碎屑者和寄生生物。其中食碎屑者只吃死的动植物残体，寄生生物靠取食其他生物的组织、营养物和分泌物为生。

消费者在生态系统中起着重要作用。不仅对初级生产者起着加工和再生产的作用，而且许多消费者对其他生物种群数量起着调控作用。

（三）分解者

分解者又称"还原者"，指生态系统中细菌、真菌和放线菌等具有分解能力的生物，也包括某些原生动物和腐食性动物。它们能分解动植物残体、粪便等各种复杂的有机化合物，吸收某些分解产物，最终能将有机物分解成简单的无机物，这些无机物参与物质循环后可被自养生物重新利用。分解者的作用是把动植物残体内固定的复杂有机物分解为生产者能重新利用的简单化合物，并释放出能量，其在生态系统中的地位是极其重要的。如果没有分解者，动植物残体将会堆积成灾，物质将被锁在有机质中不再参与循环，生态系统的物质循环功能将终止，生态系统将会崩溃。有机物的分解过程对于生态系统的物质循环和能量流动具有非常重要的意义，分解者在任何生态系统中都是不可缺少的组成成分。

有机物的分解过程是一个复杂的逐步降解的过程，除了细菌和真菌两类主要的分解者之外，其他大大小小以动植物残体和腐殖质为食的各种动物在物质分解的总过程中都在不同程度上发挥着作用，如专吃兽尸的兀鹫，食朽木、粪便和腐烂物质的甲虫、白蚁、皮蠹、粪金龟子、蚯蚓和软体动物等。有的学者把这类动物称为大分解者,而把细菌和真菌称为小分解者。

三　生态系统的基本结构

生态系统的结构包括两个方面的含义:一是形态结构,二是营养结构。生态系统的形态结构强调的是生态系统中各种生物的时间和空间配置(分布)状态;生态系统的营养结构主要揭示生态系统的组成成分及其营养关系,一般从食物链、食物网、营养级和生态金字塔等方面来研究。

(一)生态系统的形态结构

1. 生态系统的空间结构

在生态系统中,各种动物、植物和微生物的种类和数量在空间上的分布构成垂直结构和水平结构。从空间结构看,无论是水生还是陆地生态系统都具有分层现象。上层阳光充足,集中分布着能够进行光合作用的绿色植物或藻类,以生产为主,故上层被称为绿带(又称光合作用层或自养层);在绿带以下为下层,为异养层或分解层,被称为褐带。生态系统垂直结构的形成有利于生物充分利用阳光、水分、养分和空间。

在各种类型的生态系统中,森林生态系统的垂直结构最为典型,具有明显的成层现象。在地上部分,自上而下有乔木层、灌木层、草本植物层和苔藓地衣层。在地下部分,有浅根系、深根系及根际微生物。动物具有空间活动能力,但是它们的生活直接或间接地依赖于植物,因此,在生态系统中动物也依附于植物的各个层次而呈现出成层分布现象。

由于光照、土壤、水分、地形等生态因子的不均匀及生物间生物学特性的差异,各种生物在水平方向上呈镶嵌分布,从而构成了生态系统的水平结构。如森林生态系统中,森林边缘与森林内部分布着明显不同的动植物种类。

2. 生态系统的时间结构

生态系统的结构和外貌也会随时间变化而变化,这反映出了生态系统在时间上的动态。生态系统的时间结构一般可以从三个时间度量上来考察:在长时间尺度上,以生态系统进化为主要内容;在中时间尺度上,以群落演替为主要内容;在昼夜、季节和年份等时间尺度上表现为较为普遍的周期性变化,如海洋潮间带无脊椎动物组成的昼夜节律变化。

(二)生态系统的营养结构

1. 食物链

绿色植物固定的能量通过一系列的取食与被取食关系在生态系统中传递,这种生物之间存在的这种传递关系称为食物链(food chain)。食物链中每一个生物成员称为营养级。由于受能量传递效率的限制,食物链的长度不可能太长,一般食物链都是由 4～5 个环节构成,如鹰捕蛇、蛇吃小鸟、小鸟捉昆虫和昆虫吃草食物链(图 3-2)。

按照生物与生物之间的关系可将食物链分成 3 种类型。

(1) 碎食食物链(detrital food chain)。碎食食物链是指以死的生物或腐屑为起点的食物链。其构成方式为:碎屑物→碎屑物消费者→小型肉食性动物→大型肉食性动物,如枯枝落叶→真菌→红松鼠、花鼠食物链。在大多数陆地生态系统和浅水生态系统中,生物量的大部分是死后被微生物和食碎屑动物所分解,能流以通过碎屑食物链为主。例如,在草原生态系统中,将有近 3/4 的生物量在枯死后被分解者分解;另据研究表明,一个杨树林的生物量的

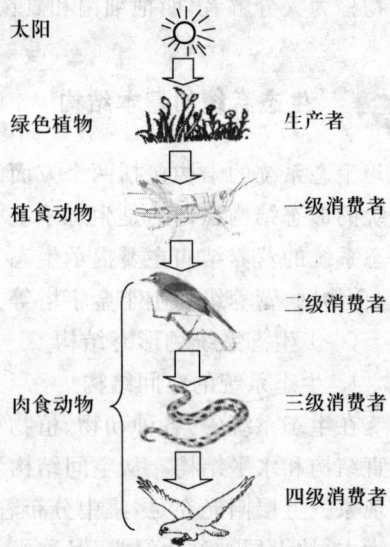

图 3-2　能量沿着陆地食物链传递
(资料来源:孙儒泳等,1993)

94% 也是在枯死后被分解者所分解;在海岸带盐沼生态系统中,活植物的 90% 也是在死后被腐食动物和小分解者所利用。

(2) 捕食食物链(grazing food chain)。捕食食物链是指一种活的生物取食另一种活的生物所构成的食物链。捕食食物链都以生产者为食物链的起点,其构成方式为:植物→植食性动物→肉食性动物。这种食物链既存在于水域,也存在于陆地环境,如草原上的青草→野兔→狐狸→狼食物链和湖泊中的藻类→甲壳类→小鱼→大鱼食物链。捕食食物链虽然是人们最容易看到的,但是在大多数陆地生态系统和浅水生态系统中它并不是主要的食物链,仅在某些水生生态系统中,捕食食物链才会成为能流的主要渠道,如 Carter 和 Lund(1968)曾发现某些植食性的原生动物在 7～14 天内可将 99% 的某种浮游藻吞食掉。在陆地生态系统中,净初级生产量只有很少一部分通向捕食食物链。例如,在一个鹅掌楸-杨树林中,净初级生产量只有 2.6% 被捕食动物所利用。

(3) 寄生食物链(parasitic food chain)。寄生食物链由宿主与寄生物而构成,在寄生食物链中,宿主体积最大,以后沿着食物链寄生物的数量越来越多,体积越来越小。受寄生物极其复杂生活史的影响,寄生食物链也非常复杂,有些寄生物可以借助食物链中的捕食者在不同寄主间进行转移。另外寄生食物链也可以存在于寄生物彼此之间,比如,寄生在哺乳动物和鸟类身上的跳蚤反过来可以被细滴虫所寄生。

2. 食物网

在生态系统中,各种食物链相互交错,彼此交织,形成错综复杂的网状结构,称为食物网(food web)。生态系统中的食物营养关系是很复杂的,一种生物常常以多种食物为食,而同一种食物又常常为多种消费者取食,因此,一种生物不可能固定在一条食物链上,往往同时加入数条食物链,于是,食物链彼此交错和关联就形成了食物网。

生态系统中各生物之间,正是通过食物网发生直接或间接的联系,维持着生态系统的结构和功能的稳定性。一般认为,食物网越复杂,生态系统抵抗外力干扰的能力就越强;食物网越简单,生态系统越容易发生波动甚至崩溃。

另外,食物链(网)概念的重要性还在于它揭示了环境中有毒污染物质转移、积累的原理和规律。生物富集和生物放大就是与食物链(网)相联系的环境现象。生物富集(bio-concentration),又称生物浓缩,是指生物个体或处于同一营养级的许多生物种群通过对环境中某些元素或难以分解的化合物的积累,使这些物质在生物体内的浓度超过环境中浓度的现象。生物富集常用富集系数或浓缩系数(即生物体内污染物的平衡浓度与其生存环境中该污染物浓度的比值)来表示。生物放大(biological magnification)是在生态系统的同一食物链上,由于高营养级生物以低营养级生物为食,某种元素或难分解化合物在机体中的浓度随着营养级的提高而逐步增大的现象。由此可见,食物链(网)也是污染物的重要传递途径,这也是一个十分值得注意的问题。

3. 营养级

一个营养级(trophic level)是指处于食物链某一环节上的所有生物种的总和。营养级之间的关系代表的是处在不同营养级层次上不同类生物之间的关系。位于食物链起点的绿色植物和所有自养生物是食物链的第一环节,构成了第一营养级;植食动物属于第二营养级;以植食动物为食的肉食动物构成第三营养级。以此类推,还可以有第四营养级和第五营养级。在生态系统的食物网中,凡是以相同的方式获取相同性质食物的植物类群和动物类群可分别称作一个营养级等,但是,受食物链环节数目的限制,营养级的数目一般限于3～5个。

在现实环境中,有很多动物如果严格按照营养关系很难把他们放到某一特定的营养级中,因为有些动物可以在不同营养级取食,还有些动物的食性随季节和发育阶段而发生变化,还有些动物的雌雄个体的食性也是不同。为了分析方便,生态学家常常根据动物的主要食性决定它们的营养级,尤其是在进行能流分析时,每一种生物都被置于一个确定的营养级中。一般来讲,距离第一营养级越远的动物就越有可能捕食两个或更多的营养级中的生物,相应地,距离第一营养级越近的生物受到取食和捕食的压力也就越大。因而,这些生物的种类和数量也就越多、生殖能力也越强,以补偿因遭强度捕食而受到的损失。

4. 生态金字塔

生态金字塔(ecological pyramid)是指生态系统各个营养级之间的数量关系,通常可用生物量、能量和个体数量表征生态系统各营养级的数量关系,与这种数量关系相对应的生态金字塔就分别称为生物量金字塔、能量金字塔和数量金字塔。

(1) 生物量金字塔。生物量金字塔以生物组织的干重表示每一营养级中生物的总质量。在陆地和浅水生态系统中,从低营养级到高营养级,生物的生物量通常是逐渐减少。因此,利用生物量资料所绘制的生态金字塔为正金字塔(图 3-3(a))。但是,在湖泊和开阔海洋的水域生态系统中,微小的单细胞藻类是主要的初级生产者,这些微型藻类世代历期短,繁殖迅速,只能累积很少的有机物质,并且浮游动物对它们的取食强度大,一个世代的浮游动物以几个世代的浮游植物为食,常表现为金字塔倒置的情况,如图 3-3(b)所示。

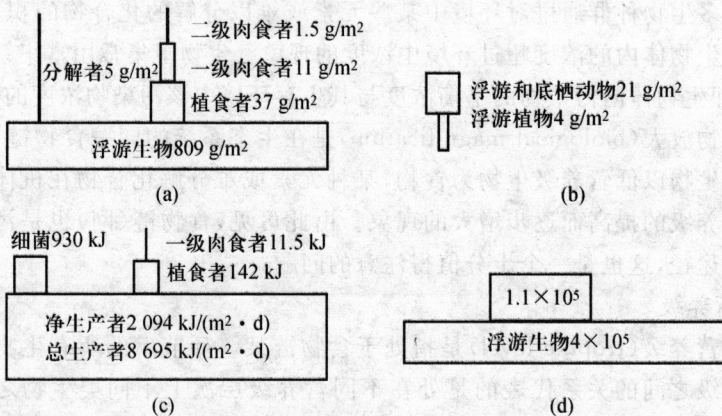

图 3-3　生态金字塔的 3 种类型

(资料来源:孙儒泳等,1993)

(a) 生物量金字塔(正金字塔);(b) 生物量金字塔(倒金字塔);

(c) 能量金字塔;(d) 数量金字塔

(2) 能量金字塔。能量金字塔以能量表示各个营养级的数量特征。能量从一个营养级流向另一个营养级总是逐渐减少,流入某一个营养级的能量总是多于从这个营养级流入下一个营养级的能量。因此,能量金字塔不会出现倒置的情况,如图 3-3(c)所示。

(3) 数量金字塔。数量金字塔以生物个体数量表示各个营养级的数量特征。通常在食物链的始端生物个体数量最多,沿着食物链往后的各个环节上生物个体数量逐渐减少,数量金字塔一般也是下宽上窄的正锥形金字塔,如图 3-3(d)所示。数量金字塔在有些情况下也可以呈现出倒锥形,例如,在夏季的温带森林中,生产者的个体数量明显小于植食动物的个体数量,前者 0.1 hm² 中只有 200 株,植食动物(主要是昆虫)却有 15 万种之多。

5. 同资源种团

在实际研究中,按组成生态系统的每一物种来完整地描述和研究生态系统的营养结构几乎是不可能的。因此,20 世纪 60 年代后期提出的同资源种团 (guilds)的问题引起人们的普遍关注。所谓同资源种团,就是指由生态学特征很相似(以同一方式利用共同资源)的生物所构成的物种集团。例如,热带食花蜜的许多蜂鸟就可称为一个同资源种团。以此还可分为食叶、食种子、食虫等同资源种团。同资源种团的生物处于同一功能地位上,是生态功能上的等价种。如果有一个种由于某种原因从生物群落中消失,种团内的其他种可以取代其地位,执行相同的功能,从而能使群落面貌变化不大。可见,同资源种团的划分有助于研究生态系统营养结构的稳定性。

<h2>四　生态系统的基本特征</h2>

任何"系统"都是具有一定结构、各组分之间互相联系并执行一定功能的有序整体。生命成分的存在决定了生态系统具有不同于物理系统的许多特征,这些特征主要表现在下列几个方面。

(一)时间特征——生态系统是一个动态功能系统

生态系统是有生命存在并与外界环境不断进行物质交换和能量传递的特定空间。所以,生态系统具有有机体的一系列生物学特性,如发育、代谢、繁殖、生长与衰老等。这就意味着生态系统具有内在的动态变化的能力。任何一个生态系统总是处于不断发展、进化和演变之中,人们可根据发育的状况将其分为幼年期、成长期、成熟期等不同发育阶段,表现出鲜明的历史性特点,从而具有生态系统自身特有的整体演化规律。生态系统的这一特性为预测未来和情景评估提供了重要的科学依据。

(二)空间特征——生态系统具有一定的区域特征

生态系统往往和一定的空间相联系,反映一定的地区特性及空间结构。生命系统与环境系统的相互作用以及生物对环境的长期适应结果,使生态系统的结构和功能反映了一定的地区特性。同是森林生态系统,寒温带的长白山区的针阔混交林与海南岛的热带雨林生态系统相比,无论是物种结构、物种丰度还是系统的功能等均有明显的差别。这种差异是区域自然环境不同的反映,也是生命成分在长期进化过程中对各自空间环境适应和相互作用的结果。

(三)代谢特征——生态系统是开放的"自持系统"

任何一个生态系统都是开放的,总是与外界进行物质、能量与信息的交流,开放促进了要素间的交流,使生态系统各要素间有了不断的交换,促使系统内各要素间关系始终处于动态之中。生态系统的开放性决定了系统的动态和变化,开放给生态系统提供了可持续发展的可能性。生态系统的代谢机能是其功能连续的自我维持基础,这种代谢机能是通过系统内的生产者,消费者和分解者三个不同营养水平的生物类群完成的,它们是生态系统"自维持"的结构基础。

（四）调节特征——生态系统具有自我调节的功能

如果自然生态系统未受到人类或者其他因素的严重干扰和破坏,其结构和功能是非常和谐的,这是因为生态系统具有自我调节的功能。所谓自我调节功能,是指生态系统受到外来干扰而导致其稳定状态发生改变时,系统靠自身内部的机制再返回稳定、协调状态的能力。生态系统的自我调节功能表现在三个方面,即同种生物种群密度调节、异种生物种群间的数量调节以及生物与环境之间相互适应的调节(主要表现为两者之间发生的输入与输出的供需调节)。

五　生态系统的类型

生态系统类型众多,按照不同的分类标准,生态系统可以被划分为不同的类型。例如,按照人类活动对生态系统的影响程度可将生态系统分为自然生态系统和人工生态系统;按照生态系统的非生物成分和特征,从宏观上可将生态系统分为陆地生态系统和水域生态系统,陆地生态系统主要根据其组成成分和植被特点等进行进一步的分类,而水域生态系统也可根据地理和物理状态进行进一步划分(见表3-1)。

表 3-1　地球表面主要生态系统类型

陆地生态系统	水域生态系统		
	淡水生态系统	海洋生态系统	
荒漠:干荒漠和冷荒漠	静水:湖泊、池塘、水库等	远洋	上层
苔原(冻原)	流水:河流、溪流等		中层
极地	湿地:沼泽		深层
高山			深海
草地:湿草地和干草原		珊瑚礁	
稀树干草原		上涌水流区	
温带针叶林		浅海(大陆架)	
亚热带常绿阔叶		河口(海湾、海峡、盐沼等)	
热带雨林:雨林、季雨林		海岸带:岩石岸和沙岸	
农业生态系统			
城市生态系统			

实际上在两个生态系统之间还有一些过渡类型，如淡水与咸水之间、沼泽与水生之间、水生与陆地之间等有许多过渡地带，很难将其归于某种生态系统类型；又如农业生态系统、城市生态系统等人造生态系统的归属划分等也有待解决。所以，上述对生态系统类型的划分，并不是完善的。

第二节 生态系统的功能

生态系统的功能是指生态系统的自然过程和组分直接或间接地提供满足人类需要的产品和服务的能力。作为生物与环境组成的统一整体，生态系统不仅具有一定的结构，而且具有一定的功能。在自然生态系统中，生态系统的结构与功能相互协调，生物与环境相互和谐。生物与系统各组分之间的共生、竞争以及捕食等关系相辅相成，使系统内生物有机体或组成系统的子系统大大节约了物质和能量，从而减小了生态系统的风险，获得最大的整体功能效益。生态系统的功能主要包括生物生产、物质循环、能量流动和信息传递四个方面。

一 生物生产

（一）生物生产的基本概念

生物生产是生态系统的重要功能之一。生态系统的能量流动开始于绿色植物对太阳能的固定。生物有机体在能量代谢过程中，将能量和物质重新组合，形成新的产品（糖类、脂肪和蛋白质等）的过程，称为生态系统的生物生产。

（二）初级生产量和生物量

生态系统中的绿色植物通过光合作用，吸收和固定太阳能，将无机物合成、转化成复杂的有机物。绿色植物的这种生产过程称为初级生产，植物所固定的太阳能或所制造的有机物质就称为初级生产量或第一性生产量（primary production）。

在初级生产量中，有一部分被植物自身的呼吸消耗掉了，剩余部分才以可见有机物的形式用于植物的生长与繁殖，这部分生产量被称为净初级生产量（net primary production，P_n），它代表着植物净剩下来可供给生态系统中其他生物利用的能量（respiration，R）。包括呼吸量在内的全部生产量成为总初级生产量（gross primary production，P_g）。总初级生产量、净初级生产量和呼吸量之间的关系是

$$P_g = P_n + R \tag{3-1}$$

或
$$P_n = P_g - R \tag{3-2}$$

初级生产量通常以每年每平方米所生产的有机物干重($g/(m^2 \cdot a)$)或每年每平方米所固定的能量($J/(m^2 \cdot a)$)或每年每平方米所生产的碳量($g/(m^2 \cdot a)$)表示。质量（干重）和能量之间的换算关系为：植物组织平均每千克干重能量为1.8×10^4 J，动物组织平均每千克干重能量为2.0×10^4 J。

某一时刻的生物量(biomass)是生态系统某一特定时刻以前所累积的活有机质总量。生物量实质上是净初级生产量的累积量，生物量的单位通常用每平方米生物体的干重(g/m^2)或每平方米生物体的热值(J/m^2)表示。

对于生态系统某一营养级来说，总生物量不仅因生物呼吸而消耗，也由于受更高营养级动物的取食和生物的死亡而减少，因此

$$\frac{\mathrm{d}B}{\mathrm{d}t} = P_n - H - D \tag{3-3}$$

式中：$\dfrac{\mathrm{d}B}{\mathrm{d}t}$——某一时期内生物量的变化；

$\quad\quad H$——被较高营养级动物所取食的生物量；

$\quad\quad D$——因死亡而损失的生物量。

在生态系统演替过程中，通常 P_n 为正值，也就是说，净初级生产量中除去被动物取食和死亡的一部分，其余则转化为生物量。因此，生物量将随时间推移而增加。当生态系统演替达到顶级时，生物量便不再增长，此时将保持一种动态平衡。当生态系统发展到成熟阶段时，虽然生物量最大，但净初级生产量却最小。

（三）全球初级生产量概况及分布特点

大尺度生态系统净初级生产量和生物量的估算方法一直是人们关注的焦点，20世纪70年代起很多学者就开始对全球范围内的净初级生产量和生物量进行估测。对全球初级生产量及其分布的估计，许多生态学者的看法并不十分一致。从全球来看，同一生态系统类型的初级生产量也有较大的差异。地球上初级生产量的分布是不均匀的（表3-2）。

表3-2　地球主要生态系统的净初级生产量和生物量（以干物质质量计）

生态系统类型	面积/10^6 hm²	P_n/($g \cdot m^{-2} \cdot a^{-1}$)		全球 P_n/(10^9 t·a^{-1})	单位面积生物量/($kg \cdot m^{-2}$)		全球生物量/10^9 t
		范围	平均值		范围	平均值	
热带雨林	17.0	1 000~3 500	2 200	37.4	6~80	45	765
热带季雨林	7.5	1 000~2 500	1 600	12.0	6~60	35	260
热带稀树草原	15.0	200~2 000	900	13.5	0.2~15	4	60
亚热带常绿林	5.0	600~2 500	1 300	6.5	6~200	35	175
温带落叶阔叶林	7.0	600~2 500	1 200	8.4	6~60	30	210

生态系统类型	面积/10^6 hm²	P_n/(g·m⁻²·a⁻¹) 范围	P_n/(g·m⁻²·a⁻¹) 平均值	全球 P_n/(10^9t·a⁻¹)	单位面积生物量/(kg·m⁻²) 范围	单位面积生物量/(kg·m⁻²) 平均值	全球生物量/10^9 t
温带禾草草原	9.0	200~1 500	600	5.4	0.2~5	1.6	14
北方针叶林	12.0	400~2 000	800	9.6	6~40	20	240
疏林及灌丛	8.5	250~1 200	700	6.0	2~20	6	50
苔原及高山植被	8.0	10~400	140	1.1	0.1~3	0.6	5
荒漠与半荒漠	18.0	10~250	90	1.6	0.1~4	0.7	13
石块地及冰雪地	24.0	0~10	3	0.07	0.02	0.02	0.5
耕地	14.0	100~3 500	650	9.1	0.4~12	1	14
沼泽与湿地	2.0	800~3 500	2 000	4.0	3~50	15	30
湖泊与河流	2.0	100~1 500	250	0.5	0~0.1	0.02	0.05
陆地总计	149	—	773	115		12.3	1 837
外海	332	2~400	125	41.5	0~0.005	0.003	1.0
潮汐海潮区	0.4	400~1 000	500	0.2	0.005~0.1	0.02	0.008
大陆架	26.6	200~600	360	0.6	0.001~0.4	0.01	0.27
珊瑚礁及藻类养殖区	0.6	500~4 000	2 500	1.6	0.04~4	2	1.2
河口	1.4	200~3 500	1 500	2.1	0.01~6	1	1.4
海洋总计	361	—	152	55.0		0.01	3.9
地球总计	510		333	170		3.6	1 841

(资料来源:蔡晓明等,1995)

全球初级生产量分布特点可概括为:

(1)陆地比水域的初级生产量大。陆地生态系统净初级生产量高于海洋生态系统净初级生产量(表3-2和表3-3)。开阔海洋的净初级生产量是非常低的,如北海大约只有170 g/(m²·a);但是在某些海水上涌的海域,净初级生产量却相当高,如秘鲁海岸带的海水上涌区,净初级生产量可达到1 000 g/(m²·a)

(2)陆地上初级生产量有随纬度增加逐渐降低的趋势。陆地生态系统类型中,以热带雨林生产量为最高,平均为2 200 g/(m²·a)。由热带常绿林、落叶林、北方针叶林、稀树草原、温带草原、寒漠依次减少。初级生产量从热带至亚热带、经温带到寒带逐渐降低。一般认为,太阳辐射、温度和降水是导致初级生产量随纬度增大而降低的原因。

(3)海洋中初级生产量由河口湾向大陆架和大洋区逐渐降低。河口湾由于有大陆河流的辅助输入,它们的净初级生产量平均为1 500 g/(m²·a),产量较高。但是,所占的面积不大。

(4)全球初级生产量可划分为3个等级。一是生产量极低的区域,大部分海洋大洋区和荒漠属于这类区域;二是生产量中等的区域,许多草地、沿海区域、深湖和一些农田属于这类区域；三是生产量高的区域，大部分湿地生态系统、河口湾、泉水、珊瑚礁、热带雨林和精耕细作的农田、冲积平原上的植物群落等属于这类区域。

表 3-2 中净初级生产量和生物量的数据是 20 世纪 70 年的估测数据，后来世界各国的学者利用先进技术和仪器对全球不同生态系统类型进行了更加深入和细致的研究。Huston 和 Wolverton 对地球主要生态系统净初级生产量和生物量进行了研究，并用碳密度来表示生物量，其中净初级生产量包括地上和地下部分（表 3-3）。

表 3-3　地球主要生态系统的净初级生产量和生物量（碳密度）

生态系统类型	面积/10^6 hm²	碳密度/（mg·hm⁻²）	P_n（以 C 计）/（10^9 t·m⁻²·a⁻¹）	全球 P_n（以 C 计）/（10^9 t·a⁻¹）
热带森林	1.76	157	1 017	17.8
温带森林	1.04	96	702	7.3
针叶林	1.37	53	212	2.9
热带稀树草原和草原	2.51	29	591	16.3
温带草原和灌木林地	1.51	10	346	6.2
荒漠和半荒漠	3.66	3	89	2.5
苔原	0.76	5	134	0.8
农田	1.48	2.5	404	5.5
湿地	0.35	43	1 229	4.3
总计	15.0			63.4

（资料来源：Huston 等，2009）

（四）次级生产量和生态效率

次级生产是除生产者外的其他有机体的生产，即消费者和分解者利用初级生产量进行同化作用，表现为动物和其他异养生物生长、繁殖和营养物质的储存。次级生产量的生产过程如图 3-4 所示。

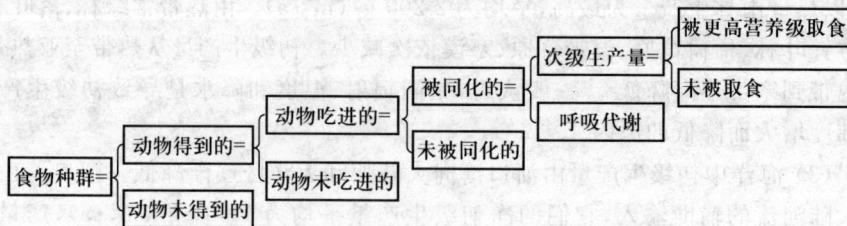

图 3-4　次级生产量的生产过程

（资料来源：孙儒泳等，1993）

动物和其他异养生物靠消耗植物的初级生产量制造的有机物质或固定的能量,称为次级生产量或第二性生产量(secondary production),动物的次级生产量可用公式表示:

$$P=C-FU-R \tag{3-4}$$

式中:P——次级生产量;

  C——动物从外界摄取的能量;

 FU——以粪、尿形式损失的能量;

  R——呼吸过程中损失的能量。

生态效率(ecological efficiency)是指能量输出与输入的比值,即 $n+1$ 级营养级所获得的能量与 n 级营养级所获得能量的比率$\left(\dfrac{I_{n+1}}{I_n}\right)$。比较重要的生态效率有同化效率、生长效率、利用效率和林德曼(Lindeman)效率等。

$$同化效率\left(\frac{A_n}{I_n}\right)=\frac{固定的太阳能}{吸收的太阳能}(植物)或\frac{同化的食物能}{摄取的食物能}(动物) \tag{3-5}$$

$$生长效率\left(\frac{P_n}{A_n}\right)=\frac{n\,营养级的净生产量}{n\,营养级的同化的能量} \tag{3-6}$$

$$利用效率\left(\frac{I_{n+1}}{P_n}\right)=\frac{n+1\,营养级捕食能量}{n\,营养级的净生产的能量} \tag{3-7}$$

$$林德曼(Lindeman)效率\left(\frac{I_{n+1}}{I_n}\right)=\frac{n+1\,营养级摄取的食物能}{n\,营养级摄取的食物能} \tag{3-8}$$

若 n 营养级为植物,I_n 就是植物吸收的太阳能,并且

$$\frac{I_{n+1}}{I_n}=\frac{A_n}{I_n}\times\frac{P_n}{A_n}\times\frac{I_{n+1}}{P_n} \tag{3-9}$$

即林德曼效率相当于同化效率、生长效率和利用效率的乘积。但也有学者把营养级间的同化能量之比值视为林德曼效率。

式中:I——摄取量,即摄取的能量(对植物来说,它代表光合作用所吸收的日光能;对动物来说,它代表动物吃进的食物的能量);

  A——同化量(对动物来说,它代表食物经过消化道后吸收的能量;对植物来说,是指在光合作用中所固定的日光能,即总初级生产量(P_g));

  R——呼吸量;

  P——生产量,指生物在呼吸消耗后净剩的同化能量,它以有机物质的形式累积在生物体内或生态系统中(对植物来说,它是净初级生产量(P_n);对动物来说,它是同化量扣除维持呼吸量以后的能量,即

$P=A-R$）。

通过地栖蜘蛛种群的次级生产实例（图 3-5），可以了解如何定量地分析这种食肉动物的次级生产过程和生产效率。

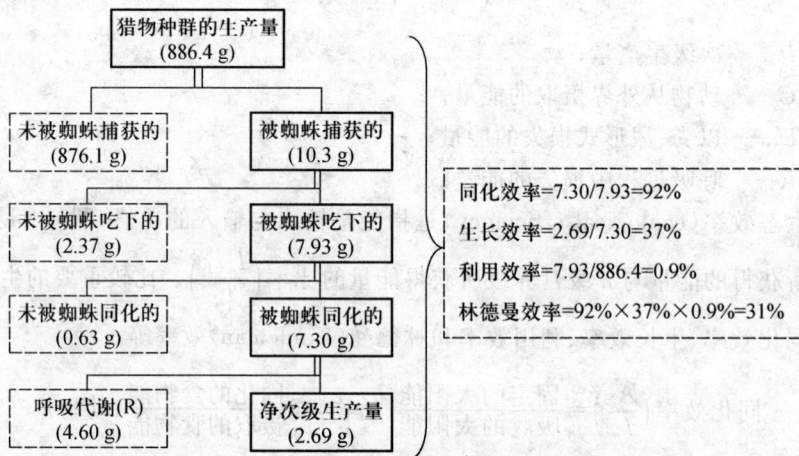

图 3-5　地栖蜘蛛种群的次级生产及生态效率
(资料来源:孙儒泳等,1993)

二　能量流动

太阳辐射能是生态系统中能量的最主要来源。太阳辐射中红外线的主要作用是产生热效应，形成生物的热环境；紫外线具有消毒灭菌和促进维生素 D 生成的生物学效应；可见光为植物光合作用提供能源。除太阳辐射外，对生态系统发生作用的一切其他形式的能量统称为辅助能。辅助能不能直接转换为生物化学潜能，但可以促进辐射能的转化，对生态系统中光合产物的形成、物质循环、生物的生存和繁殖起着极大的辅助作用。辅助能分为自然辅助能（如潮汐作用、风力作用、降水和蒸发作用等）和人工辅助能（如施肥、灌溉等）。

生态系统中能量流动的主要路径为：能量以太阳能形式进入生态系统，以植物物质形式储存起来的能量，沿着食物链和食物网流动通过生态系统，以动物、植物物质中的化学潜能形式储存在系统中，或以产品输出的形式离开生态系统，或经消费者和分解者生物有机体的呼吸以热能的形式从系统中丢失。生态系统是开放的系统，某些物质还可通过系统的边界输入，如动物迁移、水流携带、人为补充等。

生态系统的能量流动是单向的。太阳辐射能以光能的形式进入生态系统后,通过光合作用被植物固定,此后不再以光能的形式返回。能量在生态系统中流动,很大一部分被各个营养级的生物利用,同时通过呼吸作用以热的形式散失。散失到空间的热能不能再返回到生态系统中参与流动,至今尚未发现以热能作为能源合成有机物的生物。

从太阳辐射能到被生产者固定,再经植食动物、肉食动物,再到大型肉食动物,能量是逐级递减的过程,这是因为:① 各营养级消费者不可能100%地利用前一营养级的生物量;② 各营养级的同化作用也不是100%的,总有一部分不被同化;③ 生物在维持生命过程中进行新陈代谢,总要消耗一部分能量。林德曼在对水生生态系统能量流动的研究中发现,能量在营养级之间的转化效率大约为10%,生态学家通常把10%的林德曼效率看成一条重要的生态学规律,这就是能量流动的10%定律。但近年来的研究发现,海洋食物链的林德曼效率在某些情况下可以高于30%。

三　物质循环

（一）物质循环的基本概念

1. 生物地球化学循环

生态系统的物质循环又称生物地球化学循环(biogeochemical cycle),各种化学元素在不同层次、不同大小的生态系统,乃至生物圈里,沿着特定的途径从环境到生物体、从生物体再回归到环境,不断地进行着流动和循环的过程,被称为生物地球化学循环。

2. 地质大循环

物质的地质大循环(geological cycle)是指在大陆和海洋之间进行的物质循环过程。陆地表面的岩石,经风化作用变成细碎颗粒,并释放出可溶性物质。部分碎粒和可溶性物质,经降水冲刷和淋溶,随流水最终流入海洋,沉积至洋底,形成各种沉积岩。在漫长地质年代里,由于地壳运动和海陆变迁,海洋底层的岩石又上升为陆地,岩石再次遭受风化。这个时间极长、范围极广的过程,称为物质的地质大循环。它是生物小循环的基础,但它形成的仅仅是成土母质。

3. 物质循环的库

物质在循环过程中被暂时固定、储存的场所称为库。生态系统中各组分都是物质循环的库,如植物库、动物库、土壤库等。在生物地球化学循环中,库可分为储存库(reservoir pool,容积大、物质交换活动缓慢,一般为环境成分)和交换库(exchange pool,容积小、交换快,一般为生物成分)。

4. 物质循环的流

物质在库与库之间的转移运动状态称为流。

5. 循环效率

生态系统中某一组分的储存物质，一部分或全部流出该组分，但未离开系统，并最终返回该组分时，系统内发生了物质循环。循环物质占总输入物质的比例，称为物质的循环效率。

（二）生物地球化学循环类型

根据物质在循环时所经历的路径不同，从整个生物圈的观点出发，并根据物质循环过程中是否有气相的存在，生物地球化学循环可分为气相型（gaseous type）和沉积型（sedimentary type）两个基本类型。气相型循环储存库是大气和海洋。气相循环把大气和海洋相联系，具有明显的全球性。碳、氮和卤素等的循环属于气相循环。温室效应、酸雨、臭氧层破坏等全球性环境问题与碳、氮和卤素的气相循环有密切关系。岩石和土壤是沉积型循环的储存库，循环物质通过自然风化和人类的开采冶炼，从陆地岩石中释放出来，为植物所吸收，参与生命物质的形成，并沿食物链转移。然后，由动植物残体或排泄物经微生物的分解作用，将某些元素返回环境。除一部分保留在土壤中供植物吸收利用外，一部分以溶液或沉积物形式随流水进入江河，汇入海洋，经过沉降、积淀和成岩作用变成岩石，当岩石被抬升并遭受风化作用时，该循环才算完成。这类循环缓慢，并且容易受到干扰，称为"不完全"循环。沉积型循环一般情况下没有气相出现，因而通常没有全球性的影响。硫和磷循环是非常典型的沉积型循环。

1. 水循环

水循环是指地球上各种形态的水，在太阳辐射和地心引力的作用下，通过蒸发、水汽输送、凝结降水、下渗以及径流等环节，不断地发生相态转换和周而复始运动的过程（图 3-6）。

水循环作为地球上最基本的物质循环和最活跃的自然现象，深刻地影响着全球的生态环境。地球水圈中的水，通过不断地循环运动，积极参与了地球表层大气圈、岩石圈、生物圈之间的界面活动，并深入到四大圈层的内部，将它们耦合在一起。水循环可上达 15 km 的高空，成为大气循环的重要组成部分；也可向下深入到地表以下 1~3 km 深处，积极参与岩石圈中化学元素的迁移过程，成为地质大循环的主要驱动因素。水是生命活动的源泉和生物有机体的组成部分，全面参与了生物地球化学循环，成为沟通无机界和有机界的纽带，形成相互影响和相互制约的统一整体。水循环深刻地影响着地球表层的形成、演变和发展。

水循环是大气系统能量的主要传输、储存和转化者，影响着地球热量的收支和再分配，可大大缓解地球不同纬度热量收支不平衡的矛盾。另外，水循环过程中的流水通过持续不断地冲刷、侵蚀作用、搬运和堆积作用，以及水的溶蚀作用，在地质基底上重新塑造了全球的地貌形态，从两极与高山地区冰川地貌、滨海地区的海岸地貌、到河流冲积、堆积地貌以及千姿百态的岩溶地貌，无处没有水循环的杰作。

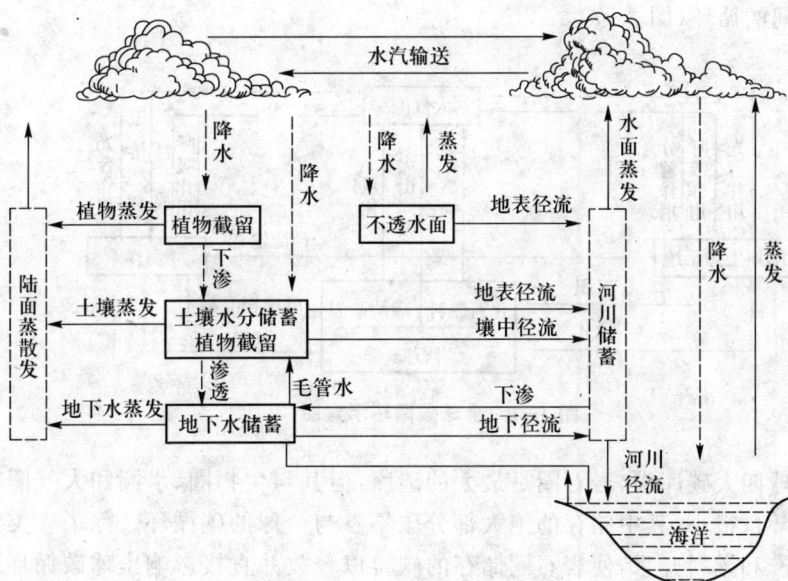

图 3-6　全球海陆水循环过程概化图

(资料来源:黄锡荃等,1993)

水循环的强度及其时空分布是制约一个地区生态平衡和失调的关键因素之一,是影响生态系统状况的重要因子。例如,同属于热带,水循环强盛的地区,可以成为生物繁茂的热带雨林,水循环弱的地区可能成为干旱草原。再比如,处于同一纬度的大陆东西岸,凡是受海洋影响大的海岸,水循环强盛,生态环境适于生物生长;水循环弱的海岸,生态环境相对脆弱,甚至会频繁发生自然灾害。此外,即使是同一个地区,水循环强度的时空变化又是造成本区洪、涝和旱等自然灾害的主要原因。循环强度过大,可能引发洪水与涝渍灾害;循环过弱,可能产生旱灾。

人类对水循环的影响可分为直接和间接两类,直接影响是指人类活动使水循环要素的量、质和时空分布直接发生变化,如修筑水库、跨流域引水工程、作物灌溉、城市供水或排水等。间接影响指人类活动通过改变下垫面状况、局地气候,以间接方式影响水循环要素,如植树造林、发展农业和城市化等。

2. 碳循环

碳是生命物质中的主要元素之一,是有机质的重要组成部分。岩石圈、海洋、陆地生态系统和大气是地球上的主要碳库,碳元素在大气、陆地和海洋等各大碳库之间不断地循环变化,大气中的二氧化碳(CO_2)被陆地和海洋中的植物吸收,然后通过生物或地质过程以及人类活动干预,又以 CO_2 的形式返回到大气中。碳的全球循环(carbon global cycle)主要指碳在岩石圈、水圈、大气圈和生物圈之间的循环（图 3-7）。

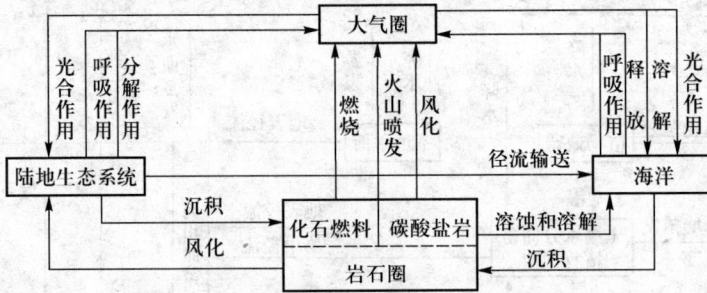

图 3-7　全球碳循环示意图

　　在全球四大碳库中，岩石圈是最大的碳库，但其与生物圈、水圈和大气圈之间的碳循环量很小，其中储存的绝大部分碳不参与全球的碳循环。除了人类大规模的矿产和燃料开采，使岩石圈储存的碳得以释放并直接影响全球碳循环平衡外，岩石圈的碳的活动一般只对地球的局部产生影响（如火山喷发引发区域的 CO_2 浓度升高）或者只会在较大的时间尺度内（千年以上）发生作用。

　　海洋的碳储量高达 3.8×10^{13} t（表 3-4），是除岩石圈碳库外最大的碳库。生物作用在海洋的碳循环过程中发挥着重要作用，海洋中向下输送的碳大部分都与海洋生物过程有关。在海洋表面的透光层中，大量的浮游植物通过光合作用吸收海水中的 CO_2，将其转化为颗粒有机碳，形成初级生产力，初级生产的大部分在透光层中再循环，但在海洋生物死亡和腐烂时，其体内的碳将向下输送到海水深处或海底。在海洋学研究中，这种由有机物生产、消费、传递、沉降和分解等一系列生物活动构成的碳垂直运移，被称为生物泵（biological pump）。在生物泵的过程中，海洋浮游细菌的作用也很关键，浮游细菌将颗粒有机物和溶解态有机物分解利用形成自身的颗粒有机物并为原生动物捕食构成微食物环。

　　陆地生态系统是全球碳循环的又一重要碳库，主要由植被和土壤两个分碳库组成，内部组成和各种反馈机制最为复杂，是受人类活动影响最大的碳库，其储存的碳总量为 2×10^{12} t（表 3-4）。陆地生态系统-大气的碳通量取决于植物的光合作用、呼吸作用和土壤微生物之间的平衡，这些过程受温度、降水、土壤质地和养分供应的强烈影响。另外，陆地表面有广泛的人类活动干扰，极易影响生态系统碳的储存，从而影响大气与生态系统之间的碳平衡。尽管陆地生态系统是人类最熟悉的环境，但是，陆地生态系统对全球碳循环的影响程度还难以准确把握，因此，陆地生态系统碳储量的研究还存在许多不确定性。

　　在地球几大碳库中，大气圈是最小的，规模约为 7.2×10^{11} t（以 C 计）（表 3-4），但它却是联系海洋与陆地生态系统碳库的纽带和桥梁。在全球碳循

80

环中,大气圈与陆地植物群落间的 CO_2 交换量最大,其次是大气与海洋之间,因此,大气中的碳含量的多少直接影响整个地球系统的物质循环和能量流动。

表 3-4　地球主要碳库

碳库	规模(以 C 计)/10^9 t	碳库	规模(以 C 计)/10^9 t
大气圈	720	陆地生物圈(总)	2 000
海洋	38 400	活生物量	600~1 000
总无机碳	37 400	死生物量	1 200
表层	670	水生生物圈	1~2
深层	36 730	化石燃料	4 130
总有机碳	1 000	煤	3 510
岩石圈		石油	230
沉积碳酸盐	>60 000 000	天然气	140
干酪根	15 000 000	其他(如泥炭)	250

(资料来源:Falkowski 等,2000)

地球上的碳除了在全球范围进行地质大循环外,CO_2 通过光合作用被固定在有机物中,然后通过食物链的传递,在生态系统中进行循环。其循环途径有:① 在光合作用和呼吸作用之间的细胞水平上的循环;② 大气 CO_2 和植物体之间的个体水平上的循环;③ 大气 CO_2、植物、动物、微生物之间的食物链水平上的循环。这些循环均属于生物小循环(图 3-8)。

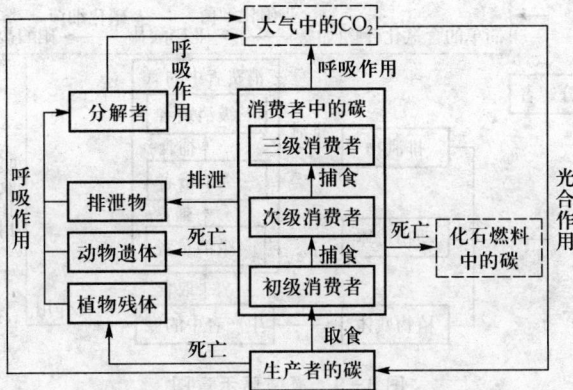

图 3-8　生态系统中的碳循环示意图

在当前以国际地圈-生物圈研究计划(IGBP)、国际人文因素计划(IHDP)、世界气候研究计划(WCRP)和生物多样性计划(DIVERSITES)为核心开展的全球变化研究中,碳循环是全球变化与陆地生态系统(GCTE)等多个核心计划中的重要研究内容。研究陆地碳循环机制及其对全球变化的响应，是预测大气 CO_2 含量及气候变化的重要基础，这已引起科学界的高度重视。长期以来，地球科学、生态科学、资源与环境科学等各个学科的科学家利用各自学科的理论和方法，以不同来源的信息资料为基础，积极探索陆地生态系统碳循环过程的动态变化及其调控机理。目前陆地碳循环研究的主要问题包括：陆地生态系统各主体类型中碳的储量和流量（源、汇）；人类活动对这些变量的影响；温度和大气 CO_2 浓度升高对陆地生态系统碳循环的潜在效应以及二者之间的循环因果关系。另外，陆地生态系统的水循环与碳循环是地球表层系统物质循环与能量交换的核心，也是最基本的耦合的两个生态学过程。区域或全球尺度生态系统的水管理与碳管理是全球变化科学与可持续发展研究的两大主题，是人类维持全球生态系统的物质与能量循环、自然资源循环再生的重要生态学途径。因此，陆地生态系统水和碳耦合循环机制与模拟综合研究也是目前研究的重要方向。

3. 氮循环

氮是构成蛋白质和核酸的主要元素，具有重要的生物学意义。自然界氮循环(nitrogen cycle)是指大气中的氮经固氮作用被生物吸收、传递、转化并再返回大气中的循环过程，即氮在大气圈、水圈、生物圈和土壤圈之间的流动（图 3-9）。

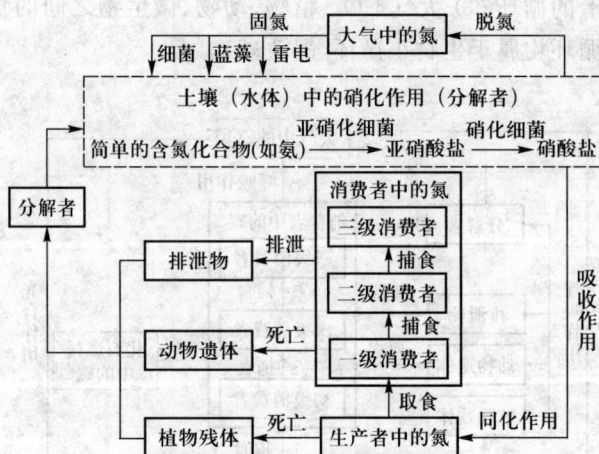

图 3-9 氮循环示意图

大气圈是氮最重要的储存库，空气中含有大约 78% 的氮气，但是绝大多数生物都不能直接利用分子态氮，只有通过固氮菌的生物固氮、闪电和火山爆发时的高能固氮以及工业固氮等途径以及氨化作用、硝化作用和反硝化作用，转为硝酸盐或氨的形态，才能在生物群落与无机环境间反复循环并为生物吸收利用。

固氮作用(nitrogen fixation)是固氮生物(或雷电)将大气中的氮固定并还原成氨的过程。已知有固氮能力的细菌和蓝藻可分为共生固氮生物(主要是细菌,但也有真菌和藻类)和自由生活固氮生物(包括细菌、藻类和其他微生物)两类。其中,共生的固氮生物主要生活在陆地上,比如豆科植物与根瘤菌之间的共生关系。进行自由生活的固氮生物在水域和陆地都有,但共生固氮生物在数量上占有绝对优势。

氨化作用(ammonification)是将蛋白质、氨基酸、尿素以及其他有机含氮化合物转变为氨和氨化合物的过程。土壤和水中很多异养的细菌、放线菌和真菌都能利用富含氮的有机化合物。

硝化作用(nitrification)是将氨化物和氨转变为亚硝酸盐和硝酸盐的过程。硝化作用在酸性条件下分两步完成:第一步是氨或铵盐在亚硝化菌作用下转化为亚硝酸盐;第二步是亚硝酸盐在硝化细菌的作用下转化为硝酸盐。硝化细菌和亚硝化细菌都属于自养型细菌。氨态氮和硝态氮均属于植物直接利用的有效态氮,经常被作为土壤营养诊断的氮素营养指标。

反硝化作用(denitrification)又称脱氮作用,是指把硝酸盐等较复杂的含氮化合物转换为 N_2、NO、N_2O 的过程。该过程是由反硝化细菌完成,反硝化作用使硝酸盐还原成分子态的氮,从而降低了土壤中氮素营养的含量,对农业生产不利。农业上常进行中耕松土,以防止反硝化作用。但是,反硝化作用也是氮素循环中不可缺少的环节,可使土壤中因淋溶而流入河流、海洋中的 NO_3^- 减少,消除因硝酸盐积累对生物的毒害作用。

据估计,全球氮收支是不平衡的(表 3-5)。氮收支失衡导致越来越多的氮开始向大气和水体过量迁移,导致全球环境问题,如 N_2O 等温室气体带来的温室效应和水体氮超标导致的富营养化问题。国际科委环境委员会(SCOPE)已将全球氮超载作为一个潜在的环境问题而列入研究计划。

表 3-5 氮的全球平衡

固氮量/10^6 t		产氮量/10^6 t	
生物固氮	54	陆地	43
工业固氮	30	海洋	40
光化学固氮	7.6	沉积岩	0.2
火山活动固氮	0.2		
全球总固氮	91.8	全球产氮量	83.2
全球不平衡差额:8.6			

(资料来源:闰传海等,2002)

4. 磷循环

磷循环属典型的沉积型循环。磷以岩石圈和土壤圈作为主要储存库。风化、侵蚀作用以及人类的开采活动使磷从岩石和土壤中释放出来。一部分磷通过食物链在生物之间流动,动植物残体和尸体被分解后释放出的磷为植物重新利用;另一部分则转化为不能为植物利用的难溶性磷酸盐。陆地上的一部分磷随水流进入湖泊和海洋,最终被固定在湖泊和海洋的沉积物中(图 3-10)。

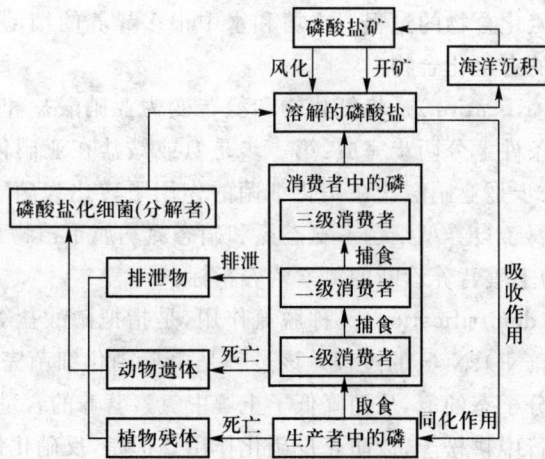

图 3-10　磷循环示意图

农业生产上大量施用磷肥不仅使磷资源面临枯竭的威胁,且磷矿石、磷肥中含有重金属和放射性物质,长期大量施用,会污染土壤;磷还可通过肥料施用以及耕地、草地等的风蚀和冲蚀流失等途径进入水域,磷和氮是造成浮游植物过度生长繁殖的关键元素,磷的浓度或含量是判断水体富营养化的关键指标之一。

5. 有毒物质循环

有毒物质通过大气、水体、土壤等环境介质,进入植物、动物、人体体内,然后又随着植物的枯枝落叶或动物和人的尸体、排泄物,经分解者分解回到土壤、水体和大气中,如此周而复始,称为有毒物质生物循环(图 3-11)。

一般来说,凡通过接触、吸入和食用等方式进入机体,并对机体产生危害作用,引起机体功能(或器质性)暂时性或永久性的病理变化的物质都可称为有毒物质。有毒物质可分为无机毒物和有机毒物两大类。无机毒物如汞、铅、砷、镉、铬、氟等,其中有许多能在生物体中富集、积累。有机毒物如酚、氰、有机氯、有机磷、有机汞、乙烯等;按降解难易程度又可分为易降解的(如酚、氰等)和难降解的(如有机氯、有机汞等)两类。前者在生物循环过程中往往容易被分解为简单的物质而解毒;后者的化学性质稳定,不易被生物分解,对人畜的危害较大。

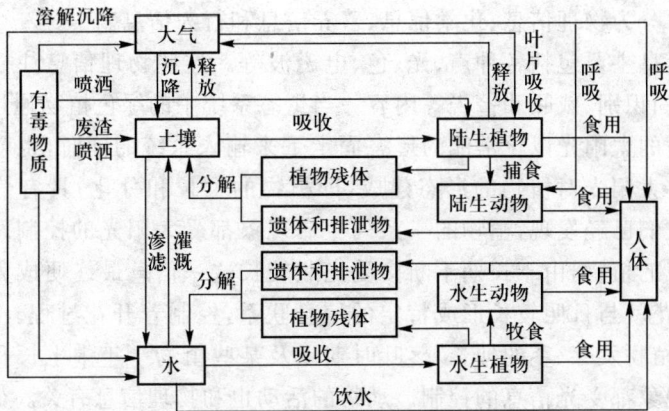

图 3-11 有毒物质循环示意图

值得关注的是,持久性有机污染物(persistent organic pollutants, POPs)是一种对人类健康及环境造成严重危害的有机化学污染物质。具有长期残留性、生物蓄积性、半挥发性、高毒性和全球传播性等特征。可以通过各种环境介质进行长距离迁移。目前,POPs 污染已经成为严重威胁人类健康和生态环境的全球性环境问题。联合国环境规划署于 2000 年 12 月达成了旨在全球范围内淘汰和削减 POPs 的《关于持久性有机污染物的斯德哥尔摩公约》,已于 2004 年 5 月 17 日正式生效。该公约所列的 12 种持久性有机污染物是:艾氏剂、氯丹、DDT、狄氏剂、异狄氏剂、七氯、灭蚁灵、毒杀芬、六氯代苯、多氯联二苯、二噁英和呋喃。2007 年 4 月 14 日,国务院批准了中国履行斯德哥尔摩公约的《国家实施计划》,标志着我国的履约工作全面进入实施阶段,2008 年 7 月 3 日正式启动。

四　信息传递

生态系统除了能量流动、物质循环外,还存在着众多的信息联系。在生态系统的各个组成成员之间及各个成员的内部都存在着信息交流,彼此间进行着信息传递。这种信息传递又称为信息流。生物之间交流的信息是生态系统中的重要内容,生态系统中能量流和物质流通过个体与个体之间,种群与种群之间,生物与环境之间的信息传递协调。动物之间的信息传递是通过其神经系统和内分泌系统进行的,决定着生物的取食、居住、社会行为、防护、性行为等一切过程。信息传递不像物质流那样循环,也不像能流那样单向,往往是双向,既有从输入到输出的信息传递,也有从输出向输入的信息反馈。正由于这种信息流,才使生态系统产生了有一定范围的自动调节机制。生态系统中包含多种多样的信息,大致上可以分为物理信息、化学信息、营养信息和行为信息。

物理信息主要包括各种声、光、色、电磁波等。这些物理信息往往表达了吸引异性、种间识别、威吓和警告等内容。当生态系统中的绿色植物通过光合作用把来自环境的太阳光以化学能的形态固定下来输入系统的同时,也就把信息引进了系统。太阳光对植物的形态建成(即植物的生长和分化)具有信息调控作用。现在人们已经发现,植物的一系列生命现象都受太阳光的控制。如生长在长日照地区的植物,由于长期不断接受光照较长这一信息最终便成为长日照植物,它们开花就与日照较长形成特定的信息联系,控制着开花过程。研究表明,种子萌发、植物发芽、茎的伸长、落叶时期以及某些植物一年中生长和休眠的交替等生命现象都受光信息的控制。动物的活动也和物理信息有关。如光信息是动物周期性迁徙的引发因素。海洋、湖泊中的浮游动物,昼夜有垂直迁徙现象,这也是对光信息的反应。在生态系统中,蛙和鸟的鸣叫、兽的吼啸、萤火虫的发光等都起着吸引异性、种间识别、威胁警告等信息作用。

化学信息是生物依靠自身代谢产生的化学物质,如酶、生长素和性诱激素等来传递信息;信息素虽然其量不多,但却深刻地影响着生物种间种内关系。有些对他种生物有利,有些有害。在植物群落中,一种植物通过某些化学物质的分泌和排泄而影响另一种植物的生长甚至生存的现象是很普遍的。在长期的协同进化过程中,植物通过次生代谢途径产生植物次生性代谢物质以抵御病通虫害的侵入,通过植物次生性代谢产物抑制其他物种的生长,从而在竞争生长过程中处于相对有利的地位,这种现象被称为异株克生现象,这些次生代谢物质被称为"化感物质"(allelochemical)。目前,化感物质包含着更丰富的内容。它是植物产生的影响其他生物生长、行为和种群生物学的化学物质,不仅包括植物间的化学作用物质,也包括植物和动物间的化学作用物质。

营养信息:在生态系统中,食物网本身就是一条生物营养信息网络,各种生物通过营养信息关系构成一个相互依存和相互制约的整体。食物链中的各级生物要求一定的比例关系,即生态金字塔规律。养活一只食草动物需要几倍于它的植物,较低营养阶层的密度、生物量等(资源限制)通过上行效应决定较高营养阶层的种群结构,较高营养级的密度、生物量等通过下行效应控制较低营养级的种群结构。

行为信息是动物为了表达识别、威吓、挑战等情况,采用特有的动作行为表达的信息。如蜜蜂可用独特的"舞蹈动作"将食物的位置、路线等信息传递给同伴等。

第三节 生 态 平 衡

一　生态平衡的概念

生态平衡(ecological balance)是指在一定时间内生态系统中的生物和环境之间、生物各个种群之间,通过能量流动、物质循环和信息传递,使它们相互之间达到高度适应、协调和统一的状态。也就是说当生态系统处于平衡状态时,系统内各组成成分之间保持一定的比例关系,能量、物质的输入与输出在较长时间内趋于平衡,结构和功能处于相对稳定状态,受到外来干扰时,能通过自我调节恢复到初始的稳定状态。在生态系统内部,生产者、消费者、分解者和非生物环境之间,在一定时间内保持能量与物质输入、输出动态的相对稳定状态。

生态平衡概念包括两方面的含义:生态平衡是生态系统长期进化形成的一种动态平衡,它是建立在各种成分结构的运动特性及其相互关系的基础上的;生态平衡反映了生态系统内生物与生物、生物与环境之间的相互关系所表现出来的稳态特征,一个地区的生态平衡是该生态系统结构和功能统一的体现。

二　生态平衡失调

当外来干扰超越生态系统自我调节能力,而不能恢复到原初状态的现象谓之生态平衡失调,或生态平衡的破坏。导致生态失衡的原因主要有以下几种。

（一）生物种类成分改变

在生态系统中引进一个新物种或某个主要成分的突然消失都可能给整个生态系统造成巨大的影响,破坏生态系统生物种类(动物、植物、微生物)的组成和数量比例,影响生态系统的结构和功能。

（二）环境破坏和扰动超过生态系统自我调节的限度

生态系统对外界的干扰和压力具有一定的弹性,其自我调节能力也是有限度的,如果外界干扰或压力在其所能忍受的范围之内,当这种干扰或压力去除后,它可以通过自我调节能力而恢复;如果外界干扰或压力超过了它所能承受的极限,其自我调节能力也就遭到了破坏,生态系统就会衰退,甚至崩溃。通常把生态系统所能承受压力的极限称为"阈限",例如,草原应有合理的载畜量,超过了最大适宜载畜量,草原就会退化;森林应有合理的采伐量,采伐量超过生长量,必然引起森林的衰退;污染物的排放量不能超过环境的自净能力,否则就会造成环境污染,危及生物的正常生活,甚至死亡等。

（三）信息系统破坏

生物与生物之间彼此靠信息联系,才能保持其集群性和正常的繁衍。人为向环境中施放某种物质,干扰或破坏了生物间的信息联系,就有可能使生态平衡失调或遭受破坏。例如,自然界中有许多雌性昆虫靠分泌释放性外激素引诱同种雄性成虫前来交尾,如果人们向大气中排放的污染物能与之发生化学反应,则性外激素就失去了引诱雄虫的生理活性,结果势必影响昆虫交尾和繁殖,最后导致种群数量下降甚至消失。

三　生态平衡的调节机制

自然界生态系统的一个很重要的特点就是它常常趋向于达到一种稳态或平衡状态,使系统内的所有成分彼此相互协调。这种平衡状态是靠一种自我调节过程来实现的。借助于这种自我调节过程,各个成分都能使自己适应于物质和能量输入和输出的任何变化。例如,某一生境中的动物数量决定于这个生境中的食物数量,最终这两种成分(动物数量和食物数量)将会达到一种平衡。如果因为某种原因(如雨量减少)使食物产量下降,因而只能维持比较少的动物生存,那么这两种成分之间的平衡就被打破了,这时动物种群就不得不借助于饥饿和迁移加以调整,以便使自身适应于食物数量下降的状况,直到调整到使两者达到新的平衡为止。

当生态系统中某一成分发生变化的时候,其他成分必然会出现一系列的相应变化,这些变化最终又反过来影响最初发生变化的那种成分,这个过程就叫反馈。反馈有两种类型,即负反馈（negative feedback）和正反馈（positive feedback）。

负反馈是比较常见的一种反馈,它的作用是能够使生态系统达到和保持平衡或稳态,反馈的结果是抑制和减弱最初发生变化的那种成分所发生的变化。例如,捕食者捕食猎物对消费者来说具有正影响而对猎物来讲具有负影响,捕食者对猎物的负影响就会防止捕食者种群的无限增长,因而起到既稳定捕食者种群大小,又稳定猎物种群大小的调节作用(图3—12)。

正反馈是比较少见的,它的作用刚好与负反馈相反,反馈的结果不是抑制而是加速

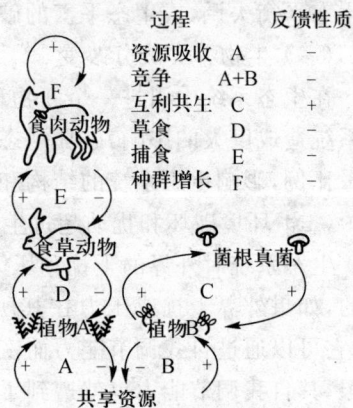

过程		反馈性质
资源吸收	A	—
竞争	A+B	—
互利共生	C	+
草食	D	—
捕食	E	—
种群增长	F	+

图3—12　生态系统中正、负反馈之间的关系

（资料来源:Chapin（III）等,2002）

88

最初发生变化的成分所发生的变化,因此正反馈的作用常常使生态系统远离平衡状态或稳态。例如,如果一个湖泊受到了污染,鱼类的数量就会因为死亡而减少,鱼体死亡腐烂后又会进一步加重污染并引起更多鱼类死亡。因此,由于正反馈的作用,污染会越来越重,鱼类死亡速度也会越来越快。从这个例子中我们可以看出,正反馈往往具有极大的破坏作用,往往加速生态系统朝向新状态变化。从长远看,生态系统中的负反馈和自我调节将起主要作用。

当生态系统达到动态平衡最稳定状态时,它能够自我调节和维持自己的正常功能,并能在很大程度上克服和消除外来的干扰,保持自身的稳定性。但是,生态系统的这种自我调节功能是有一定限度的,当外来干扰因素如火山爆发、地震、泥石流、雷击火烧、人类修建大型工程、排放有毒物质、喷撒大量农药、人为引入或消灭某些生物等超过一定限度的时候,生态系统自我调节功能本身就会受到损害,从而引起生态失调,甚至导致发生生态危机。

四　　生态系统的人工调控

生态系统结构和功能至少受到 5 个相互独立的控制变量的调控,即气候、母质、地形、潜在的生物区系(即存在于一个地区并具有潜在占据一个地点能力所有生物有机体)和时间等状态因子共同作用决定一个生态系统的界限(图 3-13)。生态系统过程即对直接调节其活动的因子作出应答同时又控制着这些因子,这些既控制生态系统特征又受到生态系统特征控制的因子被称为交互控制因子,如资源供应、调节因子、干扰体系、生物群落和人类活动等。如果人类活动改变了这些控制因子,将不可避免地改变生态系统。

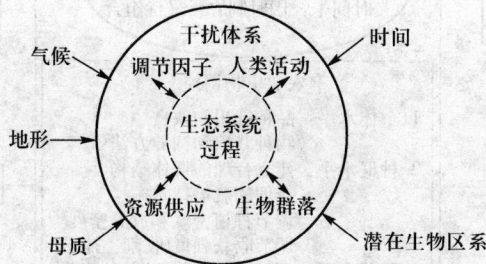

图 3-13　状态因子(圆圈外)、交互控制因子(圆圈内)和生态系统过程关系
(资料来源:Chapin (III)等,2002)

人类对生态系统的管理和调控可以强烈地影响生态系统的可持续管理程度。首先,维持生态系统的生产力和其他特征的稳定需要尽可能地保持状态因

子和交互控制,其中最容易管理的控制因子是资源(如施肥和灌溉)、干扰方式以及生物有机体的功能群类型(functional types,在群落和生态系统过程中作用相似的物种群)。其次,重要的交互控制之间的负反馈机制增加了生态系统的可持续性。例如,农业生态系统中的生物控制是利用害虫与天敌之间的负反馈机制来控制害虫对农作物的影响,当负反馈减弱时,通过人为加强管理措施。第三,当生态系统各过程之间产生负反馈时,在景观水平上生态系统之间的联系可以提高生态系统的稳定性。例如,由于水生生态系统从陆地的径流中接受营养物质,对陆地生态系统的各种变化非常敏感;反过来,陆地生态系统受到水生生态系统的影响相对要小得多。因此,在土地利用进行综合管理时如果仅考虑对陆地生态系统的影响,没有采取措施限制流域化肥的使用量,将不可避免地对水生生态系统造成严重影响。

　　自然界生态系统可以通过自身调剂机制调节平衡状态。人工控制管理的生态系统,既有自然生态系统属性,又有人工管理系统属性,它受生态系统本身自我调节机制的调节与控制,也受人工因素的调节和控制。人工调控必须遵循在生态系统自然属性的基础上进行。以农业生态系统为例,生态系统人工调控的主要途径和手段如图 3-14 所示。

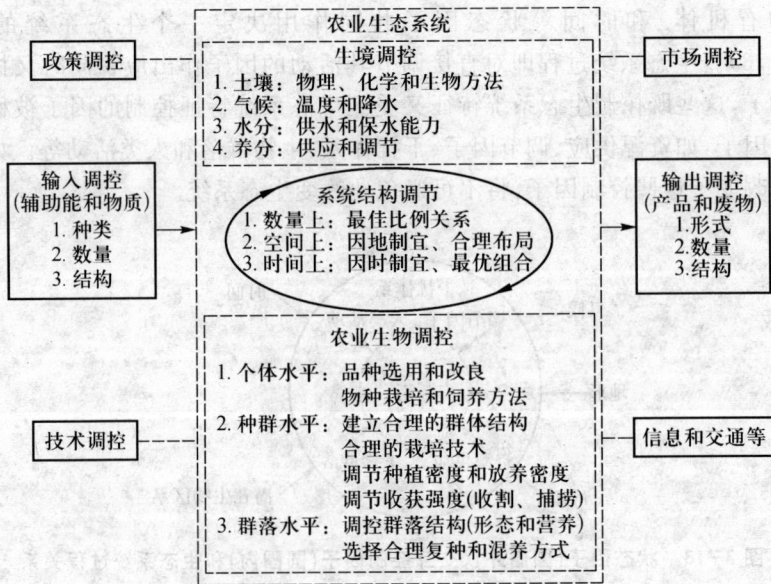

图 3-14　农业生态系统人工调控

(资料来源:宋志伟,2007)

第四节　生物多样性及其保护

随着世界人口快速增长、工业化进程不断加速和人类消费快速膨胀,物种灭绝的速度不断加快,与人类的生活和福利密切相关的生物多样性面临着前所未有的威胁。20 世纪 80 年代以来,生物多样性问题日益受到国际组织、各国政府和科学界的重视。生物多样性保护与全球变化和可持续发展成为国际关注的 3 个热点问题。这些问题受到国际生物科学联盟(IUBS)国际科联环境问题科学委员会(SCOPE)、联合国教科文组织(UNESCO)、国际科学联盟委员会(IC-SU)、国际地圈-生物圈计划全球变化和陆地生态系统(IGBP-GCTE)及国际微生物学联盟(IUMS)等国际组织的关注,并由他们共同发起了国际生物多样性研究计划(DIVERSITAS)。该计划对全球生物多样性变化和丧失引起的复杂科学问题进行了研究,并通过将自然科学和社会科学的各学科领域科学家联合起来,对全球关注、跨国家、跨区域的生物多样性问题开展了长期、持续的科学研究。

一　生物多样性概念

生物多样性(biodiversity)是生物及其与环境形成的生态复合体以及与此相关的各种生态过程的总和。它包括数以百万计的动物、植物、微生物和它们所拥有的基因,以及它们与生存环境形成的复杂的生态系统。生物多样性是一个内涵十分广泛的重要概念,包括多个层次或水平。联合国环境与发展大会报告把生物多样性分为三个不同层次,即遗传多样性、物种多样性和生态系统多样性。我国的一些专家在上述三个层级的基础上又增加了景观多样性这一层次。

遗传多样性是遗传信息的总和,蕴藏在地球上植物、动物和微生物个体的基因中。包括种内显著不同的种群间和同一种群内的遗传变异,亦称为基因多样性。遗传多样性是生物多样性的重要组成部分。遗传多样性是物种进化的本质,也是人类社会生存和发展的物质基础。物种多样性是指地球上所有生物物种及其各种变化的总体。目前,物种多样性研究内容主要集中在物种多样性的现状(包括受威胁现状)和物种多样性的形成、演化及维持机制等方面。生态系统多样性是指生物圈内生境、生物群落和生态过程的多样化,以及生态系统内生境差异和生态过程变化的多样性。生境的多样性是生物群落多样性甚至是整个生物多样性形成的基本条件。生物群落的多样性主要指群落的组成、结构和动态,包括演替和波动方面的多样化。生态过程主要是指生态系统的组成、结构与功能随时间的变化以及生态系统的生物组分之间及其与环境之间的相互作用或相互关系。景观多样性指由不同类型的景观要素或生态系统构成的景观在空间结构、功能机制和时间动态方面的多样化或变异性。

二　生物多样性的价值与物种消失的危害

（一）生物多样性的价值

生物多样性的价值分为直接价值和间接价值两大类。直接价值比较容易觉察和衡量;间接价值与生态系统服务功能有关,难以直接用货币形式表现,往往不表现在国家的经济核算体制中。

1. 直接价值

直接使用价值又包括消费使用价值(如薪材和野味等的非市场性价值)和生产使用价值(如木材等的商品价值)。

消费使用价值是指那些不经过市场流通直接被消费的自然产品的价值。这一部分价值很少反映在国家的收入账目上,但是并不妨碍把这种经济贡献纳入国民生产总值等的统计尺度中。例如,尼泊尔、坦桑尼亚主要能源需求的 90%来自薪材和粪肥,这一部分价值往往通过市场价格法进行估算。

生产使用价值是指商业性收获的并用于市场上正式交换的产品的价值。因此,这一部分价值是唯一在国民收入中得到反映的价值。这类价值仅计算在原产地产生的价值,如地产价值、收获价值和农场租金等,而不包括运输、加工和包装的费用。

2. 间接价值

间接价值是直接价值产生的重要基础,因为收获的动植物物种通常得益于它们生存的环境。没有消费和生产使用价值的物种可能在生态系统中起着非常重要的作用,并供给着那些有消费和生产使用价值的物种。生物多样性的间接价值通常表现为非消费使用价值(如科研和观赏)、选择价值(保存未来选择机会的价值)和存在价值(野生生物存在的伦理情感价值)。

非消费使用价值更多的时候表现为环境功效,这一部分价值通常不被消费,不在市场上进行交换,不被反映在国民收入中。现在人们正在努力将这一部分价值进行经济评价,生态系统产品和服务的价值近年成为研究的热点。Costanza 等人(1997)认为,生态系统和自然资本直接或间接地为人类的福利做出贡献,目前整个生物圈所提供的生态系统服务平均价值为 33 万亿美元/a,而全世界目前的国民生产总值仅为 18 万亿美元/a。Pimentel 等(1997)估算出世界生物多样性在废物处理、土壤形成、氮固定、化学物质的生物去除、授粉等 18 个方面的经济价值为 29 280 亿美元/a,其中,美国生物多样性的经济和环境效益为 3 190 亿美元/a。

选择价值是指为了保存未来的选择机会而愿意付出的代价,是为维护将来一天对财产可能的利用的支付意愿,它有些像保险价值,常常介于可利用价值与非利用价值之间。

存在价值反映了人们为了确保生物多样性继续存在的支付意愿。人们希望其后代或整个人类的后代能够从这些物种的存在上获得一定的好处,或者仅仅满足他们了解物种存在的欲望。存在价值是处于经济学家(注重研究经济价值)和生态学家(注重研究生态价值)之间的一种过渡性价值,它为经济学家和生态学家提供了共同的价值观,是现代保护自然运动的源泉。在确定存在价值时,伦理尺度非常重要,因为它反映了人们对物种和生态系统的同情、责任和关注。

(二) 物种消失的危害

生物多样性是地球上生物经过几十亿年长期进化的结果,是人类赖以生存和发展的基础。生物多样性对于维持地球生态平衡具有关键性作用,为人类带来了巨大的福祉和难以估计的经济价值。但是,过去 50 年间,人类改变生态系统的速度和广度超过历史上其他任何时期,目前地球上的生物种类正在以相当于正常水平 1 000 倍的速度消失,自然生态系统中的物种多样性、优势种状况和生态系统服务功能目前正经历着重要的改变。这种大规模的物种灭绝,在人类历史上是空前的,地球生物多样性锐减给人类带来的威胁是致命的。世界各国领导人于 2002 年共同承诺到 2010 年时显著减少生物多样性流失的速度,但《全球生物多样性展望》(第三版)指出该目标没有实现。虽然地质历史时期的生物灭绝事件(如恐龙灭绝)的原因尚未确定,但这些生物灭绝一定与各种因素造成的环境突变有关。目前由生境破坏引起植物和动物物种的灭绝很可能驱动各种无法预测的生物灭绝效应。比如,生态系统如果一旦“最弱”的物种灭绝后剩余的物种对环境退化的抵抗力可能会变得更强,但往往实际情况是,当其他物种灭绝时,一种有抵抗力的物种会突然对环境退化变得敏感起来。虽然人类活动影响全球性的过程很多,但物种多样性的丧失的不可逆性尤其值得关注,因此,理解目前物种多样性丧失所引起的机能性后果是相当紧要的任务。物种消失可能导致的后果可以概括为以下几个方面。

1. 生物多样性的降低将改变生态系统过程及其稳定性

生物多样性与生态系统功能的关系已成为重大的科学问题并受到广泛关注。大量的研究表明,生物多样性对系统生产力、分解性、养分循环以及稳定性等均有重要影响,生物多样性的丧失将会引起生态系统过程的变化,例如:植物生产可能随区域和局部多样性的下降而下降;生态系统对环境扰动(如对干旱的抗性)可能随生物多样性的减少而减弱;生态系统过程(如土壤氮素水平、水分利用效率、植物生产力和病虫害周期)有可能随多样性降低更变化无常。物种消失将不可避免地引起物种数量、特征及相互作用的变化,进而影响生态系统过程。一个物种对生态系统过程的影响取决于它和其他物种之间的相互作用,因此,物种的消失也必将影响生态学系统中物种的关系,而物种多样性影响生态系统过程的机制常取决于种间的相互作用。

2. 生物多样性的降低将大大削弱生态系统的服务和人类福祉

生物多样性在提供支持、供应、调节和文化等生态服务中发挥着重要的作用。对于生态系统服务(ecosystem service),物种组成具有和物种丰度相同或更加重要的作用。当由于局地物种种群的灭绝或功能丧失而影响到对相应生态系统功能支持时,将会严重影响生态系统服务。物种种间相互作用(捕食、竞争、寄生和共生等)的变化通过给生态系统过程和服务供应以不成比例的、不可恢复的负面影响。另外,即使生物多样性只对生态系统功能造成很小的影响,这种丧失也会降低生态系统对环境的调节能力(如生态系统稳定性或恢复能力、抵抗能力和生物保障能力)。经过优化的评估技术和对于生态系统服务的了解表明,虽然许多个人可以从生物多样性和生态系统变化中受益,但是社会所承受的代价往往远高于这些受益。

3. 生物多样性的降低能够影响局地、地区乃至全球气候

植物多样性是生物多样性的重要组成部分,植物多样性的变化对陆地生态系统的组成、结构、功能都有着重要的影响。陆地生态系统与气候系统通过地面与大气之间的能量平衡、水气交换和生物地球化学循环而相互作用,从而影响气候变化。近十年来的大气环境模型、全球生态系统模型和卫星遥感观测证实了生态系统可在各种尺度上对气候产生作用,是影响气候变化的重要因素。

4. 生物多样性降低将影响国家食物安全和国家安全

生物多样性不仅包括物质福利和生活资料的供给,而且还包括安全、社会关系、健康以及自由和选择的机会。生物多样性的丧失和与生态系统服务相关的变化使一些人的福祉降低,甚至一些社会群体被推向贫困的边缘。千年生态系统评估认为生物多样性丧失和不断恶化的生态系统服务会直接或间接地引起不断恶化的健康问题、更高的食品风险、日益增加的脆弱性、更低的物质财富、不断恶化的社会关系和更少的自由和选择的机会。

三　　外来种入侵与生物多样性

外来种入侵已在全世界范围内广泛传播,引起极大的社会、经济和生态问

题。有些外来物种严重威胁着本土生态系统的结构与功能,加速某些物种的灭绝,造成生物多样性的丧失。中国也同样面临着外来种入侵的严峻问题,目前共查明有283种外来入侵种。这些外来入侵种已给中国经济带来了巨大损失,据粗略估算,每年经济损失约为144.8亿美元。结合外来种入侵所造成的问题及该领域的研究进展,提出了进一步加强入侵机理、扩散过程和入侵生态效应的理论研究,建议尽早建立外来种数据库与早期预警系统,呼吁外来物种对生态系统的食物网结构、物种多样性和生态系统功能的影响等问题是我国应当优先开展的研究工作。

(一) 与外来种入侵相关的几个定义

为了便于描述生物入侵过程,这里有必要对几个主要名词的内涵加以说明。

外来种(exotic species)是指借助于外力作用而越过不可自然逾越的空间障碍,在原产地之外的新栖息地生长繁殖并建立稳定种群的物种。

入侵种(invasive species)是指外来种中的一些种类在新栖息地发生爆炸性的生长,往往失去控制,这些外来种被称为入侵种。

引进种(introduced species)是指人为有目的引进栽培或释放到野生地自然生长的生物种类。

生物入侵(biological invasion),也称为生态入侵(ecological invasion),是指外来物种因为偶然的机会进入某一适宜其生存和繁殖的地区,其种群数量不断增加、分布区逐步扩展的过程。

(二) 外来种入侵途径

外来种可通过多种渠道进行入侵,主要的途径包括有意引入和偶然带入。

1. 有意引入

某些部门或个人为提高经济效益、观赏和生物防治等,从国外或外地引入了大量物种。由于管理不善或事前缺乏相应的风险评估,有的物种变成了入侵种。例如,1869年一位美国工程师误将舞毒蛾当做可产蚕丝的中国桑茧从欧洲引入到美国,现在舞毒蛾是北美主要的森林害虫。海狸鼠(獭狸,*Myocastor coypus*)于1953年引入到我国东北,随后在各地大量养殖。20世纪90年代中期,由于经济原因,獭狸逃生或放生,在野外自生自繁,成为南方农田、果园新的有害动物。原产于亚马孙流域的福寿螺(*Ampullariia gigas*)1981年引入到广东后,广为繁殖,后被释放到野外,在广东和福建等地造成很大的损失。水葫芦(*Eichhornia crassipes*)、水花生(*Alternanthera philoxeroides*)分别在20世纪三四十年代引入我国,本来是作为猪饲料,后逸为野生,成为南方农田和湖泊的主要害草,严重破坏了当地的自然生态环境。

因此,在有害生物或入侵种的生物控制过程中,若引种不当,可能导致非目标种被攻击以至灭绝。比如,欧洲的锥形宽喙象甲(*Rhinocyllus conicus*)被引进到北美控制入侵的飞廉属植物麝香飞廉（*Carduus nutans*），现在却威胁到当地的非有害飞廉属植物，这些植物包括当地的濒危物种和分布区非常狭小的当地种。1962—1986年从欧洲引入到美国控制舞毒蛾为害的康刺腹寄蝇（*Compsilura concinnata*），可以直接取食180多种昆虫，造成了某些当地种的种群数量大幅下降乃至局部灭绝。尽管引进天敌进行生物控制也有不少成功的先例，但缺乏风险评价的天敌引进，有可能带来新的生物或环境灾害。

2. 偶然带入

人员流动和物资交流可以充当外来种的引入媒介，无意间将外来种从原生地带到遥远的别的地区。相当一部分入侵种是由这种方式带入的，比如，条形贝（*Dreissena polymorpha*）之类的大量入侵种就是混杂在远洋船的压舱水中被带入世界各地的，侵入我国的蔗扁蛾（*Opogona sacchari*）、褐家鼠（*Rattus norvegicus*）、豚草（*Ambrosia*）、紫茎泽兰（*Eupatorium adenophorum*）和美国白蛾（*Hyphantria cunea*）等都是随人员或商品贸易带的。货物的木质包装物也常常是外来种传入的重要载体，从日本入侵到我国及欧美的光肩星天牛（*Anoplophora glabripennis*）就是由这种方式传入的。有些入侵植物是混杂在作物种子或其他货物中偶然引入的，如银胶菊（*Partheniumhy sterophorus*）和罗氏草（*Rottboellia cochinchinensis*）。有些害虫是随作物的引入而入侵的，如墨西哥棉铃虫及棉红铃虫。中国的红铃虫也可能是随着棉种由印度到越南或缅甸而传到我国。近来有研究表明，人类抛弃到海洋中的塑料垃圾为有些入侵者提供了"交通工具"。

（三）外来种入侵过程

外来种入侵过程分为传入、入侵、定居和繁殖传播四个阶段。从外来种转化为入侵种的过程可概括地用图3-15表示。在引入地，外来种的命运有两种：一种是外来种不能适应当地的环境，或受到本地种的排斥，种群不能自我维持；另一种情况则相反，外来种在当地建立了可自我维持的种群，称之为居留成功。居留成功的外来种如果只是停留在引入地，没有扩散到相邻的地区，当地的群落外貌通常不会有显著改观，生态系统的功能也保持相对的稳定，这时的外来种称为非入侵种。通常人们引种的目的也在于希望能够利用引入种的直接、间接经济效益或生态环境效益，使之维持在非入侵种的地位上，而非变成入

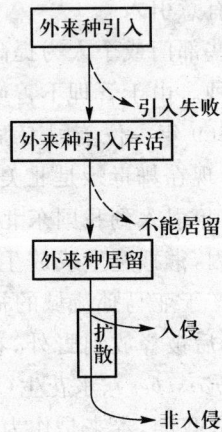

图 3-15　从外来种到入侵
种的演变过程

（资料来源：高增祥，2003）

侵种。反之,如果居留成功的外来种种群数量急剧增加,并不断向四周地区蔓延扩张,将会对当地的生态系统的结构和功能造成明显的损害,这时的外来种就变成了入侵种。

(四)外来种入侵成功的原因和机理

为什么有的外来种变成了入侵种,有的则不能?入侵种与非入侵种相比,有特殊的生物学、生态学特征吗?不同的群落或生态系统对外来种入侵的抵抗能力如何?阐明这些问题,有助于对外来种入侵机理的认识,也是外来种入侵预测和控制的基础。

1. 入侵种生活史(或生物学)特征

尽管科学家一直试图寻求入侵种的共同特征,一些入侵种也确实具有相似的生物学或生活史特征,但目前的研究结果还只能应用在很少的类群上,还只能是一种假设。对新西兰 496 次引种试验(共涉及 79 种物种)的分析表明,能够显著影响引入鸟居留成功的唯一生活史特征是其是否存在迁徙特性。在相似的引种条件下,在原分布区迁徙的物种较不迁徙的物种更不易居留。外来的滩栖螺(*Batillaria attramentaria*)20 世纪初引进到北美的西海岸后,取代了当地沼泽中的拟蟹守螺(*Ceithidea california*)。研究发现,滩栖螺的死亡率低是其入侵成功的主要原因,而非寄生、资源利用性竞争等其他因子。

2. 入侵种的生态学特征

竞争是生态作用的基本方式之一,也许难以在一个自然群落中找到竞争排斥的实例,来验证理论的正确与否。但入侵种的问题,却给人们提供了这样的机会。研究发现,入侵种通常会与本地种竞争资源。由于觅食更有效,来自北美的灰松鼠(*Sciurus carolinensis*)正在取代英国当地的松鼠 *S. vulgaris*。新西兰 Northofagus 森林中的介壳虫(*Uotracoelostoma assimile*)所产的蜜汁被当地的食蜜昆虫和鸟类取食,但德国黄胡蜂(*Vespula germanica*)入侵该地区后,蜜汁被入侵种大量取食掉。据测算,秋季胡蜂密度达到高峰时,胡蜂消耗掉的蜜汁超过 95%,导致该季节当地的濒危物种——土生的橄榄色鹦鹉(*Nestormer idionalis*)几乎绝迹。入侵种与本地种的干涉性竞争更常见,例如,几种引入的蚂蚁(红火蚁,*Solenopsis invicta*)、阿根廷蚁(*Linepithema humile*)和褐大头蚁(*Phiedole megacephala*),通过攻击极大地破坏了侵入地的蚂蚁群落。

除了竞争取胜外,有些入侵种较本地种更能适应当地的自然环境。Canary岛的杨梅(*Myrica faya*)入侵到夏威夷国家火山公园后,改变了该公园的基本生态系统。因为该树种可以固氮,在营养贫瘠的火山岩土壤中,其氮的获得量比当地植物大 90 倍。很多本地种只能往土壤营养稍好的地区退却,这更导致了 *Myrica faya* 的进一步入侵。*Myrica faya* 还可以吸引外来种暗绿绣眼鸟

（*Zosterops japonica*），该鸟可以为杨梅扩散种子。暗绿绣眼鸟也被认为是几种当地鸟类的竞争者。此外，许多入侵种可以破坏当地的生态系统，使当地群落的关键种不能适应新的环境。招致更频繁或更强烈的火灾就是方法之一。世界大多数入侵的草本植物都属于此类。入侵的草本植物通常产生大量的易燃死物质，它们很快干枯，火灾后又很快发芽。不同的入侵种其生态学特征可能不同，相应地其入侵机理也有差异。随着以后对更多的入侵物种、不同生态系统的入侵过程的研究增多，可以更充分地认识入侵种的生态学特征在其入侵过程中所起的作用。

　　3. 群落的脆弱性

　　不同结构和功能的群落，其稳定性不同。对外来种的入侵，其抵抗能力也有差异。外来种入侵成功在群落层面上的原因，主要包括引入地缺乏有效的天敌制约、群落的抵抗力较低以及环境扰动等。

　　（1）生物控制机制的丧失（escape from bioticconstraints）。许多外来种以种子、孢子、卵或别的休眠形式到达新的地点后，其原产地竞争者、捕食者、草食者和寄生者等并没有随之到达，这种"生物控制的逃脱"为外来种带来了极大的益处。一方面，导致外来种的种群数量大幅增加，最终暴发成灾；另一方面，种群数量的骤增，又加速了入侵种的入侵速度。例如，原产于南非的菊科植物（*Chrysanthemoides monilifera*）和原产于澳大利亚的长叶相思树（*Acacia longifolia*）分别引入到对方国家后，在新的分布区，这两种植物的开花时间、种子生产量、寿命和适宜度等都有很大的延长和提高。

　　（2）群落组成结构与可侵入性（invasibility）的关系。Elton认为，群落对入侵的抗性与群落中的物种多样性成正比。这通常被理解为，多样性程度高的群落比低的群落更能抵御外来种的入侵。近来的许多理论研究成果支持这一假说。但实验研究的结果比较复杂，微生态系统或可控制物种丰度的群落的实验研究结果支持Elton假说；但对没有人为控制条件下的自然群落的研究以及往自然生态系统中添加"入侵者"的实验研究则表明，多样性程度高的群落比多样性程度低的群落更易被入侵。有关生态群落形成的实验则发现，当物种聚集（species accumulate）超过一定的时间后，群落的可侵入性（invasibility，指外来种在群落中居留的难易程度）降低，但多样性的作用还不确定。

　　入侵种与群落的作用关系决定入侵的成功与否，对一个群落来说，在不同的演替阶段，其物种组成、多度以及抗环境扰动能力诸方面都有所不同，并不能将入侵种与群落的研究分割开来。从群落组成的角度出发，探讨当地群落的物种组成与生态系统功能的关系，多样性、稳定性与可侵入性的关系，物种的生物学特征与群落特性在决定哪个物种会变为入侵种和可能的入侵区域等方面的互动关系，以及处于不同演替阶段的群落对入侵抵抗能力的差异问题。可能有助于揭示外来种入侵的机理,也是以后群落生态学研究的重要内容。

(3) 外来种到来前后的环境扰动。人为或自然原因导致的环境扰动可能加速外来种入侵。这些扰动通常指陆地的大火、洪水、农业开垦、牲畜放牧、湿地的水被排干、河流及湖泊的盐度或营养水平的改变等。历史上,大火对澳大利亚、美洲温带草原上的植物入侵起了非常重要的作用。城市活动也是重要的干扰源。严重的外来扰动(如建筑、重型汽车行驶、垃圾处理、土地的挖掘和翻耕等),导致美国加州南部的本地灌木群落退化为外来的一年生草本植物群落,本地种的丰度也随之下降。

(五) 外来种入侵对生物多样性影响

在自然界长期的进化历程中,物种之间相互协调、互相制约,形成稳定的生态系统。当外来种进入新的栖息环境后,如果脱离人为控制逸为野生,在适宜的气候、土壤、水分及传播条件下,极易扩散蔓延而成为入侵种,且因其繁殖速度很快,易形成大面积单优群落,破坏当地动、植物相,危及当地濒危动、植物的生存,造成生物多样性的丧失。

1. 外来种入侵对遗传多样性影响

外来物种的入侵可导致生境片断化(habitat fragmentation),大而连续的生境变成空间上相对隔离的小生境,当种群被分割成不同数目的小种群后,引起遗传多样性的丧失。一些小种群的消失也加速了种群遗传变异的减少,虽然迁移(基因流)可减轻种群分割所带来的效应,但不足以弥补种群波动的影响,或局部种群的灭绝。因此,生境片断化将增加种群的自交率,长期维持这种状况,种群的繁育系统将有两种不同的后果:一种是物种进化出适应近交的机制,最终可能导致自交的产生;另一种是因种群近交,可能会存在较严重的近交衰退,导致种群的适合度降低,使该残留的小种群局部灭绝。

随着生境片断化,残存的次生植被常被入侵种分割、包围和渗透,使本土生物种群进一步破碎化,造成一些物种间近亲繁殖和遗传漂变,有些入侵种可与本地同属近缘种,甚至不同属的种杂交,如加拿大一枝黄花可与假蓍紫菀(*Aster ptarmicoides*)杂交,入侵种与本地种的基因交流可导致本地种的遗传侵蚀。外来种通过竞争性排斥、生态位替代、杂交、基因渗入及捕食,改变着本土种的进化路径,而其本身在与本土种和新的非生物环境相互作用过程中得以进化。外来种的入侵、扩散和基因流动,与本地种长期共处,协同进化,导致生物同源化和物种均匀化。

2. 外来种入侵对物种和生态系统多样性影响

外来种通过种间竞争,占据本地物种生态位,使本地物种失去生存空间,改变了食物链或食物网络的组成和结构,外来物种的侵入干扰了原生境的生物地球化学循环;加之入侵种对土壤肥力的吸收力强,能极大地消耗土壤养分,对土壤的可耕性破坏十分严重,对原生态系统的结构、功能及生态环境产生严重干扰与破坏。20 世纪 60—80 年代我国从英美等国引进的旨在保护滩涂的大米草(*Spartina anglica*),近年来在沿海地区疯狂扩散,覆盖面积越来越大,已到了难以控制的局面。截至 1996 年,全国大米草(*Spartina spp.*)总面积估计在 1 013 万 hm² 以上。肆意蔓延的大米草破坏近海生物的栖息环境,使沿海养殖的多种生物窒息死亡。

3. 外来种入侵对景观多样性影响

景观多样性是指由不同类型的景观要素或生态系统构成的景观在空间结构、功能机制和时间动态方面的多样性或变异性,它反映了景观的复杂程度。对景观而言,外来物种入侵是一种严重的干扰类型,其造成的生态影响是深远的,在较大程度上改变了原来的景观面貌和景观生态过程,破坏了原有景观的自然性和完整性。明朝末年引入的美洲产仙人掌属(*Opunaia*)的 4 个种分别在华南沿海地区和西南干热河谷地段形成优势群落,那里原有的天然植被景观已很难见到。全国除西北地区外,外来杂草已经改变了道旁、宅旁、撂荒地及裸地的原有景观。春夏之交,一年蓬的头状花序构成了白色的景观;夏秋季由小飞蓬(*Conyza canadensis*)和野塘蒿(*Conyza bonariensis*)形成黄绿或灰绿色,秋冬季变成枯黄色的景观。飞机草密集成丛或成片,在植被破坏地段、陡坡、火烧迹地与农隙地形成片状优势分布,严重危害原生植被和草场,在西南地区成为特有景观。外来种入侵造成物种多样性丧失的同时,也改变着整个景观要素,在入侵地往往形成单优群落,造成相对均一、单调的景观。

(六)外来种消除与控制

要控制植物外来种,管理者、生态学家和政府决策者的观点必须一致。管理者和生态学家需分析目标和计划的可行性、有效性,而后制订计划。Walker等认为有些植物的入侵是难以逆转的,恢复生态系统的原貌不现实,考虑到影响的大小,恢复其部分功能更实际。对外来种进行控制,需分析研究植物外来种的生态习性和生活史、环境影响因子,寻找有效的方法。外来种入侵成功需经过传入、入侵、定居和繁殖传播四个阶段。从上一个阶段转变到下一个阶段的成功率为 10%。外来种入侵成活后,有一个长的滞后阶段,然后才会爆炸性的扩展。在扩展前进行监测控制,可阻止许多问题的发生。外来种生存需一个关键的最小面积,如没有超过这个面积,就难以增殖扩散。外来种的关键面积各不同,应研究确定目标种的关键面积,在外来种达到这个面积之前采取措施。了解外来种的生活史,找出对干扰敏感阶段,进行干扰,如喷洒除草剂。外来种扩展主要靠繁殖体的成功的传播,可用控制动物的办法来控制植物外来种。管理者应熟悉植物外来种在栖息地或相似的环境中的行为。对外来种原栖息地的生态情况进行考察,分析找出外来种的病原体、寄生者或取食它的动物,如大米草(*S. anglica*)的花被麦角菌(*Claviceps purpurea*)感染,其繁殖受到影响。研究这些物种的安全性后,再引种来控制植物外来种。

控制外来种的常用方法有机械法、化学方法和生物控制法。机械法通常为人工砍除、火烧等。化学方法常用化学药剂处理,如用除草剂等杀死植物外来种。除去部分植物外来种,减少竞争,可促进本地种的生长,是控制外来种的可行办法。但这两种方法对以地下茎繁殖的植物外来种效果不佳。生物控制法是一种最有希望的方法。主要是引进病原体、昆虫等控制外来种。生物控制外来种时因作用对象的专一性不强,在引进生物控制植物外来种的同时,引进种对本地种可能造成危害。进行生物控制时,需调查引进的动物的食物的广度、潜在的宿主范围和生态效应,同时还需要研究其安全性和评估生物控制的负面效应。食物专一性是生物控制者的关键标准之一。监测释放的生物是评估环境代价的关键一步,这也可以提高预测性。但通常单种办法对植物外来种的控制效果常常不佳。应该对影响植物外来种入侵的因子进行系统的分析,应用多种综合的办法控制外来种。

四 **生物多样性保护**

资源的占有与使用上的分离成为有效保护生物多样性的障碍,由于无法从保护中获得利益,资源拥有地区的居民对保护生物多样性失去积极性,最终导致保护的落空。如何协调这类问题是保护学家和政府部门的决策者所必须面对的。对生物多样性的威胁是多种多样的,保护生物多样性,切实降低生物多样性丧失的速度,需要社会和政府部门以及私人团体采取广泛的措施。一般来说,致力于推动生物多样性保护的国际社会和政府部门在如下六个方面的努力是非常必要的:政策的调整、土地综合利用与管理、物种保护、栖息地保护、迁地保护和污染控制。千年生态系统评估针对短时间尺度和长时间尺度生物多样性的情景变化,给出了多种应对措施,这些措施既考虑了提高生态系统服务为人类社会提供的惠益,又不会损害生物多样性。而且这些措施必须针对变化的直接和间接驱动力,否则许多以保护生物多样性和生态系统服务为首要目标的应对措施将显得不足和没有持续性(图3-16)。另外,《生物多样性公约》和其他公约指定的"生态系统途径"为不同尺度和不同措施之间的统一提供了原则和目标(表3-6)。

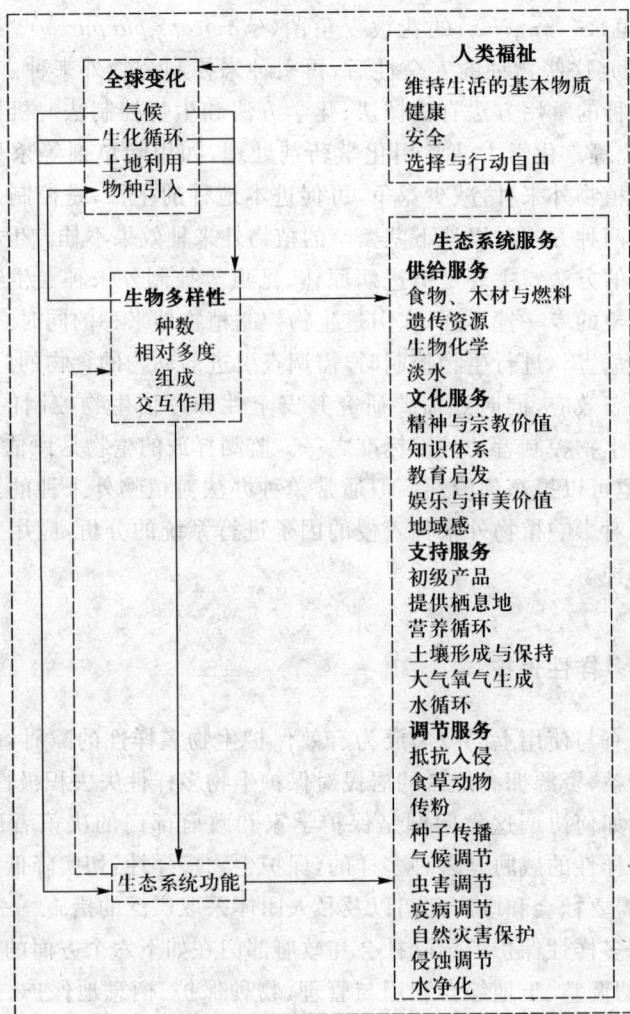

图 3-16　生物多样性、生态系统功能与生态系统服务

（资料来源：Millennium Ecosystem Assessment，2005）

表 3-6　实现《生物多样性公约》2010 年子目标的前景

目的和目标	到 2010 年的进展前景
保护生物多样性的组成成分 目标 1：促进生态系统、栖息地和生态群系的生物多样性保护 　子目标 1.1：全球至少有 10% 的生态区得到有效保护 　子目标 1.2：生物多样特别重要的地区得到保护	大多数陆地地区前景良好；海洋地区面临重大挑战；内陆水系很难得到足够保护

目的和目标	到 2010 年的进展前景
目标 2:促进物种多样性保护 　子目标 2.1:恢复、维持或降低所选门类中物种种群的衰退 　子目标 2.2:受威胁物种的状况得到改善	许多物种将继续在丰度和分布范围上继续衰退,但恢复和维持有限物种是可能的 更多的物种将受到威胁,但基于物种采取的措施将会改善一些物种的状况
目标 3:促进遗传多样性保护 　子目标 3.1:农作物、牲畜、收获树木物质、鱼类、野生动物和其他有价值物种的遗传多样性,及其相关的本土及当地知识得到保护	异地保护前景良好。整体上,农业生态系统可能继续简单化;鱼类基因多样性可能出现重大丧失;通过一些项目,基因资源和传统知识可以得到就地保护,但整体则可能下降
促进可持续性利用 目标 4:促进可持续的利用和消费 　子目标 4.1:基于生物多样性的产品能来自得到可持续管理的资源,以及符合生物多样性保护的产品管理区 　子目标 4.2:不可持续的生物资源和对生物多样性有影响的消费得以减少 　子目标 4.3:没有野生动物和植物物种因为国际贸易而变为濒危物种	对于生物多样性的某种组成部分预计将有进展,但可持续利用不可能在所有产品和生产区中占到很大的比例 不可持续的消费有可能会增加 例如,通过实施《濒危野生动植物种国际贸易公约》有可能取得进展
解决针对生物多样性的威胁 目标 5:来自栖息地丧失、土地利用变化和退化以及不可持续用水的压力将降低 　子目标 5.1:自然栖息地丧失和退化的速度降低	在大多数生物多样性敏感地区整体压力不可能减少,但可以采取主动措施保护一些重要的地区
目标 6:控制外来入侵种威胁 　子目标 6.1:控制外来入侵中的潜在入侵途径 　子目标 6.2:对于威胁生态系统、栖息地或物种的重要外来物种制定管理计划	压力可能增加(来自交通、贸易和旅游,尤其是在全球协同情景中)。可能出现解决主要外来物种入侵途径的措施(尤其是在全球协同和技术乐园情景中) 管理计划有可能得到制定
应对针对生物多样性的威胁 目标 7:应对生物多样性面临的气候变化和污染挑战 　子目标 7.1:维持和提高生物多样性适应气候变化的弹性 　子目标 7.2:不可持续的生物资源和对生物多样性有影响的消费得以减少	来自气候变化和污染挑战(尤其氮沉积)将会增加。这些方面的增加可以在 UNFCC 气候变化框架下,通过农业和贸易政策以及解决氮污染的能源政策得到缓解,缓解措施包括在 LULUCF 条件下的碳吸附,以及利用湿地来吸附或除去活性氮 减少对生物多样性影响的主动措施时可能存在的,但会带来其他的压力和挑战

目的和目标	到 2010 年的进展前景
维持生物多样性提供的必需品和服务以支持人类福祉 目标 8:维持生物多样性提供产品和服务以及支持生计的能力 　子目标 8.1:维持生物多样性提供产品和服务以及支持生计的能力 　子目标 8.2:支持可持续生计、当地食品安全和卫生保健的生物资源(尤其对于贫苦百姓)得到维持	考虑到驱动力预期将增长,到 2010 年可能只在有条件的基础上实现
保护传统知识、革新和实践 目标 9:维护原住和当地社区的社会文化多样性 　子目标 9.1:没保护传统知识、革新和实践 　子目标 9.2:通过传统的知识、革新和实践。保护原住和当地社区的权利,其中包括惠益共享的权利	采取措施保护传统知识和权利时可能的,但传统知识看来会出现持续的长期减少
确保公平和公正地分享基因资源利用所产生的惠益 目标 10:确保公平和公正地分享基因资源利用所产生的惠益 　子目标 10.1:所有基因资源的转让都应符合《生物多样性公约》《国际粮食和农业植物遗传资源协议》以及其他可适用的协议 　子目标 10.2:与提供商业以及其他基因资源的国家共享使用	有可能取得进展。在千年生态系统评估情景中,更公平的结果会出现在全球协同和技术乐园情景中,但在实力秩序中无法实现
确保足够的资源供应 目标 11:缔约国已经提高了履行公约的财政、人力、科学、技术和工艺方面的能力 　子目标 11.1:根据《生物多样性公约》第 20 条,应为发展中国家缔约国提供新的额外资金,使他们能够根据《生物多样性公约》有效地履行他们的义务 　子目标 11.2:根据《生物多样性公约》第 20 条,应为发展中国家缔约国提供新的额外技术,使他们能够根据《生物多样性公约》有效地履行他们的义务	有可能取得进展。在千年生态系统评估情景中,这种结果有可能出现在全球协同和技术乐园情景中,通过适应组合实现的可能性很小,而在实力秩序中无法实现

(资料来源:Millennium Ecosystem Assessment,2005)

第五节 生态功能区划

生态功能区划是指根据区域生态环境要素、生态环境敏感性与生态服务功能空间分异规律，将区域划分成不同生态功能区的过程。生态功能区划是实施区域生态环境分区管理的基础和前提，以保护和改善区域生态环境为目的，依据区域生态系统服务功能的不同，生态敏感性的差异和人类活动影响程度，分别采取不同的对策。它是研究和编制区域环境保护规划的重要内容。2000年，国务院颁布了《全国生态环境保护纲要》，明确了生态保护的指导思想、目标和任务，要求开展全国生态功能区划工作，为经济社会持续、健康发展和环境保护提供科学支持。2005年，国务院《关于落实科学发展观 加强环境保护的决定》再次要求"抓紧编制全国生态功能区划"。国家"十一五"规划纲要明确要求对22个重要生态功能区实行优先保护，适度开发。生态功能区的保护事关我国生态安全，是我国生态保护的重要内容。目前，在我国重要生态功能区的保护工作存在很多问题，突出表现在：大江大河源头区生态功能退化，水源涵养功能下降，对下游地区的生态安全带来威胁；北方重要防风固沙区植被破坏和绿洲萎缩，沙尘暴威胁严重；江河、湖泊湿地萎缩，生态系统退化，洪水调蓄功能下降；部分地区水土流失加剧，威胁区域可持续发展；近岸海域生态系统遭到破坏，重要渔业水域生产能力衰退；部分重要物种资源集中分布区自然生境退化加剧，生物多样性维系功能衰退。针对这些问题，制定生态功能区划，对区域内生态进行保护和调节已是当务之急。

一 生态功能区划的指导思想、基本原则和目标

建立国家或区域生态功能区划，是一项系统工程，事先要做好大量的野外调查和文献积累的工作，需要多学科的交叉和融合，以及强有力的资金和技术支持，更需要国家和地方多个部门的协调配合。

（一）指导思想

为了贯彻科学发展观，树立生态文明的观念，运用生态学原理，以协调人与自然的关系、协调生态保护与经济社会发展关系、增强生态支撑能力、促进经济社会可持续发展为目标，在充分认识区域生态系统结构、过程及生态服务功能空间分异规律的基础上，划分生态功能区，明确对保障国家生态安全有重要意义的区域，以指导我国生态保护与建设、自然资源有序开发和产业合理布局，推动我国经济社会与生态保护协调、健康发展。

（二）基本原则

依据生态功能区划的指导思想、区域生态服务功能与生态环境问题形成机制与区域分异规律,生态功能区划应遵循以下原则:

(1) 主导功能原则。生态功能的确定以生态系统的主导服务功能为主。在具有多种生态服务功能的地域,以生态调节功能优先;在具有多种生态调节功能的地域,以主导调节功能优先。

(2) 区域相关性原则。在区划过程中,综合考虑流域上下游的关系、区域间生态功能的互补作用,根据保障区域、流域与国家生态安全的要求,分析和确定区域的主导生态功能。

(3) 协调原则。生态功能区的确定要与国家主体功能区规划、重大经济技术政策、社会发展规划、经济发展规划和其他各种专项规划相衔接。

(4) 分级区划原则。全国生态功能区划应从满足国家经济社会发展和生态保护工作宏观管理的需要出发,进行大尺度范围划分。省级生态功能区划应与全国生态功能区划相衔接,在区划尺度上应更能满足省域经济社会发展和生态保护工作微观管理的需要。

(三) 目标

生态功能区划的目标是:

(1) 分析全国不同区域的生态系统类型、生态问题、生态敏感性和生态系统服务功能类型及其空间分布特征,提出全国生态功能区划方案,明确各类生态功能区的主导生态服务功能以及生态保护目标,划定对国家和区域生态安全起关键作用的重要生态功能区域。

(2) 按综合生态系统管理思想,改变按要素管理生态系统的传统模式,分析各重要生态功能区的主要生态问题,分别提出生态保护主要方向。

(3) 以生态功能区划为基础,指导区域生态保护与生态建设、产业布局、资源利用和经济社会发展规划,协调社会经济发展和生态保护的关系。

二 生态功能区划的内容、方法与依据

生态功能区划是在生态现状调查、生态敏感性与生态服务功能评价的基础上,分析其空间分布规律,确定不同区域的生态功能,提出生态功能区划方案。其主要内容包括生态环境现状评价、生态环境敏感性评价、生态服务功能重要性评价、生态功能分区方案和各生态功能区概述5个部分。

(一) 生态环境现状评价

1. 评价要求

现状评价是在区域生态环境调查的基础上,针对本区域的生态环境特点,分析区域生态环境特征与空间分异规律,评价主要生态环境问题的现状与趋势。

评价生态环境现状应综合考虑如下几个方面：

（1）自然环境要素。地质、地貌、气候、水文、土壤、植被等方面。

（2）社会经济条件。人口、经济发展、产业布局等方面。

（3）人类活动及其影响。土地利用、城镇分布、污染物排放、环境质量状况等方面。

现状评价必须明确区域主要生态环境问题及其成因，要分析该地区生态环境的历史变迁，突出地区重点问题。

2．评价内容

生态环境现状评价要针对目前主要生态环境问题的形成和演变过程，评价内容应包括：

（1）土壤侵蚀。

（2）沙漠化。

（3）盐渍化。

（4）石漠化。

（5）水资源和水环境。

（6）植被与森林资源。

（7）生物多样性。

（8）大气环境状况和酸雨问题。

（9）滩涂与海岸带。

（10）与生态环境保护有关的自然灾害，如泥石流、沙尘暴、洪水等。

（11）其他环境问题，如土壤污染、河口污染、赤潮、农业面源污染和非工业点源污染等。

3．评价方法

生态环境现状分析可以采用定性与定量相结合的方法进行。在评价中应利用遥感数据、地理信息系统技术等先进的方法与技术手段。

（1）土壤侵蚀。可以采用土壤侵蚀模数法或土壤水蚀调查法进行评价。

Ⅰ土壤侵蚀模数法。主要以年平均侵蚀模数为判别指标，评价标准与方法采用水利部发布的《土壤侵蚀分类分级标准》（SL 190—2007）（表3—7）。

表3—7　土壤侵蚀强度分级标准表

级别	平均侵蚀模数/$(t \cdot km^{-2} \cdot a^{-1})$			平均流失厚度/$(mm \cdot a^{-1})$		
	西北黄土高原区	东北黑土区/北方土石山区	南方红壤丘陵区/西南土石山区	西北黄土高原区	东北黑土区/北方土石山区	南方红壤丘陵区/西南土石山区
微度	＜1 000	＜200	＜500	＜0.74	＜0.15	＜0.37
轻度	1 000～2 500	200～2 500	500～2 500	0.74～1.9	0.15～1.9	0.37～1.9

级别	平均侵蚀模数/(t·km⁻²·a⁻¹)			平均流失厚度/(mm·a⁻¹)		
	西北黄土高原区	东北黑土区/北方土石山区	南方红壤丘陵区/西南土石山区	西北黄土高原区	东北黑土区/北方土石山区	南方红壤丘陵区/西南土石山区
中度		2 500~5 000			1.9~3.7	
强度		5 000~8 000			3.7~5.9	
极强度		8 000~15 000			5.9~11.1	
剧烈		>15 000			>11.1	

注:本表流失厚度系按土壤密度 1.35 g/cm³ 折算,各地可按当地土壤密度计算之。

土壤侵蚀模数的估算可以采用以下方法:

① 通用土壤流失方程(USLE)法。USLE 的形式为:

$$A = R \cdot K \cdot LS \cdot C \cdot P \qquad (3-10)$$

式中:A——土壤侵蚀量,t/(hm²·a);

$\quad R$——降雨侵蚀力指标,MJ·mm/(hm²·h);

$\quad K$——土壤可蚀性因子;

$\quad LS$——坡长坡度因子;

$\quad C$——地表植被覆盖因子;

$\quad P$——土壤保持措施因子。

此法必须先经过当地校正,方可应用。

② 河流泥沙推算。根据流域的河流泥沙监测资料计算。

③ 径流场实验法。根据水土保护试验研究站(所)所代表的土壤侵蚀类型区取得的实测径流泥沙资料进行统计计算及分析。这类资料包括标准径流场的资料(只反映坡面上的溅蚀量及细沟侵蚀量,不能反映浅沟(集流槽)侵蚀,故通常偏小)、全坡面大型径流场资料(它能反映浅沟侵蚀,故比较接近实际)以及各类实验小流域的径流、输沙资料。上述资料可为建立坡面或流域产沙数学模型提供最宝贵的基础数据。

④ 坡面细沟及浅沟侵蚀量的量算。

⑤ 沟道断面(纵、横)冲淤变化的量算。

Ⅱ 土壤水蚀调查法。土壤侵蚀的评价还可根据水蚀的严重程度来进行。水蚀的严重程度也可分 3 级,具体指标如表 3-8 所示。

表 3-8 土壤侵蚀程度分级指标

程度	劣质地或石质坡地面积所占比例/%	现代沟谷（细沟、切沟、冲沟）面积所占比例/%	植被覆盖率/%	地表景观综合特征	土地生物生产量较侵蚀前下降比例/%
轻度	<10	<10	70～50	斑点状分布的劣地或石质坡地。沟谷切割深度在 1 m 以下，片蚀及细沟发育。零星分布的裸露沙石地表有较大面积分布的劣地或石质坡地。沟谷切割深度在 1～3 m。较广泛分布的裸露沙石地表密集分布的劣地或石质坡地。沟谷切割深度 3 m 以上。地表切割破碎	10～30
中度	10～30	10～30	50～30		30～50
强度	≥30	≥30	≤30		≥50

注：在判别侵蚀程度时，根据风险最小原则，应将该评价单元判别为较高级别的侵蚀程度。

（2）沙漠化。可采用风蚀侵蚀模数法或土壤风蚀调查法进行评价。

Ⅰ风蚀侵蚀模数法。根据风蚀侵蚀模数的大小来确定沙漠化程度，具体标准见表 3-9。

表 3-9 风蚀强度分级表

级别	床面形态（地表形态）	植被覆盖率（非流沙面积）/%	风蚀厚度/$(mm \cdot a^{-1})$	侵蚀模数/$(t \cdot km^{-2} \cdot a^{-1})$
微度	固定沙丘，沙地和滩地	>70	<2	<200
轻度	固定沙丘，半固定沙丘，沙地	70～50	2～10	200～2 500
中度	半固定沙丘，沙地	50～30	10～25	2 500～5 000
强度	半固定沙丘，流动沙丘，沙地	30～10	25～50	5 000～8 000
极强度	流动沙丘，沙地	<10	20～100	8 000～15 000
剧烈	大片流动沙丘	<10	>100	>15 000

注：在判别侵蚀程度时，根据风险最小原则，应将该评价单元判别为较高级别的侵蚀程度。

风蚀侵蚀模数的确定方法有：

① 定点观测。可采用风蚀采样器，根据埋设的标杆量测被风力吹失的表土层厚度；亦可用 He-Ne 激光计装置，测定不同高度的飞沙量分布。

② 野外调查。调查被吹蚀后裸露树根的深度。

③ 风洞模拟试验。如不同类型及大小的风洞，有室内的，也有安装在汽车上的野外流动风洞。

Ⅱ 土壤风蚀调查法。沙漠化的评价根据水蚀的严重程度。风蚀的严重程度也可分 3 级,具体指标如表 3-10 所示。

表 3-10　风蚀沙漠化程度分级指标

程度	风积地表形态占该地面积/%	风蚀地表形态占该地面积/%	植被覆盖率/%	地表景观综合特征	土地生物生产量较沙漠化前下降比例/%
轻度	<10	<10	50~30	斑点状流沙或风蚀地,2 m 以下低矮沙丘或吹扬的灌丛沙堆,固定沙丘群中有零星分布的流沙(风蚀窝),旱作农地表面有风蚀痕迹和粗化地表,局部地段有积沙	10~30
中度	10~30	10~30	50~30	2~5 m 高流动沙丘呈片状分布,固定沙丘群中沙丘活化显著,旱作农地有明显风蚀洼地和风蚀残丘,广泛分布的粗化砂砾地表	30~50
强度	≥30	≥30	≤30	5 m 高以上密集的流动沙丘或风蚀地	≥50

注:在判别侵蚀程度时,根据风险最小原则,应将该评价单元判别为较高级别的侵蚀程度。

(3)盐渍化。土壤盐渍化是指干旱、半干旱、亚湿润干旱区由于旱地灌溉而形成的土壤次生盐渍化,可用土壤含盐量评价土壤盐渍化程度。土地盐渍化的程度共分 4 级,其分级标准如表 3-11 所示。

表 3-11　土壤盐渍化分级指标

类型　　作物生长情况　含盐量/%		轻度 稍有抑制	中度 中等抑制	强度 严重抑制	盐土 死亡
东北	0~50 cm(SO_4^{2-})	0.3~0.5	0.5~0.7	0.7~1.2	
山东	表土层(全盐量)	<0.2	0.2~0.4	0.4~0.8	
	100 cm 土体(全盐量)	<0.1	0.1~0.3	0.3~0.5	
华北	0~20 cm($Cl^- - SO_4^{2-}$)	0.15~0.25	0.25~0.40	0.40~0.60	
西北	0~30 cm(SO_4^{2-})	04~0.8	0.8~1.2	1.2~2.0	>2.0
	0~100 cm(SO_4^{2-})	0.3~0.6	0.6~1.0	1.0~1.5	>1.5
新疆	0~30 cm(全盐量)	0.554~0.727	0.727~0.866	0.866~1.345	>1.345
	0~100 cm(全盐量)	0.391~0.491	0.491~0.597	0.597~0.895	>0.895

(4)石漠化。可根据土壤侵蚀程度、岩石裸露情况、植被覆盖度、坡度、土层

厚度等因素的综合特征进行评价。石漠化的程度共分四级,主要根据其分级标准如表 3-12 所示。

表 3-12　石漠化程度评价表

等级	土壤侵蚀程度	基岩裸露/%	植被覆盖率/%	坡度/(°)	土层厚度/cm
无	不明显	<10	>75	<5	>25
潜在	不太明显	>50	50~70	坡耕地:5~8 植被覆盖度 60%~70% 的坡地:5~25 植被覆盖度 45%~60% 的坡地:8~15 植被覆盖度 30%~50% 的坡地:5~8	<20
轻度	较明显	>35	35~50	>15	<15
中度	明显	>65	20~35	>20	<10
强度	强烈	>85	10~20	>25	<7
极强度	极强烈	>90	<10	>35	<3

(5) 水资源和水环境状况。水资源状况可通过分析地表水、地下水、过境水资源以及水资源总量与可用水资源量等,比较人均水资源量及单位土地面积水资源量及变化趋势。水环境状况评价参考《地表水环境质量标准》(GB 3838—2002)中的有关方法与标准。

(6) 植被与森林资源变化。主要依据植被图和森林资源详查的结果,分析重要植被类型,尤其当地天然植被的变化情况与演变趋势。比较分析不同时期森林资源的组成与变化趋势。

(7) 生物多样性。生物多样性包括生态系统多样性、物种多样性和遗传多样性。现状评价可以侧重在生态系统多样性和物种多样性两方面。生态系统多样性可用生态系统类型、面积、分布范围及其代表性评价;物种多样性可用区域内国家级与省级保护对象及其数量评价。同时,还可对重要农作物的种质资源进行分析。

(8) 大气环境状况和酸雨问题。大气环境状况评价可参考《环境空气质量标准》(GB 3095—1996)中的有关方法与标准。推荐使用降水酸度来评价酸雨的现状和程度,必要时可综合考虑酸雨频度。

降水酸度用降水 pH 的年平均值表示,其计算方法是:获取一年中每次降水的 H^+ 浓度,再以雨量加权的方式求得 H^+ 浓度的加权平均值,然后对 H^+ 浓度的加权平均值取对数,得到 pH 的年平均值。以 pH 来划分降水酸度等级。其分级标准如表 3-13 所示。

表 3-13　降水酸度分级标准

pH	降水酸度
< 4.00	强酸性
4.00～4.49	较强酸性
4.50～5.59	弱酸性
5.60～7.0	中性
>7.0	碱性

（9）滩涂与海岸带。主要考虑其受损害与受污染状况,尤其要关注具有重要生态功能的海岸带、滩涂与近海区生态环境状况。

（10）与生态环境保护有关的自然灾害,如泥石流、沙尘暴、洪水等。应分析与评价泥石流、沙尘暴、洪水等自然灾害发生的特点,发生频率,发生面积,成灾面积,经济损失及人员伤亡情况等。分析灾害的发生、损失与生态环境退化的关系。

（11）其他环境问题,如土壤污染、河口污染、赤潮、农业面源污染和非工业点源污染等。可根据土壤污染、河口污染、赤潮、农业面源污染和非工业点源污染的特点,参照国家有关标准分析这些环境问题的发生情况、分布范围、污染程度、危害以及形成机制。

（二）生态环境敏感性评价

1. 评价要求

（1）敏感性评价应明确区域可能发生的主要生态环境问题类型与可能性大小。

（2）敏感性评价应根据主要生态环境问题的形成机制,分析生态环境敏感性的区域分异规律,明确特定生态环境问题可能发生的地区范围与可能程度。

（3）敏感性评价首先针对特定生态环境问题进行评价,然后对多种生态环境问题的敏感性进行综合分析,明确区域生态环境敏感性的分布特征。

2. 评价内容

评价内容主要包括以下几个方面:

（1）土壤侵蚀敏感性。

（2）沙漠化敏感性。

（3）盐渍化敏感性。

（4）石漠化敏感性。

（5）酸雨敏感性。

3. 评价方法

敏感性一般分为 5 级,即极敏感、高度敏感、中度敏感、轻度敏感和不敏感。如有必要,可适当增加敏感性级数。

应运用地理信息系统技术绘制区域生态环境敏感性空间分布图。制图中,应对所评价的生态环境问题划分出不同级别的敏感区,并在各种生态环境问题敏感性分布的基础上,进行区域生态环境敏感性综合分区。

生态环境敏感性评价可以采用定性与定量相结合的方法进行。在评价过程中应利用遥感数据、地理信息系统技术及空间模拟等先进的方法与技术手段。

(1) 土壤侵蚀敏感性。土壤侵蚀敏感性评价是为了识别容易形成土壤侵蚀的区域,评价土壤侵蚀对人类活动的敏感程度。建议以通用土壤侵蚀方程(USLE)为基础,综合考虑降水、地貌、植被与土壤质地等因素,运用地理信息系统来评价土壤侵蚀敏感性及其空间分布特征。需考虑降水侵蚀力(R)、土壤质地因子(K)、坡度坡向因子(LS)与地表覆盖因子(L)4 个方面的因素。

① 影响土壤侵蚀敏感性的因素分析。根据目前中国土壤侵蚀和有关生态环境研究的资料,确定影响土壤侵蚀的各因素的敏感性等级(表 3-14)。

表 3-14   土壤侵蚀敏感性影响因素分级

分级	不敏感	轻度敏感	中度敏感	高度敏感	极敏感
R	<25	25~100	100~400	400~600	>600
土壤质地	石砾、沙	粗沙土、细沙土、黏土	面沙土、壤土	沙壤土、粉黏土、壤黏土	沙粉土、粉土
地形起伏度/m	0~20	20~50	51~100	101~300	>300
植被	水体、草本沼泽、稻田	阔叶林、针叶林、草甸、灌丛和萌生矮林	稀疏灌木草原、一年二熟粮作、一年水旱两熟	荒漠、一年一熟粮作	无植被
分级赋值(C)	1	3	5	7	9
分级标准(SS)	1.0~2.0	2.1~4.0	4.1~6.0	6.1~8.0	>8.0

降水侵蚀力(R):可以根据王万忠等利用降水资料计算的中国 100 多个城市的 R 值,采用内插法,用地理信息系统绘制 R 值分布图。然后根据表 3-14 中的分级标准,绘制土壤侵蚀对降水的敏感性分布图。

坡度坡向因子(LS):对于大尺度的分析,坡度坡向因子 LS 是很难计算的。这里采用地形的起伏大小与土壤侵蚀敏感性的关系来估计(表 3-14)。在评价中,可以采用地形起伏度(即地面一定距离范围内的最大高差)作为区域土壤侵蚀评价的地形指标。推荐选用 1:100 万的地形图、最小单元为 5 km×5 km 进行地形起伏度提取,然后用地理信息系统绘制区域土壤侵蚀对地形的敏感性分布图。

土壤质地因子(K)：土壤对土壤侵蚀的影响主要与土壤质地有关。土壤质地因子 K 可用雷诺图表示。通过比较土壤质地雷诺图，将土壤质地对土壤侵蚀敏感性的影响分为 5 级（表 3-14），并根据土壤质地图绘制土壤侵蚀敏感性分布图。

地表覆盖因子(L)：地表覆盖因子与潜在植被的分布关系密切。根据植被分布图的较高级的分类系统，将覆盖因子对土壤侵蚀敏感性的影响分为 5 级（表 3-14），并利用植被图绘制土壤侵蚀对植被的敏感性分布图。

② 土壤侵蚀敏感性综合评价。采用土壤侵蚀敏感性加权指数计算方法。由于在不同地区降水、地貌、土壤质地与植被对土壤侵蚀的作用不同，可以运用加权方法来反映不同因素的作用差异。

$$SS_j = \sum_{i=1}^{4} C(i,j)W_i \qquad (3-11)$$

式中：SS_j——j 空间单元土壤侵蚀敏感性指数；

$\quad\quad C_i$——i 因素敏感性等级值；

$\quad\quad W_i$——影响土壤侵蚀性因子的权重。

（2）沙漠化敏感性。可以用湿润指数、土壤质地及起沙风的天数等来评价区域沙漠化敏感性程度。具体指标与分级标准见表 3-15。

表 3-15　沙漠化敏感性分级指标

指标	不敏感	轻度敏感	中度敏感	高度敏感	极敏感
湿润指数	>0.65	0.5~0.65	0.20~0.50	0.05~0.20	<0.05
冬春季大于 6 m/s 大风的天数	<15	15~30	30~45	45~60	>60
土壤质地	基岩	黏质	砾质	壤质	沙质
植被覆盖（冬春）	茂密	适中	较少	稀疏	裸地
分级赋值（D）	1	3	5	7	9
分级标准（DS）	1.0~2.0	2.1~4.0	4.1~6.0	6.1~8.0	>8.0

沙漠化敏感性指数计算公式如下：

$$DS_j = \sqrt[4]{\prod_{i=1}^{4} D_i} \qquad (3-12)$$

式中：DS_j——j 空间单元沙漠化敏感性指数；

$\quad\quad D_i$——i 因素敏感性等级值。

（3）盐渍化敏感性。土壤盐渍化敏感性是指旱地灌溉土壤发生盐渍化的可

114

能性。可根据地下水位来划分敏感区域,再采用蒸发量、降雨量、地下水矿化度与地形等因素划分敏感性等级。

在盐渍化敏感性评价中,首先应用地下水临界水位深度(即在一年中蒸发最强烈季节不致引起土壤表层开始积盐的最浅地下水埋藏深度),划分敏感与不敏感地区(表3-16);再运用蒸发量、降雨量、地下水矿化度与地形指标划分等级。具体指标与分级标准参见表3-17。

表3-16 临界水位深度 单位:m

地区	轻沙壤	轻沙壤夹黏质	黏质
黄淮海平原	1.8~2.4	1.5~1.8	1.0~1.5
东北地区		2.0	
陕晋黄土高原		2.5~3.0	
河套地区		2.0~3.0	
干旱荒漠区		4.0~4.5	

表3-17 盐渍化敏感性评价

要素	不敏感	轻度敏感	中度敏感	高度敏感	极敏感
蒸发量/降雨量	<1	1~3	3~10	10~15	>15
地下水矿化度 g/l	<1	1~5	5~10	10~25	>25
地形	山区	洪积平原、三角洲	泛滥冲积平原	河谷平原	滨海低平原、闭流盆地
分级赋值(S)	1	3	5	7	9
分级标准(YS)	1.0~2.0	2.1~4.0	4.1~6.0	6.1~8.0	>8.0

盐渍化敏感性指数计算公式如下:

$$YS_j = \sqrt[4]{\prod_{i=1}^{4} S_i} \qquad (3-13)$$

式中:YS_j——j 空间单元土壤侵蚀敏感性指数;

S_i——i 因素敏感性等级值。

(4)石漠化敏感性。可以根据评价区域是否喀斯特地貌、土层厚度以及植被覆盖率等进行评价(表3-18)。

表3-18 石漠化敏感性评价指标

敏感性	不敏感	轻度敏感	中度敏感	高度敏感	极敏感
喀斯特地形	不是	是	是	是	是
坡度/(°)		<15	15~25	25~35	>35
植被覆盖率/%		>70	50~70	20~30	<20

(5)酸雨敏感性。生态系统对酸雨的敏感性,是整个生态系统对酸雨的反

应程度,是指生态系统对酸雨间接影响的相对敏感性,即酸雨的间接影响使生态系统的结构和功能发生改变的相对难易程度,它主要依赖于与生态系统的结构和功能变化有关的土壤物理化学特性,与地区的气候、土壤、母质、植被及土地利用方式等自然条件都有关系。生态系统的敏感性特征可由生态系统的气候特性、土壤特性、地质特性以及植被与土地利用特性来综合描述。本标准选用周修萍建立的等权指标体系,该体系反映了亚热带生态系统的特点,对我国酸雨区基本适用,见表 3-19。

表 3-19　生态系统对酸沉降的相对敏感性分级指标

因子	贡献率	等级		权重
岩石类型	1	Ⅰ	A 组岩石	1
		Ⅱ	B 组岩石	0
土壤类型	1	Ⅰ	A 组土壤	1
		Ⅱ	B 组土壤	0
植被与土地利用	2	Ⅰ	针叶林	1
		Ⅱ	灌丛、草地、阔叶林、山地植被	0.5
		Ⅲ	农耕地	0
水分盈亏量($P-PE$)	2	Ⅰ	>600 mm/a	1
		Ⅱ	300～600 mm/a	0.5
		Ⅲ	<300 mm/a	0

注:① P 为降水量,PE 为最大可蒸发量。② A 组岩石:花岗岩、正长岩、花岗片麻岩(及其变质岩)和其他硅质岩、粗砂岩、正石英砾岩、去钙砂岩、某些第四纪砂/漂积物;B 组岩石:砂岩、页岩、碎屑岩、高度变质长英岩到中性火成岩、不含游离碳酸盐的钙硅片麻岩、含游离碳酸盐的沉积岩、煤系、弱钙质岩、轻度中性盐到超基性火山岩、玻璃体火山岩、基性和超基性岩石、石灰砂岩、多数湖相漂积沉积物、泥石岩、灰泥岩、含大量化石的沉积物(及其同质变质地层)、石灰岩、白云石。③ A 组土壤:砖红壤、褐色砖红壤、黄棕壤(黄褐土)、暗棕壤、暗色草甸土、红壤、黄壤、黄红壤、褐红壤、棕红壤;B 组土壤:褐土、棕壤、草甸土、灰色草甸土、棕色针叶林土、沼泽土、白浆土、黑钙土、黑色土灰土、栗钙土、淡栗钙土、暗栗钙土、草甸碱土、棕钙土、灰钙土、淡棕钙土、灰漠土、灰棕漠土、棕漠土、草甸盐土、沼泽盐土、干旱盐土、砂姜黑土、草甸黑土。

根据等权体系进行评价,可得到极敏感、高度敏感、中度敏感、轻度敏感和不敏感 5 个等级(表 3-20)。

表 3-20　敏感性等级分类(等权体系)

敏感性指数	0～1	2～3	4	5	6
敏感性等级	不敏感	较不敏感	中等敏感	敏感	极敏感

(三)生态服务功能重要性评价

1. 评价要求

(1)生态服务功能重要性评价是针对区域典型生态系统,评价生态系统服

116

务功能的综合特征。

（2）生态服务功能评价应根据评价区生态系统服务功能的重要性，分析生态服务功能的区域分异规律，明确生态系统服务功能的重要区域。

2．评价内容

（1）生物多样性保护。

（2）水源涵养和水文调蓄。

（3）土壤保持。

（4）沙漠化控制。

（5）营养物质保持。

（6）海岸带防护功能。

3．评价方法

生态服务功能重要性共分4级，即极重要、中等重要、较重要、不重要。

生态服务功能重要性评价是对每一项生态服务功能按照其重要性划分出不同级别，明确其空间分布，然后在区域上进行综合。

生态服务功能重要性评价应明确回答区域各类生态系统的服务功能及其对区域可持续发展的作用与重要性，并依据其重要性分级。

（1）生物多样性保护。主要是评价区域内各地区对生物多样性保护的重要性。重点评价生态系统与物种的保护重要性。

优先保护生态系统评价准则：一是优势生态系统类型。生态区的优势生态系统往往是该地区气候、地理与土壤特征的综合反映，体现了植被与动植物物种地带性分布特点；对能满足该准则的生态系统的保护能有效保护其生态过程与构成生态系统的物种组成。二是反映特殊的气候地理与土壤特征的特殊生态系统类型。一定地区生态系统类型是由该地区的气候、地理与土壤等多种自然条件的长期综合影响下形成的；相应地，特定生态系统类型通常能反映地区的非地带性气候地理特征。体现非地带性植被分布与动植物的分布，为动植物提供栖息地。三是只在中国分布的特有生态系统类型。由于特殊的气候地理环境与地质过程以及生态演替，中国发育和保存了一些特有的生态系统类型，在全球生物多样性的保护中具有特殊的价值。四是物种丰富度高的生态系统类型。指生态系统构成复杂，物种丰富度高的生态系统，这类生态系统在物种多样性的保护中具有特殊的意义。五是特殊生境。为特殊物种，尤其珍稀濒危物种提供特定栖息地的生态系统，如湿地生态系统等，从而在生物多样性的保护中具有重要的价值。

生物多样性保护重要地区评价：地区生物多样性保护重要性评价可以参照表3-21和表3-22。

表 3-21 生物多样性保护重要地区评价

生态系统或物种占全省物种数量比率	重要性
优先生态系统,或物种数量比率 > 30%	极重要
物种数量比率 15%~30%	中等重要
物种数量比率 5%~15%	比较重要
物种数量比率 < 5%	不重要

也可以根据重要保护物种地分布,即评价地区国家与省级保护对象的数量来评价生物多样性保护重要地区,见表 3-22。

表 3-22 生物多样性保护重要地区评价

国家与省级保护物种	重要性
国家一级	极重要
国家二级	中等重要
其他国家与省级保护物种	比较重要
无保护物种	不重要

(2)水源涵养和水文调蓄。区域生态系统水源涵养的生态重要性在于整个区域对评价地区水资源的依赖程度及洪水调节作用。因此,可以根据评价地区所处的地理位置,以及对整个流域水资源的贡献进行评价,分级指标参见表 3-23。

表 3-23 生态系统水源涵养重要性分级表

类型	干旱	半干旱	半湿润	湿润
城市水源地	极重要	极重要	极重要	极重要
农灌取水区	极重要	极重要	中等重要	不重要
洪水调蓄	不重要	不重要	中等重要	极重要

(3)土壤保持。土壤保持的重要性评价要在考虑土壤侵蚀敏感性的基础上,分析其可能造成的对下游河床和水资源的危害程度与范围,分级指标参见表 3-24。

表 3-24 土壤保持重要性分级指标

影响水体	不敏感	轻度敏感	中度敏感	高度敏感	极敏感
1~2 级河流及大中城市主要水源水体	不重要	中等重要	极重要	极重要	极重要
3 级河流及小城市水源水体	不重要	较重要	中等重要	中等重要	极重要
4~5 级河流	不重要	不重要	较重要	中等重要	中等重要

(4)沙漠化控制。在评价沙漠化敏感程度的基础上,通过分析该地区沙漠化可能造成的生态环境后果与影响范围以及该地区沙漠化的影响人口数量,来

评价该地区沙漠化控制作用的重要性,评价指标与分级标准参见表3-25。

表3-25 沙漠化控制作用评价及分级指标

直接影响人口/人	重要性等级
>2 000	极重要
500~2 000	中等重要
100~500	比较重要
<100	不重要

在沙尘暴起沙区,其重要性评价可以根据其可能影响的范围来判别:若该区沙漠化将对多个省市的生态环境造成严重不利影响,则该区对沙漠化控制有极重要的作用;若该区沙漠化将对本省市的生态环境造成严重不利影响,则该区对沙漠化控制有重要的作用;若该区沙漠化不对其他地区的生态环境造成不利影响,则该区对沙漠化控制的作用不大。

(5)营养物质保持。从面源污染与湖泊湿地富营养化问题的角度考虑,评价区域的营养物质保持重要性。其重要性主要根据评价地区 N、P 流失可能造成的富营养化后果与严重程度来确定。如评价地区下游有重要的湖泊与水源地,该区域的营养物质保持的重要性大;否则,重要性不大(表3-26)。

表3-26 营养物质保持重要性分级表

河流级别	位置	影响目标	重要性
1、2、3	河流上游	重要湖泊湿地 一般湖泊湿地	极重要 中等重要
	河流中游	重要湖泊湿地 一般湖泊湿地	中等重要 重要
	河流下游	重要湖泊湿地 一般湖泊湿地	重要 不重要
4、5	河流上游	重要湖泊湿地 一般湖泊湿地	中等重要 重要
	河流中游	重要湖泊湿地 一般湖泊湿地	重要 不重要
	河流下游	重要湖泊湿地 一般湖泊湿地	不重要 不重要
其他	河流上游	重要湖泊湿地 一般湖泊湿地	重要 不重要
	河流中游	重要湖泊湿地 一般湖泊湿地	不重要 不重要
	河流下游	重要湖泊湿地 一般湖泊湿地	不重要 不重要

注:重要湖泊湿地包括重要水源地、自然保护区、保护物种栖息地。

(6) 海岸带防护功能。重点评价海岸防侵蚀区、防风暴潮区,红树林、珊瑚礁和其他重要陆生与海洋生物分布与繁殖区,以及其他维护当地生态环境安全的重要海岸带、滩涂与近海区等。

主要评价海岸带、滩涂与近海区域对台风、海洋风浪与风暴、海岸侵蚀等的防护作用;以及红树林、珊瑚礁和其他重要陆生与海洋生物分布与繁殖区等有关生物多样性保护作用。评价方法与指标可以参考国家海洋局的《中国海洋功能区划报告》。

海岸防侵蚀区:易受海浪、海流侵蚀,已明显蚀退(蚀退速率>0.4 m/a),并对沿岸居民生活、耕地、城镇工矿建设等带来严重影响,必须采取措施防止蚀退的区域。

防风暴潮区:台风、大风和持续风引起的风暴潮多发区,造成溃堤、海水入侵海岸并对岸上城镇、工业、港口、大片耕地、虾池、盐田及居民生命造成危害,需要保护的区域。根据需要可分为3级:Ⅰ级——重要城镇、工矿附近岸段,应防千年一遇的最高潮位及抗12级风;Ⅱ级——较重要的工、农业区,应防百年一遇的最高潮位及抗11级风;Ⅲ级——一般的工业区、养殖区、盐田区,应防20年一遇的最高潮位及抗9级风。

海洋生物多样性保护重要区:主要有红树林生态系统分布区,珊瑚礁生态系统集中分布区,重要迁徙物种的繁殖、越冬、越夏的沿海滩涂湿地,国家与省级保护动植物物种分布区等。

重要自然遗迹与自然景观分布区:主要有具有重大科学文化价值的海洋地质构造、化石分布区、火山、温泉等自然遗迹分布区,以及具有自然地带性代表意义和科学价值的海岸区。

海洋资源保护区:主要有国家和地方政府规定的常年或某阶段不能使用渔具捕鱼的区域,国际渔业协定规定的禁捕区,需要保护的重要经济鱼、虾、贝类的产卵场、繁衍场和幼体集中分布水域。

海岸防护林带区:主要有海岸带地区已经营造的林带,以及为减少风暴潮危害、改善环境而必须营造的林带;林带宽度应大于30 m,长度大于10 km。

地下水资源保护区:主要有地面下沉明显的地区,水位下降已达2 m以下的地区,海水倒灌已影响大片耕地和人民生活环境的区域,在沿岸已形成较大漏斗(1 000 km² 以上)的区域。

(四)生态功能区划

1. 生态功能分区

生态功能分区是依据区域生态环境敏感性、生态服务功能重要性以及生态环境特征的相似性和差异性而进行的地理空间分区。

2. 区划依据和分区等级

（1）分区等级。生态功能区划分区系统分3个等级。为了满足宏观指导与分级管理的需要，必须对自然区域开展分级区划。首先从宏观上以自然气候、地理特点划分自然生态区；然后根据生态系统类型与生态系统服务功能类型划分生态亚区；最后根据生态服务功能重要性、生态环境敏感性与生态环境问题划分生态功能区。

（2）区划依据。生态功能区划的依据，即划分各级生态功能区划单位的根据。不同层次的生态功能区划单位，其划分依据应是不同的。

生态功能区划进行3级分区：一级区划分以中国生态环境综合区划3级区为基础，各省市可根据管理的要求及生态环境特点，做适当调整；二级区划分以主要生态系统类型和生态服务功能类型为依据，城市及城市近郊区可以作为二级区；三级区划分以生态服务功能的重要性、生态环境敏感性等指标为依据。

（3）分区方法。一般采用定性分区和定量分区相结合的方法进行分区划界。边界的确定应考虑利用山脉、河流等自然特征与行政边界。

一级区划界时，应注意区内气候特征的相似性与地貌单元的完整性。二级区划界时，应注意区内生态系统类型与过程的完整性，以及生态服务功能类型的一致性。三级区划界时，应注意生态服务功能重要性、生态环境敏感性等的一致性。

（4）分区命名。依据3级分区分别命名，每一生态功能区的命名由3个部分组成。

一级区命名要体现出分区的气候和地貌特征，由地名＋特征＋生态区构成。气候特征包括湿润、半湿润、干旱、半干旱、寒温带、温带、暖温带、（南、中、北）亚热带、热带等，地貌特征包括平原、山地、丘陵、河谷等。命名中择其重要或典型者用之。

二级区命名要体现出分区的生态系统与生态服务功能的典型类型，由地名＋类型＋生态亚区构成。生态系统类型包括森林、草地、湿地、荒漠、河口、滩涂、农田、城市等。命名时择其重要或典型者用之。

三级区命名要体现出分区的生态服务功能重要性、生态环境敏感性的特点，由地名＋生态服务功能特点（或生态环境敏感性特征）＋生态功能区构成。生态服务功能特点包括荒漠化控制、生物多样性保护、水源涵养、水文调蓄、土壤保持、海岸带保护等。生态环境敏感性特征包括土壤侵蚀、沙漠化、石漠化、盐渍化、酸雨敏感性等，命名中择其重要或典型者用之。

（5）生态功能分区概述。生态功能分区概述结果应包括对每个分区的区域特征描述，包括以下内容：① 自然地理条件和气候特征，典型的生态系统类型；② 存在的或潜在的主要生态环境问题，引起生态环境问题的驱动力和原因；③ 生态功能区的生态环境敏感性及可能发生的主要生态环境问题；④ 生态功能区的生态服务功能类型和重要性;⑤ 生态功能区的生态环境保护目标,生态环境建设与发展方向。

（6）生态功能分区的图件和数据库。生态功能分区的结果必须用图件表示,采用计算机制图编制。同一地区各种图件的比例尺要保持一致,各省应根据省域范围与生态环境地域复杂情况确定合适的比例尺。所有图件和基础数据要汇编成数据库。

基础图件应包括地形图、气候资源图、植被图、土壤图、土地利用现状图、行政区划图、人口分布图等。备选图件应包括自然区划图、气候区划、农业区划图等。成果图件应包括生态环境现状图、生态环境敏感性分布图、生态服务功能重要性分布图、生态功能区划图等。

三　生态功能区划实施

生态功能区划是科学开展生态环境保护工作的重要手段,是指导产业布局、资源开发的重要依据。在具体实施过程中,要处理好以下 6 个方面的关系。

（一）要处理好各级生态功能区划之间关系

地方生态功能区划要服从国家生态功能区划,与全国生态功能区划相衔接,同时,要能满足地方经济社会发展和生态保护工作的实际需要,形成对上级功能区划的有益补充,体现地方特色。不同区域尤其是相邻区域生态功能区划要避免重复建设,造成资源浪费,形成规模不经济现象。

（二）要处理好生态功能区划与国家其他功能区划或发展规划之间的关系

我国制定的主体功能区划偏向行政和经济发展方面,其中也包括一些生态环境的规划,有可能出现一个目标多重标准的情况。这时要协调处理好不同区划之间的标准,统一口径。要依据各功能区划或规划的侧重点,确定合理的生态保护与建设目标,制定可行的方案和具体措施。

（三）分级建立国家和地方重点生态功能保护区

对生态安全有重大意义的水源涵养、土壤保持、防风固沙、生物多样性保护、洪水调蓄等重要生态功能区,应分级建立国家和地方重点生态功能保护区,优先重点发展,给予政策上的照顾以及资金技术方面的支持,切实发挥应有的生态服务功能,确保国家的生态安全。

（四）建设严格的项目环境管理机制

对优先开发和限制性开发区域,要严格按照相关章程行事,不得造成生态功能的改变;禁止在生态功能区内建设与生态功能区定位不一致的工程和项目,对全部或部分不符合生态功能区划的新建项目,应对项目重新选址,重新进行环境影响评价;对已建成的与功能区定位不一致且造成严重生态破坏的工程和项目,应明确停工、拆除、迁址或关闭的时间表,提出恢复项目所在区域生态功能的措施,依照执行。

（五）建立完备的生态功能区划管理信息系统

借助3S技术与计算机平台联网,建立完善的信息化服务网络,促进生态行政管理和社会服务信息化,提高各级生态管理部门和其他相关部门的综合决策能力和办事效率。同时,建立生态环境预警和评价体系,形成立体化的监测办公反馈网络。

（六）调动公众的积极性和参与性

生态功能区划的建立与维护是一项复杂的系统工程,需要各种具有专业知识的人才。同时,加强生态环境保护的宣传教育,让公众知道生态功能区划的科学意义和重要性,让群众自觉遵守区划内相关的法律法规;完善信访、举报和听证制度,调动广大人民群众和民间团体的积极性,支持和鼓励公众和非政府组织参与生态功能区的管理。

阅读材料

材料1　全球生态系统与全球变化综合观测系统

为了在更大尺度上揭示生态系统的演变规律,减少生态系统管理的不确定性,长期的生态系统联网研究和监测是一种有效的方法。20纪纪80年代以来,世界上建立了多个生态系统研究网络。在国家尺度上有美国的长期生态研究网络(LTER)、英国的环境变化研究监测网络(ECN)、加拿大的生态监测与分析网络(EMAN)、中国生态系统研究网络(CERN);在区域尺度上有泛美全球变化研究所(IAI)、亚太全球变化研究网络(APN)和欧洲全球变化研究网络(EN-RICH);在全球尺度上有全球环境监测系统(GEMS)、全球陆地观测系统(GTOS)、全球气候观测系统(GCOS)和全球海洋观测系统(GOOS)(于贵瑞,2002)。1999年由GCOS、GTOS、GOOS、世界气候研究计划(WCRP)、国际地圈生物圈计划(IGBP)、国际科学理事会(ICSU)、联合国粮农组织(FAO)、联合国环境规划署(UNEP)、国际海洋学委员会(IOC)、世界气象组织(WMO)、联合国教科文组织(UNESCO)、国际全球变化研究基金联合会(IGFA)、地球观测卫星委员会(CEOS)参与建议组建全球综合观测协作体(Integrated Global Observing Strategy Partnership,IGOS-P)。

（资料来源:国家生态系统观测研究网络,2004）

材料 2　生物圈 2 号

生物圈 2 号(Biosphere 2)是以生态学原理建立起来的内部有着类似地球的各种生态系统的科学实验基地,位于美国亚利桑那州,占地 $1.3 \times 10^4 \ m^2$,大约有两个足球场大小。其命名是相对于地球命名为"生物圈 1 号"而言。他采用了全封闭的钢筋与玻璃结构,仅有阳光、电和信息与外界相通。依照设计,这个封闭生态系统尽可能模拟自然的生态体系,有土壤、水、空气与动植物,甚至还有森林、湖泊河流和海洋。1991 年,8 个人被送进"生物圈 2 号",本来预期他们与世隔绝两年,可以靠吃自己生产的粮食,呼吸植物释放的氧气,饮用生态系统自然净化的水生存。但 18 个月之后,"生物圈 2 号"系统严重失去平衡:氧气浓度从21%降至 14%,不足以维持研究者的生命,输入氧气加以补救也无济于事;原有的 25 种小动物有 19 种灭绝;为植物传播花粉的昆虫全部死亡,植物也无法繁殖。事后的研究发现:细菌在分解土壤中大量有机质的过程中,耗费了大量的氧气;而细菌所释放出的二氧化碳经过化学作用,被"生物圈 2 号"的混凝土墙所吸收,又打破了循环。

生物圈 2 号实验失败的在社会上引起了广泛的争论,1994 年 3 月,7 名科学家再次进入"生物圈 2 号"进行第二次实验,这种努力在 1 年半之后再次以失败告终。1996 年 1 月 1 日,哥伦比亚大学接管了"生物圈 2 号"。1996 年 9 月,由数百名科学家组成的委员会对实验进行了总结。他们认为,在现在技术条件下,人类无法模拟一个类似地球、可供人类生存的生态环境。生物圈 2 号实验失败最主要的启示是:目前最好的办法还是保护和利用好地球,进行环境保护和生态恢复是实现人类可持续发展的必由之路。哥伦比亚大学接管实验后加强了对实验的研究力度。实验的内容有所扩大,从 2000 年开始,利用数码相机技术分分秒秒地记录叶片的生长情况,以得到图片合成影像以便确定植物和生长过程。实验还增加了学生实验内容。实验还要进行 10 年,以便有充足时间观察"生物圈 2 号"内的野生动植物的生长规律。目前,"生物圈 2 号"已经成为亚利桑那州沙漠中的一道风景线,每年到此旅游人数超过 18 万人。

材料 3　《生物多样性公约》历次缔约国大会及主题

《生物多样性公约》(Convention on Biological Diversity)是一项保护地球生物资源的国际性公约,于 1992 年 6 月 1 日由联合国环境规划署发起的政府间谈判委员会第七次会议在内罗毕通过,1992 年 6 月 5 日,由签约国在巴西里约热内卢举行的联合国环境与发展大会上签署。公约于 1993 年 12 月 29 日正式生效。自 1994 至 1996 年,缔约国大会每年定期召开一般性会议,2000 年后,调整为每两年召开一次。历次大会主题如表 3-27 所示。

表 3-27 《生物多样性公约》历次缔约国大会(COP)及主题

会议	年份	地点	主题
COP₁	1994	巴哈马,拿骚	财务机制指南,中期工作计划
COP₂	1995	印度尼西亚,雅加达	海洋和海岸生物多样性,遗传资源的获得,生物多样性的保护和可持续利用,生物安全
COP₃	1996	阿根廷,布宜诺斯艾利斯	农业生物多样性,财务来源和机制,鉴别、监测和评价,知识产权
COP₄	1998	斯洛伐克共和国,伯拉第斯拉伐	内陆水域生态系统,执行公约的总结,公约第8条j款和相关问题(传统知识)
COP₅	2000	肯尼亚,内罗毕	旱地、地中海、干旱、半干旱、草原和热带草原生态系统,可持续利用(含旅游业),遗传资源的获取
COP₆	2002	荷兰,海牙	森林生态系统,外来物种,惠益共享,2002—2010年战略计划
COP₇	2004	马来西亚,吉隆坡	山地生态系统,保护区,技术转让和技术合作
COP₈	2006	巴西,库里蒂巴	具体执行对转基因生物进出口的管理,保护生物多样性和人体的健康不受潜在的威胁
COP₉	2008	德国,波恩	遗传资源获取和惠益分享,气候变化与生物多样性
COP₁₀	2010	日本,名古屋	建立转基因生物给生态系统造成破坏时的责任追究和补偿机制、制定生物遗传资源的利用和利益分配规则以及新的生物多样性全球目标

材料4 全国重要生态功能区域

根据各生态功能区对保障国家生态安全的重要性,以水源涵养、土壤保持、防风固沙、生物多样性保护和洪水调蓄5类主导生态调节功能为基础,初步确定了50个重要生态服务功能区域,各重要区域的名称、主导功能和辅助功能见表3-28。

表 3-28 全国重要生态功能区域

序号	重要生态功能区域名称	水源涵养	土壤保持	防风固沙	生物多样性保护	洪水调蓄
1	大小兴安岭水源涵养重要区	++			+	
2	辽河上游水源涵养重要区	++	+			
3	京津水源地水源涵养重要区	++				
4	大别山水源涵养重要区	++	+			

125

序号	重要生态功能区域名称	水源涵养	土壤保持	防风固沙	生物多样性保护	洪水调蓄
5	桐柏山淮河源水源涵养重要区	++	+			
6	丹江口库区水源涵养重要区	++	+			
7	秦巴山地水源涵养重要区	++	+		++	
8	三峡库区水源涵养重要区	++	+		++	++
9	江西东江源水源涵养重要区	++	+			
10	南岭山地水源涵养重要区	++	+		+	
11	珠江源水源涵养重要区	++	+			
12	若尔盖水源涵养重要区	++		+		
13	甘南水源涵养重要区	++				
14	三江源水源涵养重要区	++			+	
15	祁连山山地水源涵养重要区	++	+		+	
16	天山山地水源涵养重要区	++				
17	阿尔泰地区水源涵养重要区	++				
18	太行山地土壤保持重要区	+	++		+	
19	黄土高原丘陵沟壑区土壤保持重要区		++			
20	西南喀斯特地区土壤保持重要区		++			
21	川滇干热河谷土壤保持重要区		++			
22	科尔沁沙地防风固沙重要区			++		
23	呼伦贝尔草原防风固沙重要区			++		
24	阴山北麓-浑善达克沙地防风固沙重要区			++		
25	毛乌素沙地防风固沙重要区			++		
26	黑河中下游防风固沙重要区			++		
27	阿尔金草原荒漠防风固沙重要区			++		
28	塔里木河流域防风固沙重要区			++		
29	三江平原湿地生物多样性保护重要区				++	+
30	长白山山地生物多样性保护重要区	+			++	
31	辽河三角洲湿地生物多样性保护重要区				++	
32	黄河三角洲湿地生物多样性保护重要区				++	

序号	重要生态功能区域名称	水源涵养	土壤保持	防风固沙	生物多样性保护	洪水调蓄
33	苏北滩涂湿地生物多样性保护重要区				++	
34	浙闽赣交界山地生物多样性保护重要区	+	+		++	
35	武陵山山地生物多样性保护重要区	++	++		++	
36	东南沿海红树林生物多样性保护重要区				++	
37	海南岛中部山地生物多样性保护重要区	++	+		++	
38	岷山－邛崃山生物多样性保护重要区	+	+		++	
39	桂西南石灰岩地区生物多样性保护重要区	+	+		++	
40	西双版纳热带雨林季雨林生物多样性保护重要区				++	
41	横断山生物多样性保护重要区		+		++	
42	伊犁－天山山地西段生物多样性保护重要区	+			++	
43	北羌塘高寒荒漠草原生物多样性保护重要区			+	++	
44	藏东南山地热带雨林季雨林生物多样性保护重要区	+	+		++	
45	松嫩平原湿地洪水调蓄重要区		+		++	++
46	淮河中下游湿地洪水调蓄重要区					++
47	长江荆江段湿地洪水调蓄重要区				+	++
48	洞庭湖区湿地洪水调蓄重要区				++	++
49	鄱阳湖区湿地洪水调蓄重要区				++	++
50	安徽沿长江湿地洪水调蓄重要区				++	++

注：+表示该项功能重要；++表示该项功能极重要。

（资料来源：环境保护部政府信息公开网，2009）

思 考 题

1. 什么是生态系统？生态系统包括哪些组成成分？生态系统有何共同特性？

2. 解释食物链、食物网和营养级的含义，食物链包括哪些不同的类型？在生态系统中有什么意义？

3. 说明在每个较高营养级上生物量为什么减少？请简述生态效率及生态金字塔。

4. 什么是生态平衡,简述生态平衡的调节机制。

5. 简述全球初级生产量概况及分布特点。

6. 结合生态系统的生态效率,解释为什么一般营养级个数限于 3 到 5 个。

7. 什么是物质循环? 简述全球物质循环过程中的环境问题。

8. 什么是生物多样性? 生物多样性降低和丧失如何影响生态系统过程、服务和人类福祉?

9. 简述生态功能区划的主要内容以及不同部分的评价方法。

10. 为了从不同尺度上揭示生态系统的演变规律,世界上建立了哪些生态系统综合观测网络?

| 第四章 | 环 境 监 测 |

导读

环境监测是环境科学的一个重要分支学科,是对环境信息的捕获、解析、综合和传递的过程。其目的是准确及时全面反映环境质量现状及发展趋势,为环境评价规划与管理等提供科学依据。本章主要介绍环境监测的对象与内容,标准与指标等。通过本章学习,对环境监测的整体过程有一个基本认识,了解环境监测分类方法,重点掌握优先污染物的概念。

环境监测是指测定代表环境质量的各种标志数据的过程;它是在环境分析基础上发展起来的。环境监测在对污染物监测的同时,已扩展延伸为对生物、生态变化的大环境监测,环境监测机构按照规定程序和有关标准、法规,全方位、多角度连续地获得各种监测信息,实现信息的捕获、传递、解析、综合及控制。

第一节　环境监测概述

一　环境监测的目的

环境监测的目的是全面、及时、准确地掌握人类活动对环境影响的水平、效应及趋势,为环境管理、污染源控制、环境规划等提供科学依据。具体如下:

（1）根据环境质量标准，评价环境质量。

（2）判断污染源造成的污染影响，确定污染最严重的区域及防治对策，并评价防治措施的效果。

（3）收集本底数据，积累长期监测资料，为研究环境容量、实施总量控制、目标管理、预测预报环境质量提供数据。

（4）为保护人类健康、保护环境、合理使用自然资源、制定环境法规、标准和规划等服务。

二　环境监测的作用和意义

环境监测是整个环境保护工作和环境科学研究的基础。制定国家和各级地方政府的环境政策、法律、环境管理规定和环境质量标准，必须要以环境监测获得的各类数据为科学依据。环境监测还可作为执行环境保护法的技术仲裁，为环境管理、环境规划、排污收费、环境指标考核、环境工程验收服务，发挥其监督职能。

环境监测具有涉及面广、专业性强和耗资大等特点。环境保护法规定，国务院环境保护行政主管部门建立监测制度，制定监测规范，会同有关部门组织监测网络，加强对环境监测的管理。随着各项环境保护法律的实施，我国环境监测工作得到了逐步的开展和加强，在环境保护工作中发挥了重要的作用。

三　环境监测对象和内容

（一）环境监测对象

环境监测的对象包括污染源和环境状况，主要是对进入环境的各种污染物质进行监测。

1. 污染源

污染源主要包括工业污染源（如烟尘、工业废气、工业废水、工业废渣、工业粉尘、噪声、振动等）、交通污染源、农业污染源、医院污染源、城市污染源、污水灌溉污染源等。

2. 环境状况

环境状况一般包括水体、大气、噪声、土壤、作物、水产品、畜产品、放射性物质、电磁波、土壤盐碱化、沙漠化、森林植被及自然保护区。

（二）环境监测内容

环境监测内容取决于监测的目的。具体的监测内容，应根据所在地区已知或预计可能出现的污染物情况、被监测环境要素的用途以及环境标准的要求来决定。同时,为了评价测定结果和估计污染扩散状况,还必须测定一些气象参数或水文参数。

1. 大气监测

大气监测的主要内容:颗粒物(飘尘、降尘)、二氧化硫、碳氢化合物、一氧化碳、臭氧、氮氧化物等。

2. 水质监测

水质监测的主要内容:温度、pH、浑浊度、电导率、悬浮固体、溶解氧、生化需氧量、化学需氧量、总磷、有机毒物、大肠菌群等。

3. 底质监测

底质监测的主要内容:有机碳、砷、汞、铜、锌、铅、镍、镉、铬、总氮、总磷等。

4. 土壤和植物监测内容

土壤和植物监测的主要内容:有毒金属化合物、非金属无机物、有机化合物等。

四　环境监测的分类

(一)按监测目的或监测任务划分

可分为政府授权的公益型环境监测和非政府组织的公共事务环境监测。其中,政府授权的公益型环境监测是环境保护系统各级监测站主要职责,具体可分为监视性监测、特定目的性监测以及研究性监测。非政府组织的公共事务环境监测主要包括咨询性监测,为科研机构、生产单位等提供服务性监测,例如室内环境空气监测、生产性研究监测等。

1. 监视性监测

指按照预先布置好的网点对指定的有关项目进行定期的、长时间的监测,包括对污染源的监测和环境质量监测,以确定环境质量及污染源状况,评价控制措施及效果、衡量环境标准实施情况和环境保护工作进展。这是监测工作中量最大、面最广的工作,是纵向指令性任务,是监测站第一位的工作,其工作质量是环境监测水平的主要标志。

2. 特定目的监测

(1)污染事故监测。发生污染事故时,深入事故地点进行应急监测,确定污染物的种类、扩散方向、速度和污染程度及危害范围,查找污染发生的原因,为控制污染事故提供科学依据。这类监测常采用流动监测(车、船等)、简易监测、低空航测、遥感等手段。

(2)纠纷仲裁监测。针对污染事故纠纷、环境执法过程中所产生的矛盾进行监测,提供公证数据。

（3）考核验证监测。人员考核、方法验证、新建项目的环境考核评价、排污许可证制度考核监测、"三同时"项目验收监测、污染治理项目竣工时的验收监测。

（4）咨询服务监测。为政府部门、科研机构、生产单位所提供服务性监测；为国家政府部门制定环境保护法规、标准、规划提供基础数据和手段，如建设新企业应进行环境影响评价，需要按评价要求进行监测。

3. 研究性监测

研究性监测是针对科学研究而进行的高层次监测。通过监测，可了解污染机理，弄清污染物迁移转化规律，研究环境受污染的程度，如环境本底的监测及研究、有毒有害物质对从业人员的影响研究等。

（二）按监测介质或对象划分

可分为水质监测、空气监测、土壤监测、固体废物监测、生物监测、噪声和振动监测、电磁辐射监测、放射性监测、热监测、光监测、卫生（病原体、病毒、寄生虫等）监测等。

（三）按专业部门划分

可分为气象监测、卫生监测、资源监测等。此外，也可分为化学监测、物理监测、生物监测等。

（四）按监测区域划分

可分为厂区监测和区域监测。厂区监测是指企业、事业单位对本单位内部污染源及总排放口的监测，各单位自设的监测站主要从事这部分工作。

区域监测指全国或某地区环保部门对水体、大气、海域、流域、风景区、游览区环境监测。

第二节　环境监测标准与指标

一　环境监测标准

环境标准是环境监测工作者获取环境质量信息及评价环境质量的重要手段和基础。我国环境标准由五类两级组成。类别上包括环境质量标准、污染物排放标准、环境基础标准、环境标准样品标准和环境监测方法标准五类，级别上包括国家和地方两级。

（一）环境质量标准

环境质量标准是为了保护人体健康、社会物质财富和维持生态平衡而对环境中有害物质或因素所做的规定。它规定环境质量目标,是制定污染物排放标准的依据。从法律角度看,它是判断环境是否受到污染、排污者是否应当承担侵害、赔偿损失等民事责任的依据。如《环境空气质量标准》(GB 3095—1996)、《地表水环境质量标准》(GB 3838—2002)、《声环境质量标准》(GB 3096—2008)、《土壤环境质量标准》(GB 15618—1995)和《地下水质量标准》(GB/T 14848—1993)等。

（二）污染物排放标准

污染物排放标准是为了实现环境质量目标,结合技术经济条件和环境特点或经济技术条件而制定的污染源所排放污染物的最终容许限值。它包括污染物排放浓度标准和污染物排放物总量标准,是实现环境质量标准和环境目标的主要手段,是环境标准中最为复杂的一类标准。如《城镇污水处理厂污染物排放标准》(GB 18918—2002)、《污水综合排放标准》(GB 8978—1996)、《大气污染物综合排放标准》(GB 16297—1996)和《社会生活环境噪声排放标准》(GB 22337—2008)等。

（三）环境基础标准

环境基础标准是对环境质量标准和污染物排放标准所涉及的技术术语、符号、代号、制图方法及其他通用技术要求所作的技术规定。如《水污染物名称代码》(HJ 525—2009)、《大气污染物名称代码》(HJ 524—2009)和《环境信息术语》(HJ/T 416—2007)等。

（四）环境标准样品

环境标准样品是为保证环境监测数据的准确、可靠,对用于量值传递或质量控制的材料、实物样品进行规范的标准。它可用来评价分析方法和分析仪器,鉴别其灵敏度和应用范围;也可用来评价分析者的技术水平,是操作技术规范化。

（五）环境监测方法标准

环境监测方法标准是关于污染物取样、分析、测试等的标准,是制定、执行环境质量标准、污染物排放标准的主要技术依据。

二　环境监测指标

世界上已知的化学品有 700 万种,进入环境的化学物质已达 10 万余种。在目前的经济技术条件下,人们只能对部分重点污染物进行监测控制,从众多有毒污染物中筛选出潜在危害性大、在环境中出现频率高、有可靠的检测手段并能获得准确数据、有环境质量标准的污染物作为监测和控制对象。经过优先选择的污染物称为环境优先污染物,简称优先污染物。

优先污染物一般具有难降解、在环境中有一定的残留水平、出现频率较高、

133

具有生物积累性和"三致"(致癌、致畸、致突变)效应、毒性较大等特点。目前已有一定的检出方法。

美国最早开展优先污染物监测,20世纪70年代中期,就在"清洁水法"中明确规定129种优先污染物。前苏联卫生部公布561种有机污染物在水中的极限允许浓度。欧洲经济共同体在1975年"关于水质的排放标准"技术报告中,以"黑名单"和"灰名单"形式列出优先污染物。我国优先污染物包括14种化学类别、共68种有毒化学物质,其中有机物58种,无机物10种。

（一）大气和废气监测

大气污染物有数千种,已发现有危害作用而被人们注意到的有100多种,其中大部分为有机物。依据大气污染物的形成过程,可将其分为一次污染物和二次污染物。

一次污染物是直接从污染源排放到大气中的有害物质。常见的主要有一氧化碳、碳氢化物、颗粒物、二氧化硫、氮氧化物等。颗粒物物质中包含苯并[a]芘等强致癌物质、有毒重金属、多种有机物和无机化合物等。

二次污染物是一次污染物在大气中相互作用或它们与大气中的正常组分发生反应所产生的新污染物。这些新污染物与一次污染物的化学、物理性质完全不同,多为气溶胶,具有颗粒小、毒性一般比一次污染物大等特点。常见的二次污染物有硫酸盐、硝酸盐、臭氧、醛类、过氧乙酰硝酸酯（PAN）等。

大气中的污染物,按其存在状态,可分为分子状态污染物与颗粒状态污染物两类。分子状态污染物是指以气体分子形式存在于大气中的污染物,如氮氧化物、二氧化硫、一氧化碳、氯化氢等。颗粒状态污染物是指分散在大气中的微小液体和固体颗粒,粒径多在 $0.01 \sim 100\ \mu m$ 之间,是复杂的非匀体系。粒径大于 $10\ \mu m$ 的颗粒物能较快地沉降到地面上,称为降尘;粒径小于 $10\ \mu m$ 的颗粒物可长期漂浮在大气中,称为飘尘。

大气污染物种类很多,应根据优先监测原则,选择危害大、涉及范围广、已有成熟测定方法并有标准可参考的项目进行监测。美国提出了43种空气优先监测污染物;我国在《居民区大气中有害物质最高允许浓度》中规定了34种有害物质的浓度限值。

污染源排放废气的监测对象主要为排放废气中有害物质的浓度、有害物质的排放量、废气排放量等。

（二）水和废水监测

影响水体质量的主要污染物按性质可分为物理、化学、生物等几类。应根据实际情况,选择环境标准中要求控制的危害大、影响范围广并已建立可靠分析测定方法的项目进行监测。

1. 物理方面

一般监测颜色、浊度、温度、悬浮固体和放射性等。

2. 化学方面

排入水体的化学物质,一般可分为无机无毒物质、无机有毒物质、有机有毒物质、有机耗氧物质等。

(1) 无机无毒物质。排入水体中的酸、碱及一般的无机盐类。

(2) 无机有毒物质。重金属、氰化物、氟化物等。

(3) 有机有毒物质。酚类化合物、有机农药、多环芳烃(PAHs)、多氯联苯(PCBs)、洗涤剂等。

酚类化合物广泛存在于自然界中。常见的有苯酚,它溶于水,毒性较大,能使细胞蛋白质发生变化和沉淀。

有机农药主要指有机氯农药、有机磷农药、有机硫农药等类型,有机农药及其降解产物对水环境污染十分严重。

多环芳烃是由石油、煤等燃料及木材在不完全燃烧或在高温处理条件下所产生的。多环芳烃是环境中主要的致癌物质之一,在多环芳烃化合物中有许多种类具有致癌或致突变作用。

洗涤剂是人们在日常生活中常用的一类化学合成物质。人们对其危害性的认识是有一个过程的。当水体中洗涤剂含量达到 0.5 mg/L 时,水面上浮起一层泡沫,污染水体。大多数洗涤剂中含有以磷酸盐为主的增净剂,可导致水体富营养化,使水质恶化。

(4) 有机耗氧物质。有机化合物进入水体后,通过微生物的生化作用分解为简单的无机物二氧化碳和水,在分解过程中需要消耗水中的溶解氧,在缺氧条件下发生腐败分解,恶化水质。有机物的种类繁多,组成复杂,很难逐类分辨测定。在实际工作中一般采用生化需氧量(BOD)、化学需氧量(COD)、总有机碳(TOC)、总需氧量(TOD)等指标来表示水中耗氧有机物的含量。

生化需氧量(BOD)是指微生物氧化分解水体中有机物所消耗的氧量,以每升水样消耗溶解氧的毫克数表示(mg/L)。它是反映水体有机污染程度的主要指标之一。在环境监测中一般采用水温 20 ℃下经过 5 天微生物氧化有机物所消耗的氧量(BOD_5)。

化学需氧量(COD)指用重铬酸钾($K_2Cr_2O_7$)、高锰酸钾($KMnO_4$)等强氧化剂在规定条件下,将有机物氧化成 CO_2 和水所需要的氧化剂的量,以每升水消耗氧的毫克数表示。COD_{Cr} 常应用于污水,COD_{Mn} 常用于微污染水源等地表水。COD 可以较为精确地测定污水中有机物的含量,测定时间短,因此应用范围较广。测定时间只需几个小时,而且不受水质的限制。但是,COD 不能反映有机污染物在水中降解的实际情况,因此通常用 BOD 和 COD 的比值(BOD/COD)来评价污水的可生化性,该值越大,说明该污水越容易被生物处理。

总有机碳（TOC）指水中有机物含碳总量，常用来评价水体中有机物污染程度。测定方法是：在高温条件下（900 ℃）使水样气化燃烧，然后测定气体中 CO_2 含量，再从中扣除碳酸盐等无机碳元素含量，所得结果即为 TOC。

总需氧量（TOD）也是评定水体污染状况的一个重要指标。指 1 L 水中还原性物质（主要是有机物）在高温燃烧时，被完全氧化所消耗氧的毫克数。

（三）土壤污染监测

环境是一个整体，土壤监测必须与大气、水体和生物监测相结合才能全面和客观地反映实际环境质量。

土壤监测中优先监测的污染物有两类：第一类为汞、铅、镉、DDT 及其代谢产物、多氯联苯（PCBs）等；第二类为石油产品、DDT 以外的长效有机氯、四氯化碳、醋酸衍生物、氯化脂肪族、砷、锌、硒、镍、锰、矾、有机磷化合物及其他活性物质（抗生素、激素、致畸物质和诱变物质）等。

我国土壤常规监测项目中，金属化合物有铜、铬、镉、汞、铅、锌；非金属化合物有砷、氰化物、氟化物、硫化物等；有机化合物有苯并[a]芘、三氯乙醛、油类、DDT、有机氯农药、有机磷农药等。

第三节　环境监测方案制订

环境监测的过程一般为接受任务—现场调查和收集资料—监测方案设计—样品采集—样品运输和保存—样品的预处理—分析测试—数据处理—综合评价等。环境监测结果的科学、准确有赖于监测过程中每一个细节的把握以及监控前有目的、有计划、有组织的准备工作，尤为重要的是在监测前制定切实可行的监测方案。在明确监测目的的前提下，监测方案主要由以下几方面组成：采样方案，包括设计网点、采样时间、采样频率、采样方法、样品的运输、样品的储存、样品的处理等；分析测定方案，包括监测方法的选择，操作条件，制定质量保证体系等；数据处理方案，包括数据处理方法、监测报告、综合评价等。

监测方案的制订是环境监测的首要环节，也是监测任务的总体构思和设计。制定监测方案时必须明确监测目的，在调查研究的基础上确定监测对象，设计监测网点，安排采样时间及采样频率，选择采样方法和分析测定技术等。环境监测的对象广泛，目的不一，使其具有极强的针对性，所以不可能设计一个包罗万象的监测方案。

（一）基础资料收集

需要收集的基础资料一般包括：

（1）水体的水文、气候、地质、地貌特征；

（2）水体沿岸城市分布和工业布局、污染源分布与排污情况、城市给排水情况等。

（3）水体沿岸的资源现状，特别是植被破坏和水土流失情况。

（4）水资源的用途、饮用水源分布和重点水源保护区。

（5）实地勘察现场的交通情况、河宽、河床结构、岸边标志等。对于湖泊，还需了解生物、沉积物特点，间温层分布、容积、平均深度、等深线和水更新时间等。

（6）收集原有的水质分析资料或在需要设置断面的河段上设若干调查断面进行采样分析。

（二）监测断面和采样点设置

1. 监测断面的设置原则

监测断面的设置原则如下：

（1）有大量废水排入河流的主要居民区、工业区的上游和下游。

（2）湖泊、水库、河口的主要入口和出口。

（3）饮用水源区、水资源集中的水域、主要风景游览区、水上娱乐区及重大水力设施所在地等功能区。

（4）较大支流汇合口上游和汇合后与干流充分混合处；入海河流的河口处；受潮汐影响的河段和严重水土流失区。

（5）国际河流出入国境线的出入口处。

（6）应尽可能与水文测量断面重合，并要求交通方便，有明显岸边标志。

2. 河流监测断面的设置

对于江、河水系或某一河段，要求设置 3 种断面：对照断面、控制断面、削减断面。

（1）对照断面。了解流入某一区域（监测段）前的水质状况，提供这一水系区域本底值。设置方法：位于该区域所有污染源上游处，排污口上游 100～500 m 处，设在河流进入城市或工业区以前的地方，避开各种废水、污水流入或回流处。

（2）控制断面。监测污染源对水质影响。设置方法：主要排污口下游较充分混合的断面下游，根据主要污染物的迁移、转化规律，河水流量和河道水力学特征确定，在排污口下游 500～1000 m 处。因为在排污口下游 500 m 横断面上的 1/2 宽度处重金属浓度一般出现高峰值。对于有特殊要求的地区，如水产资源区、风景游览区、自然保护区、与水源有关的地方病发病区、严重水土流失区及地球化学异常区等的河段,也应设置控制断面。

(3) 削减断面。了解经稀释扩散和自净后,河流水质情况。设置方法:最后一个排污口下游 1 500 m 处。

3. 湖泊、水库监测断面的设置

首先,判断是单一水体还是复杂水体:考虑汇入河流数量,水体径流量、季节变化及动态变化,沿岸污染源分布及污染物扩散与自净规律,生态环境特点等。然后,按照监测断面的设置原则确定监测断面的位置:

(1) 在进出湖泊、水库的河流汇合处分别设置监测断面。

(2) 以各功能区为中心,在其辐射线上设置弧形监测断面。

(3) 在湖库中心,深、浅水区,滞流区,不同鱼类的洄游产卵区,水生生物经济区等设置监测断面。

(三) 采样时间和采样频率确定

所采水样要具代表性,要能反映水质在时间和空间上的变化规律。

(1) 对于较大水系干流和中、小河流,全年采样不少于 6 次;采样时间为丰水期、枯水期和平水期,每期采样两次。流经城市工业区、污染较重的河流、游览水域、饮用水源地全年采样不少于 12 次;采样时间为每月 1 次或视具体情况而定。底泥每年在枯水期采样 1 次。

(2) 潮汐河流全年在丰、枯、平水期采样,每期采样两天,分别在大潮期和小潮期进行,每次应采集当天涨、退潮水样分别测定。

(3) 排污渠每年采样不少于 3 次。

(4) 设有专门监测站的湖、库,每月采样 1 次,全年不少于 12 次。其他湖泊、水库全年采样两次,枯、丰水期各 1 次。有废水排入和污染较重的湖、库,应酌情增加采样次数。

(5) 背景断面每年采样 1 次。

二　大气监测方案制订

根据监测目的进行调查研究,收集必要的基础资料,然后经过综合分析,确定监测项目,设计布点网络,选定采样频率、采样方法和监测技术,建立质量保证程序和措施,提出监测结果报告要求及进度计划等。

(一) 监测目的

通过对大气环境中的主要污染物进行定期或连续地监测,判断大气质量是否符合国家制定的大气质量标准,为编写大气环境质量状况评价报告提供数据,同时为研究大气质量的变化规律和发展趋势、开展大气污染预测预报工作提供依据。为政府部门执行有关环境保护法规、开展环境质量管理和环境科学研究以及修订大气环境质量标准提供基础资料和依据。

（二）有关资料收集

1. 污染源分布及排放情况

弄清污染源类型、数量、位置、排放的主要污染物及排放量、所用原料、燃料及消耗量等。另外，应区分高、低烟囱形成污染源的大小，一次污染物与二次污染物也应区分清楚。

2. 气象资料

对污染物在大气中的扩散、输送及变化情况有影响。要收集监测区域的风向、风速、气温、气压、降水量、日照时间、相对湿度、温度的垂直梯度和逆温层底部高度等资料。

3. 地形资料

地形对当地的风向、风速和大气稳定情况等有影响，因此，是设置监测网点时应考虑的重要因素。

4. 土地利用和功能分区情况

这也是设置监测网点时应考虑的重要因素之一。不同功能区的污染状况是不同的，如工业区、商业区、混合区、居民区等污染状况各不相同。

5. 人口分布及人群健康情况

环境保护的目的是维护自然和的生态平衡，保护人群的健康。因此，掌握监测区域的人口分布、居民和动植物受大气污染危害情况及流行性疾病等资料，对制定监测方案、分析判断监测结果是有益的。

（三）监测网点布设

监测网点的布设方法有经验法、统计法和模式法等。在一般监测工作中，常采用经验法。

1. 布设采样点原则和要求

（1）采样点应设在整个监测区域的高、中、低三种不同污染物浓度的地方。

（2）在污染源比较集中，主导风向比较明显的情况下，应将污染源的下风向作为主要监测范围，布设较多的采样点；上风向布设少量点作为对照。

（3）工业较密集的城区和工矿区，人口密度及污染物超标地区，要适当增设采样点；城市郊区和农村，人口密度小及污染物浓度低的地区，可酌情少设采样点。

（4）采样点的周围应开阔，采样口水平线与周围建筑物高度的夹角应不大于30°。采样周围无局地污染源，并应避开树木及吸附能力较强的建筑物。交通密集区的采样点应设在距人行道边缘至少1.5 m远处。

（5）各采样点的设置条件要尽可能一致或标准化，使获得的监测数据具有可比性。

（6）采样高度根据监测目的而定。研究大气污染对人体的危害，采样口应在离地面 1.5～2 m 处；研究大气污染对植物或器物的影响，采样口高度应与植物或器物高度相近。连续采样例行监测采样口高度应距地面 3～5 m；若置于屋顶采样，采样口应与基础面有 1.5 m 以上的相对高度，以减小扬尘的影响。特殊地形地区可视实际情况选择采样高度。

2. 采样点数目

在监测区域内，采样点设置数目应根据监测范围大小、污染物空间分布特征、人口分布及密度、气象、地形及经济条件等因素综合考虑确定。

3. 布点方法

（1）按功能区布点法。监测区域划分为工业区、商业区、居住区、工业和居住混合区、交通稠密区、清洁区等，再根据具体污染情况和人力、物力条件，在各功能区设置一定数量的采样点。各功能区的采样点数不要求平均，一般在污染较集中的工业区和人口较密集的居住区多设采样点。

（2）网格布点法。监测区域地面划分成若干均匀网状方格，采样点设在两条直线交点处或方格中心。主导风向明显，下风向设点应多一些，一般约占采样点总数的 60%。对于有多个污染源且污染源分布较均匀的地区，常采用这种布点方法，它能较好地反映污染物的空间分布。

（3）同心圆布点法。多个污染源构成污染群，且大污染源较集中的地区，先找出污染群的中心，以此为圆心在地面上画若干个同心圆，再从圆心作若干条放射线，将放射线与圆周的交点作为采样点。不同圆周上的采样点数目不一定相等或均匀分布，常年主导风向的下风向比上风向多设一些点。

（4）扇形布点法。扇形布点法适用于孤立的高架点源，且主导风向明显的地区。以点源所在位置为顶点，主导风向为轴线，在下风向地面上划出一个扇形区作为布点范围。扇形的角度一般为 45°，也可更大些，但不能超过 90°。采样点设在扇形平面内距点源不同距离的若干弧线上。每条弧线上设 3～4 个采样点，相邻两点与顶点连线的夹角一般取 10～20°。在上风向应设对照点。

（四）采样时间和采样频率

采样时间系指每次采样从开始到结束所经历的时间。采样频率系指在一定时间范围内的采样次数。

采样时间短，试样缺乏代表性，监测结果不能反映污染物浓度随时间的变化，仅适用于事故性污染、初步调查等情况的应急监测。为增加采样时间，可用增加采样频率的方法，即每隔一定时间采样测定一次，取多个试样测定结果的平均值为代表值。使用自动采样仪器连续自动采样，再配用污染组分连续或间歇自动监测仪器，监测结果能很好地反映污染物的浓度变化，得到任何一段时间的代表值（平均值）。

三 　**土壤监测方案的制订**

　　土壤是由固、液、气三相组成的不均匀体系，污染物在其中的分布也很不均匀。如果采样不具有代表性，分析测定结果就完全不能反映土壤实际情况。在制定监测方案之前，必须对监测地区进行调查研究，包括区域的自然条件、土壤理化性状、农业生产情况和土壤污染情况等。

　　（一）调查范围及点位

　　每 100 hm^2 占地不少于 5 个且总数不少于 5 个采样点，其中小型建设项目设 1 个柱状样采样点，大中型建设项目不少于 3 个柱状样采样点，特大型建设项目或对土壤环境影响敏感的建设项目不少于 5 个柱状样采样点。

　　（二）布点方法

　　常用的布点方法有网格布点法、对角线布点法、梅花形布点法、棋盘形布点法、蛇形布点法。

　　（三）采样深度

　　采样深度根据监测目的而定。表层土，只需取 0～20 cm 的土壤；中心土取 20～60 cm 的土壤；深层土取 60～100 cm 的土壤。

阅 读 材 料

材料 1　黄河干流的河水水质监测

　　1. 监测断面的布设

　　监测断面主要根据河流水质监测断面的设置原则而布设。具体的监测断面如图 4-1 所示。

　　监测断面的设置主要包括以下几种情况：主要城市的上游和下游、主要的灌区、排污口和水库、主要支流入干流处、两省交界处、主要取水口附近。

　　2. 水质监测结果分析——含氮化合物的时空分布特征

　　根据黄河水利委员会水质监测中心提供的黄河干流 1990 年和 1999 年的逐月水质监测数据以及国家环保局提供的黄河干流 1980 年的年均水质监测数据。将所有研究站点的数据输入工作用数据库后，先按 Grubbs 检验法剔除异常值；然后根据研究需要进行各项统计分析。

　　黄河河水中的氨氮、亚硝酸盐氮、硝酸盐氮和总无机氮从上游至下游存在增加的趋势，如图 4-2 所示。

1980—1990—1999 年间,河水中氨氮存在显著的上升趋势,如图 4-3 所示。

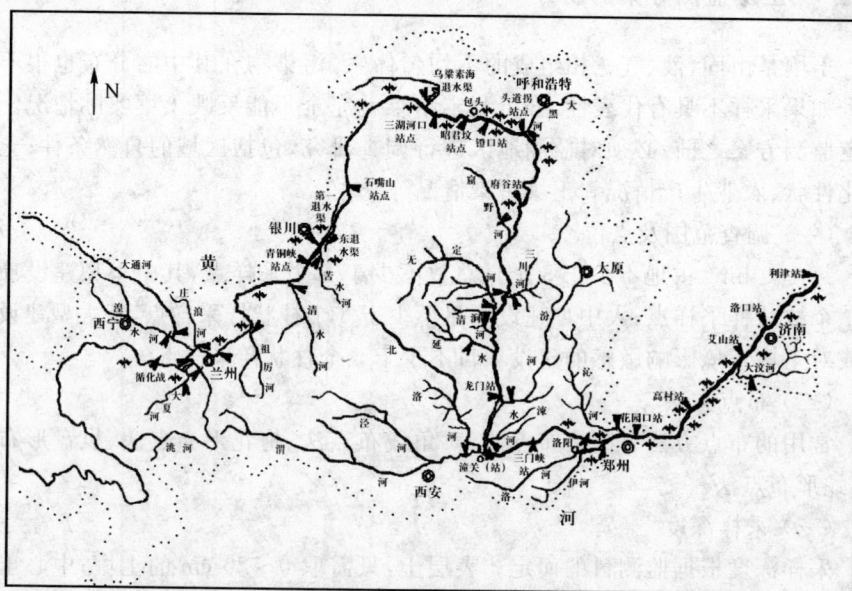

→ 取水口 ○ 一般城市 ◎ 省会城市 ◥ 监测站点 ⋯ 流域边界

图 4-1 黄河干流水质监测断面的布设

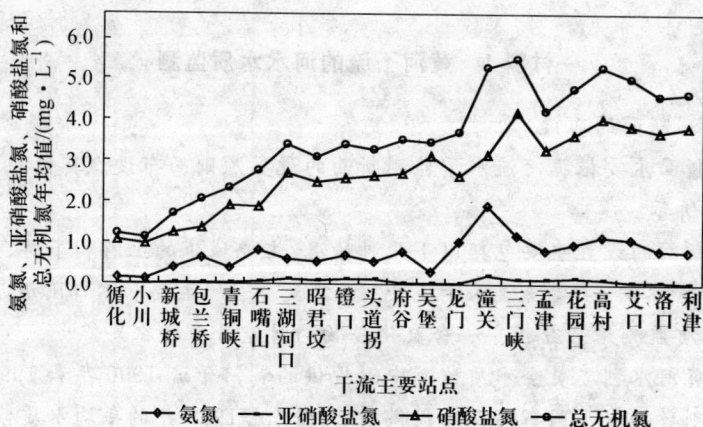

—◆— 氨氮 —— 亚硝酸盐氮 —▲— 硝酸盐氮 —○— 总无机氮

图 4-2 黄河干流河水氨氮、亚硝酸盐氮、硝酸盐氮和
总无机氮的沿程变化趋势(1999 年)

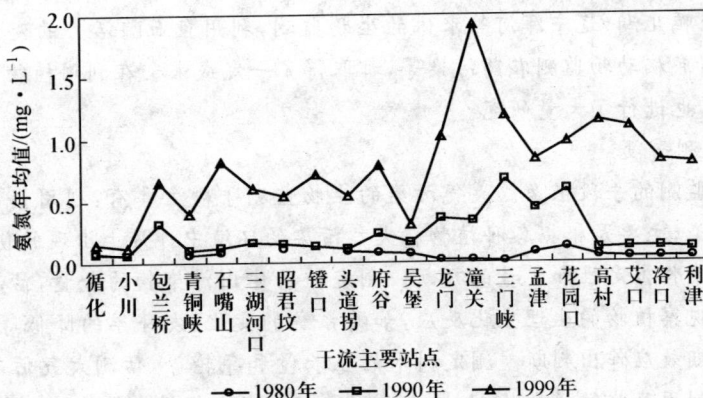

图 4-3　黄河干流河水氨氮在 1980 年、1990 年和 1999 年的平均值

（资料来源：杨志峰等，2008）

材料 2　生 物 监 测

生物监测，又称"生物测定"，是利用生物个体、种群或群落对环境污染或变化所产生的反应来判断环境污染的一种手段，用来补充物理、化学分析方法的不足。生物监测方法的建立是以环境生物学理论为基础的。根据监测生物系统的结构水平、监测指示及分析技术等，可以将生物监测的基本方法大致分为四大类，即生态学方法、生理学方法、毒理学方法及生物化学成分分析法。

这里使用的生物主要包括海藻、水蚤、斑马鱼、豆芽等，操作起来比较烦琐，实验周期较长，无法现场快速检测和在线长期监测。目前另外一种生物——发光细菌备受用户的青睐，所用设备分别有实验室用、便携式、在线式，其中进口设备居多（如美国、以色列、德国、荷兰），价格昂贵，尤其是菌种的后期采购时间周期长，且菌种易失活；国产设备有中科院南京土壤所、上海上立、北京滨松光子，价格低廉，售后服务快捷。

1. 发展现状

一些国家在 20 世纪初开展生物监测工作。20 世纪 70 年代以来，水污染的生物监测成了活跃的研究领域。1977 年美国试验和材料学会（ASTM）出版了《水和废水质量的生物监测会议论文集》，内容包括利用各类水生生物进行监测和生物测试技术，概括了这方面的成就和进展。同年非洲的尼日利亚科学技术学院用远距离电报记录甲壳动物的活动电位监测烃类、油类以及其他污染物的室内试验也取得初步结果。还有人提出了以鱼的呼吸和活动频度为指标的、设在厂内和河流中的自动监测系统。国外对于植物与大气污染的关系做了很多调查研究工作，已选出一批敏感的指示植物和抗性强的耐污植物。

近年来中国在环境污染调查中也开展了生物监测工作。例如，对北京官厅

143

水库、湖北鸭儿湖、辽宁浑河等水体的生物监测,利用鱼血酶活力的变化反映水体污染,用底栖动物监测农药污染等,都取得了一定成果。在利用植物监测大气污染方面,也进行了大量研究。

2. 监测手段

生物监测的手段很多。大气污染的生物监测手段主要有:利用指示植物监测大气污染,主要是根据各种植物在大气污染的环境中叶片上出现的伤害症状,对大气污染作出定性和定量的判断。测定植物体内污染物的含量,估测大气污染状况。观察植物的生理生化反应,如酶系统的变化、发芽率的降低等,对大气污染的长期效应作出判断。测定树木的生长量和年轮等,估测大气污染的现状和历史。利用某些敏感植物(如地衣、苔藓等)制成大气污染植物监测器,进行定点观测。

利用污水生物系统监测水体污染也是一种常用的手段。水质状况发生变化,水生生物群落结构也会发生相应的改变。在有机物污染严重、溶解氧很低的水体中,水生生物群落的优势种只能由抗低溶解氧的种类组成;未受污染的水体,水生生物群落的优势种则必然是一些清水种类。在利用指示生物和群落结构监测水体污染时,还引用了生物指数和生物种的多样性指数等数学手段,简化监测的方法。水污染的生物测试,即利用水生生物受到污染物的毒害所产生的生理机能的变化,测试水质污染的状况。这种方法可以测定水体的单因素污染,对测定复合污染也能收到良好的效果。测试方法分为静水式生物测试和流水式生物测试。

对土壤污染进行生物监测也是一种可行的途径,但目前国内外在这方面所做的工作还不多。环境系统十分复杂,生物监测只有与物理、化学监测结合起来,才能取得更好的效果。

思 考 题

1. 简述环境监测的意义与作用。
2. 环境监测的内容及分类有哪些?
3. 环境监测相关的环境标准有哪些?
4. 简述 BOD_5、COD_{Cr}、TOC、TOD 的含义。
5. 简述优先污染物筛选的原则。

第五章

环境污染及其防治

导读

环境污染及其防治是人类社会可持续发展所面临的重大挑战之一。本章以大气、水体和土壤的组成和性质为基础,全面分析了大气、水、土壤等环境要素产生污染问题的原因,重点阐述了大气、水体和土壤中污染物的来源、类型、特点和危害,并较深入地介绍了大气、水体和土壤环境污染防治的理论和技术;介绍了固体废物来源、特点和危害,简明阐述了固体废物管理、处理与处置;简要论述了与人类生活密切相关的物理因子(声、光、热、电磁、放射性)污染发生机理、危害及防范措施。通过本章学习,掌握大气、水、土壤、固体废物及物理性污染的基本概念和污染防治常用技术及方法。

第一节　大气污染及其防治

一　大气的组成和结构

(一) 大气的组成

地球的大气圈是指因地球引力作用而围绕地球的一层混合气体,质量约为 $6×10^{15}$ t,含有多种气体,同时还包含水汽和其他固体杂质(颗粒物)。除去水汽和杂质的空气称为干洁空气,主要包括氮气(N_2)、氧气(O_2)、二氧化碳(CO_2),

145

其含量占全部干洁空气的 99.996%，氖(Ne)、氦(He)、甲烷(CH_4)等气体为次要成分。由于万有引力的影响，绝大部分大气被吸引在地表附近。因此大气密度随距地表高度增加而降低。在干洁空气中，部分气体如 N_2、O_2、氩(Ar)等的含量几乎可认为是恒定不变的，易变的成分是 CO_2、臭氧(O_3)等，这些气体受地区、季节、气象以及人类生活和生产活动的影响。正常情况下，CO_2 含量在 20 km 以上明显减少。近地层干洁空气组成如表 5-1 所示。

表 5-1　干洁空气的气体成分

气体	体积分数/10^6	气体	体积分数/10^6
氮气(N_2)	780 900	氦(He)	5
氧气(O_2)	209 400	氢气(H_2)	0.5
氩(Ar)	9 300	一氧化氮(NO)	0.5
二氧化碳(CO_2)	315	氙(Xe)	0.08
氖(Ne)	18	氪(Ke)	1

(二) 大气的结构

地球大气一般分为 5 层：对流层(troposphere)、平流层(stratosphere)、中间层(mesosphere)、热层(thermosphere)和散逸层(exosphere)(图 5-1)。其中从地表到距地表大约 10 km 的部分属于对流层，这个距离受到地球具体位置和季节变化影响。对流层随高度增加，温度下降，有利于对流层上下气体的热交换，再加上大气中绝大多数的水蒸气在该层，造成常见的天气现象如雨、雪等在此发生。平流层的范围是从对流层的顶端延伸到距地表 50 km 左右的位置，温度随高度增加而上升。该层的特点是能见度好，空气对流少，适合飞机航行。另外，平流层中还含有大气中绝大多数的 O_3，这层 O_3 距地表约 15～30 km，能吸收阳光中的紫外线，保护地球生命免受紫外辐射的伤害。平流层之上到距离地表大约90 km 的空气层是中间层，温度从下到上递减。中间层之上是热层，受太阳辐射等因素影响，该层温度随高度增加迅速升高，这一层空气密度很小，气体在宇宙射线作用下处于电离状态。电离层能将电磁波反射回地球，对全球的无线电通信具有重大意义。另外，来自太阳的高能带电粒子流(太阳风)可激发(或电离)该层大气分子或原子，产生极光现象。散逸层的大气十分稀薄，是大气圈逐步过渡到星际空间的部分。

二　大气污染及危害

(一) 大气污染的概念

在干洁的大气中，痕量气体的组成是微不足道的。但是在一定范围的大气

146

3000

散逸层

800

热成层

110

100

90   (+)

中间层顶   电离层

80   (-) (O_2^+, O^+, NO^+, e)

中间层   70

60   平流层顶

高度/km   50

40

平流层   30   (+)   臭氧吸收

20

10   对流层顶

对流层   (-)

0

200   250   300

热力学温度/K

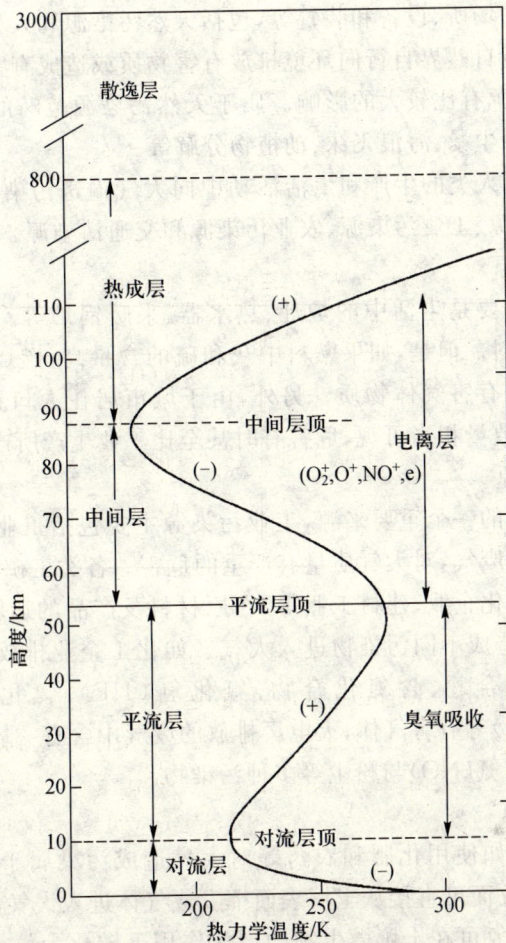

图 5-1　大气垂直方向分层

中,出现了原来没有的某些物质,在达到一定的数量和持续时间后,就有可能对人、动物、植物及物品、材料产生不利影响和危害,以至破坏生态系统和人类正常生存和发展的条件,这种现象叫做大气污染。大气污染的原因包括自然和人为两方面,由自然界活动如火山喷发、森林火灾等排放造成的大气污染,在自然环境具有的物理、化学和生物作用的影响下,一段时间之后会逐渐消失。与之相比,人类活动如工业废气排放、汽车尾气排放和农业活动产生的污染物数量大、持续时间长,而且污染物会随气流的移动最终散布到整个大气层,因此大气污染主要是由于人类活动造成的,而且已经成为一个全球性环境问题。

（二）大气污染的来源

大气污染源即产生大气污染的发生源,一般指向环境排放有害物质或对环境产生有害影响的场所、设备和装置等，包括天然污染源和人为污染源。

天然污染源指自然界自行向环境排放有害物质或造成有害影响的场所。对于清洁地区，天然源有比较大的影响。属于天然污染源范畴的自然现象有火山喷发、森林火灾、沙尘暴、海浪飞沫、动植物分解等。

人为污染源指人类的生产和生活活动中向大气输送污染物的发生源，可分为四类：生活污染源、工业污染源、农业污染源和交通污染源。

1. 生活污染源

生活污染源主要是生活中的炉灶、热水器、采暖锅炉等。这些设备在工作时，会消耗化石燃料。但是，如果燃料中灰和硫的含量高，燃烧过程就会排放出大量的烟尘和一些有害气体物质。另外，由于城市居住人口稠密，燃料使用量多，排放的污染物数量相当可观，危害有时甚至比工业生产所产生的污染还大。

2. 工业污染源

作为大气污染的一个重要来源，工业污染源主要包括工业用燃料燃烧及工业生产过程排放的废气，对大气质量有严重的危害。各类工矿企业（包括火力发电厂、钢铁工业、石化企业、建材工业等）在原材料及产品的运输和生产过程中，排放出大量废气，造成不同污染物进入大气。如化工企业排放的废气含有硫化氢（H_2S）、碳氢化合物、含氮化合物、氟化氢（HF）、氯化氢（HCl）、甲醛（HCHO）、氨（NH_3）等有害气体；火电厂排放的废气中含有一氧化碳（CO）、二氧化硫（SO_2）、一氧化氮（NO）与粉尘等多种污染物。

3. 农业污染源

农业生产活动如使用化肥和农药等对大气造成污染属于农业污染源。例如，施用的氮肥一方面可直接从土壤表面挥发成气体进入大气，另一方面进入土壤的有机氮或无机氮可在土壤微生物的生化作用下转化为氮氧化物进入大气，从而增加了大气中氮氧化物的含量；某些有机氯农药施用后，能悬浮在水面，并同水分子一起蒸发而进入大气；稻田释放的甲烷和农用燃料燃烧的废气也能对大气造成污染。

4. 交通污染源

交通污染源是指交通运输工具如汽车、摩托、飞机、火车及船舶等。这些交通工具使用汽油、柴油等燃料，燃烧过程中会排放氮氧化物、碳氧化物、碳氢化合物、铅、苯并[a]芘等有害物质。由于汽车等交通工具数量众多，遍及全球人类居住区的各个角落，因此交通源排放的污染物最多。这些污染物排放到大气中，在阳光照射和一定条件下，还可发生光化学反应，生成光化学烟雾，成为二次污染物的主要来源之一。

（三）大气污染物类型

大气污染物是指由于自然过程或人类活动排入大气后对环境或人产生有害

148

影响的物质。若按照存在的物理状态可分为两类：气体状态污染物和固体颗粒状态污染物；若按照形成过程分类可分为一次污染物（primary pollutants）和二次污染物（secondary pollutants）（表 5-2）。

表 5-2　大气中主要污染物

类别	一次污染物	二次污染物
硫氧化物	SO_2	SO_3，H_2SO_4，MSO_4
氮氧化物	NO，NO_2	HNO_3，MNO_3
碳氧化物	CO，CO_2	
碳氢化合物	C_xH_y	醛、酮、过氧乙酰硝酸酯（PAN）
卤素化合物	HF，HCl	
颗粒物	重金属、有机物（如 PAHs）	硫酸、硝酸及其盐类气溶胶

一次污染物亦称原生污染物。是指直接从污染源排放、其物理化学性状未发生变化的污染物质，包括 CO、CO_2、SO_2、氮氧化物（包括 NO、NO_2）、碳氢化合物、颗粒物等。这些污染物的性质不同，有些不稳定易发生反应，而有些则不反应或反应速度很慢。

二次污染物亦称次生污染物。是由进入大气的一次污染物在环境中物理的、化学的或生物的作用下，形成的与一次污染物的物理、化学性质完全不同的新的污染物。通常二次污染物的毒性比一次污染物还强，形成机制一般很复杂。例如，一次大气污染物二氧化硫在大气中氧化成二次污染物包括硫酸及硫酸盐气溶胶；汽车排放的一次污染物一氧化氮、碳氢化物等化合物在阳光照射下，发生光化学反应生成二次污染物，如 O_3、过氧乙酰硝酸酯（PAN）、醛类等。

（四）主要大气污染物及其危害

1. 二氧化硫

二氧化硫（SO_2）是世界范围内广泛分布的主要气态污染物，对大气环境影响很大。其主要来源有含硫燃料（煤、石油）的燃烧、含硫矿石焙烧和冶炼、化工和炼油等生产过程。SO_2 最大的排放源是燃料燃烧，其中火电厂排放总量最大。SO_2 是我国环境控制指标之一，2011 年我国 SO_2 排放量 2217.9 万 t，与 2010 年相比下降了 2.21%。

SO_2 对人体健康的危害在于强烈刺激呼吸系统，可加重哮喘、引发支气管炎和其他呼吸系统病症。另外，它还可以与空气中的水、氧气等物质发生反应，生成三氧化硫（SO_3）并附着在颗粒物表面，吸入人体后会对呼吸系统造成很大的伤害。另一方面，SO_2 是形成酸雨的重要污染物之一，在大气中经过一系列反应形成硫酸和硫酸盐气溶胶。酸雨的危害相当大，包括破坏水体生态系统、破坏陆地植被如森林和草原、降低农作物产量；此外，酸雨还能腐蚀建筑材料、金属、文物古迹,造成巨大的经济损失。

2. 碳氧化物

大气中的碳氧化物包括一氧化碳(CO)和二氧化碳(CO_2)。CO是散布最广、排放量最大的一种大气污染物。CO主要是由含碳物质不完全燃烧造成,其来源包括以汽油为燃料的机动车辆、工业活动中油、煤的燃烧、炼油炼钢以及固体废物焚烧。除了上述人为源外,CO还可从一些天然活动中生成,包括森林火灾、海洋和陆地生物的腐烂过程、海水中CO的挥发、植物叶绿素的光解等。

CO化学性质稳定,不易与其他物质反应,所以在大气中停留时间较长。这种气体无色无嗅,但与血红蛋白的亲和力很强,是氧的210倍,因此能严重阻碍血液输氧,引起机体缺氧,导致中毒。

CO_2是一种无毒、无臭的气体,性质稳定,对生物体没有显著的危害。但CO_2对红外辐射有较强的吸收,因此是一种温室气体,对全球环境变化影响很大。CO_2的人为来源主要是化石燃料燃烧过程,天然来源则包括海洋脱气、甲烷转化、动植物呼吸等。

3. 氮氧化物

氮氧化物(NO_x)种类多样,包括一氧化氮(NO)、二氧化氮(NO_2)、氧化亚氮(N_2O)、三氧化氮(NO_3)等,造成大气污染的氮氧化物主要是NO和NO_2。NO_x主要来源于燃料燃烧,其中汽车排放的废气含量最多,此外炼油工业也可产生较多的NO_x。在一定条件下,NO和NO_2能互相转化,是形成光化学烟雾(photochemical smog)的主要污染物。

与CO相比,NO和血红蛋白的亲和力更大,严重阻碍血液输氧,引起机体缺氧而中毒。与NO相比,NO_2毒性更大,对呼吸器官有刺激作用,飘浮在空气中的微粒表面吸附二氧化氮后,容易侵入肺部,引起肺水肿以及慢性支气管炎。除影响人体健康外,NO_2还抑制植物生长,造成叶面损伤。

4. 碳氢化合物

碳氢化合物(C_xH_y)是指以气态形式存在的、含1~10个碳原子、具有挥发性的所有烃类,包括甲烷和非甲烷烃两类。甲烷是大气中C_xH_y的主要成分,也是一种主要的温室气体,由厌氧微生物发酵产生,淹水稻田和垃圾填埋场中由于有机质的分解,能释放这种气体。稻田面积巨大,是甲烷产生的主要来源。甲烷性质稳定,不参与光化学反应。除甲烷外,其他碳氢化合物如石油烃、芳香烃则是光化学烟雾的主要参与者,在阳光的作用下,与臭氧等氧化性气体反应,形成乙醛、过氧乙酰硝酸酯等二次污染物。此外,非甲烷碳氢化合物在一定的浓度下对植物和动物有直接毒性;对人体有致癌、引发白血病的危险。

5. 颗粒物

颗粒物(particulate material)数量巨大、成分复杂,又称为气溶胶状态污染物。它们可以来自被风扬起的细灰和微尘、海水溅沫蒸发而成的盐粒、火山爆发的散落物以及森林燃烧的烟尘等天然源,也可以来自化石和非化石燃料的燃烧、交通运输和建筑扬尘以及各种工业排放的烟尘等人为源。

颗粒物对人体健康的主要危害在于:可随呼吸进入肺,可沉积于肺,引起支气管炎、肺炎等呼吸系统疾病。对动植物和微生物的危害在于:颗粒物上容易附着多种有害物质,有些有致癌性,有些会诱发花粉过敏症;沉积在绿色植物叶面,干扰植物吸收阳光和二氧化碳和放出氧气和水分的过程,从而影响植物的健康和生长;厚重的颗粒物浓度会影响动物的呼吸系统;杀伤微生物,引起食物链改变,进而影响整个生态系统。对环境的危害在于:遮挡阳光,使能见度下降,增加能源的消耗,使得大气污染更加严重,还可能改变气候,影响生态系统。

根据颗粒物的大小,可分为飘尘和降尘,二者总称为总悬浮颗粒物(TSP),其空气动力学直径$\leqslant 100 \ \mu m$。粒径$10 \ \mu m$是划分飘尘和降尘的标准。

(1)总悬浮颗粒物(TSP)。标准大容量颗粒采样器的滤膜上收集到的颗粒物的总质量,称为TSP。其粒径小于$100 \ \mu m$。

(2)飘尘。粒径小于$10 \ \mu m$,能在空气中长期飘浮的颗粒物。一方面由于其粒径小,能被人直接吸入呼吸道产生危害;另一方面由于能长期飘浮,能将其携带的污染物带到更远的地方,从而扩大污染范围。

(3)降尘。这类颗粒物粒径一般大于$30 \ \mu m$,由于本身的重力作用,能很快沉降下来,所以称这部分微粒称为降尘,能用降尘罐收集。

(4)可吸入颗粒物。粒径$\leqslant 10 \ \mu m$的颗粒物,能进入人的呼吸系统,又称为PM_{10}。

(5)可入肺颗粒物。直径$\leqslant 2.5 \ \mu m$的颗粒物,能进入人肺,又称为$PM_{2.5}$。$PM_{2.5}$产生的主要来源是人为排放。人类既直接排放$PM_{2.5}$,也排放某些气体污染物,在空气中转变成$PM_{2.5}$。直接排放主要来自燃烧过程,如化石燃料(煤、汽油、柴油)的燃烧、生物质(秸秆、木柴)的燃烧、垃圾焚烧。在空气中转化成$PM_{2.5}$的气体污染物主要有二氧化硫、氮氧化物、氨气、挥发性有机物。其他的人为来源包括道路扬尘、建筑施工扬尘、工业粉尘、厨房烟气等,自然来源则包括风扬尘土、火山灰、森林火灾、漂浮的海盐、花粉、真菌孢子、细菌等。

$PM_{2.5}$的主要成分是元素碳、有机碳化合物、硫酸盐、硝酸盐、铵盐。其他常见的成分包括各种金属元素,既有钠、镁、钙、铝、铁等地壳中含量丰富的元素,也有铅、锌、砷、镉、铜等主要源自人类污染的重金属元素。

$PM_{2.5}$等一方面由于其粒径小,含有大量的有毒、有害物质,能被人直接吸入呼吸道产生危害;另一方面由于能长期飘浮,并将其携带的污染物带到更远的地方,扩大污染范围,因而对人体健康、空气质量和能见度的影响更大。$PM_{2.5}$主要对呼吸系统和心血管系统造成伤害,包括呼吸道受刺激、咳嗽、呼吸困难、降低肺功能、加重哮喘、导致慢性支气管炎、心律失常、非致命性的心脏病、心肺病患者的过早死亡。老人、小孩以及心肺疾病患者是 PM$_{2.5}$ 污染的敏感人群。

2012 年 2 月,国务院同意发布新修订的《环境空气质量标准》,该标准将于 2016 年 1 月 1 日正式执行,其中增加了 PM$_{2.5}$ 监测指标,并纳入各省市强制监测范畴,我国 PM$_{2.5}$ 的标准现为日均值 75 $\mu g/m^3$。全国开展 PM$_{2.5}$ 监测的时间表为:2012 年在京津冀、长三角、珠三角等重点区域以及直辖市和省会城市开展细颗粒物与臭氧等项目监测,2013 年在 113 个环境保护重点城市和国家环境保护模范城市开展监测,2015 年覆盖所有地级以上城市。

PM$_{2.5}$ 等细粒子颗粒物浓度与自然环境及人为的各项活动有关,在污染源基本不变的情况下,气象因素对细粒子有很大影响,逆温、静风、高湿度等天气不利于污染物扩散,颗粒物浓度会积累增高。当前,治理大气污染所采取的改变能源结构、控制机动车尾气排放、增加绿地面积和减少工地扬尘等防治措施,都能有效地防治细粒子污染。

三 **污染物在大气中的迁移转化**

（一）大气污染物的迁移

迁移是指污染物在环境中所发生的空间位移及其引起的富集、分散和消失的过程。污染物在大气中的迁移（即空间分布发生的变化）是指污染物由于空气的运动使其传输和分散的过程。空气运动的主要原因在于距地面不同高度的各层大气对太阳辐射吸收程度不同,使得大气温度在垂直方向上分布不均匀。

污染物的迁移也遵循空气运动的规律,通过扩散和沉降两类作用完成。当气象因素处在有利于污染物扩散的状态下,而且污染物的排出量并不非常大时,扩散作用的效果是很好的。一方面能将污染物稀释,另一方面可将一部分污染物转移出去。沉降作用是指污染物依靠本身的重力,由空气中逐渐降落到其他环境介质中（水、土壤）。直径大的颗粒,可以自行降落。直径小的颗粒或气态污染物可以吸附在大颗粒上共同降落,也可由若干小颗粒聚集成大颗粒而降落,使大气中的浓度降低。例如,尘土也可被雨雪水冲洗降到地面,使大气清洁。

影响大气污染物迁移的因素有空气的运动（如风和湍流）、天气形势和地理形势导致的逆温现象、污染源本身的特性等。

1. 风和大气湍流的影响

风可使污染物向下风向扩散,湍流可使污染物向各方向扩散,浓度梯度可使污染物发生质量扩散。空气既可以规则运动,也可以不规则运动。气体作有规则运动时,其速度在水平方向的分量称为风。污染物从排放源向下风向迁移,从而得到稀释。水平运动的气流受到起伏不平的地形扰动后,产生的气流为无固定方向的不规则运动,称为湍流。湍流分为热力湍流和机械湍流两类,其强度主要取决于风速梯度和地面粗糙度。风和湍流对低层大气中的污染物的扩散稀释具有决定性的影响。

2. 天气形势和地理地势的影响

天气形势即大范围气压分布状况,这对污染物的扩散有一定影响。不利的天气形势和地形特征相结合常形成逆温(thermo inversion),使得某地的大气污染程度加剧。由于地面是大气主要的热源,因此近地面的大气温度较高,在大气对流层内,一般情况下气温随着高度的增加而降低。但是在某些条件下,出现气温随高度的增加而增加的现象,这种现象称为逆温。逆温发生时,大气垂直方向的对流运动受到阻碍,使得污染物无法很快得到扩散,反而积聚在逆温层下方,造成严重的大气污染。

另外,由于不同地形地面的物理性质存在差异,引起热状况在水平方向上分布不均匀。这种热力差异可能导致局部地区的环流,如海陆风、城郊风和山谷风等,这对污染物的迁移也会造成影响。

(二)大气污染物的转化

大气污染物在大气中经过化学反应或光化学反应,如光解、氧化-还原、酸碱中和以及聚合等,转化产物可能是无毒化合物,也可能是毒性更大的二次污染物。前者可消除污染,后者则加重污染。

大气污染物转化加重污染的典型例子是氮氧化物在大气中的光化学反应。在阳光照射下,大气中的氮氧化物和碳氢化合物等一次污染物发生光化学反应,产生 O_3、醛类和 PAN 等二次污染物。这种由一次污染物和二次污染物的混合物形成的烟雾现象称为光化学烟雾。光化学烟雾 1940 年首先在美国洛杉矶出现,其特征是烟雾呈蓝色,具有强氧化性,降低大气能见度,对人体的眼睛和呼吸道产生刺激作用。继洛杉矶后,光化学烟雾在世界其他大城市如东京、大阪、伦敦等不断出现。因此从 20 世纪 50 年代至今,科学家针对光化学烟雾开展了大量研究,包括发生源、条件、反应机制和模型,对生态系统的危害,监测和控制等,取得了许多成果。

光化学烟雾现象的化学反应过程如下:

(1) 污染空气中 NO_2 的光解是光化学烟雾形成的起始反应。NO_2 经光解而产生活泼的 O·,它与 O_2 结合形成 O_3。O_3 又可以把 NO 氧化成 NO_2,因而 NO、NO_2 与 O_3 之间存在着化学循环,化学反应式如下:

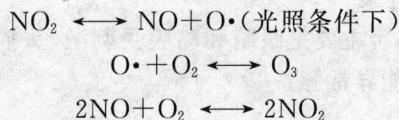

$$NO_2 \longleftrightarrow NO + O \cdot (光照条件下)$$
$$O \cdot + O_2 \longleftrightarrow O_3$$
$$2NO + O_2 \longleftrightarrow 2NO_2$$

（2）碳氢化合物被 HO·、O·等自由基和 O_3 氧化，导致醛、酮、醇、酸等产物以及重要的中间产物 RO_2·、HO_2·、RCO·等自由基的生成。

（3）过氧自由基引起 NO 向 NO_2 转化，并导致 O_3 和 PAN 等生成。

光化学反应中生成的 O_3、醛、酮、醇、PAN 等统称为光化学氧化剂，以 O_3 为代表，所以光化学烟雾污染的标志是 O_3 浓度的升高。

此外，污染空气中 SO_2 会被 HO、HO_2 和 O_3 等氧化而生成硫酸（H_2SO_4）和硫酸盐，成为光化学烟雾中气溶胶的重要成分。碳氢化合物中挥发性小的氧化产物也会凝结成气溶胶液滴而使能见度降低。

光化学烟雾的日变化曲线如图 5-2 所示。由图可见，在早晨交通高峰时段（7:00—8:00），机动车尾气排放的非甲烷烃和 NO_2 浓度逐渐升高，达到峰值后由于阳光辐射增强，光化学反应开始进行，非甲烷烃和 NO_2 被消耗，生成的产物醛、O_3 等浓度上升，在午后阳光辐射最强时（13:00 左右）达到峰值。下午随着阳光的减弱，光化学反应逐渐停止，各种污染物浓度下降到起始水平。

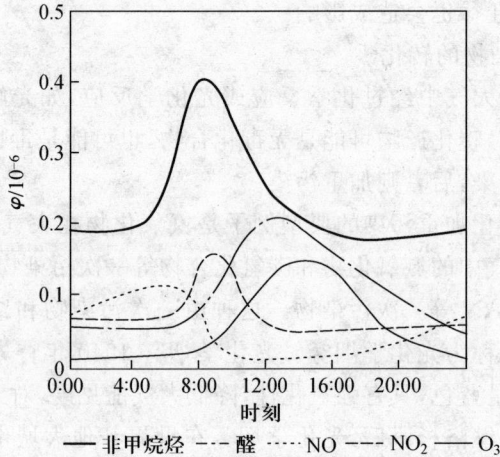

图 5-2　光化学烟雾的日变化曲线

（资料来源：Manahan，1984）

光化学烟雾的成分非常复杂，但是对人类、动植物和材料有害的主要是臭氧、PAN 和丙烯醛、甲醛等二次污染物。O_3、PAN 等还能造成橡胶制品的老化、脆裂，使染料褪色，并损害油漆涂料、纺织纤维和塑料制品等。有害影响主要表现在以下几个方面：

1. 损害人和动物健康

人和动物受到的伤害主要是眼睛和黏膜受刺激、头痛、呼吸障碍、慢性呼吸道疾病恶化、儿童肺功能异常等。

154

臭氧是一种强氧化剂,在 0.1 mg/L 浓度时就具有特殊的臭味,并可达到呼吸系统的深层,刺激下气道黏膜,引起化学变化,其作用相当于放射线,使染色体异常,使红细胞老化。PAN、甲醛、丙烯醛等产物对人和动物的眼睛、咽喉、鼻子等有刺激作用,其刺激浓度约为 0.1 mg/L。此外光化学烟雾能促使哮喘病患者哮喘发作,能引起慢性呼吸系统疾病恶化、呼吸障碍、损害肺部功能等症状,长期吸入氧化剂能降低人体细胞的新陈代谢,加速人的衰老。PAN 还是造成皮肤癌的可能试剂。在 1943 年美国洛杉矶发生的首宗事件曾引起 400 多人死亡。

光化学烟雾明显的危害是对人眼睛的刺激作用。在美国加利福尼亚州,由于光化学烟雾的作用,曾使该州 3/4 的人发生红眼病。日本东京 1970 年发生光化学烟雾时期,有 2 万人患了红眼病。研究表明,光化学烟雾中的过氧乙酰硝酸酯(PAN)是一种极强的催泪剂,其催泪作用相当于甲醛的 200 倍。另一种眼睛强刺激剂是过氧苯酰硝酸酯(PBN),它对眼的刺激作用比 PAN 大约强 100 倍。空气中的飘尘在眼刺激剂作用方面能起到把浓缩眼刺激剂送入眼中的作用。

2. 影响植物生长

O_3 影响植物细胞的渗透性,可导致高产作物的高产性能消失,甚至使植物丧失遗传能力。植物受到 O_3 的损害,开始时表皮褪色,呈蜡质状,经过一段时间后色素发生变化,叶片上出现红褐色斑点。PAN 使叶子背面呈银灰色或古铜色,影响植物的生长,降低植物对病虫害的抵抗力。

3. 降低大气能见度

光化学烟雾的重要特征之一是使大气的能见度降低,视程缩短。这主要是由于污染物质在大气中形成的光化学烟雾气溶胶所引起的。这种气溶胶颗粒大小一般多在 0.3~1.0 μm 范围内。由于这样大小的颗粒实际上不易因重力作用而沉降,能较长时间悬浮于空气中,长距离迁移;它们与人视觉能力的光波波长相一致,且能散射太阳光,从而明显地降低了大气的能见度。因而妨害了汽车与飞机等交通工具的安全运行,导致交通事故增多。

4. 影响材料质量

光化学烟雾会促成酸雨形成,造成橡胶制品老化、脆裂,使染料褪色,建筑物和机器受腐蚀,并损害油漆涂料、纺织纤维和塑料制品等。光化学烟雾会加速橡胶制品的老化和龟裂,腐蚀建筑物和衣物,缩短其使用寿命。

四　大气污染物扩散模式

在工业源大气污染中,直接对污染物浓度进行准确的动态时空监测难度和成本都很大。大气污染物扩散模式结合污染物浓度和气象资料,定量分析污染物在大气中的输送、扩散特征,已广泛应用在污染物的扩散分布情况的预测中。

该模式的研究理论核心是高斯扩散模式,它假定定下风向的污染物浓度符合正态分布,适用于中小尺度范围的预测。

高斯扩散模式采用右手坐标系(图 5-3),原点为无界点源或地面源的排放点或者高架源排放点在地面上的投影点;x 为主风向,y 为横风向,z 为垂直向。对于连续源的平均烟流,其浓度是符合正态分布的,因此可以作如下假定:① 污染物浓度在 y、z 轴向上的分布为高斯分布(正态分布);② 全部高度风速均匀稳定;③ 源强是连续均匀稳定的;④ 扩散中污染物质量是守恒的,没有发生转化。

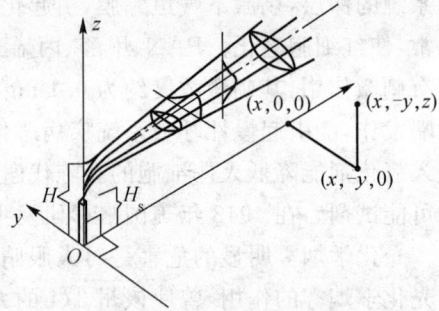

图 5-3　大气污染物高斯扩散模式的坐标系
(资料来源:刘培桐,1995)

以 x 轴向为平均风向,y 轴在水平面上垂直于 x 轴,z 轴垂直于水平面 Oxy。当不考虑地面的影响时,污染物浓度按照无界空间连续点源扩散模式计算:

$$\rho(x,y,z)=\frac{q}{2\pi\,\bar{u}\sigma_y\sigma_z}\exp\left[-\left(\frac{y^2}{2\sigma_y^2}+\frac{z^2}{2\sigma_z^2}\right)\right] \tag{5-1}$$

式中:$\bar{u}$——烟囱口高度上大气的平均风速,m/s;

$\qquad q$——源强,mg/s;

$\quad \sigma_y,\sigma_z$——横向和竖向扩散参数,m。

高架连续点源条件下,必须考虑地面对扩散的影响,一般认为地面与镜面类似,对污染物起到全反射作用,因此可以把空间任意 P 点的污染物浓度看成是两部分贡献之和:一部分是不存在地面时 P 点所具有的污染物浓度;另一部分是由于地面反射所增加的污染物浓度。这相当于不存在地面时由位置在实源 $(0,0,H)$ 的和在像源 $(0,0,-H)$ 的在 P 点所造成的污染物浓度之和(H 为有效源高)。

实源贡献:P 点在以实源为原点的坐标系中的垂直坐标为 $(z-H)$,不考虑地面的影响,实源在 P 点形成的污染物浓度为:

$$\rho(x,y,z,H)=\frac{q}{2\pi\,\bar{u}\sigma_y\sigma_z}\exp\left[-\left(\frac{y^2}{2\sigma_y^2}+\frac{(z-H)^2}{2\sigma_y^2}\right)\right] \tag{5-2}$$

像源贡献:P 点在以像源为原点的坐标系中的垂直坐标为 $(z+H)$,像源在 P 点形成的污染物浓度为:

$$\rho(x,y,z,H)=\frac{q}{2\pi\,\bar{u}\sigma_y\sigma_z}\exp\left[-\left(\frac{y^2}{2\sigma_y^2}+\frac{(z+H)^2}{2\sigma_z^2}\right)\right] \tag{5-3}$$

156

P 点的污染物浓度是实源和像源作用之和,即

$$\rho(x,y,z,H)=\frac{q}{2\pi \overline{u}\sigma_y\sigma_z}\exp\left(-\frac{y^2}{2\sigma_y^2}\right)\left\{\exp\left[-\frac{(z-H)^2}{2\sigma_z^2}\right]+\exp\left[-\frac{(z+H)^2}{2\sigma_z^2}\right]\right\}$$

$$(5-4)$$

式中:$\rho(x,y,z,H)$——源强为 q(mg/s)、有效烟囱高度为 H(m)的排放源在下
风向空间点 (x,y,z) 处造成的浓度,mg/m³;

$\overline{u}$——烟囱口高度上大气的平均风速,m/s;

q——源强,mg/s;

σ_y,σ_z——横向和竖向扩散参数,m。

式(5-4)即为高架连续点源在正态分布假设下的扩散模式(高斯扩散模式),由此可以求出下风向任一点的污染物浓度。

随着研究的深入以及计算机在数值计算中的应用,大气污染物扩散模式已突破了高斯扩散理论均匀平稳湍流的限制,可以求解非均匀、非定常的污染物扩散问题,且模式的适用范围向中到大尺度扩展,但限于篇幅此处就不做介绍了。

五　全球性大气污染问题

大气污染问题已由区域性问题演变成全球性问题,超越国界并影响全球。全球性大气污染问题主要包括人类活动产生的 CO_2 增加导致的温室效应,即全球气候变暖;人类大量使用含氟氯烃化合物以及高空飞行工具排出的大量氮氧化物导致的大气臭氧层耗损;工业排放大量 SO_2 和 NO_x 经过复杂的转化生成硫酸、硝酸,然后随雨雪降落到地面而形成酸雨。

(一)温室效应

1. 温室效应的本质和危害

温室效应是指太阳辐射到达地球表面后,地表以红外辐射的形式向外辐射热量,被大气中的温室气体吸收,从而阻止了地球表面热量的发散,使大气层增温,这种效应与玻璃温室中的增温效应类似。如果没有温室效应,那么地球表面的温度将下降 30 ℃左右,大多数生物将无法生存;但如果温室效应不断加剧,也将对生态环境和人类社会造成巨大影响。主要的温室气体包括 CO_2、CH_4、N_2O、O_3、$CFCs$ 等,其中最主要的温室气体是 CO_2。全球环境展望(GEO-4)的数据显示了南极昼冰芯中记录的大气 CO_2 浓度的历史变化(图 5-4)。可以看出,20 世纪后大气中 CO_2 的浓度上升的速度比以往任何时期都快,近期已达 380×10^{-6}(体积分数),远高于工业化时代之前的 280×10^{-6} 的水平。另一种主要温室气体——甲烷的排放量也有显著上升,其在大气中的含量比 19 世纪增加了 150%。

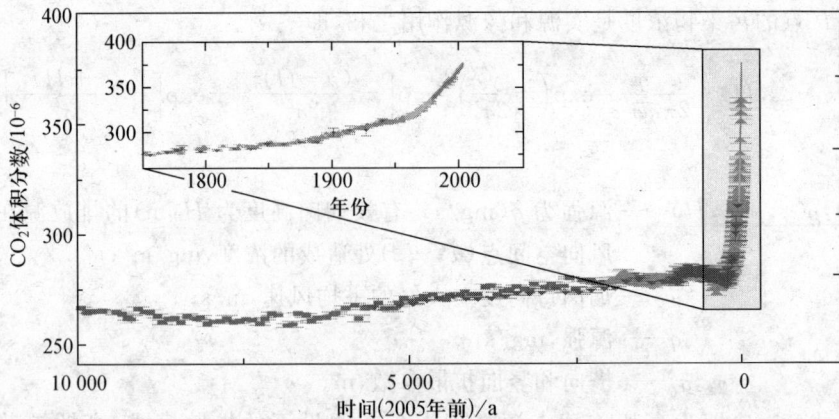

图 5-4 人类历史大气中 CO_2 浓度的变化

(资料来源:联合国环境规划署,2008)

温室效应最直接的后果是全球变暖。自 1906 年以来,地球表面温度增加了接近 1 ℃(GEO-4)。全球变暖对地球生态环境将产生重大的影响,包括以下几个方面:

(1) 气候变暖会促使南北两极的冰川融化,致使海平面上升,地势较低的岛屿国家和沿海城市被淹,对这些地区造成巨大的冲击。

(2) 极端气候事件如大规模的洪水、风暴或干旱发生频率上升,增加自然灾害的破坏程度以及农业生产的不稳定性。

(3) 使地球上沙漠化面积继续扩大,使全球的水和食品供应趋于紧张。

(4) 破坏生态系统良性循环,损害生物多样性。

2. 我国针对温室效应采取的措施

防治温室效应、减缓全球变暖已经是全人类共同的任务,需要广泛的国际合作,明确温室气体减排的责任,并付诸行动。相关的重要协议有《京都议定书》和《联合国气候变化框架公约》。我国一直在认真履行《联合国气候变化框架公约》,积极促进《京都议定书》的达成生效,并于 2002 年 8 月批准了该议定书。

作为一个发展中的大国,我国在发展的进程中高度重视气候变化问题,从以下 3 个方面推进温室气体减排:

首先,从中国人民和全人类长远发展的根本利益出发,制定并实施了《应对气候变化国家方案》,先后制定和修订了节约能源法、可再生能源法、循环经济促进法、清洁生产促进法、森林法、草原法和民用建筑节能条例等一系列法律法规,把法律法规作为应对气候变化的重要手段。

其次,不断完善税收制度,积极推进资源性产品价格改革,加快建立能够充分反映市场供求关系、资源稀缺程度、环境损害成本的价格形成机制;全面实施十大重点节能工程和千家企业节能计划,在工业、交通、建筑等重点领域开展节能行动；深入推进循环经济试点，大力推广节能环保汽车，实施节能产品惠民工程；推动淘汰高耗能、高污染的落后产能，以上措施使中国成为近年来节能减排力度最大的国家。

再次，持续推进植树造林，大力增加森林碳汇，大力发展新能源和可再生能源，在保护生态的基础上，有序发展水电，积极发展核电，鼓励支持农村、边远地区和条件适宜地区大力发展生物质能、太阳能、地热、风能等新型可再生能源。

（二）酸沉降

1. 酸沉降

酸沉降指大气中的酸性物质在气流的作用下直接迁移到地面（干沉降）或通过降水（如雨、雪、雾、冰雹等）将大气中的酸性物质迁移到地面（湿沉降）的过程。"酸雨"的概念在 20 世纪 50 年代提出，随着工业化的发展，世界范围内的酸雨有增强的趋势。

2. 酸雨产生的原因

从排放源排放出来的 SO_2 和 NO_x 是引起酸性降雨的两类主要致酸物质。大气中 SO_2 和 NO_x 经氧化后溶于水形成硫酸、硝酸等，是造成大气降水 pH 降低的主要原因。这两种酸占到总酸度的 90% 以上。

进入大气中的 NO_x 包括 NO 和 NO_2，作为化石燃料燃烧排放的主要污染物，NO 可以被氧化成 NO_2，NO_2 可以与大气的自由基 $HO\cdot$ 结合生成 HNO_3，也可以溶于水形成 HNO_3。NO 也可协同 NO_2 溶于水生成酸性物质 HNO_2。有关的化学反应如下：

$$NO \xrightarrow{\quad O_3 \quad HO_2\cdot \quad RO_2\cdot \quad} NO_2$$

$$NO + HO\cdot \longrightarrow HNO_2$$

$$NO_2 + HO\cdot \longrightarrow HNO_3$$

$$NO + NO_2 + H_2O \longrightarrow HNO_2$$

$$NO_2 + H_2O \longrightarrow HNO_3 + HNO_2$$

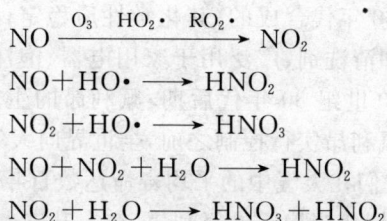

除了硝酸外，硫酸是酸雨中另一类主要酸性物质。尤其在中国，酸雨中硫酸一般多于硝酸。煤炭燃烧是硫酸前体 SO_2 的主要来源。中国是燃煤大国，目前已成为世界上最大的 SO_2 排放国。SO_2 进入大气后，可以发生光化学反应，氧化为 SO_3，SO_2 和 SO_3 也可以溶解于水，形成亚硫酸和硫酸。反应如下：

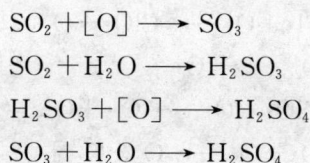

$$SO_2 + [O] \longrightarrow SO_3$$

$$SO_2 + H_2O \longrightarrow H_2SO_3$$

$$H_2SO_3 + [O] \longrightarrow H_2SO_4$$

$$SO_3 + H_2O \longrightarrow H_2SO_4$$

式中：[O]——各种氧化剂。

此外，在一定条件下，SO_2 可被大气颗粒物上的铁锰等重金属催化氧化生成硫酸雾或硫酸盐气溶胶，其化学反应式如下：

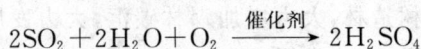

$$2SO_2 + 2H_2O + O_2 \xrightarrow{\text{催化剂}} 2H_2SO_4$$

3. 酸雨危害

酸雨危害主要包括对水体和对陆地生态系统的影响。前者导致水体酸化、水体生物的死亡、引发水体严重污染；后者毁坏森林和草原、使农作物减产。此外，酸雨还能腐蚀建筑材料、金属、油漆等，导致建筑物受到损坏。为了控制酸雨造成的危害，减少硫氧化物和氮氧化物的排放是非常重要的。

（三）大气臭氧层耗损

1. 臭氧层耗损原因

大气中的 O_3 含量（体积分数）仅 10^{-8}，但在离地面 20～30 km 的平流层中，存在着臭氧层。臭氧层的 O_3 含量虽然极其微小，却具有非常强烈的吸收紫外线的功能，可以吸收太阳光紫外线中对生物有害的部分（UV-B）。由于臭氧层有效地挡住了来自太阳紫外线的侵袭，才使得人类和地球上各种生命能够存在、繁衍和发展。

1985 年，英国科学家观测到南极上空出现臭氧层空洞，到 1994 年，南极上空的臭氧层破坏面积已达 2400 万 km^2，北半球上空的臭氧层比以往任何时候都薄，欧洲和北美上空的臭氧层平均减少了 10%～15%，西伯利亚上空甚至减少了 35%。研究证实臭氧层的破坏同氟利昂（CFCs）分解产生的氯原子有直接关系。氟利昂是 20 世纪 20 年代合成的，其化学性质稳定，不具有可燃性和毒性，被当做制冷剂、发泡剂和清洗剂，广泛用于家用电器、泡沫塑料、日用化学品、汽车、消防器材等领域。20 世纪 80 年代后期，氟利昂的生产达到了高峰，年产量达到了 144 万 t。在对氟利昂实行控制之前，全世界向大气中排放的氟利昂已达到了 2000 万 t。由于它们在大气中的平均寿命达数百年，所以排放的大部分仍留在大气层中。在对流层相当稳定的氟利昂，在上升进入平流层后，在一定的气象条件下，会在强烈紫外线的作用下被分解，分解释放出的氯原子同臭氧会发生连锁反应，不断破坏 O_3 分子。科学家估计一个氯原子可以破坏数万个 O_3 分子。

CFCs 与臭氧反应的化学反应式如下：

$$CF_xCl_y \xrightarrow{h\nu} CF_xCl_{y-1} + Cl\cdot$$
$$Cl\cdot + O_3 \longrightarrow ClO\cdot + O_2$$
$$O_2 \longrightarrow 2O\cdot$$
$$ClO\cdot + O\cdot \longrightarrow Cl\cdot + O_2$$
$$O\cdot + O_3 \longrightarrow O_2 + O_2$$

2. 控制臭氧层破坏的途径和政策

在现代经济中，氟利昂等物质的应用非常广泛，要全面淘汰，必须首先找到氟利昂等的替代物质和替代技术。在特殊情况下需要使用，也应努力回收，尽可能重新利用。目前，世界上一些氟利昂的主要生产厂家参与开发研究了替代氟利昂的含氟替代物(含氢氯氟烃和含氢氟烷烃等)及其合成方法，有可能用作发泡剂、制冷剂和清洗溶剂等，但这类替代物也会损害臭氧层或产生温室效应。同时，人们也在开发研究非氟利昂类型的替代物质和方法，如水清洗技术、氨制冷技术等。

为了推动氟利昂替代物质和技术的开发和使用，逐步淘汰消耗臭氧层物质，许多国家采取了一系列政策措施，一类是传统的环境管制措施，如禁用、限制、配额和技术标准，并对违反规定实施严厉处罚。欧盟国家和一些经济转轨国家广泛采用了这类措施。一类是经济手段，如征收税费，资助替代物质和技术开发等。美国对生产和使用消耗臭氧层物质实行了征税和可交易许可证等措施。另外，许多国家的政府、企业和民间团体还发起了自愿行动，采用各种环境标志，鼓励生产者和消费者生产和使用不带有消耗臭氧层物质的材料和产品，其中绿色冰箱标志得到了非常广泛的应用。

1985年，在联合国环境规划署的推动下，制定了保护臭氧层的《维也纳公约》。1987年，联合国环境规划署组织制定了《关于消耗臭氧层物质的蒙特利尔议定书》，对8种破坏臭氧层的物质(简称受控物质)提出了削减使用的时间要求。这项议定书得到了163个国家的批准。1990年、1992年和1995年，在伦敦、哥本哈根、维也纳召开的议定书缔约国会议上，对议定书又分别作了3次修改，扩大了受控物质的范围，现包括氟利昂(也称氟氯化碳，CFCs)、哈伦(CFCB)、四氯化碳(CCl_4)、甲基氯仿(CH_3CCl_3)、氟氯烃(HCFC)和甲基溴(CH_3Br)等，并提前了停止使用的时间。根据修改后的议定书的规定，发达国家到1994年1月停止使用哈伦，1996年1月停止使用氟利昂、四氯化碳、甲基氯仿；发展中国家到2010年全部停止使用氟利昂、哈伦、四氯化碳、甲基氯仿。中国于1992年加入了《蒙特利尔议定书》。

六 大气污染防治

大气污染防治包括两方面：一是运用法律手段限制和控制污染物的排放数量和扩散范围；二是运用技术手段减少或防止污染物的排放，从而达到保护大气环境的目的。

(一)大气污染综合防治

大气污染区域性明显，一个地区大气污染的程度受到自然条件、人口密度、能源构成、工业结构和布局、交通状况等诸多因素的影响。因此,需要将大气污染问题纳入区域环境综合防治方案中,从该区域环境整体出发,充分考虑区域的环境特征,统一规划能源消耗、工业发展、交通运输和城市建设等,提出最优化对策和控制方案,以期消除或减轻大气污染,达到区域大气环境质量控制的目标。大气污染综合防治主要有以下几个方面:

1. 合理规划工业布局

工业布局不合理是造成我国大气污染的主要原因之一,合理的布局能充分利用大气环境的自净作用、最大限度地减轻生产对区域大气环境造成的危害、发挥区域最大的生产潜力。

2. 调整工业结构

在保证实现本地区经济目标的前提下,选择兼顾经济效益、社会效益和环境效益的工业结构,淘汰产生严重污染的落后工艺和设备,发展清洁生产和技术改造,控制工业污染。

3. 提高能源利用效率

我国的经济迅速发展,对能源的需求很高。能源工业既要满足经济发展的需求,而且要兼顾大气环境保护,所以必须改变经济增长方式,大力发展高新技术、少污染或无污染的产业,提高能源利用效率,推进节能减排。

化石燃料尤其是煤炭的燃烧是主要的大气污染源之一,而我国目前的能源构成中,煤炭约占70%,且在今后相当长的时间内,煤炭仍将是我国的主要能源。因此提高煤炭的能源利用率对于减轻大气污染非常重要。这些措施包括选择低硫含量的燃煤,将原煤洗选、筛分、成型、脱硫等加工处理,提高燃烧的热效率。

4. 开发清洁能源

清洁能源的开发能够缓解过度依赖化石燃料导致的能源危机,同时也能减少环境污染物的产生,从根本上达到治理环境污染的目的。世界上发展较快的清洁能源包括地热能、太阳能、风能和生物质能等。开发利用这些新能源是解决大气污染的根本途径。

5. 绿化造林

绿化造林、增加植被是防治大气污染的一种经济有效的手段,植物能吸收包括有毒气体和颗粒物在内的各种大气污染物,能在美化环境的同时净化空气、降低风速,在大面积范围内持续净化大气。

6. 强化大气污染源的监控

空气质量监测和大气污染源监控是环境空气质量管理的基础和关键。污染源管理首先是要求污染物的排放必须达到国家或地方规定的浓度标准,然后在此基础上对污染物排放总量进行控制。要做到这一点,需要根据某个区域的特点,计算出该地区所有污染源的允许排放总量,并合理分配到每一个污染源,然后通过监控每个污染源的实际排放在允许排放量范围之内,来达到该地区预期的大气环境质量目标。

7. 实施城市空气质量日报

我国采用空气污染指数对空气质量进行评价。空气污染指数是根据环境空气质量标准和各项污染物对人体健康和生态环境的影响来确定污染指数的分级及相应的污染物浓度值。我国目前采用的空气污染指数(API)分为 5 个等级。

API 值小于等于 50,说明空气质量为优,相当于国家空气质量一级标准,符合自然保护区、风景名胜区和其他需要特殊保护地区的空气质量要求;API 值大于 50 且小于等于 100,表明空气质量良好,相当于达到国家质量二级标准;API 值大于 100 且小于等于 200,表明空气质量为轻度污染,相当于国家空气质量三级标准;API 值大于 200,表明空气质量差,称之为中度污染,为国家空气质量四级标准;API 大于 300,表明空气质量极差,已严重污染。

空气质量日报主要依靠环境空气质量自动监测系统连续不断地实时监测数据,并自动传输到中心控制室,经数据处理和计算后得出当天的空气污染指数,再向社会公布。

8. 开展大气污染预报

大气污染预报对可能出现的污染状况进行报告,能更好地反映环境污染变化的规律,使社会公众及时了解,也能使一部分污染物排放量大的单位和对空气污染敏感的人群提前准备,做好应对措施,同时大气污染预报还能为环境管理决策提供参考。

(二) 大气污染防治技术

大气污染防治技术是以大气质量标准和大气污染物排放标准为依据,对各种大气污染源和污染物采取的防治技术措施。

1. 颗粒物的治理技术

颗粒物是悬浮于大气中的固态或液态的颗粒物质的总称。降低大气中颗粒污染物浓度以改善大气质量的技术措施,即为颗粒污染物的控制技术。减少固体颗粒物排放,可以通过两种途径:一是改变燃料的构成,如用天然气代替煤,用核能发电代替燃煤发电等;二是采用控制设备,从气体中除去或收集燃烧或机械过程产生的固体颗粒物,减少烟尘排放到大气之中。按照除尘机理,常用的除尘设备可分为机械式除尘器、湿式除尘器、过滤式除尘器、电除尘器 4 类。

(1) 机械式除尘器。利用重力、惯性、离心力等使得粉尘粒子得到去除的装置。主要类型有重力沉降室、惯性力除尘器、离心力除尘器。

重力沉降室依靠重力使尘粒沉降然后将其捕集,可分为水平气流沉降室和垂直气流沉降室。当含尘气体流过横断面大于管道的沉降室时,流速下降,使颗粒大的尘粒落至沉降室底部。这种设备能有效捕集大于 50 μm 的粒子，除尘效率为 40%～60%。其优点是结构简单、投资少、维修管理容易等。

惯性力除尘器基于利用气流方向剧变时尘粒因惯性力作用而从气体中分离出来的原理设计。一般用于密度大、颗粒粗的金属或矿物性粉尘的处理，不适合密度和粒径小的粉尘处理，捕集尘粒粒径为 10～20 μm，除尘效率一般可达 80%～90%。

离心力除尘器即旋风除尘器。利用旋转的含尘气体产生的离心力，将粉尘从气流中分离出来，该装置对于捕集 5～10 μm 的粉尘效率较高，除尘率可达 90%以上。这种除尘器结构简单、操作维护简便、性能稳定，投资少，动力消耗低，是国内常用的一种除尘设备。

（2）湿式除尘器。使含尘气体与液体（一般为水）密切接触，利用水滴和尘粒的惯性碰撞及拦截作用捕集尘粒的装置。可以有效去除 0.1～20 μm 的液态或固态粒子，此过程也能脱除气态污染物。

当含尘气流碰到水时，气流中密度较大的粉尘由于惯性与水滴相撞而被清除，密度较小的粉尘能随气流一起绕过水滴，当其流线至水滴表面的距离小于粉尘的半径时，粉尘由于接触水滴而被拦截。

湿式除尘结构简单，造价低，除尘效率高，对于处理高温、易燃易爆气体时安全性好；不足之处在于用水量大，易产生腐蚀性液体，产生废液或泥浆需进行处理，有可能造成二次污染。

（3）过滤式除尘器。即空气过滤器，使含尘气体通过过滤材料分离捕集气流中的粉尘的装置。常用的有袋式除尘器和颗粒层除尘器。

袋式除尘器采用纤维织物作为滤料，当含尘气体通过滤料层时，产生惯性碰撞、截留、扩散、筛滤等效应，从而对尘粒加以捕集。另外，在过滤一段时间以后，由于黏附等作用，尘粒在滤料网孔间产生架桥现象，滤料的孔径变小，滤料网孔及其表面迅速截留了一层粉尘层，其中的粉尘粒径比纤维小，更增加了筛滤、碰撞、截留、扩散等作用，使除尘效率显著提高，可达 99%以上，因此在工业尾气的除尘上有较广泛的应用。

颗粒层除尘器是利用颗粒过滤层使粉尘与气体分离，达到净化气体的目的。其工作原理基本与袋式除尘器相同。颗粒层除尘器一般采用石英砂、卵石作为滤料，因此能耐高温、价格低廉、耐腐蚀，是一种具有广泛应用前景的高温除尘设备。

（4）电除尘器。含尘气体通过高压电场，发生电离，使尘粒带电荷，并在电场作用下使得尘粒沉积在集尘电极上，将颗粒物气体分离的一种设备。

电除尘器结构和工作原理如下图，包括气体电离、粒子带电和迁移、粒子沉积和清除等过程。分离的作用力直接施加于粒子本身，对细小颗粒（1 μm 左右）的捕集效率较高，处理气量大、效率高，可对高温和强腐蚀性气体进行操作。

2. 气态污染物的治理技术

工业生产过程中产生的有害气体种类繁多、特点不同，因此需要采用不同的净化方法，下面重点介绍脱硫和脱硝技术。

(1) 烟气脱硫技术。控制 SO_2 污染以烟气脱硫为主。主要通过采用低硫燃料、燃料脱硫和烟气脱硫的方法。这类技术分为高浓度和低浓度 SO_2 烟气脱硫。当烟气中含 S 量超过 2% 时，称为高浓度 SO_2 烟气。这种烟气一般采用接触法回收烟气中的 S。过程如下：除去飘尘后，在 V_2O_5 催化下，将 SO_2 催化氧化为 SO_3，与水作用生成硫酸并回收利用。

对于低浓度的 SO_2 烟气，脱 S 技术大致可分为干法和湿法脱硫两类：① 湿法脱硫是指使用液体吸收剂洗涤 SO_2 烟气以除去 SO_2 的方法，根据吸附剂的种类，这种脱硫技术可分为石灰/石灰石法、钠碱法、氨法、氧化镁法等；② 干法脱硫是利用固态吸附剂或吸收剂去除烟气中 SO_2 的方法，包括活性炭吸附法、活性氧化锰吸收法、石灰粉吸入法、接触氧化法、还原法等。

(2) 氮氧化物治理技术。燃料燃烧是 NO_x 的主要来源，因此治理 NO_x 主要通过燃烧过程的特点来设计，可分为燃烧前的预处理、燃烧方式的改进和燃烧后的处理这 3 种方法。燃烧前的预处理是指燃料的脱氮，减少燃烧过程中 NO_x 的生成量。燃烧方式的改进主要是通过降低锅炉中火焰的温度来抑制 NO_x 的产生。燃烧后产生的烟气中的 NO_x 可通过催化还原法或吸收法去除。以下简要介绍烟气脱硝的方法。

催化还原法分为非选择性催化还原法和选择性催化还原法，前者是应用铂 (Pt) 作催化剂，以氢或甲烷等还原性气体作还原剂，将烟气中的 NO_x 还原成 N_2；后者则是以 Pt 或者 Cu、Cr、Fe、V、Mo、Ni 等元素的氧化物为催化剂，铝矾土为载体，NH_3、H_2S、CO 等为还原剂，选择最适宜的反应温度使 NO_x 还原，这个最适宜温度随选用的催化剂、还原剂以及反应速度的不同而异。

去除烟气中 NO_x 的吸收法，按照所用吸收剂的不同，又分为碱吸收法、熔融盐吸收法、硫酸吸收法和氢氧化镁法。

第二节　水体污染及其防治

一　水资源与水循环

(一) 水资源

水是生命之源。自然界中的水以固态、液态和气态 3 种形式广泛分布于海洋、陆地和大气之中。地球总水量约为 14 亿 km³，但其中 97.5％左右是覆盖地球表面 70％的海水，淡水资源所占比例不到 3％，且这部分水资源绝大多数存在于冰和冰川中，只有湖泊、河流、土壤中的水和埋藏较浅的地下水能被人类利用，这部分水不到世界总水量的 1％，但与人类的关系却最为密切。

（二）水循环

在太阳辐射能和地心引力的相互作用下，地球表面的水通过蒸发和蒸腾作用，转变为水蒸气，上升至空中形成云，又在大气环流的作用下传播到各处，遇到适当的条件时即成为雨雪降落到陆地和海洋。降落的水分中一部分渗入地下成为土壤水或者地下水；一部分经植物吸收后再通过蒸腾作用进入大气层；一部分直接从地面蒸发；一部分随地表径流汇入江河湖等水体流入海洋，再经过蒸发进入大气圈。上述过程循环往复，被称为自然界的水分循环。天然水在循环过程中，不断地与周围物质接触，并且溶解了一部分物质，使天然水不再是化学概念上的"纯水"，而是一种溶液，成分复杂，含有的物质几乎包括自然界中所有的化学元素。

二　水资源现状

（一）世界水资源现状

随着世界人口的不断增长，人类对淡水资源的需求日益增加，但是全球水资源的分布是不平衡的，约有 1/3 的人生活在中度和高度缺水地区，而且缺水或水资源缺乏的地区正在不断扩大。另外，水污染对水资源利用和人体健康也造成了不良影响。在发展中国家的许多地区，甚至一些经济发达的地区，水质已经成为一个主要问题，导致全球每年有 500 万～1000 万人死于与水相关的疾病，例如霍乱、疟疾、痢疾、登革热等。

（二）中国水资源现状

我国的水资源有以下特点：一是人均水资源占有量较少，不足 2 200 m³，仅为世界平均水平的 28％；二是水资源空间分布极不均匀；三是水资源补给量在时间分布上变化极大，许多地区存在水资源短缺问题；四是水污染十分严重。《2011 年中国环境质量公报》的数据表明：全国地表水总体为轻度污染，但湖泊（水库）富营养化问题突出，近岸海域水质总体一般。

三　水体污染及危害

（一）水体、水体污染及其来源

水体是地表水圈的重要组成部分，指以相对稳定的陆地为边界的天然水域。

水体可划分为海洋水体(包括海和洋)和陆地水体(包括地表水体和地下水体)。

水体污染是指某些物质进入水体后,其含量超出水体的自净能力,导致水体物理、化学、生物学等方面特性发生改变,从而影响水的使用价值和功能,危害人体健康或者破坏生态环境的现象。

水体污染源是指向水体排放污染物的场所、设备和装置等,也包括污染物进入水体的途径。总的来说,水体污染的来源有工业生产、农业生产、生活污水 3 个方面。

1. 工业生产

工业企业在生产过程中产生的废水,按照工业部门排放的分类,分为采矿及选矿废水、金属冶炼废水、炼焦煤气废水、机械加工废水、石油工业废水、化工废水、造纸废水、纺织印染废水、皮毛加工及制革废水和食品工业废水等。这些废水在生产工艺过程、设备冷却、烟气洗涤、设备和场地清洗等活动中产生,一般需要排放到城市污水体系,由污水处理厂进行处理。

工厂是点源污染,比较容易确定污染源,而且控制更加严格。但是工业水污染中,采矿是一个特殊的污染源。在采矿过程中,人们利用化学物质,将有价值的金属从矿物中分离,这个过程产生的废水一般酸性很强,含有铁、锌、铜、硫等离子,对水体的污染很大。另一方面,采矿过程中还会产生细微的颗粒物如煤尘等,悬浮于水中,对水体产生影响。

2. 农业生产

农业生产包括农作物栽培、畜禽饲养、食品加工等过程,耗水量大,并且用水不能重复,所产生的污水和液态废物称为农业退水,是造成面源污染的重要原因。

农业生产中施用的农药和化肥,绝大部分残留在土壤或者悬浮在大气中,然后通过降雨、沉降和径流的冲刷进入地表水和地下水,造成污染。一方面,过度施肥导致营养物质(含有氮磷的化合物)进入河流和湖泊,使水体富营养化。另一方面,杀虫剂的大量使用也会导致地面水和地下水的污染。农场径流包含营养物、有机物、细菌和盐分,这些物质都会降低水质。

3. 生活污水

生活污水主要来自城市,是人们日常生活中产生的各种污水的总称,包括厨房、洗浴等排出的污水和厕所排出的含有粪便的污水等。生活污水中绝大多数是水分,杂质总量不到1%。杂质中有泥沙、矿物废料、各种有机物(包括人和动物排泄物、食物和蔬菜的残渣等),胶体和高分子物质(淀粉、糖类、纤维素、脂肪、蛋白质、油类、肥皂及洗涤剂等)。生活污水除了含有溶解的各种化合物外,还有大量的微生物(如细菌、病毒、原生动物以及病原菌等)。生活污水一般呈弱碱性,pH 大约为 7.2～7.8,氮、磷、硫含量高,外观混浊、色深,在厌氧细菌作用下,生活污水带有腐臭气味。

（二）主要水体污染物及其危害

水体污染物即导致水污染的物质，分为物理污染物、化学污染物、病毒微生物污染物。

1. 物理污染物

（1）高温废水。某些工业活动产生的废水温度较高，排入水体会使水体升温，危害水生生物的生长与繁殖，这成为水体的热污染。

（2）放射性物质。核设施排放的放射性废物或者核试验、核泄漏产生的放射性残余物，其释放的射线会杀伤细胞，导致各种病症。

（3）悬浮固体。来自农田和养殖场的径流，其他不合理的土地使用，山地、河岸、道路等受到侵蚀产生的固体进入水体，使得浊度增加，透光度下降，影响水生生物的光合作用，抑制其生长，导致水体自净能力下降。

2. 化学污染物

（1）无机污染物。主要包括排入水体的酸碱、重金属、砷、氰化物、氟化物等。

酸碱污染不仅影响水体自净能力，严重时还会造成船只、桥梁和其他水上建筑的腐蚀。

重金属污染物排入水体环境后，不能被降解，能通过食物链的富集进入人体，长时间积累后就可能引起慢性疾病的产生。金属（如 Cd、Pb、Hg 等）与动物体内蛋白的巯基（—SH）有很强的亲和力，因此能够很容易地取代—SH 结合的阳离子（氢离子或其他离子），导致这些蛋白（一般为酶）失去活性。金属毒性大小与其浓度有关。

氰化物含有 CN^-，是一种剧毒物质。它主要来源于电镀废水、焦炉和高炉的煤气洗涤水，合成氨、有色金属选矿、冶炼、化学纤维生产等。这种化合物危害极大，很短时间内会出现中毒症状。水体中氰化物浓度达到 0.1 mg/L 时，能杀死虫类，达到 0.5 mg/L 则能使鱼类死亡。

氟化物来源于电镀加工，含氟废水和废气洗涤水排入水体后，造成污染，对许多生物具有明显毒性。水体含氟超过 1 mg/L 时，则会引起氟斑牙，更高浓度会使人骨骼变形，引发氟骨症。

（2）有机污染物。主要包括糖类、蛋白质、脂肪、高分子化合物、表面活性剂、酚类化合物、有机农药、多环芳烃、多氯联苯等。

糖类、蛋白质、脂肪、高分子化合物、表面活性剂等分解时会消耗水中的溶解氧，如果这类物质过多，就会造成溶解氧严重不足甚至耗尽，使水质恶化，并对水生生物的生存造成危害。而酚类化合物、有机农药、多环芳烃、多氯联苯等有机污染物性质稳定，难以降解，具有较强的毒性。

酚类化合物在自然界中广泛存在，其中主要的污染物为苯酚，在煤气、焦化、

168

石油化工、制药、油漆等工业废水中大量排放。苯酚能溶解于水,具有较大的毒性,能使细胞蛋白发生变性和沉淀。

有机农药包含有机氯、有机磷、有机硫农药等类型,以前两种为主。有机氯农药疏水性强,性质稳定,难以分解,残留时间长。水生生物对其有很强的富集能力,并可通过食物链进入人体,蓄积在脂肪含量高的组织内,损害神经系统和肝、肾的功能,并有致癌、致突变的作用。

多环芳烃(PAHs)是石油、煤等化石燃料及木材和可燃气体在不完全燃烧条件下产生的。大气中的 PAHs 经过沉降到达地表,进入径流,引起地表水和地下水的污染。PAHs 是含有多个苯环的有机物,在地表水中已知的种类有 20多个,其中多个具有强致癌或致突变性。

多氯联苯(PCBs)是联苯分子上的氢原子被氯置换后生成物的总称。这类物质广泛应用于电器绝缘材料和塑料增塑剂等,是一种稳定性极高的物质,具有持久性,不溶于水,可溶于油或有机溶剂,在生物体内很稳定,聚集在脂肪组织、肝脏和脑部,引起损害。

3. 病毒微生物污染物

在全球范围内,被细菌污染的水仍然是人类致病和致死的最主要原因。这类污染物是指水中含有的各种细菌、病毒和寄生虫等各类病原菌。这些病原菌存在于城市生活污水或医院污水中,有可能导致传染病的爆发流行,对人类健康造成极大的威胁。这种经水传播的疾病,主要有肠道传染病,如伤寒、霍乱、痢疾、肠炎等。

四　水质标准与水质指标

判断水体是否存在污染,需要测定多项水质指标,并且对照水质标准进行水质的评价。水质标准是为保护水体功能和人体健康、根据水的用途建立的水体质量标准,它是经权威机关批准和颁布的特定形式的文件,是对水体进行监测、评价和污染治理的基本依据。

不同用途的水质要求有不同的质量标准。目前我国常用的 3 种水质标准有以下三类:生活饮用水卫生标准、地表水环境质量标准和污水综合排放标准。

水质(water quality)是指水和其中所含有的杂质共同表现出来的物理、化学、生物学等方面的性质。水质包含多种项目,具体可分为物理指标、化学指标和生物学指标 3 类。

1. 物理指标

这类指标包括温度、色度、外观、臭味、浊度、透明度;此外还有固体含量和电导率等。

2. 化学指标

这类指标主要包括无机物指标和有机物指标。

(1) 无机物指标。酸碱度(pH)、溶解氧、硬度、矿化度、重金属离子等。其中溶解氧(dissolved oxygen,DO)是与水质关系极为密切的指标。

溶解氧是指溶解在水体中的氧量。可作为评价水体受有机物污染及其自净程度的间接指标,以 mg/L 为单位。由于水体被污染时,有机污染物和其他还原性物质进入水体,其氧化分解需要消耗水体中的氧气,溶解氧降低。因此,清洁的水含有的溶解氧较高,水污染严重时溶解氧就较低。水中溶解氧小于 3 mg/L 时,鱼类就难以生存。

(2) 有机物指标。由于有机物组成非常复杂,因此一般采用下面几个综合指标来表示有机物的浓度,包括生化需氧量(biochemical oxygen demand,BOD)、化学需氧量(chemical oxygen demand,COD)、总有机碳量(TOC)、总需氧量(TOD)。这些指标的共同点在于有机物可被氧化这一特性,因此水中有机物的含量是通过氧化过程所消耗的氧量来确定。

3. 生物性指标

一般包括细菌总数、总大肠菌群数、各种病毒、细菌等。

(1) 大肠菌群数。每升水样中含有的大肠菌群数目,以个/L 计;这是水体的卫生指标之一,如果水中检出了大肠杆菌,则可以判断水体已受到污染。

(2) 病毒和细菌总数。指大肠菌群数、病原菌、病毒及其他细菌数的总和,以每毫升水样中的细菌菌落总数表示。细菌菌落总数越多,表示病原菌与病毒存在的可能性越大。

五 污染物在水体中的迁移和转化

(一) 污染物在水体中的运动特征

污染物进入水体后,随着水的迁移运动,污染物经分散、衰减转化等过程,在水体中得到稀释和扩散,降低其在水体中的浓度和毒性,在一段时间后,水质恢复到污染之前的状态,这个过程称为"水体自净"(self-purification)。水体自净按净化机理划分可分为 3 种:物理自净、化学自净和生化自净。这 3 种过程相互影响、同时进行。自然界不同种类的水体具有不同的运动特点,也就形成了不同形式的扩散模型,如河流、河口、湖泊、海湾等污染物扩散模型。本节重点介绍河流中的污染物扩散。

1. 推流迁移

指污染物在水流作用下产生的迁移作用。推流作用能使污染物在水中的位置发生改变,但不能降低污染的浓度。在推流作用下污染物的迁移通量计算公式如下：

$$f_x = u_x \times c, f_y = u_y \times c, f_z = u_z \times c \tag{5-5}$$

式中：f_x、f_y、f_z——污染物推流迁移通量；

$\quad u_x$、u_y、u_z——x、y、z 方向上的水流速度分量；

$\quad c$——水体中污染物的浓度。

2. 扩散运动

污染物进入水体后，其扩散运动包括分子扩散、湍流扩散和弥散 3 种形式。分子扩散是由分子的随机运动引起的质点分散现象，具有同向性。湍流扩散是在河流水体的湍流场中质点的各种状态（流速、压力、浓度等）的瞬时值相对于其平均值的随机脉动而导致的分散现象。弥散作用则是由于横断面上世纪的流速不均匀引起的，在用断面平均流速描述实际的运动时，就必须考虑附加一个由流速不均引起的作用——弥散。它可以定义为由空间个点湍流流速（或其他状态）的时平均值与流速时平均值的空间平均值的系统差别所产生的分散现象。

3. 衰减作用

进入水中的污染物一部分属于保守物质，如重金属和高分子有机物，能随水流运动改变所处的空间位置，并由于分散作用不断向周围扩散而降低初始浓度，但不会改变总量。与之相反，还有一部分污染物进入水环境后，除水流运动和扩散作用带来的位置和浓度的改变外，还因污染物自身的衰减而加速浓度下降。这类污染物属于非保守物质，主要是可生化降解的有机物，在化学和生物学反应下不断衰减。

研究表明，可生化降解污染物在水环境中衰减过程基本符合一级反应动力学规律，即

$$\frac{dc}{dt} = -Kc \tag{5-6}$$

式中：c——污染物的浓度；

$\quad t$——反应时间；

$\quad K$——反应速率常数。

河水的推流迁移作用、污染物的分散作用和衰减作用可用图 5-5 说明。

假定在 $x = x_0$ 处，向河流中排放的污染物总量为 A，其分布为直方状，全部物质通过 x_0 的时间为 Δt［图 5-5(a)］，经过一段时间该污染物的重心迁移至 x_1，污染物的总量为 a。在只存在推流作用时，则 $a = A$，且在 x_1 处的污染物分布形状与 x_0 处相同［图 5-5(a)］；如果存在推流迁移和分散的双重作用，则仍有 $a = A$，但在 x_1 处的污染物分布形状与 x_0 处不同［图 5-5(b)］；延长了污染物的通过时间，如果同时存在推流迁移、分散和衰减三重作用，则不仅污染物的分布

形状发生了变化,而且 $a < A$[图 5-5(c)]。

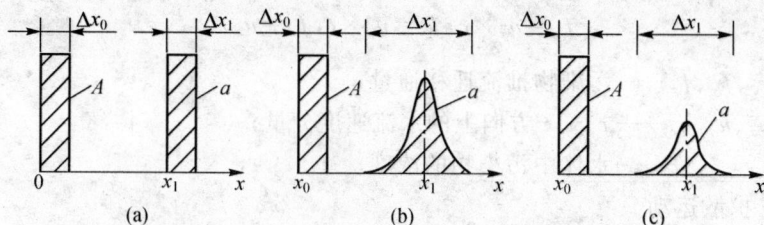

图 5-5 河水中污染物推流迁移、分散和衰减过程

(a) 推流迁移($a = A, \Delta x_1 = \Delta x_0$);(b) 推流迁移+分散($a = A, \Delta x_1 > \Delta x_0$);

(c) 推流迁移+分散+衰减($a < A, \Delta x_1 > \Delta x_0$)

在实际情况中,污染物进入河流水体后,运动较为复杂,需要一组复杂的模型来描述这种运动规律。

(二) 河流水体中污染物扩散的稳态解

当污染源连续稳定排放、河流水体处于稳定流动状态时,水中的污染物分布状况也是稳定的。此时,污染物在水体中某一空间位置的浓度不随时间变化,这种状态称为稳态。

假设在某种条件下,河水运动的时间尺度很大,在这样的尺度下污染物浓度的平均值保持在一种稳定的状态。此时可以通过取时间平均值,将这种平均的水流状态用稳态模型来描述。排入河水中的污染物质能够与水互相融合,具有相同的流体力学性质,因此可将污染物质点与水流一起进行分析。

假定只在 x 方向上存在污染物的浓度梯度,则稳态的一维模型为:

$$D_x \frac{\partial^2 c}{\partial x^2} - u_x \frac{\partial c}{\partial x} - Kc = 0 \qquad (5-7)$$

这是一个二阶线性偏微分方程,其特征方程为:

$$D_x \lambda^2 - u_x \lambda - K = 0$$

由此可求出特征根为:

$$\lambda_{1,2} = \frac{u_x}{2D_x}(1 \pm m)$$

式中:

$$m = \sqrt{1 + \frac{4KD_x}{u_x^2}}$$

若给定初始条件为 $x = 0$ 时,$c = c_0$,上式的解为:

$$c = c_0 \exp\left[\frac{u_x x}{2D_x}\left(1 - \sqrt{1 + \frac{4KD_x}{u_x^2}}\right)\right] \qquad (5-8)$$

172

对于一般条件的河流,推流造成的污染物迁移远比弥散作用大,在稳态条件下,弥散作用可以忽略,则有:

$$c = c_0 \exp\left(-\frac{Kx}{u_x}\right) \tag{5-9}$$

式中:c——污染物的浓度,它是时间 t 和空间位置 x 的函数;

$\quad D_x$——纵向弥散系数;

$\quad u_x$——断面平均流速;

$\quad K$——污染物的衰减速率常数。

上式中的 c_0 可以按下式计算:

$$c_0 = \frac{Qc_1 + qc_2}{Q + q} \tag{5-10}$$

式中:Q——河流的流量;

$\quad c_1$——河流中污染物的本底浓度;

$\quad q$——排入河流的污水的流量;

$\quad c_2$——污水中某污染物的浓度。

(三)河流水质模型

1. 污染物与河水混合

当污染物从污水排放口排入河流后,通常要经过竖向混合与横向混合两个阶段使污染物在河流横断面上达到均匀分布。

由于河流的深度通常要比其宽度小很多,污染物排入河流后,在比较短的距离内就达到了竖向的均匀分布,即完成竖向混合过程。完成竖向混合所需的距离大约是水深的数倍至数十倍。在竖向混合阶段,河流中发生着十分复杂的物理作用,涉及污水与河水之间的质量交换、热量交换与动量交换等问题。

从污染物达到竖向均匀分布到污染物在整个断面上达到均匀分布的过程称为横向混合阶段。在直线均匀河道中,横向混合的主要动力来自于横向弥散作用。在河曲中,由于水流形成横向环流,大大加速了横向混合的进程,完成横向混合所需的距离要比竖向混合大得多。

在横向混合完成后,污染物在整个断面上达到均匀分布。如果没有新的污染物输入,保守性污染物将一直保持恒定的断面浓度;非保守物质则由于生物学作用产生浓度变化,但在整个断面上的分布始终是均匀的。

在竖向混合阶段,由于研究的问题涉及空间 3 个方向,因此竖向混合问题又称为三维混合问题。相应的横向混合问题称为二维混合问题,完成横向混合以后的问题称为一维混合问题。

如果研究的河段很长,而水深、水面宽度都相对较小,一般可以简化为一维混合问题。处理一维混合问题要比二维、三维混合问题简单得多。

2. 生物化学分解

河流中的有机物由于生物降解所产生的浓度变化可以用一级反应式表达：

$$L = L_0 e^{-Kt} \qquad (5-11)$$

式中：L——t 时刻有机物的剩余生化需氧量；

L_0——初始时刻有机物的总生化需氧量；

K——有机物降解速率常数。

K 的数值是温度的函数，与温度之间的关系可以表示为：

$$\frac{K_T}{K_{T_1}} = \theta^{T-T_1} \qquad (5-12)$$

若取 $T_1 = 20\,℃$，以 K_{20} 为基准，则任意温度的 K 值为：

$$K_T = K_{20}\theta^{T-20}$$

式中：θ——K 的温度系数，其数值在 1.047 左右（$T_1 = 10\sim 35\,℃$）。

在实验室中通过测定生化需氧量和时间的关系，可以估计 K 值。

河流中生化需氧量（BOD）衰减速率常数 K_d 的值可由下式确定：

$$K_d = \frac{1}{t}\ln\left(\frac{L_A}{L_B}\right) \qquad (5-13)$$

式中：L_A、L_B——河流上游断面 A 和下游断面 B 处的 BOD 浓度；

t——A、B 断面间的流行时间。

如果有机物在河流中的变化符合一级反应规律，在河流流态稳定时，河流中 BOD 的变化规律可以表示为：

$$L = L_0\left[\exp\left(-K_d\frac{x}{u_x}\right)\right] \qquad (5-14)$$

式中：L——河流中任意断面处的有机物剩余 BOD 量；

L_0——河流中起始断面处的有机物 BOD 量；

x——自起始断面（排放点）的下游距离。

3. 大气复氧

水中溶解氧的来源是大气。由大气向水体中扩散溶解氧的过程称为大气复氧，又称再曝气。氧由大气进入水中的质量传递速率可以表示为：

$$\frac{d\rho}{dt} = \frac{K_L A}{V}(\rho_s - \rho) \qquad (5-15)$$

式中：ρ——河水中溶解氧的浓度；

ρ_s——河水中饱和溶解氧的浓度；

K_L——质量传递系数；

A——气体扩散的表面积；

V——水的体积。

对于河流，$A/V=l/H$，l 是水体计算长度，H 是平均水深，$\rho_s-\rho$ 表示河水中的溶解氧不足量，称为氧亏，用 D 表示，则上式可写作：

$$\frac{\mathrm{d}\rho}{\mathrm{d}t}=\frac{K_L l}{H}D=K_a D$$

式中：K_a——大气复氧速率常数，它是河流流态及温度等的函数。

如果以 20 ℃作为基准，则任意温度时的大气复氧速率常数可以写为：

$$K_{a,T}=K_{a,20}\theta_r^{T-20} \tag{5-16}$$

式中：$K_{a,20}$——20 条件下大气复氧速率常数；

θ_r——大气复氧速率常数的温度系数，通常 $\theta_r\approx1.024$。

饱和溶解氧浓度 ρ_s 是温度、盐度和大气压力的函数，在 101.325 kPa 压力下，淡水中的饱和溶解氧浓度可以用下式计算：

$$\rho_s=\frac{468}{31.6+T} \tag{5-17}$$

式中：ρ_s——饱和溶解氧浓度，mg/L；

T——温度，℃。

4. 简单河段水质模型

简单河段指的是只有一个排放口时的单一河段。在研究单一河段时，一般把排放口置于河段的起点，即定义排放口处的纵向坐标 $x=0$。上游河段的水质视为河流水质的本底值。单一河段的模型一般都比较简单，是研究各种复杂模型的基础。

描述河流水质的第一个模型是由斯特里特（Streeter）和菲尔普斯（Phelps）在1925 年建立的，简称为 S-P 模型。S-P 模型描述一维稳态河流中的 BOD-DO 的变化规律。在建立 S-P 模型时，提出以下基本假设：河流中的 BOD 的衰减和 DO 的复氧都是一级反应，反应速率是定常的；河流中的耗氧是由 BOD 衰减引起的，而河流中的溶解氧来源则是大气复氧。

S-P 模型是关于 BOD 和 DO 的耦合模型，表达式如下：

$$\begin{cases} \dfrac{\mathrm{d}L}{\mathrm{d}t}=-K_d L & \text{（BOD 方程）} \\[3mm] \dfrac{\mathrm{d}D}{\mathrm{d}t}=K_d L-K_a D & \text{（DO 方程）} \end{cases} \tag{5-18}$$

175

式中:L——河水 BOD 值;

D——河水中的氧亏值;

K_d——河水中 BOD 衰减(耗氧)速率常数;

K_a——河水中复氧速率常数;

t——河段内河水的流行时间。

S-P 模型的解析解为:

$$L = L_0 e^{-K_d t}$$

$$D = \frac{K_d L_0}{K_a - K_d}(e^{-K_d t} - e^{-K_a t}) + D_0 e^{-K_a t}$$

式中:L_0——河流起始点的 BOD 值;

D_0——河流起始点的氧亏值。

河流中溶解氧的计算公式为:

$$\rho = \rho_s - D = \rho_s - \frac{K_d L_0}{K_a - K_d}(e^{-K_d t} - e^{-K_a t}) - D_0 e^{-K_a t} \tag{5-19}$$

式中:ρ——河水中的溶解氧值;

ρ_s——饱和溶解氧值。

该式称为 S-P 氧垂公式,根据该式绘制的溶解氧沿程变化曲线称为氧垂曲线(dissolved-oxygen sag curve),见图 5-6,又称溶解氧下垂曲线。

在很多情况下,人们希望能够找到溶解氧浓度最低的点——临界点。在该点河水的氧亏值最低,且变化速度为 0,则 $\frac{dD}{dt} = K_d L - K_a D_c = 0$,由此得到

$$D_c = \frac{K_d}{K_a} L_0 e^{-K_d t_c} \tag{5-20}$$

图 5-6 溶解氧下垂曲线

式中:D_c——临界点的氧亏值;

t_c——由起始点到达临界点的流行时间。

临界氧亏发生的时间 t_c 可由下式计算:

$$t_c = -\frac{1}{K_a - K_d}\ln\frac{K_a}{K_d}\left[1 - \frac{D_0(K_a - K_d)}{L_0 K_d}\right] \tag{5-21}$$

S-P 模型广泛应用于河流水质的模拟预测中,也用于计算允许最大排污量。

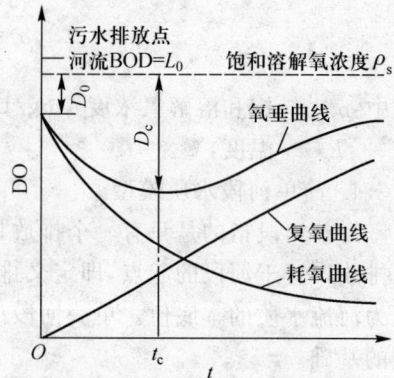

（四）污染物在水体中转化

污染物进入水体后，还能发生各种反应，从而产生不同的污染过程。有机物在水体微生物的生物化学作用下，逐步降解转化成无机物质，同时消耗水中的溶解氧。部分难降解的有机物和不能降解的重金属污染物在水体中则会发生形态和状态的迁移转化。

1. 水体中耗氧有机物降解

水体中有机物主要是碳水化合物、脂肪、蛋白质等，它们的来源包括动植物残体、生活污水及工业废水，可以通过化学氧化、光化学氧化和生物化学氧化等过程进行降解，共同规律在于：首先在细胞体外发生水解，然后在细胞内部继续水解和氧化，生成各种有机酸，在有氧条件下继续分解，得到最终产物如 CO_2、H_2O 及 NO_3^- 等，在缺氧时，有机物进行反硝化、发酵等过程，最终产物包括 CO_2、H_2O、NH_3、有机酸和醇等。

2. 水体富营养化过程

水体富营养化是水体中氮、磷等元素含量过多所引起的水质污染现象，对水域生态系统和人体健康都会带来不同程度的危害。影响水体营养贫富程度的基本因素包括植物营养的组成、各种营养成分之间的含量比例、单位时间的负荷量以及营养元素的限制性。水体富营养化根据成因差异可以分为天然富营养化和人为富营养化两种类型。

（1）天然富营养化。自然界的湖泊在其形成初期，处于"贫营养状态"，即营养元素的含量很低。然而随着时间的推移和环境变化，湖泊从天然降水中接纳了氮、磷等营养物质，而且土壤的侵蚀和淋溶，也给湖泊中带入了大量的营养元素，由此水体的肥力逐渐增加，使得浮游植物和其他水生植物大量生长，为草食性的甲壳纲动物、昆虫和鱼类提供了丰富的食料。当这些动植物死亡后，它们的机体沉积在湖底，积累形成底泥沉积物。残存的动植物残体不断分解，释放的营养物质被新的生物体吸收。按照这样的方式和途径，经过很长一段时间的天然演化过程，原来的贫营养湖泊就逐渐演变成富营养湖泊。湖泊营养物质的这种天然富集、湖水营养物质浓度逐渐增高而发生水质变化的过程，称为天然富营养化。

（2）人为富营养化。人为富营养化与人类的生产和生活活动密切相关。城市是工业生产和居民生活用水集中的地方，排放出大量含有氮、磷营养物质的生活污水进入湖泊、河流和水库，增加了这些水体的营养物质负荷量。另一方面，农村种植业和养殖业的发展，带来化学肥料施用量和畜禽粪便产生量的增加，经过雨水冲刷和渗透，使大量的营养物质以面源形式被输送到水体中，从而导致湖泊水体在短时间内由贫变富。

水体富营养化的特征如下：① 浮游生物大量繁殖，水中溶解氧含量下降；

② 水体中藻类的种类减少,蓝藻、红藻的个体数量猛增,其他藻类数量逐渐减少;③ 因占优势的浮游藻类颜色不同,水面往往呈现蓝、红、棕等颜色,在淡水中称为"水华",在海水称为"赤潮"。

3. 氮、磷在水体中转化

氮、磷两种元素是在水体富营养化的限制因素。以下对这两种元素在水体中的转化作简要介绍。

(1) 含氮化合物在水体中转化。水体中的含氮化合物包括无机氮和有机氮两类。有机氮主要是农业废弃物和城市生活污水中的含氮有机物,无机氮指的是氨氮、亚硝态氮和硝态氮等。含氮有机物在水体中的降解过程包括氨化和硝化过程,产物分别是 NH_3 或 NH_4^+ 和 NO_3^-。在缺氧条件下,NO_3^- 和 NO_2^- 可发生还原反应,转化为还原态,主要是气态的 N_2O 和 N_2 又回到大气中,即反硝化作用。含氮化合物的转化反应可以作为水体自净过程的判断标志之一。

(2) 含磷化合物在水体中转化。水体中的磷有多种形态,无机磷完全以磷酸盐形态存在,有机磷则以溶解态和胶体、颗粒态的有机磷酸物(葡萄糖-6-磷酸、2-磷酸-甘油酸等)存在。水体中可溶性磷含量较低,因其可与 Ca、Fe、Al 形成难溶性的沉淀,沉积于水体底泥中。

水体中磷的存在形式和数量受两方面的影响:一是磷输入和通过地表与地下径流的排出情况,另一方面决定于水中的磷与底泥中的磷之间的交换情况。水中的无机磷从水中去除主要通过生物吸收和沉淀作用;沉积物中的磷则通过颗粒态磷的悬浮作用和湍流扩散作用释放到水体上层。这些过程构成了水体中磷的循环,这可以看成一个动态的稳定体系。

(3) 氮、磷污染与水体富营养化。水中藻类的数量增加和种类的变化是水体富营养化最直观的表现。根据李比希最小值定律(Liebig's law of the minimum),植物生长取决于外界提供的养料中数量最少的那一种。在藻类分子中磷占的比例最小,因此水中藻类生产量取决于水中磷的供应量。磷供应量受到限制时,藻类的生产量就将受到限制。氮、磷比值与藻类繁殖有密切关系,当这个比值在 10:1~15:1 时,繁殖较快;而当比值低于 4 时,氮很可能成为湖泊水质决定性的限制因子。

4. 重金属在水体中迁移转化

重金属在水体中不能被微生物降解,只能产生各种形态之间的相互转化,分散和富集。在地表水体中,重金属的溶解度很小,一般在水底沉积物富集。在溶解态中,重金属离子由于带正电,在水中易于被带负电的胶体颗粒物吸附,并随水流向下游迁移,但大多很快会沉降下来。所以,重金属一般都富集在排水口下游一定范围内的底泥中。沉积在底泥中的重金属是一个长期的次生污染源,很难治理,容易造成二次污染。

在水体中,某些重金属可以发生转化。例如无机汞在微生物作用下吗,在水体底泥或鱼体中转化为甲基汞,其毒性更大;六价铬在不同的氧化还原条件下,可以与三价铬之间互相转化。

此外,重金属还可以通过食物链,在生物体内富集,其含量可以达到很高的程度,如汞可在鱼体内富集 1000 倍。

5. 有机污染物在水体中迁移转化

有机污染物在水中好氧微生物作用下,被氧化分解,氧化分解的产物可以作为养料和能量,支撑微生物的生长,这使得一部分有机物转变为活的细菌机体;另一部分转变为无机物。接着细菌成为原生动物的食料,原生动物作为水生动物的食料,水生动物又作为人的食料,人的排泄物又供给细菌的繁殖生长。形成循环,有机物沿着食物链从一种机体转移到另一种机体内,最终可能消失,也可能储存在生物体内。

六　水体污染防治

地球上可供人类直接利用的淡水资源十分有限,而水体污染又进一步缩小了可用的水资源,加剧水资源不足的矛盾。因此控制水体污染,保护水资源,是当前环境保护的重要任务之一。

（一）水污染防治对策

水污染防治可从以下几个方面开展:

1. 提高水资源利用率(源头控制)

提高水资源利用率对于减少水资源浪费、减少污水排放量、减轻水体污染具有重要意义,可以从农业灌溉、工业用水、城市生活用水 3 个方面进行。

（1）提高农业灌溉用水利用率。目前我国农业生产对水资源的消耗量很大,灌溉用水有效利用率相比发达国家有不小的差距。为提高农业灌溉用水利用率,可以应用喷灌和滴灌技术,这些技术采用密封的输水管道系统,极大地减少了水在输送过程中蒸发和渗漏的损失。据估算,如果科学地发展节水农业,到 2030 年我国灌溉水的利用系数可达到 0.6～0.7,水分生产率可达 1.5 kg/m^3,这为节约水资源、增加粮食产量提供了保障。

（2）提高工业用水利用率。我国工业用水效率已经有了较大的提高,工业用水重复利用率由 2001 年的 75.7% 增加到 2008 年的 86.0%,增加了 10.3%。万元工业增加值用水量却逐年下降,由 1998 年的 335 m^3 下降到 2008 年的 130 m^3。但是,国内地区间、行业间、企业间的用水利用效率差距也较大。如火电是我国取水量最大的行业,取水量占工业取水量的 25%,平均每兆瓦时取水量为 31 m^3,水平最高的为 2.3 m^3,而最差的为 100 m^3,相差 40 多倍;重复利用率最高的达到了 97%，而最低的只有 2.4%。再如石油化工行业，1998 年取水量为 58 亿 m^3，重复利用率为 78%，其中，最高的 97%，而最低的只有 12%；每加工 1 t 原油用水，世界先进水平为 0.5 m^3，我国平均为 2.4 m^3；生产 1 t 乙烯最先进的为 1.58 m^3，达到了国际先进水平，但平均用水则为 18.6 m^3，总体上与国外先进水平差距较大，工业节水仍然潜力巨大。

（3）提高城市生活用水利用率。城市是人口、经济和用水最集中的区域，也是用水供水矛盾最突出、水环境污染压力最大的区域。目前，我国正处于工业化、城镇化快速发展的重要阶段，对水的利用和管理提出了严峻的挑战。2011年，全国城镇人口达 6.9 亿，城镇人口占总人口的比重达到 51.27%。目前我国城镇在经济实力不断增强的同时，城镇的空间布局与资源环境承载能力不相适应的问题越来越突出，655 个城市中有 2/3 存在不同程度的缺水问题。因此大力发展节水措施，可以减少无效或低效耗水。

另一方面，城市污水处理后可以再利用，达到资源化的目的。这既可缓解水供需矛盾，又可减少水污染。

2. 因地制宜发展污水处理技术（末端治理）

我国水资源在时空分布上极不均衡，各地经济发展程度也差异很大，因此在污水处理技术的选择上应采取不同的对策。

我国南方水环境容量相对充沛，应科学地利用大江、大海的自然净化能力，在初级处理的基础上，发展城市污水排江、排海工程；也可利用南方小河、小湖数量较多、分布密集的优势，合理规划，适当发展一些氧化塘、氧化沟脱氮除磷技术。

在水资源短缺的北方地区，应以污水资源化为重点，发展污水资源的二次利用、多次利用和重复利用，这些地区的城市应以污水回用为目标，调整排水管网，发展以二级生物处理为主的水处理工艺。在西部干旱、半干旱地区，则主要应发展一些污水资源化技术和土地处理技术，并改善生态条件。

对于工矿企业，需按照"谁污染谁承担污染责任"的原则，控制工业废水中的重金属和难降解的有机物的浓度，在厂区内进行必要的处理并回收有用物质。

（二）污水处理技术介绍

按照污水处理工艺，可分为物理处理技术、化学处理技术、物理化学处理技术和生物处理技术 4 类。

1. 物理处理技术

指利用物理作用使污水中悬浮状态的污染物质与污水分离的处理技术，在处理过程中污染物质的性质不变。在此类方法中，筛滤截留法的设备包括筛网、格栅、滤池、微滤机等；重力分离法的设备包括沉砂池、沉淀池、隔油池与气污池等；离心分离法的设备有离心机和旋流分离器等。

（1）格栅。由一组或多组相互平行的金属栅条和框架组成。其作用是去除大颗粒物质,防止这些物质阻塞或卡住泵、阀及其他水处理机械设备。被截留的物质称为栅渣,通常对其进行卫生填埋处理。

(2)沉砂池。利用重力作用去除污水中的砂石、煤渣等密度较大的无机颗粒物的污水处理构筑物,避免其影响后续处理的正常运行。一般可去除95%以上的0.2 mm的无机颗粒。沉砂通常在洗砂机清洗后进行卫生填埋处理。

(3)沉淀池。利用重力作用去除污水中悬浮物质(SS)的污水处理构筑物。按照池内水流方向的不同,可分为平流式、竖流式、辐流式等。

沉淀池按工艺又可分为初次沉淀池(初沉池)和二次沉淀池(二沉池)。初沉池以 SS 为处理对象,去除率约为 $40\%\sim55\%$,同时可去除部分 BOD_5(占总悬浮性 BOD_5 的 $20\%\sim30\%$),这样可降低下一级处理的 BOD_5 负荷,改善生物处理构筑物的运行条件。二沉池设在生物处理构筑物(活性污泥法或生物膜法)的后面,其功能是沉淀去除活性污泥或生物膜(又称腐殖污泥)。初次沉淀池、生物膜法及其后的二次沉淀池 SS 总去除率为 $60\%\sim90\%$,BOD 总去除率为 $65\%\sim90\%$;初次沉淀池、活性污泥法及其后的二次沉淀池 SS 总去除率为 $70\%\sim90\%$,BOD 总去除率为 $65\%\sim95\%$。

初沉池和二沉池中沉淀下来的物质称为污泥,需要根据其成分进行减量化(浓缩或脱水处理)、资源化(厌氧消化处理)和无害化(卫生填埋、焚烧处理)处理。

2. 化学处理技术

指利用投加化学药剂,使污水中溶解性污染物质与之发生反应,使污染物质生成沉淀或转变为无害物质的处理技术。这类技术主要去除污水中的溶解性物质和自然沉淀无法去除的悬浮物质。常用方法包括中和法、化学沉淀法和氧化还原法。

(1)中和法。此法用于处理酸性和碱性废水。对于酸性废水,可投加石灰、氢氧化钠等,使废水变为中性;对碱性废水则可以吹入含有 CO_2 的烟道气或加入其他酸性物质中和。

(2)化学沉淀法。常用于含重金属、氰化物等工业废水,按使用的沉淀剂种类,可以分为石灰法、硫化物法和钡盐法等。此法是向污水中投加某种化学物质,使污水中的溶解性物质转变为难溶性的沉淀物,以降低污水中的溶解物质。

(3)氧化-还原法。通过氧化-还原反应,将溶解在污水中的有毒有害物质转化成为无毒无害物质的处理方法。在污水处理中常用的氧化剂有氧气、臭氧、氯气、次氯酸钠、三氯化铁等,常用的还原剂有硫酸亚铁、亚硫酸盐、氯化亚铁、铁屑、锌粉、硼氢化钠等。

此外,由于在电解时阳极是氧化剂,阴极是还原剂,所以电解法也属于氧化-还原法。

3. 物理化学处理技术

指利用污水中的污染物质由水相转移到不溶于水的另一种相中的物理化学过程,从而分离、回收污水中的污染物的处理技术。包括混凝法、气浮法、吸附法、离子交换法和膜分离技术等。

(1) 混凝法。此法通过向水中加入混凝剂,使污水中的胶体颗粒变成电中性,失去稳定性,随后凝聚成大颗粒沉降下来,使胶体颗粒从污水中分离出来。

混凝剂的种类包括无机金属盐混凝剂(如硫酸铝、碱式氯化铝、三氯化铁等)和有机高分子絮凝剂(如聚丙烯酰胺及其衍生物等)。

混凝法在各种工业污水处理中应用非常广泛,既可以作为独立处理工艺,也可以与其他处理方法配合使用,作为预处理、中间处理或最终处理。除了去除污水中的悬浮物和胶体外,还用于除油和脱色。

(2) 气浮法。此法的工作原理是通过某种途径在污水中产生大量的微气泡,使之与污水中密度接近于水的固体或液体污染物黏附,形成密度小于水的气浮体,在浮力作用下,气浮体上浮至水面形成浮渣,然后以固液或液液方法进行分离。气浮法适用于从污水中去除相对密度小于 1 的悬浮物、油类和脂肪,并可用于污泥的浓缩。

(3) 吸附法。吸附法是利用多孔性的固体物质将污水中的一种或多种物质吸附在固体表面而去除的方法,常用的吸附剂有活性炭、磺化煤、沸石、硅藻土、腐殖酸、焦炭、木炭、木屑等。吸附法可用于吸附污水中的有毒物质,而且还能脱色、脱臭。吸附操作分为静态和动态操作两种。静态吸附是指污水不流动的条件下进行的吸附操作,动态吸附则是在污水流动的条件下进行的吸附操作,常用的吸附设备有固定床、移动床和流动床 3 种。

(4) 离子交换法。利用离子交换树脂与污水中的有害金属或非金属离子发生离子交换反应来分离有害物质的处理方法。离子交换树脂分为阳离子交换树脂和阴离子交换树脂,前者用于分离阳离子,如去除或回收污水中的铜、锌、镉、镍等金属离子,后者用于分离阴离子,如氟离子、硝酸根、磷酸根等。

(5) 膜分离技术。利用隔膜使溶剂(通常是水)同溶质或微粒分离的处理方法。用隔膜分离溶液时,使溶质通过膜的方法称为渗析,使溶剂通过膜的方法称为渗透。

根据溶质或溶剂透过膜的推动力不同,膜分离法分为 3 类:① 以电动势为推动力的电渗析和电渗透;② 以浓度差为推动力的扩散渗析和自然渗透;③ 以压力差为推动力的反渗透、超滤、微滤和纳滤等。

4. 生物处理技术

指利用水生生物(包括植物和微生物)对水中污染物进行吸收和降解,使得其浓度降低或转化成无害物质的处理技术。生物处理方法可分为活性污泥法、生物膜法、自然生物处理技术和厌氧生物处理技术。

（1）活性污泥法。是当前使用最广泛的一种生物处理法，具有适应各种反应条件的多种工艺流程，如氧化沟、SBR 法（序批间歇式活性污泥法，又称序批式活性污泥法）、A/O 生物脱氮工艺（厌氧−好氧法）和 A^2/O 同步脱氮除磷工艺（厌氧−缺氧−好氧法）等。该法将空气连续鼓入曝气池的污水中，经过一段时间水中就会形成繁殖有极大数量好氧微生物的絮凝体——活性污泥，它能够吸附水中的有机物，生活在活性污泥上的微生物以有机体为食物获得能量并不断长大繁殖，同时降解污水中的有机物。从曝气池中流出的污水含有大量活性污泥，进入沉淀池分离后，澄清的水被排放，分离出来的污泥有部分重新回流进入曝气池，剩余的部分从沉淀池中排放。

（2）生物膜法。在污水处理系统中加入固体填料作为载体，使微生物在载体上大量繁殖形成膜状生物污泥——生物膜，通过污水与生物膜的接触，污水中的有机物被生物膜上的微生物作为营养物质摄取，微生物则得到繁衍增殖，从载体上脱落的衰老生物膜随处理后的污水进入沉淀池后沉淀与水分离，污水得到净化后排放。生物膜法的工艺包括生物滤池、生物转盘、生物接触氧化池和生物流化床等。

（3）自然生物处理技术。自然生物处理是指依赖阳光、水、土壤、细菌、植物等基本自然要素，利用土壤−微生物−植物系统的自我调节机制和综合自净能力，完成污水的深度处理，同时通过对污水中水分和营养物的综合利用，实现污水无害化与资源化的有机结合。这种处理技术的主要类型包括稳定塘系统和土地处理系统。

稳定塘也称污水塘或氧化塘，它对污水的净化主要包括好氧过程和厌氧过程。稳定塘分好氧塘、兼性塘和厌氧塘，其中兼性塘的顶层以好氧过程为主，好氧细菌和真菌将有机质分解成为 CO_2 和 H_2O，CO_2 以及稳定塘中的 N、P 和有机物则被藻类所利用；底层一般以厌氧过程为主，厌氧菌将有机物分解为 CH_4 和 CO_2。

土地处理系统则是利用土地以及其中的微生物和植物根系对污染物的净化能力来净化污水，同时利用其中的水分和养分促进农作物、牧草或林木生长，尾水中的污染物在土地处理系统中通过多种过程去除，包括土壤的过滤截流、物理和化学的吸附、化学分解和沉淀、植物和微生物的摄取、微生物的氧化降解以及蒸发等。

（4）厌氧生物处理技术。是指在无氧条件下，利用兼性微生物和厌氧微生物分解有机物，使污水得到净化的一种生物处理方法。其最终产物是以甲烷为主的可燃气体（沼气），可以作为能源加以利用；处理产生的污泥量少且容易脱水，可作肥料。厌氧法常用于处理高浓度和中浓度有机废水，在世界能源供应日益紧张的形势下，厌氧生物处理法作为一种低能耗和可回收资源的工艺，受到了更多的重视并得到发展。基于此技术的生物反应器包括厌氧生物滤池、升流式厌氧污泥床和厌氧流化床等。

（三）污水处理的分级

按照污水处理深度的不同，污水处理大致可分为预处理、一级处理、二级处理和三级处理（深度处理）。

1. 预处理（pretreatment）

预处理的工艺主要有格栅、沉砂池，用于去除污水中粗大的悬浮物、密度大的无机砂粒及其他尺寸较大的物质，以保护后续处理设施正常运行并减轻污染负荷。

2. 一级处理（primary treatment）

一级处理多采用物理处理方法，其任务是从污水中去除呈悬浮状态的固体污染物。经一级处理后，悬浮物去除率为 $60\% \sim 70\%$，有机物去除率为 $20\% \sim 40\%$，废水的净化程度不高，一般达不到排放标准，因此一级处理多属于二级处理的前处理。

3. 二级处理（secondary treatment）

二级处理的主要任务是大幅度去除污水中呈胶体和溶解状态的有机污染物，生物处理法是最常用的二级处理方法。经二级处理后，有机物去除率可达 $70\% \sim 90\%$，处理后出水 BOD_5 可降至 $20 \sim 30$ mg/L，常规指标达到国家目前规定的污水排放标准。因此，通常要求城市污水处理厂达到污水的二级处理水平。

4. 三级处理（tertiary treatment）

三级处理又称深度处理，是在二级处理之后，进一步去除残留在污水中的污染物质，其中包括微生物未能降解的有机物、氮、磷及其他有毒有害物质，以满足更严格的污水排放或回用要求。三级处理通常采用的工艺有生物除氮脱磷法，或混凝沉淀、过滤、吸附等一些物理化学方法。三级处理的目的主要是污水回收和再生，但代价比较高昂。

第三节　土壤污染及其防治

土壤是重要的自然资源之一，是环境四大要素之一。它是连接自然环境中无机界和有机界、生物界和非生物界的中心环节。近年来，随着经济发展和生活水平的提高，我国土壤污染得到的关注比以往更多，但污染程度尚未得到降低，不少地方土壤污染问题已十分严重。我国土壤污染面积逐年增加，未得到有效控制，已成为中国重要的环境问题。

土壤是地球大陆表面覆盖着的疏松表层，肥力是其特有的本质特征。土壤处于大气圈、水圈、岩石圈、生物圈的交叉部分,与上述圈层具有密切的相互作用,是陆地生态系统的重要部分,进行着全球性的能量和物质循环和转化,并为生物提供所需要的营养和水分,因此土壤是一个生命体,具有同化和代谢功能,它不仅是一种环境要素,也是一种农业生产资源。随着现代工农业和城市化的发展,各种污染物随废气、废水、废渣的排放以及化肥、农药的施用而进入土壤,使得土壤遭受了不同程度的污染,土壤环境问题已成为制约人类生存发展的重要问题,防治土壤污染和修复被污染土壤已成为环境保护事业中十分重要的任务。

一　土壤的组成与性质

（一）土壤环境的物质组成

土壤是一个由固相、液相和气相组成的体系。固相物质主要包括土壤矿物质、有机质、土壤动物以及微生物。三相物质所占土壤比例受土壤类型的影响。

1. 土壤矿物组成

土壤中的矿物质约占固相物质总质量 95% 以上,是地壳的岩石、矿物经过风化和成土过程作用形成的产物,对土壤的性质、结构和功能有很大的影响。可分为原生矿物和次生矿物。

（1）原生矿物。直接来源于岩石、受到不同程度的物理风化作用的碎屑,其化学成分和结晶构造没有改变。土壤原生矿物主要有硅酸盐、铝硅酸盐、氧化物类、硫化物和磷酸盐类,和某些稳定的原生矿物。

（2）次生矿物。经过岩石风化和成土过程,形成的新的矿物,包括简单盐类、次生氧化物和铝硅酸盐类矿物。

2. 土壤的机械组成

土壤中岩石矿物风化过程中形成的矿物颗粒大小差异甚大。不同大小的矿物颗粒的化学元素组成、物理化学性质都不相同。根据矿物颗粒直径大小,土壤颗粒可分为砾石、砂粒、粉砂粒和黏粒四级。土壤中各粒级所占的相对比例或质量分数,称之为土壤矿物质的机械组成或土壤质地。根据土壤中各粒级的质量百分数组成,可以将土壤质地划分为 4 类:沙土类、壤土类、黏壤土类和黏土类。

3. 土壤有机质组成

土壤有机质主要积累于土壤地表和上部土层,一般约占土壤体积的 12% 或质量的 5%,是土壤环境最重要的组成部分。有机质包括呈分解与半分解状的有机残体、简单有机化合物、酶和腐殖质。腐殖质是土壤有机质的主要组分,是土壤中主要的有机胶体,由一系列高分子有机化合物组成,主要包括胡敏酸和富里酸。对土壤环境特性、性质及在能量迁移与物质转化过程中起着重要的作用。

4. 土壤空气

土壤空气存在于土壤孔隙和管道结构中,多数与大气相连通,其组成因扩散作用接近于大气的正常组成,但又有明显的差异。土壤空气的主要成分有 N_2、O_2、CO_2 及水汽等 20 多种气体。土壤空气组成与大气存在差异的原因在于土壤中生物体消耗 O_2、产生 CO_2。CO_2 的浓度一般随土壤深度的增加而缓慢上升,尤其在植物根区附近,含量可达 $1\%\sim5\%$,与之对应的是 O_2 含量的缓慢下降。

5. 土壤溶液

土壤水分是土壤固、液、气三相中的要素。土壤、大气中植物营养成分溶解组成营养溶液,输送到植物根部。土壤溶液不仅含有植物吸收的养料,也含有各种无机污染物和有机污染物。由于外界环境条件的影响,土壤溶液的组成并不是恒定的。

(二) 土壤性质

土壤是一个复杂的复合系统,具有多方面的特性,包括物理性质、胶体性质、酸碱性质、氧化-还原性质等。

1. 土壤的物理性质

土壤物理性质主要是指土壤中固相颗粒的大小及其比例,它反映了土壤颗粒的表面活性。土壤固相的分散程度与其粒径成反比,粒径越小,总表面积越大,表面能较高,具有胶结、吸附等物理及物理化学性质。

2. 土壤的胶体性质

土壤胶体指的是土壤中颗粒直径小于 $2~\mu m$、具有胶体性质的微粒,包括黏土矿物和腐殖质。土壤胶体在土壤固体颗粒中最细小,性质最活泼,与土壤的许多重要性质如保肥、供肥能力、土壤污染与净化等过程相关。

土壤胶体按其成分和来源可分为:

(1) 有机胶体。主要是腐殖质和生物活动的产物,相对分子质量大,胶粒直径为20~40 nm,比表面积很大,每 100 g 腐殖质胶体的交换容量平均约为 2 000 mol。

(2) 无机胶体。主要是细颗粒的黏土微粒,包括高岭石、伊利石、蒙脱石等黏土矿物以及铁、锰、铝水合氧化物。

3. 土壤的酸碱性质

土壤的酸碱性对土壤微生物的活动、有机物的分解、营养元素的释放和土壤元素的迁移都有影响。土壤中的 H^+ 主要来源于 CO_2 溶于水形成碳酸、有机物分解产生有机酸以及某些无机酸、Al^{3+} 水解产生的 H^+,这些是土壤酸性的重要来源。OH^- 主要来自于土壤溶液中的碳酸钠、碳酸氢钠、碳酸钙以及胶体表面交换性 Na^+,它能水解产生 OH^-。土壤酸碱性对元素的有效性有很大影响。

4. 土壤的氧化-还原性质

土壤中含有多种无机和有机的氧化-还原性物质。这些物质大致可以分为无机体系和有机体系。前者有铁系、锰系、硫系、氢系;后者则包括不同分解程度的有机物、微生物及其代谢产物、根系分泌物、有机酸、酚醛、糖类等。

影响土壤氧化-还原状态的因素有:

(1) 土壤通气状况。通气良好,电位上升;通气不良,电位下降。

(2) 土壤有机质状况。在厌氧条件下,土壤有机质分解可产生大量还原性物质,氧化-还原电位(E_h)下降。

(3) 土壤无机物状况。还原性无机物多时,还原作用强,氧化性无机物多时,氧化作用强。

二　土壤污染及危害

土壤污染指在人为因素影响下,将对人类本身和其他生物有害的物质施加到土壤中,使某种物质的含量明显高于原有含量,超出了土壤的容纳能力和净化速度,因而导致土壤的性质、组成和性状等发生变化,导致土壤正常的功能失调,引起土壤质量恶化、通过食物链严重危害人体、动物的健康的现象。

(一) 土壤污染的特点

1. 隐蔽性和滞后性

土壤污染与大气和水体污染不同,不能通过人体的感官发现,而且污染物进入土壤后有可能被分解、也有可能与土壤结合,只有通过农作物、牧草、人或动物的健康状况才能反映出来,这个过程需要一段时间。即便是在土壤受到污染、对生态和健康造成危害时,土壤还有可能继续保持其生产能力,这充分体现了土壤污染危害的隐蔽性和滞后性。例如,日本由于 Cd 污染引起的"痛痛病"经过了10~20 年的时间才被人们认识。土壤污染的这种性质增加了认识土壤污染问题的难度,造成了其危害持续发生。

2. 易累积性

污染物在土壤中的扩散和稀释要比在大气和水体中难度更大,因此导致污染物在土壤中的不断累积后超标。

3. 不可逆性和长期性

当土壤污染后,污染物在短期内很难在环境中自行消除。由于重金属不能被降解,因此土壤被重金属污染后,就很难被去除。土壤中有机污染物的降解也需要很长的时间。

4. 难治理性

土壤污染发生后,仅依靠切断污染源的方法还不能恢复被污染的土壤,治理方法中的换土、土壤淋洗等方法虽时间较短但成本较高,生物修复方法虽成本较低但往往见效较为缓慢。因此,污染土壤的修复和治理需要较长的时期和成本,其危害比大气和水污染更难消除。

（二）判断土壤污染的方法

判断土壤是否发生污染有两个途径:一是土壤背景值(或本底值),二是污染物的毒性效应。

土壤背景值是指土壤在自然成土过程中,构成土壤自身的化学元素的组成和含量,即未受人类活动影响的土壤本身的化学元素组成和含量。但是由于土壤一直处于不断的发展和演变中,地球上的土壤几乎都会受到人类活动直接或间接的影响,因此土壤背景值只能代表土壤某一发展和演变阶段中一个相对意义上的数值,并非恒定的数值。

通常以一个国家或地区的土壤中某元素的平均含量作为背景值,用污染区土壤中同一元素的平均含量与该背景值进行比较,若土壤中该元素的平均含量高于背景值,可以认为发生了土壤污染。

如上所述,土壤背景值并非一个确定的数值,某些物质含量的变动并不能确定土壤功能出现障碍。因此,除了知晓土壤背景值外,还必须研究污染物的毒性效应,土壤污染可能引起微生物区系发生变化、植物体内污染物含量增加、通过食物链对人体健康造成危害等不良影响,这些都可以作为判断土壤污染的指标。

三　土壤的自净作用

土壤的自净作用(self-purification of soil)是指进入土壤的污染物可以通过物理、化学、生物学过程,发生扩散、吸附、沉淀、降解等反应,达到降低浓度和毒性,从食物链中脱离或者迁移到大气和水体中的现象。按照土壤自净作用机理的差异,可划分为物理净化作用、物理化学净化作用、化学净化作用和生物净化作用 4 种类型。

（一）物理净化作用

土壤由固相、液相和气相共同组成,疏松多孔,且其中的胶体物质具有很强的表面吸附能力,因此污染物进入土壤后,可被机械阻留,可被土壤水分稀释,可被土壤表面吸附(物理吸附),可在土壤孔隙中扩散,也可随水迁移至地下水或地表水体,这些净化作用统称为物理净化作用。

（二）物理化学净化作用

指污染物的阴、阳离子与土壤胶体上原有的阴、阳离子之间的离子交换吸附作用。例如:

$$（土壤胶体）Ca^{2+} + HgCl_2 \longleftrightarrow （土壤胶体）Hg^{2+} + CaCl_2$$
$$（土壤胶体）3OH^- + AsO_4^{3-} \longleftrightarrow （土壤胶体）AsO_4^{3-} + 3OH^-$$

此净化作用的实质为可逆的离子交换反应,其净化能力的大小可以用土壤阳离子交换量和阴离子交换量的大小来衡量。污染物离子经过交换吸附到土壤胶体上后,土壤溶液中这些离子浓度下降,减轻了有害离子对植物生长的不利影响。但这种净化作用只是减少了污染物的溶解性,但并未从根本上将污染物从环境中消除,因此它具有暂时性和不稳定性的特点,对土壤环境质量仍然具有潜在威胁。

（三）化学净化作用

污染物进入土壤后,可能发生溶解－沉淀、氧化－还原、酸碱中和、置换、水解、光解等一系列反应,通过这些反应,污染物可转化为难溶性物质减小其危害,或者可分解为无毒物质或营养物质,这些过程统称为化学净化作用。

土壤环境的化学净化反应类型多,机理也很复杂,不同污染物有着不同的反应过程。土壤化学净化能力的大小与土壤的物质组成、性质以及污染物本身的组成、性质有密切关系。例如,石灰性土壤对酸性物质的净化能力很强。化学性质不太稳定的化合物容易在土壤中发生分解而得到净化,而那些性质稳定的化合物如持久性有机污染物、重金属等则难以在土壤中被化学净化。改变土壤的环境条件对于增强土壤的化学净化能力有积极的影响。例如,土壤受到轻度污染时,可通过调节土壤 pH、氧化－还原电位、施用改良剂如石灰、磷酸盐、硅酸盐等,提高土壤环境的化学净化能力,减轻危害。

（四）生物净化作用

土壤中存在大量的微生物如细菌、真菌、放线菌等,这些微生物能够利用其体内或分泌出的酶类,催化各种分解反应,实现污染物的生物降解。这些降解作用是自然界碳循环、氮循环、磷循环等过程得以维持必须的条件。

另一方面,土壤中的植物能够吸收、降解污染物,也能将其转移到茎、叶和种子等部位而离开土壤;土壤中的动物如蚯蚓等可以将污染物食用或降解,这也属于生物净化作用。

土壤生物净化作用的大小与土壤中微生物种群、数量、活性以及土壤环境条件如湿度、温度、通气性、pH、E_h、C/N 等因素有关。另外,污染物本身的化学性质也制约着生物降解作用,如有机氯农药和具有多环结构的有机物的生物降解速率一般比较慢。

上述 4 种净化作用在土壤中常常互相交错,其强度的总和构成了土壤环境容量的基础。虽然土壤具有以上净化作用,但还是有一定限度,随着人类社会的发展,各种污染物的排放量不断增加,如果不能正确认识土壤自净作用和土壤环境容量,土壤的污染将不断加重,对生态系统和人类健康都会造成直接的威胁。

四　主要的土壤污染源

　　按照污染物进入土壤的途径,可分为污水灌溉、固体废物的利用、农药与化肥、大气沉降物等。

　　(一)污水灌溉

　　污灌是指利用城市污水、工业废水或混合污水进行农田灌溉。由于以前我国污水处理率和排放达标率较低,造成污水灌溉后,其中含有的有毒有害物质在土壤中累积。

　　(二)固体废物的排放

　　包括工业废渣、污泥、城市垃圾等。许多企业没有采取必要的防污染措施或缺乏对污染源的治理技术,导致"三废"大量超标。

　　(三)农药、肥料施用和农膜的使用

　　农药施用后有很大一部分进入土壤,虽然有生物、光解和化学降解等过程,但对于持久性强的某些农药如有机氯来说,降解过程很缓慢,引起土壤中农药的残留,造成潜在的危害。化肥不合理施用,将导致土壤养分失调,N、P 等元素可随地表径流和地下水进入水体,造成水体富营养化。另一方面,肥料中含有的有害物质如磷肥中的 Cd,长期使用后可导致土壤 Cd 含量超标。

　　(四)大气沉降

　　大气中的颗粒物容易富集重金属。金属加工、交通运输等活动都会有金属尘埃进入大气,然后可能通过自身降落或随雨水接触植物体或进入土壤后,被植物或动物所吸收。酸沉降本身既是一种土壤污染源,又可加重其他有毒物质的毒害。

五　主要的土壤污染物

　　土壤污染物种类很多,主要包括重金属、农药、持久性有机污染物、化学肥料、放射性元素、有害微生物等。

　　(一)重金属

　　相对密度大于 5,五毒元素包括 As、Cd、Cr、Hg、Pb。其特点是具有一定毒性,稳定性强且不易分解,一旦进入土壤很难去除。部分重金属可被微生物甲基化,毒性增大。土壤中重金属可向作物迁移,浓度高时产生毒害作用,使叶片失绿枯黄,产量下降;浓度较低时虽然不导致毒害效应或者不影响产量,但会在作物中积累残留,影响农作物品质。

　　(二)农药

种类很多,大致可分为重金属抑制剂、有机磷、有机氯、氨基甲酸类杀虫剂和除草剂等。农药喷施后,小部分被作物吸收,大部分进入土壤,可通过理化作用分解转化,但有机氯农药和重金属制剂分解缓慢,残留时间长,造成土壤污染,进而污染农产品。

（三）持久性有机污染物

根据国际 POPs 公约持久性有机污染物分为杀虫剂、工业化学品和生产中的副产品 3 类。POPs 的特点如下：

（1）蓄积性。能够长期的在环境里存留,对整个生态系统和人体健康的威胁都会长期存在。

（2）放大性。可以通过大气、水、土壤进入植物或者低等动物体内,然后通过食物链逐级放大,最后对人体健康造成很大的影响。

（3）移动性。POPs 有一定的挥发程度,使其可在全球转运,长距离的转运到一些地区,甚至是根本就没有 POPs 生产使用的地区。

（4）破坏性。POPs 对健康和生态具有严重的影响,具有致畸、致癌、致突变的"三致效应"。

（四）化肥

长期过量施用化肥一方面会对土壤的团粒结构造成破坏,造成土壤板结,物理性状变差,且影响农产品的品质。另外,过量施用化肥还会造成部分营养成分的淋失,污染地表水和地下水。化肥中氮素污染使得水体富营养化,藻类大量繁殖,导致水中溶解氧缺乏,使得鱼类缺氧死亡。另外,氮肥过度施用还导致蔬菜、饲料等累积大量硝酸盐和亚硝酸盐,人食用后易在人体中转变为强致癌物质——亚硝胺。

（五）放射性元素

主要来源于大气层核试验的沉降物,以及原子能和平利用过程中排放的各种废气、废水和废渣。这些元素不可避免地随自然沉降、雨水冲刷和废弃物的堆放而污染土壤。土壤一旦被放射性物质污染,就难以自行消除,只能自然衰变为稳定元素后才可消除其放射性。

（六）病原微生物

包括病原菌和病毒等,来源于人畜粪便和用于灌溉的污水(未经处理的生活污水,特别是医院污水)。可对人类健康造成危害。

六　污染物在土壤中迁移转化

各种污染物质进入土壤后,便与土壤固相、液相、气相物质之间发生一系列物理、化学、生物化学的反应过程,在土壤中进行迁移转化。其迁移转化的强度和速度,取决于污染物质和土壤的物质组成和特性。

（一）重金属在土壤中迁移转化

土壤污染物中,重金属和有机污染物比较突出。重金属是指相对密度大于或等于5的金属元素,环境污染研究中关注最多的5种重金属主要是镉（Cd）、铬（Cr）、汞（Hg）、铅（Pb）和类金属砷（As）,称为五毒重金属元素。

重金属不能被分解或自然消失,在一定条件下其有害作用可能暂时减弱,但不会完全消失,可能会恢复其原有的毒性。此外,重金属可以被生物富集,因此可以迁移到生物体中,从而造成二次或多次污染。

重金属进入土壤后,与土壤中的物质结合,以一定的形态存在,并发生迁移和传输。与重金属结合的土壤物质有矿物质（主要包括黏土矿物、硅酸盐矿物、氧化物）、有机物（主要有腐殖酸）、微生物等,反应过程包括吸附、络合、沉淀和矿化作用,并伴随着能量变化。

虽然土壤重金属总量能在一定程度上反映农田土壤的污染状况,但很难反映土壤重金属的环境行为和生态效应,因此土壤重金属的赋存形态被认为是制约其生物有效性及其环境行为的决定性因素。土壤重金属的形态比较复杂,20世纪70年代以来,不同学者提出了多种重金属形态分级的方法,它们大多基于不同提取剂对土壤重金属的连续提取,因此所得到的形态实际上是一种操作定义,但是这种连续提取法能使复杂的问题得以简化,因此在土壤重金属化学行为研究中应用广泛。

在多种形态分级方法中,应用较多的是 Tessier 的五级连续提取法和欧洲共同体物质标准局的三步提取法（BCR 法）,前者将重金属在土壤的赋存形态分为交换态、碳酸盐结合态、铁锰氧化物结合态、有机质结合态及残渣态；BCR 法则将土壤重金属分为酸溶态、可还原态、可氧化态和残渣态。当外源重金属进入土壤后,其形态会不断发生转化,存在着活性强的形态（如交换态）向活性弱的形态（如碳酸盐结合态、铁锰氧化物结合态等）转化的过程,这种转化过程受土壤性状、植物种类及其生长情况的制约。

重金属的迁移转化有以下几条途径:

1. 胶体吸附

根据土壤胶体对离子吸附的一般原理,胶体对金属离子吸附的能力,与金属离子的性质及胶体种类有关。黏土矿物对金属离子吸附的顺序一般是 $Cu^{2+}>Pb^{2+}>Ni^{2+}>CO^{2+}>Zn^{2+}>Ba^{2+}>Ca^{2+}>Mg^{2+}>Na^{+}$。金属离子在土壤胶体上的吸附过程,决定着土壤重金属的分布和富集。金属元素如被吸附在黏土矿物表面的交换点上,则较易被交换,如被吸附在晶格中,则很难释放。影响土壤胶体吸附金属离子的因素包括:黏土矿物的结构和纯度;金属元素的原子价和离子半径（或水化离子半径）;同晶代换形成的自由能。

2. 络合和螯合作用

在土壤溶液中，某些重金属常以络合离子形式存在。例如，对 Hg、Pb、Cd、Zn 的研究表明，羟基与重金属的络合作用可大大提高重金属氢氧化物的溶解度。氯离子也可以提高重金属的溶解度，减小土壤胶体对重金属的吸附，这在 Hg、Cd 上表现较为明显。

有机螯合物的溶解性因有机酸的种类而存在差异，这对重金属的迁移存在不同的影响。胡敏酸（humic acid）和金属形成的螯合物一般是难溶性的，而富里酸（fulvic acid）与金属形成的螯合物则容易溶解，能够有效地阻止重金属产生难溶性沉淀，在土壤中以螯合物形式迁移。

3. 化学沉淀

很多重金属元素能与阴离子形成难溶性化学沉淀，形成沉淀的难易程度可用溶度积来衡量。金属沉淀的稳定性主要与土壤 pH 和 E_h 关系密切。

（1）土壤 pH 对重金属迁移转化的影响。pH 是影响土壤重金属迁移转化的重要因素。根据溶度积，可从理论上推出重金属离子浓度与 pH 的关系。例如：

$$[Cu^{2+}][OH^-]^2 = 1.6 \times 10^{-19}$$

经过等式转换、两边取对数得到：

$$\lg[Cu^{2+}] = 9.2 - 2pH$$

与此类似，其他重金属元素如 Cd、Zn、Pb 的离子浓度为：

$$\lg[Cd^{2+}] = 14.3 - 2pH$$
$$\lg[Zn^{2+}] = 11.65 - 2pH$$
$$\lg[Pb^{2+}] = 13.62 - 2pH$$

（2）氧化-还原条件对重金属迁移转化的影响。土壤氧化-还原条件一般由氧化-还原电位（E_h）表示。当 E_h 较低（<-150 mV）时，重金属离子可形成金属硫化物沉淀，危害减弱；而当 E_h 升高后，金属硫化物沉淀将溶解，活性加强，危害加重。

（二）几种主要重金属污染物在土壤中迁移转化

1. 镉（Cd）

世界土壤中 Cd 的平均含量为 0.5 mg/kg，我国为 0.079 mg/kg。Cd 来源于矿物开采和冶炼、电镀、颜料和蓄电池的制造等。离子态的 Cd 溶解性强，易迁移，可被植物吸收，而 Cd 的沉淀如 CdS、$CdCO_3$ 等，不易迁移和被植物吸收。土壤胶体对 Cd 有较强的吸附能力，这个过程受到土壤性质的影响，有机质和黏粒含量高的土壤吸附量较大。Cd 的形态和迁移转化受土壤酸碱度、氧化-还原条件影响明显,土壤 pH 下降,土壤胶体对 Cd 的解吸率增加。土壤还原性增强时,Cd 以难溶性 CdS 沉淀为主,当排水后,土壤氧化性增加,S 离子被氧化为 SO_4^{2-} 离子,并释放出 H^+,CdS 转化为 Cd^{2+},溶解性增强。

2. 汞(Hg)

世界土壤中 Hg 的平均含量为 $0.03 \sim 0.1$ mg/kg,我国为 0.04 mg/kg。Hg 的天然来源为母岩和母质,人为来源主要是燃料燃烧、垃圾焚烧和汞矿开采等。Hg 一般分布在土壤表层($0 \sim 20$ cm),但其形态比较复杂,无机和有机形态的 Hg 都可能存在。无机 Hg 化合物有 HgS、HgO、$HgCO_3$、$HgHPO_4$、$HgSO_4$、$HgCl_2$、$Hg(NO_3)_2$ 等;有机 Hg 化合物有甲基 $Hg(CH_3Hg)$、有机络合 Hg 等。有机 Hg 的毒性比无机 Hg 的强。大部分 Hg 的化合物为难溶性。

土壤中 Hg 的迁移转化比较复杂,主要有氧化和还原、吸附和解吸、络合与螯合过程。

3. 砷(As)

世界土壤中 As 的平均含量为 6 mg/kg,我国为 9.6 mg/kg。土壤 As 污染主要来源于冶金、化工、燃煤、炼焦、电子工业和含 As 农药的施用。自然界 As 的化合物大多以砷酸盐的形态存在于土壤中,由于 As 是变价元素,其形态受土壤氧化还原电位的影响比较大。旱地土壤中,As 大部分以砷酸根形态(AsO_4^{3-})存在,在淹水条件下,氧化-还原电位降低,砷酸根则还原成亚砷酸盐。As^{3+} 的易迁移性、活性和毒性都远高于 As^{5+}。因此,提高土壤氧化-还原电位,可以降低 As 的活性。

4. 铬(Cr)

土壤中 Cr 的平均含量是 $10 \sim 50$ mg/kg,我国的平均含量为 40 mg/kg。土壤中 Cr 的溶解性较低,在土壤中主要有 +3 和 +6 两种价态。土壤中 Cr 的迁移转化受 E_h 影响较大,强酸性土壤不存在 6 价 Cr 化合物,因为土壤 E_h 必须很高,但在弱酸性和弱碱性的条件下,土壤可能存在 6 价 Cr 化合物。这种化合物可以被土壤有机质还原成为 3 价 Cr。土壤胶体对 Cr 的吸附很强,因此在土壤溶液中不存在 Cr 离子,土壤中 Cr 主要是不溶性化合物,土壤 Cr 的可给性比较低。

5. 铅(Pb)

世界土壤中 Pb 的平均含量为 20 mg/kg。自然来源是母岩母质,人为来源主要有含铅矿物的开采和冶炼、污泥施用、污水灌溉和含铅汽油的使用。土壤中的无机 Pb 主要是二价的难溶性化合物,如 $Pb(OH)_2$、$PbCO_3$、$Pb_3(PO_4)_2$ 等。另外,土壤中的阴离子和有机质的配合作用、黏土矿物、铁锰氢氧化物对 Pb 的吸附作用也对土壤 Pb 的溶解性造成影响。

(三)有机污染物在土壤中的迁移转化

土壤中的有机污染物主要包括有机农药、石油烃、染料、表面活性剂、增塑剂、阻燃剂等,来源于除草剂和杀虫剂的施用、污水灌溉、污泥和废弃物的土地处置与利用、固体废物填埋场渗滤等。在土壤中主要以挥发态、自由态、溶解态和固态存在,绝大多数属于挥发性有机污染物。

1. 农药进入土壤后的迁移转化

农药在土壤中可以迁移、转化、降解,也可以残留、累积。农药的迁移转化行为主要有吸附和降解作用。

(1) 吸附作用。土壤对化学农药的吸附作用有物理吸附、物理化学吸附。土壤胶体一般带负电荷,能够吸附进入土壤后解离的化学农药。吸附量与土壤的阳离子交换量有关,有机胶体对农药的吸附能力比无机矿物大。另一方面,农药本身的化学性质如功能团、相对分子质量、溶解度等对其吸附也有影响。农药的功能团如 R_3N^+-、$-OH$、$-CONH_2$、$-NH_2COR$、$-NH_2$、$-OCOR$、$-NHR$等都能增强吸附强度。分子增大,或者溶解度减小,都能增强吸附强度。

土壤吸附对农药的活性和毒性具有很大的影响,使得其溶解度和生理活性降低,因此土壤对农药的吸附是对农药这类有毒污染物的净化和解毒。土壤吸附能力越强,对农药的净化效果就越好。不过,土壤的净化作用是有限的,被土壤吸附的农药仍然可能在某些条件下被释放出来,从而恢复其对环境和生物的毒性。

除了吸附之外,进入土壤的农药还可以通过气体挥发在土壤中扩散,这种扩散作用受到土壤和农药的理化性质影响。农药还可以通过溶解于水中或者吸附于土壤固体表面随水移动而进行迁移,但由于大部分农药水溶性有限,被土壤胶体强烈吸附,因此在一般情况下不易在土体内发生淋失,但有可能通过土壤侵蚀随地表径流进入地面水体,造成地表水体污染。

(2) 降解作用。农药在土壤中的降解有光化学降解、化学降解和微生物降解。

光化学降解指土壤表面在太阳辐射和紫外线的作用下,农药中的 $C-C$、$C-O$、$C-N$ 等变成激发态的分子,从而发生降解的过程。光化学反应能使农药形成新的化合物,可使农药的毒性发生改变,包括降低或者增加两种结果。

化学降解指进入土壤中的农药经过水解、氧化、异构化、离子化等作用后降解的过程。农药的水解速率受其化学结构和反应条件的影响。例如,有机磷农药在 pH 大于 5 时,稳定性变小,水解速率随 pH 上升而迅速增加。

微生物降解是通过微生物的作用降解的过程。土壤中的微生物对农药的降解具有不可替代的作用,其速度很快,而且能将农药分子彻底分解,最终产物为 CO_2。微生物对农药的生物化学作用主要有脱氯作用、脱烷基作用、环裂解作用等。

2. 农药在土壤中的残留

各种农药在土壤中残留时间不仅取决于农药的性质,还与土壤的性质密切相关,如土壤质地、有机质含量、酸碱度、水分含量、土壤微生物种群等多种因素。例如,农药的残留时间在有机质含量高的土壤中更长,原因在于农药可被土壤有机质的脂类溶解,从而不受微生物分解的影响。

农药的残留时间在环境保护和植物保护上的意义是不同的。前者希望缩短各种农药的残留期,而后者则从达到理想的防治效果出发,希望残留时间长一些。因此,理想的农药应该具有两方面的特性,即药效的保持时间要达到控制目标生物的目的,同时又能较快降解,对非目标生物没有持续影响,对环境不产生污染。

3. POPs 的环境行为

(1)土壤吸附。土壤对有机污染物的吸附包括可逆吸附和不可逆吸附两种形式,后者导致污染物在土壤固相特别是土壤有机质形成牢固的结合,大大延长了有机污染物的降解过程。有机污染物具有较强的亲脂性,如多氯联苯(PCBs)、多环芳烃(PAHs)等,被强烈吸附在土壤的有机质上,导致其生物降解出现明显的延迟。影响POPs环境归趋主要是不可逆吸附。PAHs在土壤中的最终归趋基本由表面吸附所控制,三环或三环以上的PAHs容易被土壤强烈吸附。

(2)淋溶、挥发。对于大多数PAHs来说,由于本身极低的水溶性和土壤对其强烈的吸附作用,其淋溶作用很弱。干燥土壤对杀虫剂的吸附作用强于湿润土壤,因此挥发更少。在湿润土壤中,杀虫剂容易随地表径流和潜流而迁移,在灌溉条件下残留的杀虫剂在土壤剖面上存在淋溶现象。

(3)非生物降解。有机污染物在土壤中的非生物降解主要有光解、水解和氧化还原。某些污染物能直接吸收紫外光并发生光解,光解和生物降解相结合是有机污染物转移和解读的一个新途径。土壤中有机污染物的水解主要有:在土壤孔隙水中发生的反应;在黏土矿物表面的反应。另外,农药等有机污染物则容易进行氧化或还原反应,导致其降解。

(4)微生物降解。土壤微生物能够降解许多有机污染物,主要通过下面两种方式:① 共代谢(协同代谢)。一些难降解的有机物,在微生物的作用下改变化学结构,但并不能作为碳源和能源,微生物必须从其他底物获取大部或全部的碳源和能源,这样的代谢过程称为共代谢。因此,在利用微生物进行降解时,必须添加其他有机物作为碳源和能源,使得持久性有机污染物得到降解。② 微生物具有极其多样的代谢类型和很强的变异性,使之不仅可以降解自然界中的有机物,也获得了降解人工合成的大分子有机物的能力;在不能以其他方式得到能源和碳源的情况下,微生物可以利用有机污染物作为碳源和能源,将其矿化为 CO_2 和 H_2O。

(5)植物吸附、吸收和代谢。有机污染物具有较强的亲脂性,很难进入植物体内部,因此持久性污染物在根系表面的吸附对于其在土壤-植物系统中的行为显得非常重要。植物吸收和积累的有机污染物只占土壤总量很小的一部分，能被植物根系吸收的有机污染物局限于亲脂性较低的化合物，如萘、蒽。这些有机物是通过植物根重的油通道系统被植物吸收。有机污染物被吸收后，植物可以通过木质化将有机物储藏在新的结构中，也可以将它们矿化为 CO_2 和 H_2O，从而将原来的化学物质转化为无毒或低毒的代谢物储藏在植物细胞的不同位置，但也有可能转化为毒性更大的污染物。植物对有机污染物的降解程度取决于其生物有效性，后者与化合物的亲脂性、土壤类型和污染物在土壤中存在的时间有关。植物来源的某些酶能降解某些有机污染物，如脱卤素酶、过氧化物酶、磷酸酶。多数植物对持久性有机污染物的降解能力很低，这是由于植物根系分泌即根际微生物产生的酶只能以土壤中常见的有机物为底物，而对外来的高亲脂性的有机污染物降解能力很低。最近的研究表明，定殖于植物体内的内生菌（endophytic bacteria）能够将吸收到植物体内的有机污染物降解，可以有效提高有机污染土壤的修复效果，这为土壤污染的生物治理提供了一条新的途径。

七　　土壤污染防治

土壤污染具有潜伏期较长、污染物富集程度较高等特点，而且土壤成分变化较大，受地域影响明显，因此一旦被污染，其治理难度很大。土壤污染的治理包括物理、化学、生物的多种方法，但是这些方法都有一定的局限性。因此，严格控制土壤污染源、提高土壤的自净能力、加强土壤的有机耕作等措施是减少土壤污染的重要途径。

（一）控制污染源

防止土壤污染的根本措施是控制和消除土壤污染源。这要求控制进入土壤的污染物数量和速度，使之在土体中缓慢地自然降解，而不致迅速、大量地进入土壤，引起土壤污染，才能控制土壤污染。土壤污染源的控制措施包括：控制和消除工业"三废"的排放；控制化肥和农药的使用；加强污灌的监测和管理等。

（二）提高土壤环境容量

土壤自净能力与土壤的环境容量有关。土壤的环境容量指的是"一定土壤环境单元在一定时限内，遵循环境质量标准，既维持土壤生态系统的正常结构和功能，保证农产品的生物学产量与质量，又不使环境受到污染时，土壤环境所能容纳污染物的最大负荷量"。其实质是土壤污染起始值和最大负荷值之间的差值，因此提高土壤环境容量包括两个方面：一是要降低土壤环境的本底值，二是要减少进入土壤的污染物质数量。

（三）污染土壤修复

修复是指对污染的土壤进行改良，常见的治理方法可归为 4 类：

1. 工程措施

例如,客土、换土、去表土、翻土、隔离(用各种防渗材料,将污染土壤与未污染土壤或水体隔开)、清洗(用溶剂将污染物洗出土体,再处理污水)、热处理(加热污染土壤,使污染物热分解)、焚烧(与热处理类似)、电动修复(采用电化学方法使污染物移动后净化)等。工程措施的优点是效果好,速度快,适用性广;缺点是成本高,投资大。

2. 生物措施

利用特定的植物、动物和微生物吸收、固定、降解、挥发土壤中的污染物。优点是成本较低;绿色友好;缺点是时间较长,速度较慢。

3. 施用改良剂

通过添加改良剂或抑制剂降低土壤中污染物的水溶性、扩散性和生物有效性,加速有机物的分解、促进重金属在土壤中的固定。具体包括沉淀、加入抑制剂和吸附剂等。

4. 其他农业生态工程措施

通过水、肥管理选择适当的肥料与作物品种来降低污染物进入食物链的可能性。

(四)重金属污染土壤的修复

1. 工程治理方法

指用物理或物理化学的原理来治理土壤重金属污染。主要有客土、换土、翻土、去表土等。此外还有淋洗法(使用淋洗液来清洗污染土壤)、热处理法(将污染土壤加热,使其中挥发性重金属如 Hg 挥发并收集起来进行回收或处理)、电解法(使土壤中重金属在电解、电渗、电泳、电迁移等作用下在阳极或阴极聚集后被移走)等。以上措施具有效果比较彻底、稳定等优点,但治理费用高、操作较为复杂、容易引起土壤肥力降低。

2. 化学治理方法

即向污染土壤加入改良剂、抑制剂,以增加土壤有机质、阳离子代换量和黏粒含量,改变 pH、E_h 等理化性质,使土壤重金属发生氧化、还原、沉淀、吸附等作用,以降低重金属的生物有效性。其中沉淀法是指土壤溶液中金属阳离子在介质发生改变时,形成金属沉淀物而降低土壤重金属的污染。如向土壤中投放石灰,提高土壤 pH,使重金属形成氢氧化物沉淀而降低重金属的活性。

3. 生物治理方法

上述工程和化学治理方法属于场外修复技术,与它们相比,生物修复具有原位修复、操作过程较为便捷、花费较低等优势。微生物有可能将重金属转化后降低其毒性,还可将其积累在菌体内部加以固定。

植物对重金属污染土壤进行修复是解决重金属污染的有效途径。分为植物固定、植物挥发和植物提取 3 种方式。植物固定是利用植物及一些添加物质使土壤中金属活性和生物可利用性降低,但是如果环境条件发生变化,金属的可利用性可能又发生改变。植物挥发是利用植物去除土壤中一些挥发性金属污染物,即植物将其吸收到体内后又将其转化为气态物质,再释放到大气中。植物提取是目前研究最多且最有发展前景的一种利用植物去除环境中重金属的方法,该法利用能耐受并能积累重金属的植物吸收土壤中的金属离子,然后将其输送并储存在植物的地上部分。能进行植物提取的植物称为"超积累植物"。转基因技术在重金属污染土壤的植物修复上已成为研究的热点,克隆耐性基因并将其表达在其他植物中,能获得更好的修复效果。

（五）有机污染物污染土壤的修复

按照修复原理,有机污染物修复的技术可分为物理修复技术、化学修复技术和生物修复技术。

1. 物理修复技术

主要方法有土地填埋、换土和通风等转移污染物的工程措施。填埋法是将被污染的土壤挖出并运到指定地点进行填埋。换土法是指将被污染的土壤移去,然后在原处铺上干净的土壤。这两种方法只适用于小面积土壤的修复,费用高,对污染物的清除不彻底,容易造成二次污染。通风法是向土壤中通入气流,促使有机物挥发,由气流将土壤气相中的污染物带走,达到净化土壤的目的,但这种方法还不能从根本上解决有机污染物的污染问题。其他物理修复技术还包括高温焚烧、原位玻璃化技术和热解吸等。

2. 化学修复技术

主要包括化学清洗法、超临界萃取法、微波萃取法等。化学清洗法是用一些化学溶剂和表面活性剂等清洗被污染的土壤,将有机污染物移出土壤的方法。此法费用较低,但存在着易造成二次污染的缺陷。超临界萃取法是采用超临界流体萃取土壤有机污染物,使其被浓缩而去除的方法,这种方法设备投资大、运行成本高。微波萃取法是利用微波提高萃取效率的一种新技术,可对土壤中的有机污染物进行选择性萃取,从而使这类污染物从土壤中分离出去。

3. 生物修复技术

生物修复主要通过自然界中动物、植物、微生物的作用,将土壤中的有机污染物原位降解为 CO_2 和 H_2O 或转化为无害物质的方法。生物修复技术与物理和化学修复技术相比,具有成本低、效率高、无二次污染、不破坏植物生长所需的土壤环境及易于操作等特点,是一种具有广阔应用前景的治理方法。生物修复技术包括微生物修复、动物修复、酶修复和植物修复。

（1）微生物修复。利用微生物的生命代谢活动分解土壤中有机污染物的方法,该法费用低、效果好、无二次污染,但对土壤养分条件有较高要求。

（2）动物修复。利用一些土壤动物吸收或富集土壤中残留的有机污染物，通过动物自身的代谢作用，将部分农药分解为低毒或无毒产物的修复方法，此法对土壤条件有较高的要求。

（3）酶修复。直接利用某些特定的酶降解有机污染物的修复方法，该法可以降解一些难降解的污染物，对低浓度的有机污染物的处理效果较好，但该技术存在费用高、酶不稳定、易失活等缺点。

（4）植物修复。利用植物及其根际微生物去除、转化和固定土壤环境中有机污染物的一种修复方法，这种方法的优点是操作方便，易于原位处理污染物。根据修复机制，植物修复可分为植物直接吸收、植物根分泌的酶对有机物的降解、植物与根际微生物的联合作用。

八 我国在重金属污染防治上的新进展

重金属造成的环境污染危害日益凸显，是当前亟待妥善解决的突出环境问题。近年来我国一些地方相继发生多起重金属、类金属污染事件，严重威胁人民群众身体健康。基于此，我国于 2007 年启动了全国污染源普查工作，并在《第一次全国污染源普查公报》中公布了 2007 年普查的情况。

2011 年年初，国务院已正式批复《重金属污染综合防治"十二五"规划》（简称《规划》），这是我国出台的第一个"十二五"专项规划。《规划》遵循源头预防、过程阻断、清洁生产、末端治理的全过程综合防控理念，明确了重金属污染防治的目标：到 2015 年，从改善民生出发，"建立三大体系、解决一批问题"。建立起比较完善的重金属污染防治体系、事故应急体系和环境与健康风险评估体系，解决一批损害群众健康和生态环境的突出问题。

《规划》提出，要进一步优化重金属相关产业结构，基本遏制住突发性重金属污染事件高发态势。重点区域铅、汞、铬、镉和类金属砷等重点重金属污染物的排放量，比 2007 年减少 15％。非重点区域重点重金属污染物排放量不超过 2007 年水平，重金属污染得到有效控制。重金属污染防治涉及的重点行业，包括重有色金属矿采选、冶炼、铅蓄电池、皮革及其制品、化学原料及其制品五大行业。

2011 年，环境保护部在北京召开"重金属污染综合防治"十二五"规划"视频工作会议，部署落实《规划》的工作，提出了具体措施：

（1）突出重点，从严惩治。各地要对重金属污染企业，特别是工艺落后、污染严重企业的环境安全隐患认真进行排查，发现一个，解决一个，警示一片，坚决把污染隐患消灭在萌芽状态。对未进行环评和"三同时"验收的企业一律停产整改，对位于饮用水水源地的企业一律停产关闭，对污染治理设施不正常运行、长期超标排放的企业一律停产治理，对发现重大环境安全隐患的企业一律停产整改,对整改不到位的企业坚决予以关闭,对有劣迹的公司上市或再融资,两年内各级环保部门一律不得出具同意其通过上市核查的文件。

（2）源头防范,严格准入。科学调整重金属企业环境安全防护距离,禁止在重要生态功能区和因重金属污染导致环境质量不能稳定达标区域新建相关项目。组织好重点区域重金属产业发展规划、重点行业专项规划的环境影响评价,健全法规标准体系,并将其作为受理审批区域内重金属行业相关建设项目环境影响评价文件的前提。今后,凡没有完成淘汰落后产能任务的地区、重大污染导致群体性事件的地区,暂停其新增重点防控污染物排放的建设项目审批。

（3）妥善处置,维护稳定。各级环保部门要切实加强对重金属污染事件的信息报送工作,一旦发生问题,要及时报告,妥善处置,并协助地方政府做好信息公开、群众安抚和宣传教育工作,切实维护群众环境权益,保持社会和谐稳定。

第四节　固体废物污染及其防治

固体废物污染已成为当今世界各国所共同面临的一个重大环境问题,特别是危险废物,由于其对环境造成严重的污染,1983 年联合国环境规划署将其与酸雨、气候变暖和臭氧层破坏并列作为全球性四大环境问题。

一　固体废物的基本概念

（一）固体废物的定义

一般来说,固体废物（或称固体废弃物）是指在社会的生产、流通、消费等一系列活动中产生的不再具有原使用价值而被丢弃的固态或半固态物质。

《中华人民共和国固体废物污染环境防治法》（1995 年颁布,2004 年修订）对固体废物进行了明确的定义:固体废物是指在生产、生活和其他活动中产生的丧失原有利用价值或者虽未丧失利用价值但被抛弃或者放弃的固态、半固态和置于容器中的气态的物品、物质以及法律、行政法规规定纳入固体废物管理的物品、物质。

（二）固体废物的来源与分类

1. 来源

污染物产生的根本原因是人类的社会经济活动,污染物的形成与产生取决于科学技术水平、工艺设备以及人们的环境意识等多方面的因素。由于人类目前尚不能完全消耗和利用从环境中获得的物质和能量,即在社会性消费和生活消费过程中,存在"耗散",这部分不为人类利用的物质或能量中的一部分就会形成污染物而造成环境污染。

　　人类在资源开发和产品制造过程中,不可避免地要产生废弃物,而且任何产品经过使用和消费后也会变成废物。固体废物的来源大体上可以分为两类:一类是生产过程中所产生的废物,我们称之为生产废弃物;另一类是在产品进入市场,在流动过程中或使用过程中产生的固体废物,称之为生活废物。表5-3列出了固体废物的类型、来源及组成。

表 5-3　固体废物的来源及主要组成

类别	废物来源	主要组成
工矿业固体废物	矿山、选冶	废石、尾矿、金属、废木、砖瓦、水泥、砂石等
	能源煤炭工业	矿石、煤、炭、木料、金属、矸石、粉煤灰、炉渣等
	黑色冶金工业	金属、矿渣、模具、边角料、陶瓷、橡胶、塑料、烟尘、绝缘材料等
	化学工业	金属填料、陶瓷、沥青、化学药剂、油毡、石棉、烟道灰、涂料等
	石油化工工业	催化剂、沥青、还原剂、橡胶、炼制渣、塑料、纤维素等
	有色金属工业	化学药剂、废渣、赤泥、尾矿、炉渣、烟道灰、金属等
	交通运输、机械	涂料、木料、金属、橡胶、轮胎、塑料、陶瓷、边角料等
	轻工业	木质素、木料、金属填料、化学药剂、纸类、塑料、橡胶等
	建筑材料工业	金属、瓦、灰、石、陶瓷、塑料、橡胶、石膏、石棉、纤维素等
	纺织工业	棉、毛、纤维、塑料、橡胶、纺纱、金属等
	电器仪表工业	绝缘材料、金属、陶瓷、研磨料、玻璃、木材、塑料、化学药剂等
	食品加工工业	油脂、果蔬、五谷、蛋类食品、金属、塑料、玻璃、纸类、烟草等
	军工、核工业等	化学药物、一般非危险废物、含放射性废渣、同位素实验室废物、含放射性劳保用品等
生活垃圾	居民生活	饮料、食物、纸屑、编织品、庭院废物、塑料品、金属用品、煤炭渣、家用电器、建筑垃圾、家庭用具、人畜粪便、陶瓷用品、杂物等
	各事业单位	纸屑、园林垃圾、金属管道、烟灰渣、建筑材料、橡胶玻璃、办公杂品等
	机关、商业系统	废汽车、建筑材料、金属管道、轮胎、电器、办公杂品等
其他固体废物	农林业	秸秆、稻草、塑料、枯枝落叶、农药、畜禽粪便、污泥、畜禽类尸体等
	水产业	腐烂鱼虾贝类、水产加工污泥、塑料、畜禽尸体等
	其他行业	略

2. 分类

固体废物的来源广泛,种类繁多,性质各异,组成复杂。因此,对固体废物进行分类是实施管理的重要基础。依据固体废物的化学性质,可分为有机固体废物和无机固体废物;按其危害性,可分为一般性固体废物和危险性固体废物;按其来源,可分为工业固体废物、生活垃圾和其他固体废物等。《中华人民共和国固体废物污染环境防治法》中则按来源将固体废物分为工业固体废物、城市生活垃圾和危险废物 3 类:

(1) 工业固体废物。是指在工业生产活动中产生的固体废物。

(2) 城市生活垃圾。是指在日常生活中或者为日常生活提供服务的活动中产生的固体废物以及法律、行政法规规定视为生活垃圾的固体废物。

(3) 危险废物。是指列入国家危险废物名录或者根据国家规定的危险废物鉴别标准和鉴别方法认定的具有危险特性的固体废物,即指具有毒性、腐蚀性、反应性、易燃性、浸出毒性等特性之一,由于其数量、浓度、物理化学性质或易传播性引起死亡率增加,无法治愈的疾病发病率增高或者对人体健康或环境造成危害的固体、半固体、液体废物等。

(三) 固体废物的危害

1. 固体废物的特点

(1) 资源和废物的相对性。固体废物具有鲜明的时空特征。固体废物的时间特点表现为它仅仅是在目前的科学技术和经济条件下无法加以利用,但随着时间的推移、科学技术的发展以及人们的要求变化,今天的废物可能成为明天的资源。固体废物的空间特点体现在固体废物仅仅相对于某一过程或某一方面没有使用价值,而并非在一切过程或一切方面都没有使用价值。一种过程的废物,往往可以成为另一过程的原料。

(2) 富集终态和污染源头的双重作用。固体废物往往是许多污染成分的终极状态。有害气体或飘尘,通过治理最终富集成为固体废物;污水中的有害溶质和悬浮物,通过治理最终被分离出来成为污泥或残渣;含重金属的可燃固体废物,通过焚烧处理,有害金属富集于灰烬中。但是,这些“终态”物质中的有害成分,在长期的自然因素作用下,又会转入大气、水体和土壤,故又成为大气、水体和土壤环境的污染“源头”。因此,固体废物既是污染“源头”,也是“终态物”。固体废物这一污染“源头”和“终态”特征说明:控制“源头”、处理好“终态物”是固体废物污染控制的关键。

(3) 危害具有潜在性、长期性和灾难性。固体废物对环境的污染不同于废水、废气和噪声。固体废物呆滞性大、扩散性小,它对环境的影响主要是通过水、气和土壤进行的。其中污染成分的迁移转化,如浸出液在土壤中的迁移,是一个比较缓慢的过程,其危害可能在数年甚至数十年后才能发现。如“20 世纪最糟糕的发明"——塑料在环境中降解的时间长达几百年,与废水、废气相比对环境的危害更为持久。

2. 固体废物的污染途径

固体废物污染途径是多方面的,其具体途径取决于固体废物本身的物理、化学和生物性质,而且与固体废物处置所在场地的水质、水文条件有关。具体主要有下列几种途径:① 通过填埋或堆放渗漏到地下污染地下水源;② 通过雨水冲刷流入江河湖泊造成地面水污染;③ 通过废物堆放或焚烧会使臭气与烟雾进入大气,造成大气污染;④ 有些有害毒物施用在农田上会通过生物链的传递和富集进入食品,进而进入人体。

固体废物污染途径如图 5-7 所示。

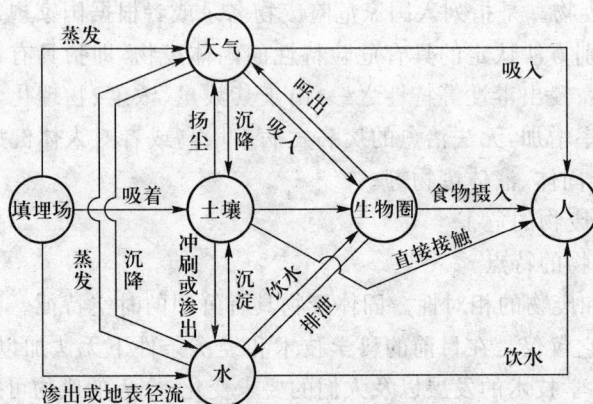

图 5-7　固体废物的主要污染途径

(资料来源:何强,2004)

3. 固体废物对环境的危害

(1) 对大气环境的影响。露天堆放的固体废物中的细微颗粒和粉尘能够随风飘扬,从而对大气环境造成污染。研究表明,粉煤灰堆遇到四级以上风力,可被剥离 1~1.5 cm,灰尘飞扬可高达 20~50 m,并使平均视程降低 30%~70%。而且堆积的废物中某些物质的化学反应,可以不同程度地产生毒气或恶臭,造成地区性空气污染。废物填埋场中逸出的沼气也会对大气环境造成影响,它在一定程度上会消耗填埋场上层空间的氧,影响植物的正常生长。

(2) 对水环境的影响。在世界范围内,有不少国家直接将固体废物倾倒于河流、湖泊或海洋。在这个过程中,固体废物随天然降水或地表径流进入河流、湖泊,污染地表水;并产生渗滤液渗透到土壤中,进入地下水,使地下水受到污染;废渣直接排入河流、湖泊或海洋,能造成更大的污染。

(3) 对土壤环境的影响。固体废物的任意露天堆放,必将占用大量的土地,破坏地貌和植被。固体废物及其淋洗和渗滤液中所含有害物质会改变土壤的性质和结构,并对土壤中的微生物产生影响。这些有害成分的存在,不仅有碍植物根系的发育和生长,而且还会在植物有机体内积蓄,通过食物链危及人体健康。

二　固体废物的管理与污染控制对策

固体废物管理主要研究人类在生产生活过程中从固体废物的产生到最终处置各环节对环境的影响及其应当采取的对策。

(一) 固体废物管理的法规体系

解决固体废物污染控制问题的关键之一是建立和健全相应的法规、标准体系。20世纪70年代以来,人们逐步加深了对固体废物环境管理重要性的认识,不断加强对固体废物的科学管理,并从组织机构、环境立法、科学研究和财政拨款等方面给予支持和保证。许多国家开展了固体废物及其污染状况的调查,并在此基础上制定和颁布了固体废物管理的法规和标准。

世界各国的固体废物管理法规都经历了一个漫长的、从简单到完善的过程。美国1965年制定的《固体废物处置法》是第一个固体废物的专业性法规,该法1976年修改为《资源保护及回收法》(RCRA),并分别于1980年和1984年经美国国会加以修订,日臻完善,迄今已成为世界上最全面、最详尽的关于固体废物管理的法规之一。根据RCRA的要求,美国EPA又颁布了《有害固体废物修正案》(HSWA),其内容共包括九大部分及大量附录,每一部分都与RCRA的有关章节相对应,实际上是RCRA的实施细则。为了清除已废弃的固体废物处置场对环境造成的污染,美国又于1980年颁布了《综合环境对策保护法》(CERCLA),俗称"超级基金法"。日本关于固体废物管理的法规主要是1970年颁布并经多次修改的《废弃物处理及清扫法》,迄今已成为包括固体废物资源化、减量化、无害化以及危险废物管理在内的相当完善的法规体系。此外,日本还于1991年颁布了《促进再生资源利用法》,对促进固体废物的减量化和资源化起到了重要作用。

我国全面开展环境立法的工作始于20世纪70年代末期。在1978年的《宪法》中,首次提出了"国家保护环境和自然资源,防止污染和其他公害"的规定,1979年颁布了《中华人民共和国环境保护法(试行)》,1989年通过了《中华人民共和国环境保护法》,这是环境保护的基本法,对我国的环境保护工作起着重要的指导作用。1995年,我国颁布了《中华人民共和国固体废物污染环境防治法》,该法于2004年经第十届全国人民代表大会第十三次会议予以修订通过。修订的《中华人民共和国固体废物污染环境防治法》共分为六章,内容涉及总则、固体废物污染环境防治的监督管理、固体废物污染环境的防治、一般规定、工业固体废物污染环境的防治、生活垃圾污染环境的防治、危险废物污染环境防治的特别规定、法律责任及附则等,这些规定从 2005 年 4 月 1 日起正式成为我国固体废物污染环境防治及管理的法律依据。

（二）固体废物的管理原则

《中华人民共和国固体废物污染环境防治法》确立了固体废物污染防治的"三化"原则和"全过程"管理原则。

1. 实行全过程管理的原则

固体废物管理是一项系统工程,需要对固体废物开展由源头到最终管理的全过程的统筹规划,从固体废物产生、收集、输送到转化处理各个技术环节进行全过程控制,优化固体废物综合利用网路,实现经济、社会、环境效益的最大化。由于这一原则包括了从固体废物的产生到最终处理的全过程,故亦称为"从摇篮到坟墓"的管理原则。

2. 坚持减量化、资源化、无害化原则

强化固体废物全过程管理,从源头上减少固体废物的产生,最大限度地减少末端处理处置。大力促进固体废物的再利用、循环利用和再生,提高固体废物的资源化率。对确实无用价值的固体废物最终实现无害化处置,有效控制和杜绝污染源发生。固体废物的"三化"原则是以减量化为前提、以无害化为核心、以资源化为归宿。

3. 固体废物管理的发展趋势

国内外固体废物管理大致经历了 3 个阶段,即未加控制的土地处理阶段、卫生填埋与简单的资源回收并存阶段和固体废物的综合管理阶段。

固体废物的综合管理模式如图 5-8 所示,该模式是许多发达国家在多年实践的基础上逐步形成的。其主要目标是通过促进资源回收、节约原材料和减少废物处理量,从而降低固体废物的环境影响,即达到减量化、资源化和无害化的目的。综合管理将成为今后废物处理和处置的方向。

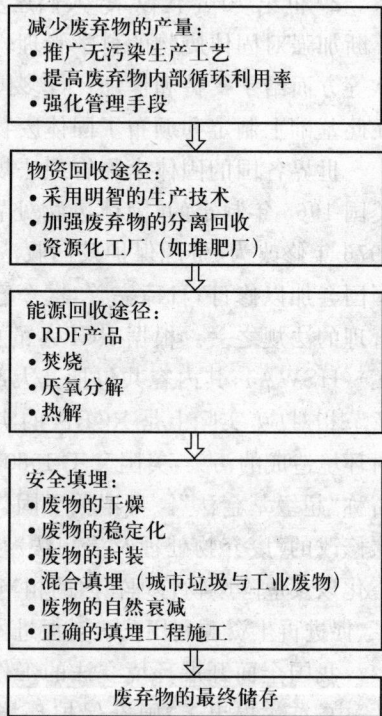

减少废弃物的产量:
• 推广无污染生产工艺
• 提高废弃物内部循环利用率
• 强化管理手段

↓

物资回收途径:
• 采用明智的生产技术
• 加强废弃物的分离回收
• 资源化工厂（如堆肥厂）

↓

能源回收途径:
• RDF产品
• 焚烧
• 厌氧分解
• 热解

↓

安全填埋:
• 废物的干燥
• 废物的稳定化
• 废物的封装
• 混合填埋（城市垃圾与工业废物）
• 废物的自然衰减
• 正确的填埋工程施工

↓

废弃物的最终储存

图 5-8　固体废物综合管理模式
（资料来源:何强等,2004）

三　固体废物污染控制与处理处置

（一）固体废物污染控制

206

固体废物污染控制需从两个方面入手：一是减少固体废物的排放量，二是防治固体废物污染。为使得工业生产中固体废物产生量减少，需积极推行清洁生产审核制度，鼓励和倡导不断采取改进设计、使用清洁的能源和原料、采用先进的技术和设备、改善管理、综合利用等措施，从源头消减固体废物污染，提高资源利用效率，减少或避免在生产、服务和产品使用过程中产生的固体废物，以减轻或消除固体废物对人类健康或环境的危害。

1. 工业固体废物

对于工业固体废物，可采取以下主要控制措施：

（1）积极推行清洁生产审核，实现经济增长方式的转变，限期淘汰固体废物污染严重的落后生产工艺和设备。

（2）采用清洁的资源和能源。

（3）改用精料。

（4）改进生产工艺，采用无废或少废技术和设备。

（5）加强生产过程控制，提高管理水平和加强员工环保意识的培养。

（6）提高产品质量和寿命。

（7）发展物质循环利用工艺。

（8）进行综合利用。

（9）进行无害化处理与处置。

2. 城市生活垃圾

城市生活垃圾的产生量与城市人口、燃料结构、生活水平等有密切关系，其中人口是决定城市垃圾产量的主要因素。为有效控制生活垃圾的污染，可以采取以下措施：

（1）鼓励城市居民使用耐用环保物质资料，减少对假冒伪劣产品的使用。

（2）加强宣传教育，积极推进城市垃圾分类收集制度。

（3）改进城市的燃料结构，提高城市的燃气化率。

（4）进行城市生活垃圾综合利用。

（5）进行城市生活垃圾的无害化处理与处置，通过焚烧处理、卫生填埋处置等无害化处理处置措施，减轻污染。

（二）固体废物处理与处置系统

固体废物处理是指通过物理、化学、生物等方法，使固体废物转化为便于运输、储存、资源化利用以及最终处置的一种过程。固体废物处理的目标是无害化、减量化和资源化。固体废物的物理处理是通过浓缩或相的变化改变固体废物的结构，且不破坏固体废物的化学组成，使之成为便于运输、储存、利用或处置的形态，通常作为后续处理处置或资源化前的一种预处理过程，常用的有压实、破碎、分选、浓缩、脱水等。化学处理是指采用化学方法破坏固体废物中的有害成分从而达到无害化,或将其转变成适于进一步处理的形态,抑或使固体废物发生化学转化从而回收物质和能源的处理方法,具体包括氧化、还原、中和等;生物处理是利用分解微生物分解固体废物中可降解的有机物,从而达到无害化或综合利用的目的,或通过一些特异性微生物的作用,是固体废物性质发生改变,有利于有害成分的溶出,常用的有沼气发酵、堆肥、生物溶出等。另外还有焚烧处理、热解处理、固化和稳定化处理等方法,它们可以看做是特殊的物理化学处理方法。

　　固体废物处置是指对已无回收价值或确属不能再利用的固体废物(包括对自然界及人身健康危害性极大的危险废物),采取长期置于与生物圈隔离地带的技术措施,也是解决固体废物最终归宿的手段,故也称为最终处置技术。处置的目的和技术要求是使固体废物在环境中最大限度地与生物团隔离,避免或减少其中污染组分对环境的污染危害。固体废物的处置方法一般分为陆地处置和海洋处置两大类。海洋处置是利用海洋具有的巨大稀释能力,在海洋上选择适宜的洋面作为固体废物处置场所的处理方法,主要包括海洋倾倒和远洋焚烧;陆地处置方法可分为土地耕作、土地填埋(卫生土地填埋和安全土地填埋)和永久储存。土地填埋处置具有工艺简单、成本较低、适于处理多种类型固体废物的优点。目前,土地填埋处置已经成为固体废物最终处置的主要方法之一。通常情况下,用于处置城市垃圾的卫生填埋场为衰减型填埋场或半封闭填埋场,而处置危险废物的安全填埋场为全封闭填埋场。图5-9是典型的安全填埋场剖面图。

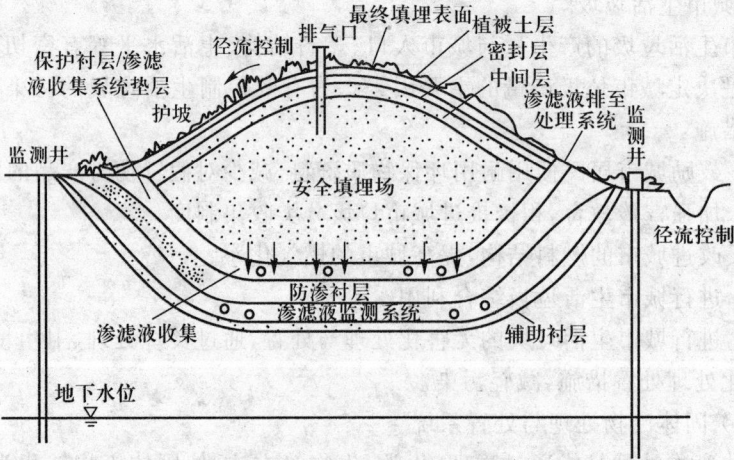

图5-9　安全填埋场剖面图
(资料来源:宁平,2007)

　　垃圾卫生填埋新的发展方向是可持续填埋。可持续填埋的实质是将垃圾及其储存场所——填埋场在时间或者空间上的延续,既使垃圾这种资源得到重复有效利用,填埋场的空间又能够得到持续有效的重复利用。垃圾的利用主要有两个途径:一种是以能量释放的形式进行利用,另一种是以生物质本身进行利用。填埋场空间的利用则主要是在充分利用填埋场内物质的同时,腾出新的空间使之成为一个新的填埋单元,从而提供新的填埋空间。在综合考虑土地的循环问题,可持续的垃圾填埋场模式将填埋场作为一个生物反应器,通过预设管道,回流垃圾渗滤液补充填埋场内部的水分、营养物质等,促进填埋场内部的微生物降解作用,加快垃圾的消化速度,以提高垃圾填埋场的使用容量和年限,甚至实现填埋场的多次使用,如图 5-10 所示。

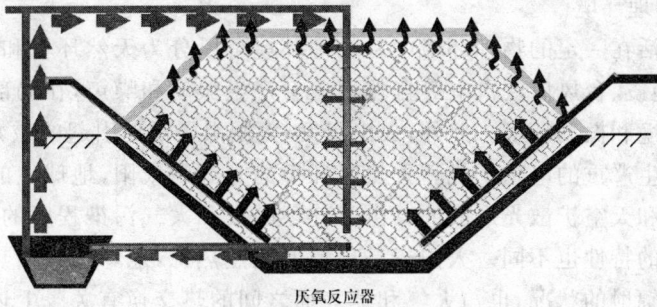

厌氧反应器

图 5-10　可持续的垃圾填埋场操作模式图

固体废物资源化工程是指用物理、化学和生物工程等手段与方法,使固体废物化害为利、综合利用,既解决了环境污染问题,又从一定程度上缓解了资源短缺的矛盾,被称为"第二次资源工业革命"或再生资源工程。

就城市生活垃圾和工业固体废物而言,固体废物处理处置系统由收运子系统、处理子系统和处置子系统 3 个部分构成,其系统及其过程如图 5-11 所示。

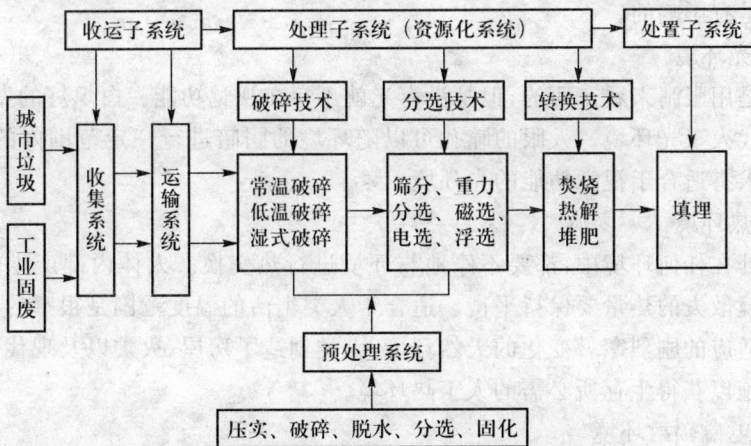

图 5-11　固体废物处理处置系统示意图

(资料来源:张小平,2003)

第五节　物理性污染及其防治

一　物理环境与环境物理学

（一）物理环境

人类生活在一定的物理环境中。物理环境可以分为天然环境和人工环境。火山爆发、地震、台风以及雷电等自然现象会产生振动和噪声，在局部区域内形成自然声环境和振动环境。此外，火山爆发、太阳黑子活动引起的磁暴以及雷电等现象还产生严重的电磁干扰。天然光环境的光源是太阳，地球上的光环境是由直射日光和天空扩散光形成的。由于气象因素和大气污染程度的差异，各地区的光环境的特性也不同。太阳还是环境的天然热源，地球上天然热环境决定于接受太阳辐射的状况，也与大气和地表面之间的热交换有关。上述自然现象都会干扰和影响人们的生活和工作。

1. 声环境

人们需要的声音（讲话和音乐等）能高度保真，不失本来面目；而不需要的声音（噪声）不致干扰人们工作、学习和休息。

2. 振动环境

人们的生活中，振动是不可避免的。例如晕车、晕船、晕机等就是由于低频振动引起的。物体作机械运动时，匀速运动对人体没有影响。但是非均匀的运动对人是有影响的。

3. 光环境

人是用眼睛来看东西的，但是没有光就不存在视觉功能。白炽灯的发明，创造了现代人工光环境。人眼的瞳孔可以随环境的阴暗进行一定范围内的调节。因此要求有适合于视觉功能的光环境。

4. 热环境

人处在任何环境中，都要不停地与环境进行热交换。人体内部产生的热量和向环境散失的热量要保持平衡。适合于人类生活的温度范围是很窄的。对于人体不适应的剧烈寒暑变化的天然环境，人类创造了房屋、火炉以及现代空调系统等设施以获得生存所必需的人工热环境。

5. 电磁辐射环境

空间里到处都有电磁场，它作用于人体和电子设备。电磁场对于通讯、广播、电视是必需的，但是不需要的电磁辐射会干扰电子设备的正常工作并危害人体。由于无线电广播、电视以及微波技术的发展,射频设备的功率不断增大,给环境带来污染和危害。

6. 电离(核)辐射环境

在地球形成之初,放射性物质及其辐射就已存在于地球上了,只是因其看不见,摸不着,人们对其认识要比对其他自然科学现象及其规律的认识晚得多。地球上每一个人都受到各种天然辐射和人工辐射的照射。

(二)环境物理学

20世纪初期,人们开始研究声、光、热等对人类生活和工作的影响,并逐渐形成了在建筑物内部为人类创造适宜的物理环境的学科——建筑物理学。20世纪50年代以后,物理性污染日益严重,不仅在建筑物内部,而且在建筑物外部,对人类造成越来越严重的危害,促使物理学的各分支学科(如声学、热学、光学、电磁学、力学等)开展对物理环境的研究并取得了一定成果,在此基础上,逐渐汇集、形成一个新兴的边缘学科——环境物理学。

环境物理学的主要研究范围是大自然中的物理变化引起人类生存环境的改变、污染物迁移及分布的规律以及研究环境问题时所采用的物理学原理与方法。其中最主要的是应用物理手段研究和解决环境中存在的污染问题,物理性污染的产生机理、发展变化、对人类的影响以及预防和治理对策等。环境物理学就其自身的学科体系而言,还没有完全定型,目前主要是研究声、光、热、加速度、振动、电磁场和射线对人类的影响及其评价,以及消除这些影响的技术途径和控制措施,目的是为人类创造一个适宜的物理环境。

从污染的属性上来看,环境污染可以分为三大类型:物理性污染、化学性污染、生物性污染。物理性污染是指由物理因素引起的环境污染,如电磁辐射、电离(核)辐射即放射性、噪声、光污染、热污染等。

物理性污染同化学性污染和生物性污染是不同的。化学性污染和生物性污染发生的原因是环境中的有害化学物质和某些生物超过了正常含量,而引起物理性污染的声、光、热、电磁场等在环境中是永远存在的,它们本身对人无害,只是在环境中的量过高或过低时,才造成污染或异常。例如,声音对人来说是必需的,环境中长久没有任何声音,人就会感到恐怖,甚至会疯狂。但是声音过强,又会妨碍或危害人的正常活动。作为一种能量污染,物理性污染同化学性污染和生物性污染相比,不同之处还表现在以下两个方面:一是物理性污染是局部性的,区域性或全球性污染现象比较少见;二是物理性污染在环境中不会有残余物质存在,在污染源停止运转后,污染也就立即消失。

物理环境和物理性污染的特征决定了环境物理学的研究特点是:① 物理环境的声、光、热、电等要素都是人类所必需的,这决定了环境物理学的研究同环境科学的其他分支学科不同,它不仅研究消除污染,而且研究适宜于人类生活和工作的声、光、热、电等物理条件;② 物理性污染程度是由声、光、热、电磁等在环境中的量决定的,这就使环境物理学的研究同其他物理学科一样,注重物理现象的定量研究。

二　噪声污染及其防治

（一）噪声污染概述

一个人进入完全没有声音的环境,将会感到非常恐惧,甚至发生神经错乱和精神失常,这就是宇航训练中所谓的恐寂病。因此在我们的生活环境中不能没有声音。语言是人类传递信息的工具,悦耳的音乐使人享受到艺术的魅力。但是在声音的世界里,有许多声音是我们不需要的,而这些声音干扰人们正常的工作、学习和休息,这些声音即为噪声。

（二）噪声危害与污染源

1. 噪声危害

(1) 噪声对人们的影响是多方面的。根据噪声的强弱,可以归纳如下:50~80 dB 的噪声可使人感到烦恼;85~90 dB 可以使人们的听阈降低,但经过休息后可以恢复,长期在这种噪声环境下工作和生活,引起耳聋的可能性大约不超过 10%;95~115 dB 的噪声会产生听觉疲劳,时间一久就引起听力损失,最后导致耳聋;115~140 dB 的噪声除了造成听力损伤外,还会引起一些疾病,如头晕、头痛、耳鸣、心血管病,严重的还可能损伤内脏器官。

(2) 噪声可引起结构的振动响应和疲劳损伤。导弹弹头附近的噪声使其中一些精密仪表失效,影响遥控、遥测。强噪声对发射场、飞机场附近的建筑物激发起振动而产生破坏效应。150~160 dB 的强噪声会使喷气飞机等飞行器内部的电子元器件和仪器设备受到干扰、失效以至损坏。甚至它们的薄板结构由于声致振动而产生疲劳或引起铆钉松动,有时会使蒙皮撕裂。因为声疲劳断裂是突然发生的,所以对飞行器不但降低其实际可用小时数,而且容易引起灾难性事故。

(3) 噪声对动物的影响非常广泛。这种影响包括听觉器官、内脏器官和中枢神经系统的病理性改变和损伤。120~130 dB 的噪声引起动物听觉器官的病理变化;135~150 dB 的噪声引起动物听觉器官的损伤和非听觉器官的病理变化;150 dB 以上的噪声能使动物的各类器官发生损伤,严重的可能导致死亡。

2. 噪声污染源

(1) 从噪声源的发声机理可分为机械噪声、空气动力性噪声和电磁噪声。但即使是一种机械设备,也可能是由几种不同发声机理的噪声组成。

机械噪声是由于机械设备运转时,部件间的摩擦力、撞击力或非平衡力,使机械部件和壳体产生振动而辐射噪声。机械噪声的特性(如声级大小、频率和时间特性等)与激发力特性、物体表面振动的速度、边界条件及其固有振动模式等因素有关。齿轮变速箱、织布机、球磨机、车床等发出的噪声是典型的机械噪声。

空气动力性噪声是一种由于气体流动过程中的相互作用,或气流和固体介质之间的相互作用而产生的噪声。气流噪声的特性与气流的压力、流速等因素有关。常见的气流噪声有风机噪声、喷气发动机噪声、高压锅炉放气排空噪声和内燃机排气噪声等。

电磁噪声是由电磁场交替变化而引起某些机械部件或空间容积振动而产生的。对于电动机来说,由于电源不稳定也可以激发定子振动而产生噪声。电磁噪声的主要特性与交变电磁场特性、被迫振动部件和空间的大小形状等因素有关。电动机、发电机、变压器和霓虹灯镇流器等发出的噪声是典型的电磁噪声。

(2) 城市环境噪声按噪声源的特点可分为四大类:工业生产噪声、建筑施工噪声、交通运输噪声和社会生活噪声。

工业生产噪声是指工业企业在生产活动中使用固定的生产设备或辅助设备所辐射的声能量。它不仅直接给工人带来危害,而且干扰周围居民的生活环境。

交通运输噪声来源于地面、水上和空中,这些声源流动性大,影响面广。随着社会经济的发展,公路、铁路、航运、高速公路、地铁、高架道路、高架轻轨的迅速发展,交通运输工具成倍增长,交通运输噪声污染也随之增加。

建筑施工噪声主要来源于各种建筑机械噪声。建筑施工虽然对某一地区是暂时的,但对整个城市来说是长年不断的。打桩机、混凝土搅拌机、推土机、运料机等的噪声都在 90 dB 以上,对周围环境造成严重的污染。

社会生活噪声是指人为活动所产生的除工业生产噪声、交通运输噪声和建筑施工噪声之外的干扰周围生活环境的声音;商业、文娱、体育活动场所等的空调设备、音响系统、保龄球等发出的噪声。在我国许多城市中,营业舞厅、卡拉OK 厅的噪声级在 95～105 dB,不仅严重影响娱乐者,而且严重干扰附近居民的休息和睡眠。社会生活噪声中不可忽视的另一类为来源于家用电器的噪声,如空调、冰箱、洗衣机的噪声等。

(三) 噪声测量与标准

一般用声级来表示噪声的强弱,它的单位是分贝(dB)。0 dB 是人们听觉的阈值,比这个阈值还弱的声音就听不到。对于噪声的强弱,考虑到人耳听阈随频率变化的特点,更合适的是用 A 声级来表示。

常用的噪声测量仪器有声级计、频谱分析仪、电平记录仪和磁带记录仪等。

声级计是一种按照一定的频率计权和时间计权测量声音的声级的仪器,是声学测量中最常用的基本仪器。声级计适用于室内噪声、环境噪声、机器噪声、车辆噪声以及其他各种噪声的测量,也可以用于电声学、建筑声学等的测量。

区域环境噪声用网格测量法,城市功能区也可以采用定点测量的方法。

劳动卫生部门采用《工业企业噪声卫生标准》对企业职工进行职业防护管理;环境保护部门依据《声环境质量标准》(GB 3096—2008)以及《工业企业厂界环境噪声排放标准》(GB 12348—2008)、《建筑施工场界环境噪声排放标准》(GB 12523—2011)和《社会生活环境噪声排放标准》(GB 22337—2008)对声环境进行管理;《工业企业噪声控制设计规范》(GB J87—85)属于国家标准,该规范规定了工业企业噪声控制设计标准;机动车辆允许噪声标准以及机械产品噪声标准是对相关产品的基本要求。

(四)噪声污染防治与噪声能利用

1. 噪声污染防治

(1)城市规划与噪声控制。工业区远离居住区、居住区道路网的合理规划,以及采用低噪声车辆和低噪声路面等道路交通噪声控制措施是从城市规划角度进行噪声控制的有效方法。

(2)噪声控制技术。要控制噪声,就必须对它的产生、传播和受体 3 个环节分别采取措施。

在声源处抑制噪声是最根本的措施,包括降低激发力、减小系统各环节对激发力的响应以及改变操作程序或改造工艺过程等。

在声传播途径中进行控制是噪声控制中的普遍技术,包括隔声、吸声、消声等措施。用可以吸收声能的材料或结构装饰在房间内表面,便可吸收掉射到上面的部分声能,使反射声减弱,接收者这时听到的只是直达声和已减弱的混响声,使总噪声级降低,这便是吸声降噪;用构件将噪声源和接收者分开,阻断空气声的传播,从而达到降噪目的的措施,称为隔声;消声器是一种在允许气流通过的同时能有效地阻止或减弱声能向外传播的装置,它是降低空气动力性噪声的主要技术措施,主要安装在进、排气口或气流通过的管道中。

在某些情况下,噪声特别强烈,在采用上述措施后,仍不能达到要求,或者工作过程中不可避免地有噪声时,就需要从受体保护角度采取措施。对于人,可佩戴耳塞、耳罩、有源消声头盔等。对于精密仪器设备,可将其安置在隔声间内或隔振台上。

(3)城市绿化。城市绿化不仅可美化环境,净化空气,在一定条件下对减少噪声污染也是一项不可忽视的措施。

2. 噪声能量的利用

噪声是声波,所以它也是一种能量。英国剑桥大学的专家们开始进行利用噪声发电的尝试。他们设计了一种鼓膜式声波接收器,这种接收器与一个共鸣器连接在一起,放在噪声污染区,接收器接到声能传到电转换器上时,就能将声能转变为电能。美国研究人员发现,高能量的噪声可以使尘粒相聚成一体,尘粒体积增大,质量增加,加速沉降,产生较好的除尘效果。

科学家发现,不同植物对不同的噪声敏感程度不一样。根据这个道理,人们制造出噪声除草器。这种噪声除草器发出的噪声能使杂草的种子提前萌发,这样就可以在作物生长之前用药物除掉杂草。

噪声应用于农作物同样获得了令人惊讶的成果。科学家们发现,植物在受到声音的刺激后,气孔会张到最大,能吸收更多的二氧化碳和养分,加快光合作用,从而提高生长速度和产量。

美妙、悦耳的音乐能治病,这已为大家所熟知。科学家还制成一种激光听力诊断装置,它由光源、噪声发生器和电脑测试器 3 个部分组成。另外,美国还使用噪声来干燥食品。此方法是用噪声和低频率波"轰炸"食品,其吸水能力为目前干燥技术的 4～10 倍。

三　电磁辐射污染及其防治

(一)电磁辐射污染的概念与分类

电磁辐射是指能量以电磁波的形式通过空间传播的物理现象;分为广义的电磁辐射和狭义的电磁辐射。广义的电磁辐射又分为电离辐射和非电离辐射两种。凡能引起物质电离的电磁辐射称为电离辐射,包括 X 射线、γ 射线、α 粒子、β 粒子、中子、质子等。不足以导致组织电离的电磁辐射称为非电离辐射,包括极低频(ELF, 3 Hz～3 kHz),甚低频(VLF, 3～30 kHz)、射频(100 kHz～300 GHz)等。一般所说的电磁辐射是指非电离辐射。

电磁污染是指天然的和人为的各种电磁波干扰和有害的电磁辐射。

(二)电磁辐射的危害与污染源

影响人类生活环境的电磁污染源可分天然的和人为的两大类。天然的电磁污染是某些自然现象引起的。最常见的是雷电、火山喷发、地震和太阳黑子活动。如雷电,除了可能对电器设备、飞机、建筑物等直接造成危害外,还会在广大地区从几千赫到几百兆赫的范围内产生严重的电磁干扰。其他如火山喷发、地震、太阳黑子活动引起的磁暴等都会产生电磁干扰,这些电磁干扰对通讯的破坏特别严重。人为的电磁污染主要有:① 脉冲放电,如切断大功率电流电路产生的火花放电,会伴随产生很强的电磁波;② 工频交变电磁场,如大功率电机变压器以及输电线附近的电磁场;③ 射频电磁辐射,如无线电广播、电视、微波通信等各种射频设备的辐射。目前,射频电磁辐射已经成为电磁污染环境的主要因素。

电磁辐射对环境的影响包括两个方面:一是对仪器设备工作环境的影响;二是对人体健康的影响。在一定强度的电磁波干扰下,会造成导弹系统控制失灵,飞机与卫星指示信号失误。在 20 世纪 90 年代,我国深圳、广州的机场都有因受无线电台的干扰而被迫关闭的事件发生。

电磁辐射对人体健康的影响主要体现在对各器官组织的功能效应影响,目前科学家研究得比较多的主要有:① 对神经系统的作用;② 对心血管系统的作用;③ 对血液成分的影响;④ 对内分泌系统的影响;⑤ 对生殖和子代发育的影响;⑥ 与癌症、肿瘤的发生关系。假如长期暴露在超过安全的辐射剂量下,就会大面积杀伤(甚至杀死)人体细胞。电磁波还会影响和破坏人体原有的电流和磁场,使人体原有的电磁场发生变异,干扰人体的生物钟,导致生态平衡出现紊乱,自主神经失调。一些受到较强或较久电磁波辐射的人,其病态表现主要反映在神经系统和心血管系统方面。如乏力、记忆衰退、失眠、容易激动、月经紊乱、胸闷、心悸、白细胞与血小板减少或偏低、免疫功能降低等。

近年来,我国经济与城市化得到迅速发展,城市空域的电磁环境更为复杂,出现了许多新现象、新问题:① 城市的发展与扩大,大中型广播电视与无线电通信发射台站被新开发的居民区所包围,局部居民生活区形成强场区;② 移动通信技术(包括移动电话通信、寻呼通信、集群专业网通信)发展迅速,城市市区高层建筑上架起成百上千个移动通信发射基地站;③ 随着城市用电量增加,10 kV和220 kV高压变电站进入城市中心区;④ 城市交通运输系统(汽车、电车、地铁、轻轨及电气化铁路)迅速发展引起城市电磁噪声呈上升趋势;⑤ 个人无线电通信手段及家用电器增多,家庭小环境电磁能量密度增加,室内电磁环境与室外电磁环境已融为一体,城市电磁环境总量在不断增加。

(三)电磁辐射测量与标准

环境电磁场可以分为两大类:一类称为"一般电磁环境",它是指在较大范围内,电磁辐射的背景值是由各种电磁辐射源通过各种传播途径造成的电磁辐射环境本底;另一类称为"特殊电磁环境",它是指一些典型的辐射源在局部小范围内造成的较强的电磁辐射环境。

一般电磁环境的测量可以采用方格法布点:以主要的交通干线为参考基准线,把所要测量的区域划分为 1 km×1 km 的方格,原则上选每个方格的中心点作为测试点,以该点的测量值代表该方格区域内的电磁辐射水平,实际选择测试点时,还应考虑附近地形、地物的影响,测试点应选在比较平坦、开阔的地方,尽量避开高压线和其他导电物体,避开建筑物和高大树木的遮挡。还可以采用"人口密度加权"和"辐射功率加权"的方法选择其中部分典型的、有代表性的小区设监测点进行测量。

典型辐射源的测量一般采用"米"字形布点法。以辐射源为中心,在水平面内间隔45°的8个方向上(一般选东、东南、南、西南、西、西北、北、东北8个方向),根据对具体辐射源测量的要求,分别选距辐射源不同距离的点作为测试点。具体可参见《辐射环境保护管理导则:电磁辐射监测仪器和方法》(HJ/T10.2—1996)中关于一般环境电磁辐射测量方法的规定和要求。

为保障人民健康,我国根据电磁辐射对于健康的危害也制定了一系列关于电磁辐射的卫生标准。如《电磁辐射防护规定》(GB 8702—88)、《作业场所微波辐射卫生标准》(GB 10436—89)、《环境电波卫生标准》(GB 9175—88)等。

在《电磁辐射防护规定》(GB 8702—88)中,规定了电磁辐射防护基本限值:对于职业照射,在每天 8 小时工作期间内,任意连续 6 分钟按全身平均的比吸收率(指生物体每单位质量所吸收的电磁辐射功率,即吸收剂量率,英文缩写SAR)应小于 0.1 W/kg;对于公众照射,在一天 24 小时内,任意连续 6 分钟按全身平均的比吸收率应小于 0.02 W/kg。

(四)电磁辐射污染防治管理与技术

广播、电视发射台的电磁辐射防护:首先应该在项目建设前,以《电磁辐射防护规定》(GB 8702—88)为标准,进行电磁辐射环境影响评价,实行预防性卫生监督,提出预防性防护措施,包括防护带要求。在条件许可的情况下,改变发射天线的结构和方向角,以减少对人群密集居住方位的辐射强度。还可在中波发射天线周围场强大约为 15 V/m,短波场强为 6 V/m 的范围设置一片绿化带。

高频设备的电磁辐射防护技术有:从规划着手,对各种电磁辐射设备进行合理安排和布局,特别是对射频设备集中的地段,要建立有效防护范围;针对设备,还可采取电磁屏蔽、接地技术和滤波等方法。

微波防护的基本措施有减少源的辐射或泄漏以及实行屏蔽等方法。

四　放射性污染及其防治

(一)放射性污染的概念与分类

天然辐射源对人类群体造成的照射称为天然照射,人类群体还受到大气层核试验等产生的人工辐射源的照射。由于原子能工业的发展,放射性矿藏的开采,核试验和核电站的建立以及同位素在医学、工业、研究等领域的应用,使放射性废水、废物显著增加,造成一定的放射性污染。

放射性污染主要指人工辐射源造成的污染,如核武器试验时产生的放射性物质,生产和使用放射性物质的企业排出的核废料。另外,医用、工业用、科学部门用的 X 射线源及放射性物质镭、钴、发光涂料、电视机显像管等,会产生一定的放射性污染。

涉及辐射照射的人类活动产生的各种人工辐射源,对人造成了自然条件下原本不存在的辐射照射。其中,辐射工作人员在工作中受到的,并且主要是由工作引起的照射称为职业照射。病人在接受辐射诊断和治疗中受到的照射称为医疗照射。除此之外的所有其他人工辐射源对一般公众造成的照射称为公众照射。

（二）电离辐射的危害与污染源

放射性核素的辐射危害与一般污染物的化学毒性在本质上具有根本性的差异。许多化学污染物，特别是有机污染物，可通过化学处理或自然界本身的反应过程使其变成无毒物质。而辐射是放射性核素的原子核本身所固有的特性，任何人为及自然过程都无法使其消除，目前唯一的办法是任其随时间的推移而自行衰变。因此，长寿命放射性核素的辐射危害将存在几十年甚至几十万年的时间。此外，许多放射性核素的辐射危害比其稳定同位素的化学毒性大得多，因此其在环境中的浓度限制也更为严格。

电离辐射对人体会导致不同程度的生物损伤。急性放射病由大剂量的急性照射引起，辐射损伤可分为全身性和局部性。辐射危害的远期影响主要是慢性放射病和长期小剂量照射对人体健康的影响。

核辐射与物质的相互作用主要效应是使其原子发生电离和激发。辐射作用使人体细胞的水分子电离，形成一种对染色体有害的物质，产生染色体畸变。

电离辐射能杀死生物体的细胞，引起细胞内遗传信息的突变。受辐射的人在数年后，可能出现白血病、恶性肿瘤、白内障、生长发育迟缓、生育力降低等远期躯体效应；还可能出现胎儿性别比例变化、先天性畸形、流产等遗传效应。

地球上每一个人都受到各种天然辐射和人工辐射的照射。其中，来自天然辐射源的电离辐射称为天然辐射；来自人工辐射源的电离辐射称为人工辐射。对人类群体造成照射的各种天然及人工辐射源称为环境辐射源。

天然辐射来源于宇宙辐射、陆地辐射、氡和矿物开采所致的辐射。

除大气层核试验造成的全球性放射性污染之外，核能生产、放射性同位素的生产和应用也会导致放射性物质伴随着气载或液态流出物的释放而直接进入环境。放射性废物或核材料贮存、运输及处置则可能造成放射性物质间接地进入环境。对公众造成自然条件下原本不存在辐射照射的这类辐射源称为人工辐射源。

（三）电离辐射测量与防护标准

放射性监测实验室一般分为两个部分：放射化学实验室和放射性计测实验室。放射性样品的处理在前者内进行，而后者配备有灵敏度高、选择性和稳定性好的放射性计量仪器和装置。而且设计实验室时，还必须考虑放射性本底问题。检测的仪器有电离型检测器、闪烁检测器、半导体检测器等。在环境样品的放射性测量中，多用相对测量方法。把已知强度的标准源与经过预处理后制备的样品源在相同的条件下进行测量。从标准源的强度求出待测样品的强度。

国际放射防护委员会（ICRP）对拟议的和继续进行着的辐射实践提出了以"实践正当性、防护最优化和个人剂量限制"三项原则为基础的辐射防护体系。

原国家环境保护总局于 1988 年 3 月 11 日发布的《辐射防护规定》(GB 8703—88)给出了各种受照射情况下的安全剂量限值。2003 年 10 月 1 日施行的《中华人民共和国放射性污染防治法》是目前我国防治电离辐射污染的专门性法律。《放射性废物安全管理条例》自 2012 年 3 月 1 日起施行。《放射性同位素与射线装置安全和防护管理办法》自 2011 年 5 月 1 日起施行。

（四）放射性污染防治

防治放射性污染的主要措施有：

（1）核电站（包括其他核企业）一般应选址在周围人口密度较低，气象和水文条件有利于废水和废气扩散稀释，以及地震强度较低的地区，以保证在正常运行和出现事故时，居民所受的辐射剂量最低。

（2）工艺流程的选择和设备选型要考虑废物产生量和运行安全。

（3）废气和废水需作净化处理，并严格控制放射性元素的排放浓度和排放量。含有 α 射线的废物和放射强度大的废物要进行最终处置和永久储存。

（4）外辐射是指来自人体外的 X 射线、γ 射线、β 射线、中子流等对机体的照射，它主要发生在各种封闭性放射源工作场所。外辐射防护分为时间防护、距离防护和屏蔽防护，它们可单独使用，也可结合使用。

（5）放射性核素用任何水处理方法都不能改变其固有的放射性衰变特性，其处理一般按两个基本原则：① 将放射性废水排入水域（如海洋、湖泊、河流、地下水），通过稀释和扩散达到无害水平，主要适用于极低水平的放射性废水的处理；② 将放射性废水及其浓缩产物与人类的生活环境长期隔离，任其自然衰变，这一原则对高、中、低水平放射性废水都适用。

五　光污染及其防治

（一）光污染的概念与分类

光环境是物理环境的一个组成部分。对建筑物来说，光环境是由光照射于其内外空间所形成的环境。因此光环境形成一个系统，包括室外光环境和室内光环境。前者是在室外空间由光照射而形成的环境。它的功能是要满足物理、生理（视觉）、心理、美学、社会（指节能、绿色照明）等方面的要求。后者是在室内空间由光照射而形成的环境。同样，它的功能是要满足物理、生理（视觉）、心理、人体功效学及美学等方面的要求。

然而，过度的开发建设和不合理的规划设计所造成的光污染却给人们的生活和工作带来许多不便，甚至妨碍了人们的正常生活。结果是常常造成人们因受到不适当的光和颜色的污染而产生精神不安，心情烦乱，甚至由于心理机能失调而引起各种疾病。

光污染是由不合理人工光照或者自然光的不恰当反射导致的违背人的生理与心理需求或有损于生理与心理健康,或对生态环境产生负面影响的现象。包括眩光污染、人工白昼、彩光污染等。

阳光照射强烈时,城市里建筑物的玻璃幕墙、釉面砖墙、磨光大理石和各种涂料等装饰物上的反射光线明晃白亮,炫眼夺目;夜幕降临后,商场、酒店上的广告灯、霓虹灯闪烁夺目,令人眼花缭乱,形同白昼;舞厅、夜总会安装的黑光灯、旋转灯、荧光灯以及闪烁的彩色光源构成了彩光污染。

光源按流动性可分为固定源和流动源,按视觉划分可分为可见光和非可见光(红外和紫外)。一般将光污染分为白亮污染、人工白昼和彩光污染;也可分为昼间、夜间的光污染,室内、室外光污染等。

(二)光污染危害

城市大气污染严重时,空气混浊,云雾凝聚,造成天然光照度减低,能见度下降,致使航空、测量、交通等室外作业难以顺利进行。例如,对城市灯光不加控制,夜间天空亮度增加,影响天文观测;路灯控制不当,照进住宅,影响居民休息,等等。

光污染对人体健康的影响主要表现在对眼睛和神经系统的影响。

白亮污染由强烈光线的反射引起。长期在白亮污染环境下工作和生活的人,眼角膜和虹膜会受到不同程度的损害,视力下降,白内障发病率高达40%以上,同时,还有可能使人产生头晕目眩、失眠心悸、神经衰弱,严重者可导致精神疾病和心血管疾病。

"人工白昼"污染会使人正常的生物节律受到破坏,生活在"不夜城"里的人们,人体的"生物钟"发生紊乱,产生失眠、神经衰弱等各种不适症,导致白天精神萎靡、工作效率低下。

彩光污染包括黑光灯和各种彩色灯光的污染。黑光灯所产生的紫外线强度大大高于太阳光中的紫外线,长期受到这些光源中紫外线的照射,可诱发流鼻血、脱牙、白内障,甚至导致白血病和其他癌变。

红外线是一种热辐射,最初可引起灼痛,然后是造成烧伤,还会对眼底视网膜、角膜、虹膜产生伤害。人的眼睛如果长期暴露于红外线可引起白内障。过量的紫外线将使人的免疫系统受到抑制,从而导致疾病发病率增加。紫外线对角膜的伤害作用表现为一种叫做畏光眼炎的角膜白斑伤害。除了剧痛之外,还导致流泪、眼睑痉挛、眼角膜充血和睫状肌抽搐。对皮肤的伤害作用主要是引起红斑和小水痘,严重时使皮肤坏死和脱皮。

眩光是光污染的主要表现形式。国际照明委员会对眩光作了以下的定义:眩光是一种视觉条件,这种条件的形成是由于亮度分布不适当或亮度变化的幅度太大,或空间、时间上存在着极端的对比,以至引起不舒适或降低观察重要物体的能力,或同时产生上述两种现象。眩光的出现严重影响视力,轻者降低工作效率,重者完全丧失视力。

在工业上,车间、实验室、控制室等里面设置了大量机械和设备,需要良好的光环境。这些工作场所的眩光,一方面会降低视觉功效,导致眼睛疲劳、注意力涣散,不利于识别细微复杂的物体;另一方面使眼睛感到不舒适,造成心绪烦躁、反应迟钝,影响工作效率,甚至造成工伤事故。

在学校教室里,眩光会使上课时不容易看清楚黑板上的内容,影响学生的注意力,降低学习效率。一些大型公共建筑(如展览馆、美术馆)为了获得赏心悦目的效果,需要限制或防止眩光;如果这些场所出现眩光,参观者观看很费力,且不容易观察清楚,就会降低建筑物的使用价值。

在夜晚,迎面而来的汽车车前灯产生的强光使人睁不开眼睛、一段时间内丧失视力,尤其是骑自行车的人,这段时间内凭感觉骑行,极易造成交通事故。

动物的生存离不开光照,与人类不同的是动物没有科学思维的能力,依靠本能生存,这意味着自我调节能力差。试想,要是一只候鸟在冬季从非洲到达北欧,结果将是灾难性的。同样,一条饥饿的毛虫,在树上还没有长出叶子的时候,就孵化出来,即使在春天温暖的日子里也是不理想的。由于光污染具有不同于自然光照的特点以及发光的不确定性等因素,必然会造成动物生物钟的混乱,影响觅食、迁移、生殖等诸方面。

(三)光环境测量与标准

光环境测量常用的物理测光仪器是光电照度计,最简单的照度计由硒光电池和微电流计构成。测量光环境亮度或光源亮度用亮度计。

国际照明委员会(CIE)对不同作业和活动推荐了照度值。

1979 年原国家建委颁发了《工业企业照明设计标准》(GB 50034—79)(1992年更新,2004 年修编),这是中国在照明方面的第一个全国通用设计标准。

照度均匀度即最低照度与平均照度之比,不得低于 0.7。CIE 为建议数值为 0.8。2006 年,由原建设部发布的《城市道路照明设计标准》(CJJ 45—2006)给出了各类道路照明的平均照度值标准。住房与城乡建设部已经于 2008 年 11月 4 日批准《城市夜景照明设计规范》为行业标准,并于 2009 年 5 月 1 日起实施;该标准给出了住宅窗户外表面产生的垂直面照度最大允许值等。

(四)光污染防治管理与技术

要控制光污染,为人们创造舒适的光环境,就必须对光环境进行管理。管理光环境,应从两个方面入手:污染源和环境。从污染源出发,就要区分光照目的,进行分类管理,提出光照限值;从环境出发,首先就要进行光环境功能区划,然后制定出环境标准。根据各类区域对光的不同要求,对选定区域进行合理划分,并对每个子区域制定合适的光环境目标,从而使光环境在符合人们需要的同时尽

可能少地带来负面影响,这就是光环境功能区划。为了避免光污染的产生,改善生产、生活环境,可以采取以下的方式来解决:

(1) 各有关部门做好光污染的宣传工作,让广大人民对光污染有所了解,尽快制定相应技术标准和法律法规,采取综合的防治措施。

(2) 在城市规划和建设时,考虑光环境问题。注意白天可能造成反射的建筑物表面,加强预防性卫生监督,竣工验收时卫生、环保部门要积极参与。

(3) 各城市应制定绿色照明规划,使该亮的地方亮起来,但一定不能过亮。

(4) 大力开发并应用节能灯具,对灯具进行适当遮挡。

(5) 对城市广告牌、霓虹灯等应加强科学指导和管理,应采取发光系数小的材料制作。

(6) 强化自我保护意识,注意工作环境中的紫外、红外及高强度眩光的损伤,劳逸结合,夜间尽量少到强光污染的场所活动。

(7) 要提倡科学合理的使用灯光,注意调整亮度,白天提倡使用自然光。

(8) 正常使用电脑、电视时,要注意保护眼睛,距光源保持一定的距离并适当休息,同时安装一定的防辐射措施。

(9) 特殊部门(如天文台)在建设选址时要注意光环境因素,避免选址错误。

六 热污染及其防治

(一) 热污染概述

一个多世纪以来,特别是 20 世纪 50 年代以来,由于社会生产力的迅速发展,人们生活水平不断提高,消费了大量的化石燃料和核能燃料。在能源的消耗和转换过程中,不仅会产生大量的含有化学有害物质、放射性物质的污染物,而且还会产生像水蒸气、热水那样一些对人体虽无直接危害但对环境却可产生增温作用的污染。热污染是指日益现代化的工农业生产和人类生活中排出的某些废物和各种废热所导致的温度环境的不利变化。

热污染首先对地球自然的热平衡产生影响,能源消耗的剧烈增长,产生了全球性热效应,最终使环境质量发生变化。

热污染可以污染大气和水体。例如,工厂的循环冷却水排出的热水以及工业废水中都含有大量废热,废热排入湖泊河流后,造成水温骤升,导致水中溶解氧锐减,引发鱼类等水生动植物死亡。大气中含热量增加,还能影响到全球气候变化。热污染还对人体健康构成危害,降低人体的正常免疫功能。当前,随着世界能源消费的不断增加,热污染问题也日趋严重,但还未被人们所普遍重视。

由于向水体排放温热水,使水体温度升高,当温度升高到影响水生生物的生态结构,使水质受到恶化,并影响人类生产、生活的使用时,称为水体的热污染。

水的各种物理性质受温度影响,例如氧气在水中溶解度会降低。水温升高、水体中物理化学和生物反应速度会加快,由此带来的后果是多方面的:有毒物质毒性加强,需氧有机物氧化分解速度加快,耗氧量增加,水体缺氧加剧等等。水温升高导致水体生态结构改变,水温越高,蓝藻越占优势,从而越不宜饮用和供渔业使用。

(二)热污染的污染源与危害

人类活动主要从以下 3 个方面影响自然环境,从而引起热污染:

(1)人类活动改变大气的组成,从而改变太阳辐射和地球辐射的透过率。如城市排放的烟尘使大气混浊度增加,影响环境接收太阳辐射。

(2)人类活动改变地表状态与反射率,从而改变地表和大气间的换热过程。如大规模的农牧业开发使森林变为农田和草原,再化为沙漠;城市建设使大量的钢筋混凝土建筑物代替了田野和植物,这些现象都使地面的反射率不断改变,从而破坏环境的热平衡,形成热污染。

(3)人类活动直接向环境释放热量。如城市消耗大量的燃料,在燃烧过程中产生的能量一部分直接成为废热,另一部分转化为有用功,最终也成为废热向环境散发。

热污染的危害主要在于:引起大范围的干旱;导致全球变暖;对水体产生不利影响;降低人体机理正常免疫功能。

全球变暖是目前全球环境研究的一个主要议题,将带来非常严重的后果,如冰川消退、海平面上升、荒漠化,这将给生态系统、农业生产带来严重影响。

水体热污染主要来源于工业冷却水,其中以电力工业为主,其次为冶金、化工、石油、造纸和机械工业。另外,核电站也是水体热污染的重要来源之一。火力发电站产生的废热有 $10\%\sim15\%$ 从烟囱排出,而核电站的废热则几乎全部从冷却水排出。

水体热污染会影响水质和水生生物的生态,给人类带来间接危害。水的任何物理性质几乎无一不受到温度变化的影响。水的黏度随着温度的上升降低,这对沉淀物在水库、流速缓慢的江河和港湾中沉积可能会有重大的影响;随着水温的增加,水中的溶解氧也会减少(例如,在 101.325 kPa 下,氧在淡水中的溶解度 10 ℃时为 11.3 mg/L,20 ℃时为 9.17 mg/L,30 ℃时为7.63 mg/L);随着温度的升高,由于河流的自净化作用,生化需氧量同时增加,从而可能会造成水体缺氧现象,严重时导致鱼类死亡,水体发臭。

(三)热污染控制标准

河水允许升温多少,属于环境经济学的范畴。要在保护环境和经济合理这两者之间做出适当的抉择。我国《地表水环境质量标准》(GB 3838—2002)规定,人为造成环境水温变化应限制在周平均最大升温不高于 1 ℃。

国外水体温升的标准大多是从保护渔业生产出发。例如,美国国家技术咨询委员会(NTAC)在有关水温的水质标准方面的建议中指出,对于淡水生物:

1. 温水水生物类

(1)一年中的任何月份,向河水中添加的热量不得使水的温升超过 2.8 ℃;湖泊和水库上层的温升不超过 1.6 ℃;使用过的冷却水不得排入湖泊的下层。

(2)必须保持天然的日温和季温变化。

(3)向水中添加的热量使水温升高,不允许超过主要水生生物的最高可接受温度。

2. 冷水水生物类

(1)内陆有鲑属鱼类的河流,在湖泊、水库及其产卵区不允许向水中添加热量或作为冷却水用。

(2)其他部分采用上述对温水生物相同的限制。

3. 海洋和海湾生物

(1)温热水排放使近海和海湾水域的日最高温度的月平均值升高;夏季不允许超过 0.83 ℃,在其他季节不允许超过 2.2 ℃。

(2)除因自然现象者外,温度变化率每小时不得超过 0.56 ℃。

(四)热污染防治技术方法

为了控制热污染对大气的影响,应采取绿化措施来增加森林覆盖面积。绿色植物通过阳光下的光合作用能吸收 CO_2,放出新鲜氧气。根据实验测定,每公顷森林每天可以吸收大约 1 t 的 CO_2,生产 0.73 t 的 O_2。据估计地球上所有植物每年为人类处理 CO_2 近千亿吨。另外,树木、植物还能起到调节地区气温的目的。盛夏季节,草地、水面的气温,要比水泥路面温度低 10 ℃ 以上。在阳光的照射下,建筑物只能吸收 10% 的热量,而树木却能吸收 50%。在夏季,绿化区的温度一般可比建筑物地区低 3~5 ℃。

此外,发展太阳能、风能、水电这些清洁能源,也能减轻对环境的热污染。煤炭、石油和天然气是我们当前使用最多的三大常规矿物能源。由于人类超常规地过多利用了这些矿物能源,使得利用过程中所产生的 CO_2、SO_x、NO_x、粉尘等对大气、水体造成污染。清洁的能源使用是清洁生产的主要内容之一,所谓清洁的能源,简单来讲就是它们的利用不产生或极少产生污染人类生存环境的物质。清洁的能源使用应包含三方面的内容,即清洁能源的开发利用、现有矿物能源的高效利用和能源节约利用。而尤其重要的清洁发展方式就是低碳发展,即用尽可能低的碳排放强度支撑社会经济的持续发展,而绿色消费又是减少碳排放、支撑可持续发展的健康生活方式。

水体热污染的防治主要是通过减少温热水的排放、改进冷却方式和利用废热 3 个方面来进行。在城市中通过各种途径增加自然下垫面的比例,是缓解城市热岛效应的有效途径之一。

余热属于二次能源。煤炭、石油、各种可燃气等一次能源用于冶炼、加热、转换等工艺过程后都会产生各种形式的余热；矿物的焙烧、化工流程中的放热反应也会产生大量余热。这些余热寄存于气体、液体和固体等三种物态形式之中，其中绝大部分的余热都是以物质的物理显热形式出现的，以气体和液态形式包含的余热有时也含有一部分可燃物质。余热利用对于改善环境、节约能源具有重要意义，具体有工业炉窑高温排烟余热的利用、冶金烟气的余热利用以及城市固体废弃物的焚烧处理和废热利用等。

阅读材料

材料 1　大气棕色云团

2008 年 11 月，联合国环境规划署发布一份关于大气棕色云团(atmospheric brown clouds)的最新报告。报告指出，由燃烧化石和生物燃料所形成的大气棕色云团与温室气体一道对亚洲各地的气候、环境、健康等方面造成了重大影响。

棕色云团的存在，会减少抵达地面的阳光。报告提到，中国从 20 世纪 50 年代到 90 年代，日光强度每 10 年下降 3%～4%，这种趋势在 70 年代以后愈发明显。其中，广州自 70 年代以来日光强度更是下降了 20% 以上。

很多情况下，棕色云团还与温室气体交织在一起，对区域乃至全球系统产生极大影响。例如，报告称，棕色云团与温室气体可能加剧中国北方干旱和南方洪水的风险，而喜马拉雅等地的冰川也正在加速融化。

棕色云团对于人类健康也有巨大影响。联合国环境规划署报告称，空气中直径小于 2.5 μm 的可吸入颗粒物(即 $PM_{2.5}$)浓度上升 20 mg/m³ 的话，中国和印度每年会有约 34 万人死亡。而经过粗略估计，棕色云团相关的 $PM_{2.5}$ 所致经济损失，分别占中国和印度 GDP 的 3.6% 和 2.2%。

(资料来源：UNEP，2008)

材料 2　太湖富营养化的生态治理

湖泊水体富营养化是一个世界性难题，用物理、化学、生化办法治理，效果都不理想。专家正在探索用生态方法治理太湖水质富营养化难题，具有神奇吸收能力的水生植物水葫芦有望从"环境杀手"转变为太湖治理的功臣。在所有生物中，水葫芦吸收氮、磷、钾的能力最强。在适宜的温度下，种养 1 m² 水葫芦在两三天内便可将 1 m³ 的五类水改善为四类水以上，对水体悬浮物的去除率可达

70％以上。

江苏省农科院研究测定,种养 1 亩(1 亩＝1/15 hm²)水葫芦 1 年可吸收利用水体氮、磷、钾的量分别为 120 kg、20 kg 和 220 kg。如果按每种养 10 亩水葫芦吸收 1 t 氮磷计算,太湖中只要种养 10 万亩水葫芦,就可每年吸收 1 万 t 氮磷,这足以让太湖水质由目前的五类变成四类。

太湖水面面积约 2 400 km²,相当于 24 万 hm²,种养 10 万亩水葫芦不会对航运、渔业、生态造成大的影响,水葫芦采收制成的有机肥可解决周边 40 亩农田的肥料供应,大大减轻化肥对太湖水体的危害。

(资料来源:崔广柏等,2009)

材料 3 水资源管理的"三条红线"

2012 年 1 月,国务院发布了《关于实行最严格水资源管理制度的意见》(以下简称《意见》),《意见》共分 5 章、20 条,明确提出了实行最严格水资源管理制度的指导思想、基本原则、目标任务、管理措施和保障措施,推动经济社会发展与水资源水环境承载能力相适应。主要内容概括来说,就是确定"三条红线",实施"四项制度"。

"三条红线":一是确立水资源开发利用控制红线,到 2030 年全国用水总量控制在 7 000 亿 m³ 以内。二是确立用水效率控制红线,到 2030 年用水效率达到或接近世界先进水平,万元工业增加值用水量降低到 40 m³ 以下,农田灌溉水有效利用系数提高到 0.6 以上。三是确立水功能区限制纳污红线,到 2030 年主要污染物入河湖总量控制在水功能区纳污能力范围之内,水功能区水质达标率提高到 95％以上。为实现上述红线目标,进一步明确了 2015 年和 2020 年水资源管理的阶段性目标。

"四项制度":一是用水总量控制。加强水资源开发利用控制红线管理,严格实行用水总量控制,包括严格规划管理和水资源论证,严格控制流域和区域取用水总量,严格实施取水许可,严格水资源有偿使用,严格地下水管理和保护,强化水资源统一调度。二是用水效率控制制度。加强用水效率控制红线管理,全面推进节水型社会建设,包括全面加强节约用水管理,把节约用水贯穿于经济社会发展和群众生活生产全过程,强化用水定额管理,加快推进节水技术改造。三是水功能区限制纳污制度。加强水功能区限制纳污红线管理,严格控制入河湖排污总量,包括严格水功能区监督管理,加强饮用水水源地保护,推进水生态系统保护与修复。四是水资源管理责任和考核制度。将水资源开发利用、节约和保护的主要指标纳入地方经济社会发展综合评价体系,县级以上人民政府主要负责人对本行政区域水资源管理和保护工作负总责。

(资料来源:国务院,2012)

材料 4　氯丹和灭蚁灵污染土壤修复

从 20 世纪 80 年代开始,氯丹和灭蚁灵就被用于防治白蚁,但这两种物质属于目前国际公认的持久性有机污染物(POPs),具有持久性、生物累积性、高毒性及长距离迁移性等特点。具有"致癌、致畸、致突变"的作用,严重威胁着人类健康和生态环境安全。

近年来,氯丹和灭蚁灵对人体健康和生态环境的负面效应,受到了国内和国际社会的广泛关注。2001 年 5 月 22 日国际社会签署通过了《关于持久性有机污染物的斯德哥尔摩公约》,公约将氯丹与灭蚁灵列为首批管制化合物。中国作为签约缔约国,承诺采取必要的措施淘汰、削减和控制杀虫剂类等持久性有机污染物,并于 2006 年启动了全球环境基金赠款"中国白蚁防治氯丹灭蚁灵替代示范项目"。该项目通过关闭全部氯丹灭蚁灵的生产企业线以及在江苏、湖南和安徽 3 个示范省示范引入新型环保的白蚁防治技术,以实现全面停止氯丹与灭蚁灵在我国的生产、使用和流通;并通过引进国际先进的技术和管理资源,对高风险氯丹和灭蚁灵污染场地的进行修复技术进行示范,以全面推进我国 POPs 污染场地治理和管理水平。

(资料来源:中华人民共和国中央人民政府网站,2010)

材料 5　福岛核电站事故后的世界核能:各国意见难统一

国际原子能机构为总结日本福岛核事故教训专门召开的机构成员国部长级核安全大会于 2011 年 6 月 24 日在维也纳落下帷幕。各国在加强国际合作、强化核电设施安全标准的迫切性上达成共识,但在是否应推行强制性统一安全标准及是否应授权国际原子能机构随机核查各国核设施等具体问题上,各方依然存在较大分歧。

福岛核事故发生后,奥地利等本来就反对核电的国家更坚定了反核主张;德国、瑞士等已经拥有核电的国家宣布"弃核"计划;意大利政府关于重启核电的方案也在全民公投中被否决。全球核电的发展前景蒙上了阴影。

会议期间,虽然有对核电安全表示忧虑的声音,但多数国家,尤其是一些核能大国依然表示,要在"安全第一"的原则基础上坚持发展核电。

2002 年,当时的德国政府通过一项"核电逐步退出"的法令,确定到 2022 年左右关闭德国境内全部 17 核电站。2010 年 10 月,德国联邦议院通过了默克尔政府有关延长核电站运营期限的计划,将德国关闭最后一座核电站的时间由 2022 年前后推迟到大约 2035 年。日本福岛核电站事故后,德国国内弃核舆论压力增大。按照由德国基督教民主联盟、基督教社会联盟和执政伙伴自由民主党三党领导层达成的最新时间表,日本福岛核电站事故后被暂时关闭的 7 座

1980 年以前投入运营的核电站将永久性停运。德国其余的 10 座核电站原则上都将于 2021 年前关闭，但其中 3 座核电站可能将在新能源无法满足用电需求的情况下"超期服役"一年。核电存废在德国一直是敏感话题。一方面，由于担心核电安全问题，多数德国民众支持关闭核电站；另一方面，目前德国用电总量中有 1/4 来自核电。尽管德国近年来在可再生能源利用方面取得长足进展，但决策者对可再生能源的预期发电量是否足以弥补关闭所有核电站造成的电力短缺并没有十足的把握。

（资料来源：新华网，2011）

材料 6　中国民用核设施综合安全检查的情况

按照国务院统一部署，2011 年 3 月至 12 月，环境保护部（国家核安全局）、发改委（国家能源局）和中国地震局对全国 41 台运行和在建核电机组、3 台待建核电机组以及各民用研究堆和核燃料循环设施进行了综合安全检查。检查依据我国核安全法律法规和技术标准开展，参照了国际原子能机构最新发布的核安全标准，并借鉴了福岛核事故经验教训。

检查重点内容包括 11 个方面：厂址选址过程中所评估的外部事件的适当性；核设施防洪预案和防洪能力评估；核设施抗震预案和现场抗震能力评估；核设施质量保证系统的有效性及在建核电厂的建造质量；核设施消防系统检查；多种极端自然事件叠加事故的预防和环境保护措施；全厂断电事故的分析评估以及失去应急电源后附加电源的可用情况及应急预案；严重事故预防和缓解措施及其可靠性评估；公众宣传与信息公开；环境监测体系和应急体系有效性；其他可能存在的薄弱环节。

总体上讲，我国核设施安全是有保障的。由于与日本福岛核电厂所处厂址条件不同，我国核设施发生类似福岛核事故的可能性极低。但是，我国核设施在应对引发福岛核事故类似的极端自然灾害事件时，仍存在一些薄弱环节。环境保护部（国家核安全局）、国家能源局制定了短、中、长期计划，要求和督促各民用核设施按期完成相应改进工作。

我国大陆目前已投入运行的核电机组共 15 台，迄今未发生过国际核事件分级（INES）2 级及以上的运行事件，也未发生过对人员或环境造成污染和危害的事件。根据世界核运营者组织（WANO）主要性能指标，我国运行核电机组普遍处于国际较好水平，部分机组达到国际先进水平。例如，秦山第三核电厂两台机组在 WANO 排名中已连续多次位列第一，连续六年达到国际先进水平；1999 年以来，大亚湾核电厂在法国同类型机组的安全业绩挑战赛中，获得 27 项次第一名。

多年的监测结果表明，我国核设施周边辐射剂量及放射性排放远低于国家标准限值,核电厂放射性废气、废液排放不到排放限值的 1‰,放射性固体废物产生量仅为设计值的几分之一。核电厂正常运行期间对周围公众个人最大年有效剂量是国家标准的万分之几,不到天然本底辐射水平的万分之一,核设施周围环境辐射水平始终保持在天然本底涨落范围之内。

(资料来源:环境保护部,2012)

思 考 题

1. 简述一次污染物和二次污染物的定义。
2. 主要的大气污染物的来源和危害有哪些?
3. 简述目前主要的全球性大气污染问题及其防治措施。
4. 控制大气污染的途径有哪些?
5. 名词解释:水资源、水质、水质指标、水污染、水体自净、水环境容量。
6. 分析水体富营养化的类型和治理措施。
7. 水体污染防治的途径有哪些?
8. 简要说明主要污水处理技术的特点和应用范围。
9. 描述城市污水处理厂的处理流程。
10. 如何理解固体废物"是放错的资源"?
11. 固体废物的"三化"管理原则和全过程管理原则是否矛盾?为什么?
12. 土壤的基本性质包括哪些方面?
13. 描述土壤污染物的种类和危害。
14. 土壤污染的防治措施有哪些?
15. 为什么生物修复在土壤污染的治理中具有广阔应用前景?

第六章　环境法规

环　境　法　规

导读

　　环境法是协调经济、社会发展和环境保护的重要调控手段。本章简要阐述了环境法的概念、特征及环境法律关系、环境法的实施与法律责任、中国的环境法律体系和环境标准。通过学习，了解环境法的概念、目的、任务及特点，对我国现行的环境法律制度、环境法律关系的构成要素，主体、客体的权利义务以及相互关系有进一步的认识；从宏观上理解我国目前实施的主要环境法律。

第一节　概　　述

一　环境的概念

　　环境法是 20 世纪 60 年代以来逐步产生和发展起来的一个新兴的法律学科，其名称往往因"国"而异。我国在立法上称其为"环境保护法"或"环境法"，欧洲各国多称为"环境保护法"，美国称为"环境法"，日本称为"公害法"。其定义也不统一，一般概括为：环境法是为了协调人类与自然环境之间的关系，保护和改善环境资源进而保护人体健康和保障经济与自然持续发展，由国家制定或认可并由国家强制力保证实施的调整人们在开发、利用、保护、改善环境资源的活动中所产生的各种社会关系的行为规范的总称。该定义主要包括以下几个方面的含义：

（1）环境法的目的是通过防治环境污染和生态破坏，协调人类与自然环境之间的关系，保证人类按照自然客观规律特别是生态学规律开发、利用、保护、改善人类赖以生存和发展的环境资源，维护生态平衡，保护人体健康和保障经济社会的可持续发展。

（2）环境法产生的根源是人与自然环境之间的矛盾，而不是人与人之间的矛盾，其调整对象是人们在开发、利用、保护、改善环境资源，防治环境污染和生态破坏的生产、生活或其他活动中所产生的环境社会关系。环境法通过直接调整人与人之间的环境社会关系，促使人类活动符合生态学规律及其他自然客观规律，从而间接调整人与自然间的关系。

（3）环境法是由国家制定或认可并由国家强制力保证实施的法律规范，是建立和维护环境法律秩序的主要依据。由国家制定或认可，具有国家强制力和概括性、规范性，是法律属性的基本特征。这一特征使得环境法同社团、企业等非国家机关制定的规章制度区别开来，也同虽由国家机关制定，但不具有国家强制力或不具有概括性、规范性的非法律文件区别开来。同时，环境法以明确、普遍的形式规定了国家机关、企事业单位、个人等法律主体在环境保护方面的权利、义务和法律责任，建立和保护人们之间环境法律关系的有条不紊状态，人们只有遵守和切实执行环境法，良好的环境法律秩序才能得到维护。

二　环境法的特征

环境法之所以能够与其他法律区别开来，并成为一个独立的法律学科，很重要的一个原因就是它有一些不同于其他法律的特点。

（一）综合性

环境保护从根本上说是一项系统工程。环境法保护的对象十分广泛，包括自然环境要素、人为环境要素和整个地球的生物圈；它调整的社会关系十分复杂，涉及生产、流通和生活各个领域，并同开发、利用、保护和改善环境和资源的各种社会活动有关；它所采取的立法体系综合性极强，不仅包括大量的专门环境法规范，还包括宪法、刑法、民法、劳动法、行政法和经济法等多种法律部门中有关环境保护的规范；它所采取的法律措施多种多样，涉及法律、行政、经济、技术、宣传教育等多个领域。

（二）科学技术性

环境法不单纯是调整人与人之间的社会关系，更重要的是通过调整人与人之间的关系来协调人与自然的关系，这就决定环境法不仅要体现社会经济规律，而且还必须体现自然生态学规律。从具体环境保护基本制度和程序可以看出，作为环境法科学技术性的反映,它含有许多法定化的技术性规范和技术性政策,环境影响评价、环境标准制定、补偿费征收、损失赔偿、责任分担、污染控制等,都必须要建立在严格的科学与工程技术基础上。这就使得环境法具有不同于其他部门法的突出特征,即较多地运用科学技术手段来调整人与自然的关系。

（三）社会公益性

环境法所保护的环境是整个人类赖以生存和发展的基础,而环境的整体性决定了整个环境不可能为某个阶段、阶层或个人所独占,因此环境法所保护的权益具有共同性。在体现社会公共利益方面,环境法比其他任何法律都更加明显和突出,这是因为:第一,环境被污染、生态平衡被破坏,受害者绝不是个别人,也不是某一部分人,而是环境受污染和破坏的整个区域内所有的人;第二,有些污染具有潜伏期和持续期,不仅危害当代人,而且会危害子孙后代;第三,有些污染甚至还会跨越国界,危害不同国家的人们。因此,环境法不可能仅是为某一部分人的利益服务的,它必然要体现出为整个社会利益服务的公益性。

（四）价值取向的多重性

环境法的价值取向是环境法所追求的价值目标。环境法作为新兴的法律部门,是在反思既有法律制度何以不能解决已然威胁到人类整体生存基础的环境问题的基础上形成的。环境法产生的时代背景和现实基础决定了环境法价值取向的多重性。环境法的价值取向不仅在于当代人之间平等地享用环境资源利益,而且也在于当代人和后代人之间平等地享用环境资源利益,还包括有生命的其他物种种群,这是环境法区域于价值取向只限于当代人的其他法律部门的显著特征。

三	环境法的目的和作用

（一）环境法的目的

立法的目的决定立法的指导思想和法律调整的方向。在法律条文中明确规定立法的目的,有助于人们了解立法的主旨,为检验法律的效果提供基本的标准。环境法产生与发展的根本原因在于环境问题的严重化以及强化国家环境管理职能的需要,并因各国国情的不同而各具特色。

总体上来说,世界各国环境法的目的可以分为两类:一类为目的一元论,即仅仅以保障人体健康为唯一目的。例如,日本和匈牙利的法律规定其环境法的唯一目的是保护环境资源、保障人体健康,即放弃优先考虑经济的思想,强调对人体健康和环境利益的绝对保护。另一类为目的二元论或目的多元论,即以经济、社会和环境保护的协调、持续发展为目的。例如,《中华人民共和国环境保护法》(1989年)第1条把其目的概括为"保护和改善生活环境和生态环境,防治污染和其他公害,保障人体健康,促进社会主义现代化建设的发展";美国《国家环境政策法》(1969年)规定其目的在于防止环境恶化,保护人体健康,使人口和资源使用平衡,提高人民生活水平和舒适度,提高再生资源的质量,使易枯竭资源得到最大限度的再循环等。

(二)环境法的作用

环境法的作用亦称为环境法的功能,即环境法存在的价值。环境法的终极目的是实现人类社会的可持续发展,因此其基本功能是保护环境,兼具促进经济社会可持续发展的功能,具体表现在以下几个方面:

1. 环境法是保障经济社会可持续发展的重要手段

环境法要求保护自然资源、保护生产力,从而为经济社会的健康发展提供物质基础。环境法要求不仅要保护和改善环境,还要建设一个清洁、适宜、优美的环境,从而激发人们的劳动热情和创造智慧,为经济社会的发展提供原动力。环境法还要求技术革新、清洁生产、综合利用、采用先进技术、淘汰落后设备和工艺,可以促使有关单位和个人努力发展新的无污染的先进的科学技术,从而提高生产力、促进经济的发展。

2. 环境法是国家进行环境管理的法律依据

环境法明确规定了各级人民政府及其有关部门的环境管理职责和权限,规定了各种环境管理制度和措施及相应的执法程序,使它们可以对其管辖范围内的排污行为,对环境有不利影响的开发建设活动进行监督、查处,从而防止环境的污染和破坏。环境法是环境行政管理的依据和法律保障,环境行政管理就是依法行政,就是实行环境法治管理。

3. 环境法是全面协调人与环境关系的强大法律武器

环境法通过法律形式保证合理开发自然环境和自然资源,保护和改善生活环境和生态环境,防治环境污染、环境破坏及其他环境问题,保护其他生命物种,从而成为协调人与环境的关系和人与人的关系的有效手段。

4. 环境法是加强国际间环境保护合作的重要手段

由于环境是无国界的,所以环境问题造成的危险性的叠加效应往往超越了国家的界线。为此,只有加强国家间的环境保护的合作,共同应对全球环境问题,才能实现人类社会的持续发展。而国际环境法正是以规定国家的环境权利和应履行的环境保护义务为主要内容,从而成为国际间环境保护合作的有效手段。

四 环境法律关系

(一)环境法律关系的概念

环境法律关系是指环境法主体在参加与环境有关的社会经济活动中形成

的,由环境法律规范确认和调整的具有环境权利和义务内容的社会关系。

(二)环境法律关系的构成要素

环境法律关系的构成要素是指构成一个具体的环境法律关系的必要条件。它是由主体、内容、客体3个要素构成。这3个要素相互联系,相互制约,缺一不可。一个要素发生变化,原来的法律关系也随之发生变化。

1. 环境法律关系的主体。

环境法律关系的主体,是构成环境法律关系的主要要素,是指环境法律关系的参加者或当事人,或者说是指环境权利的享有者和环境义务的承担者。在环境法律关系中,享有环境权利或环境职权一方为权利主体;承担环境义务或环境职责一方为义务主体或职责主体。在中国,包括国家、国家机关、企事业单位、其他社会组织和公民都是环境法律关系的主体。

2. 环境法律关系的内容

环境法律关系的内容是指环境法律主体依法所享有的环境权利和应承担的环境义务。这种权利和义务的实现受到法律的保护和强制。

(1)环境权利。环境权利是指法律规定的环境法律关系主体的某种权利或利益,它表现为权利主体依法享有做出一定的行为或者要求他人做出或不做出一定行为的权利。从不同的角度可以把权利分为绝对权利、原权和派生权等。法律所规定的环境法律主体的权利,只有通过主体主张才可能实现。环境法律主体主张权利的力量来源是法律,但实现自己利益的行为又必须遵守法律的相关规定。

(2)环境义务。环境义务是指环境法律规范对环境法律关系主体规定的必须履行的某种责任。它表现为义务主体依法承担必须作出一定的行为或不作出一定的行为义务,从不同角度可以将义务分为绝对义务和相对义务、积极义务和消极义务、主义务和从义务、第一性义务和第二性义务等。它是一种约束力,是与环境权利相对应的概念,是实现环境权利的前提和保障。

3. 环境法律关系的客体

环境法律关系的客体是指环境法律关系主体的环境权利与义务所指的对象。它是环境法律关系产生和变化的原因和基础。环境法律关系的客体包括物和环境行为两类。

(1)物。在环境法律关系中作为环境权利和义务对象的物,是指表现为自然物的各种环境要素。例如环境资源,国家禁止破坏和污染,禁止任何组织或个人以任何手段侵占和转让,对环境资源只能依法合理开发利用,并且进行综合利用,实现环境效益和经济效益相统一。

(2)环境行为。作为环境法律关系客体之一的环境行为,是指参加环境法律关系的主体的行为,包括作为和不作为。作为,又称为积极的行为,是指要求

234

从事一定的行为,如一切新建、改建和扩建的可能对环境造成损害的建设项目的建设者,必须执行"三同时"制度。而不作为,又称消极的行为,是指不能从事一定的行为,如禁止制造、销售或进口超过规定的噪声限值的汽车。

第二节　环境法的实施与法律责任

一　环境法的实施

环境法的实施,就是在现实社会生活中具体运用、贯彻和落实环境法,使环境法主体之间抽象的权利、义务关系具体化的过程,是环境法制建设的关键环节。根据实施主体的不同,可以将环境法的实施分为公力实施和私力实施两大类别。

（一）公力实施

公力实施,也称国家实施,是指国家机关依照法定权限和程序,凭借国家暴力进行的环境法的实施活动,包括行政机关通过依法行使行政权对环境资源进行的监督管理,司法机关通过行使司法权进行的实施活动,检察机关通过行使检察权进行的实施活动以及立法机关通过对行政机关、司法机关、检察机关等遵守环境法情况的监督所进行的实施活动。

（二）私力实施

私力实施,也称公民实施,是指公民个人或公民组织依据法律规定所进行的环境法的实施活动,其主要形式包括依法参与环境行政决策,依法对违反环境法的国家机关、企事业单位或公民个人提起环境诉讼或进行检举、控告,与排污者签订污染防治协议,通过立法机关的民意代表对行政机关等遵守和实施环境法的活动进行监督以及针对环境犯罪、环境侵害行为实施正当防卫和其他自力救济等。

二　环境法律责任

环境法律责任,是指环境法主体因违反其法律义务而应当依法承担的、具有强制性的否定性法律后果,按其性质可以分为环境行政责任、环境民事责任和环境刑事责任 3 种。

（一）环境行政责任

环境行政责任,是指违反环境法和国家行政法规中有关环境行政义务的规定者所应当承担的法律责任,是环境法律责任中最轻的一种。承担责任者既可能是企事业单位及其领导人员、直接责任人员,也可能是其他公民个人;既可能是中国的自然人、法人,也可能是外国的自然人、法人。依据承担责任主体的不同可以将环境行政责任分为:行政主体的环境行政责任、行政公务人员的环境行政责任、行政相对人的环境行政责任和行政监督主体的环境行政责任。

在环境法中,某些行为承担环境行政责任的要件仅包括行为的违法性和行为人的主观过错(包括故意或过失)两个方面,另外某些行为承担环境行政责任的要件则包括行为的违法性、危害后果、违法行为与危害后果之间具有因果关系、行为人主观上有过错4个方面。而是否以"危害后果"作为承担环境行政责任的要件,则必须由环境法律法规作出明确规定。

对负有环境行政法律责任者,由各级人民政府的环境行政主管部门或者其他依法行使环境监督管理权的部门根据违法情节给予罚款等行政处罚;情节严重的,有关责任人员由其所在单位或政府主管机关给予行政处分;当事人对行政处罚不服的,可以申请行政复议或提起行政诉讼;当事人对环境保护部门及其工作人员的违法失职行为也可以直接提起行政诉讼。

(二) 环境民事责任

环境民事责任,是指公民、法人因污染或破坏环境而侵害公共财产或他人人身权、财产权或合法环境权益所应当承担的民事方面的法律责任。

在现行环境法中,因破坏环境资源而造成他人损害的,实行过失责任原则。行为人没有过错的,即使造成了损害后果,也不构成侵权行为、不承担民事赔偿责任。其构成环境侵权行为、承担环境民事责任的要件包括行为的违法性、损害结果、违法行为与损害结果之间具有因果关系、行为人主观上有过错4个方面。因污染环境造成他人损害的,则实行无过失责任原则,除了对因不可抗拒的自然灾害、战争行为以及第三人或受害人的故意、过失等法定免责事由所引起的环境损害免予承担责任外,不论行为人主观上是否有过错,也不论行为本身是否合法,只要造成了危害后果(包括造成实际损害结果和有造成损害之虞两种情形),行为人就应当依法承担民事责任,即以危害后果、致害行为与危害后果间的因果关系两个条件为构成环境污染侵权行为、承担环境民事责任的要件。

侵权行为人承担环境民事责任的方式主要有停止侵害、排除妨碍、消除危险等预防性救济方式,恢复原状、赔偿损失等补救性救济方式。上述责任方式,可以单独适用,也可以合并适用。对侵害财产造成损失的赔偿范围,应当包括直接受到财产损失者的直接经济损失和间接经济损失两部分。直接经济损失是指受害人因环境污染或破坏而导致现有财产的减少或丧失,如所养的鱼死亡、农作物减产等。间接经济损失是指受害人在正常情况下应当得到,但因环境污染或破坏而未能得到的那部分利润收入,如渔民因鱼塘受污染、鱼苗死亡而未能得到的成鱼的收入等。

236

追究责任人的环境民事责任时，可以采取以下办法：由当事人之间协商解决；由第三人、律师、环境行政机关或其他有关行政机关主持调解；提起民事诉讼；也有的通过仲裁解决，特别是针对涉外的环境污染纠纷。

（三）环境刑事责任

环境刑事责任，是指行为人因违反环境法，造成或可能造成严重的环境污染或生态破坏，构成犯罪时应当依法承担的以刑罚为处罚方式的法律责任。

构成环境犯罪是承担环境刑事责任的前提条件。与其他犯罪一样，构成环境犯罪、承担环境刑事责任的要件包括犯罪主体、犯罪的主观方面、犯罪客体和犯罪的客观方面。

环境犯罪的主体是指从事污染或破坏环境的行为，具备承担刑事责任的法定生理和心理条件或资格的自然人或法人。环境犯罪的主观方面是指环境犯罪主体在实施危害环境的行为时对危害结果发生所具有的心理状态，包括故意和过失两种情形。环境犯罪的客体是受环境刑法保护而为环境犯罪所侵害的社会关系，包括人身权、财产权和国家保护、管理环境资源的秩序等。环境犯罪的客观方面是环境犯罪活动外在表现的总和，包括危害环境的行为、危害结果以及危害行为与危害结果间的因果关系。

关于环境犯罪的种类和名称，各个国家并不相同。根据我国《刑法》第六章第六节关于"破坏环境资源保护罪"的规定，我国环境犯罪的具体罪名主要有：第338条规定的非法排放、倾倒、处置危险废物罪；第339条规定的非法向境内转移固体废物罪；第340条规定的非法捕捞水产品罪；第341条规定的非法捕杀珍贵、濒危野生动物罪，非法收购、运输、出售珍贵、濒危野生动物及其制品罪，非法狩猎罪；第342条规定的非法占用耕地罪；第343条规定的非法采矿罪；第344条规定的非法采伐、毁坏珍贵林木罪；第345条规定的盗伐、滥伐森林或其他林木罪，非法收购盗伐、滥伐的林木罪等。承担环境刑事责任的方式，有管制、拘役、有期徒刑、无期徒刑、死刑、罚金、没收财产、剥夺政治权利和驱逐出境。自然人犯有"破坏环境资源保护罪"的，上述刑罚种类基本上均适用；而法人犯有"破坏环境资源保护罪"的，仅适用罚金和没收财产两种形式的财产处罚。

第三节　中国环境法律体系

我国的环境法体系是以《宪法》关于环境保护的法律规定为基础，以环境保护基本法为主干，由保护环境、防治污染的一系列单行法规，相邻部门法中有关环境保护的法律规范、环境标准、地方环境法规以及涉外环境保护的条约协定所构成。具体结构框架如图6-1所示。

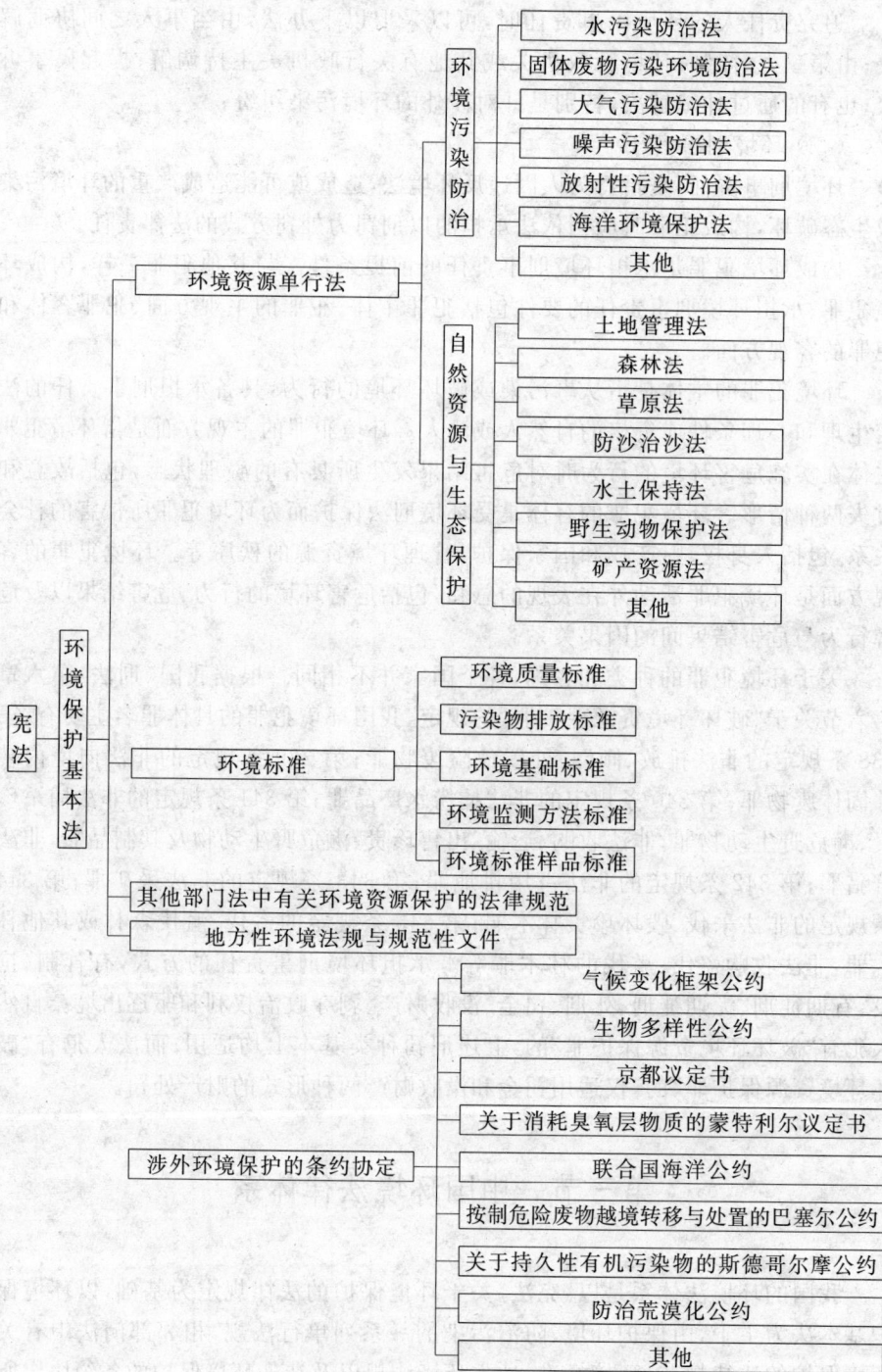

图 6-1　中国的环境法体系

一 《宪法》中关于环境保护的法律规定

《宪法》中关于环境保护的规定,是环境法体系的基础,是各种环境法律、法规和基本制度的立法依据。从主要内容上来看,《宪法》中对环境保护的规定一般是规定国家在环境保护方面所负的职责,国家应采取的保护自然环境、防治污染和其他公害的基本对策,环境立法权限划分以及公民在环境保护中的权利和义务等。如我国《宪法》第 26 条规定:"国家保护和改善生活环境和生态环境,防治污染和其他公害。"

二 环境保护基本法

环境保护基本法是在环境法发展到一定阶段出现的对环境保护方面的重大问题进行全面、系统调整的综合性实体立法,它主要是对环境保护的目的、范围、管理体制度、基本原则、主要制度、法律责任等方面作出规定,包括环境保护基本法和有关环境保护整体性内容的立法。在整个环境法体系中,具有仅次于宪法性质规定的最高法律地位和效力。在我国,这些法律有《中华人民共和国环境保护基本法》、《环境影响评价法》、《清洁生产促进法》及《循环经济促进法》等。

三 环境保护单行法律法规

环境保护单行法律、法规,是指依据宪法和环境保护基本法为依据,针对特定的保护对象而进行的专门立法,这方面的立法是对宪法和环境保护基本法的具体化。主要由以下几个方面构成:

（一）环境污染防治法律制度

环境污染方面的单行性法律法规所涉及的范围相当广泛,从内容上看,其主要包括大气污染防治、水污染防治法、噪声污染防治法、固体废物污染防治法、有毒化学品污染防治法、放射性污染防治法等。从立法体制上看,其主要包括上述各项内容的全国性法律、法规、行政规章,地方性法律、法规、行政规章,以及规范性文件等。目前,我国已经颁布的此类单行法律法规主要有《大气污染防治法》及其实施细则、《水污染防治法》及其实施细则、《海洋环境保护法》及其实施细则、《环境噪声污染防治法》、《固体废物污染环境防治法》、《放射性污染防治法》、《淮河流域水污染防治暂行条例》、《饮用水源保护区污染防治管理规定》、《化学危险物品安全管理条例》等。

我国的大气污染防治立法主要有《大气污染防治法》及其实施细则、《城市烟尘控制区管理办法》、《关于发展民用型煤的暂行办法》、《汽车排气污染监督管理办法》等。

（二）自然资源保护法

包括土地资源保护法、森林资源保护法、草原资源保护法、矿产资源保护法、水资源保护法、物种资源保护法、自然保护区管理法、风景名胜区和文化遗迹地保护法、湿地资源保护法等。目前我国颁布的有关法律法规主要有《土地管理法》及其实施条例、《矿产资源法》及其实施细则、《水法》、《森林法》、《草原法》、《渔业法》及其实施细则、《水产资源繁殖保护条例》、《野生动物保护法》、《水土保持法》、《风景名胜区管理暂行条例》及其实施办法、《地质遗迹保护管理规定》等。

（三）土地利用规划法

包括国土整治、城市规划、村镇规划等法律法规。目前我国已经颁布的有关法律法规主要有《城乡规划法》、《村庄和集镇规划建设管理条例》等。

四　环境标准

环境标准是环境法体系的特殊组成部分，是国家环境政策和环境立法在技术方面的具体体现。环境标准是指为保护人体健康、社会物质财富和维持生态平衡，对大气、土壤等环境质量，对污染源、监测方法以及其他需要等，按照规定的程序制订和批准的各种标准的总称。作为环境法的一个有机组成部分，环境标准在环境监督管理中起着极为重要的作用，无论是确定环境目标、制定环境规划、监测和评价环境质量，还是制定和实施环境法，都必须以环境标准这一"标尺"作为其基础依据。环境标准的作用具体如下：

（1）环境标准既是环境保护和有关工作的目标，又是环境保护的手段。它是制定环境保护规定和计划的重要依据。

（2）环境标准是判断环境质量和衡量环保工作优劣的准绳。评价一个地区环境质量的优劣、评价一个企业对环境的影响，只有与环境标准相比较才能有意义。

（3）环境标准是执法的依据。不论是环境问题的诉讼、排污费的收取、污染治理的目标等执法依据都是环境标准。

（4）环境标准是组织现代化生产的重要手段和条件。通过实施标准可以限制排污，促使企业对污染进行治理和管理、采用先进的无污染或少污染工艺、更新设备、综合利用资源和能源等。

国际环境法不是国内法，不是我国环境法体系的组成部分。但是我国缔结参加的双边与多边的环境保护条约、协定，是我国环境法体系的组成部分。如《保护臭氧层维也纳公约》、《关于消耗臭氧层物质的蒙特利尔议定书》、《联合国防止荒漠化公约》、《生物多样性公约》、《联合国气候变化框架公约》等。

阅读材料

欧盟蜂蜜退货案

1. 案情简介

1999年1月1日起，欧盟贸易委员会对蜂蜜产品实施卫生监控计划，要求出口蜂蜜到欧盟各成员国的第三国，都必须在此之前提交对蜂蜜中残留物质进行监控的保证计划，否则欧盟将禁止该国蜂蜜进口。2002年初，欧盟调查组作出对华残留监控体系的考察报告，于1月23日提交给中方，25日即作出暂停进口包括蜂蜜在内的中国动物源产品的决议。欧盟提出，蜂蜜中氯霉素检出量不得超过 $0.1\,\mu g/g$，即10万t蜂蜜中含有1g氯霉素，这个标准比原先严格了100倍。随后，英国食品标准局在市场抽样检测中查出我国蜂蜜含欧盟禁用药物一氯霉素残留。2002年2月底，欧盟通知其各成员国，对所有工厂、仓库及以包装上市的中国蜂蜜进行强行检查。我国年产蜂蜜约20万t、蜂王浆1000t，年创汇1亿多美元，蜂群数量和主要蜂产品出口均居世界第一，其中欧洲一直是我国蜂蜜出口的主要市场。由于"抗生素超标"，大批已经出口至欧洲国家的蜂蜜惨遭退货，我国蜂蜜出口由此受到严重影响。天津口岸2002年第一季度的数据显示，与2001年3月同期相比，蜂蜜的整体出口总量下降了70%，出口总值下降了65.4%。

2. 法律问题

(1) 绿色卫生检疫制度的概念。

(2) 绿色卫生检疫制度与WTO、欧盟。

3. 法律依据

(1)《卫生与植物检疫措施协议》(SPS协议)前言、第2条第2款、第3条、第5条第7款、附件1。

(2)《出口蜂蜜检验检疫管理办法》第7、8、17条。

(3)《清洁生产促进法》第22条。

4. 法理和法律分析

绿色卫生检疫制度是指国家有关部门为了确保人类和动植物免受污染物、毒素、微生物、添加剂等的影响，对产品是否含有这些物质进行全面的卫生检查，防止超标产品进入国内市场。基于保护环境和生态资源，确保人类和动植物的健康，许多国家，特别是发达国家制定了严格的环境卫生标准。由于各国环境卫生标准的指标水平和检测方法不同，以及对检验指标设计的任意性，从而使环境卫生标准可能成为绿色贸易壁垒。很多发达国家往往要求比较高的标准，超过了环保的需要，使发展中国家的产品因为达不到标准而被禁止出口。

WTO 对卫生检疫制度的规定主要集中在 SPS 协议中。

SPS 协议前言明确了不得阻止任何成员方采取或加强为保护人类、动植物的生命或健康所必需的措施，允许为保护的目的采取必需的措施。但第 2 条第 2 款强调："成员国应当确保任何环境卫生与植物卫生措施只应用于保护人类、动物或植物生命或健康，并以科学原则为基础。若无充分的科学证据则不再实施，但第 5 条第 7 款的规定除外。"

SPS 协议附件 1 对卫生或植物检疫措施的定义作了规定。根据该规定，各缔约方政府有权采取必要的卫生与植物卫生措施保护人类和动植物的生命与健康，使人类或动物免遭饮食或饲料中的添加剂、污染物、毒物和致病生物体的影响，并保护人类健康免受动植物或动植物产品携带的病害，或虫害的危害等，只要这类措施"不在情况相同或类似的缔约方之间造成武断的或不合理的歧视对待"。

为了在更广阔的基础上协调各成员方的卫生和植物检疫措施，SPS 协议第 3 条鼓励各方采用国际标准、准则或建议，但成员方也可以采用高于国际标准的措施，只要在科学上证明是合理的，或是以第 5 条第 1 款至第 8 款规定的适当的风险评估为基础。

SPS 协议第 5 条第 7 款比《技术性贸易壁垒协议》更进一步，该款规定，在成员方一时找不到足够的科学依据以判断所采取的这类保护措施的"必需程度"时，可以"在可得到的有关资料的基础上临时性地采取卫生或植物检疫措施"，但不可对其他成员方构成贸易歧视。SPS 协议附件还对条例、措施的透明度、通知程序、设立国家咨询点、控制检验和批准程序等作了规定。

欧盟条约禁止对进出口贸易采取数量限制以及所有具有同等效果的措施，但欧盟条约第 36 条同时规定，这种禁止"不应妨碍为保障人和动物的健康和生命或为保存植物而禁止或限制进出口或过境"。欧洲法院在以往的判决中曾根据第 36 条作出以下推导，"对在生产国允许使用，而在进口国却被禁止的某种添加剂，对其大规模销售的禁止必须限制在保护公共健康确实必需的范围之内"。由于欧洲法院在欧盟法律体系中举足轻重的地位，欧洲法院的这一判决也体现了欧盟对绿色卫生检疫制度的基本立场。

由于蜂蜜是我国重要的出口产品,我国对蜂蜜的卫生检疫是非常重视的。由国家出入境检验检疫局发布并于 2000 年 5 月 1 日起施行的《出口蜂蜜检验检疫管理办法》对出口蜂蜜的检验检疫作了比较详细的规定,其中对蜂蜜中的农、兽药残留等卫生指标的检验检疫尤为严格,该办法第 7 条、第 8 条、第 17 条分别从产地检验检疫、原料蜜检测等环节对此作出了要求。但由于我国蜂蜜产品标准还不完善,卫生监控体制不够健全,出口蜂蜜中残留药物超标的现象没有从根本上消除。国际食品法典已对 176 种农药在 375 种食品中规定了 2 439 条药物最高残留限量标准,而目前我国仅有 6 个蜂产品标准。过去我国蜂蜜质量监控没有氯霉素检测这一项,因而绿色蜂药的研发和推广比较有限,蜂病防治仍以化学药物为主,容易造成蜂产品药物残留超出欧盟制定的苛刻标准。这些都导致了我国蜂蜜被暂停进口事件的发生。本案中蜂蜜遭受欧洲各国卫生检疫标准的阻碍是我国加入 WTO 以后遭受的最严重的一次绿色壁垒,它向我国发出警示:加入 WTO 后,虽然一些旧的贸易壁垒会被打破,但这并不意味着我们的出口产品可以畅通无阻,在 WTO 规则底下还会有其他更隐蔽的障碍如绿色壁垒等,这些都是亟待我们研究并解决的。

5. 学者建议

(1)《清洁生产促进法》第 22 条第 1 款规定:"农业生产者应当科学地使用化肥、农药、农用薄膜和饲料添加剂,改进种植和养殖技术,实现农产品的优质、无害和农业生产废物的资源化,防止农业环境污染。"这一规定要求我国农产品实行清洁生产,减少添加剂或其他有害物质的使用。推行清洁生产是我国农产品及其他出口产品打破绿色检疫壁垒的重要途径。

(2)利用《技术性贸易壁垒协议》及《卫生与植物检疫措施协议》等 WTO 规则,争取获得国外的技术援助和发展中国家的特殊待遇、差别待遇,避免在激烈的国际贸易竞争中处于被动的地位。

(3)我国动植物检验检疫手段相对落后,要加强动植物检疫工作,提高动植物检疫标准,加强国外疫情监测,及时采取防范措施。要合理运用绿色卫生检疫措施,构筑自己的绿色壁垒,保护我国合法的环境权益并适当缓解农副产品进口的压力。

(资料来源:李艳芳等,2003)

思 考 题

1. 什么是环境法? 环境法的目的、功能及其在环境法体系中的地位是什么?

2. 环境法区别于其他部门法律的特征有哪些?

3. 环境法体系的主要内容是什么？
4. 如何理解环境法律关系的客体？
5. 试述对环境资源法学体系的构想。
6. 试论环境与资源保护法中的"预防为主、防治结合"原则。
7. 什么是绿色壁垒？它有哪些表现形式？

第七章

环境规划与环境管理

导读

　　环境规划与环境管理是环境科学的重要内容,也是环境保护的基本手段。本章详细阐述了环境规划与管理的概念、基本特征和作用内容、基本任务和类型,环境规划的编制程序,环境管理的基本手段和职能。通过本章的学习,熟练掌握环境规划的目标和指标体系、环境规划方案的生成和决策过程、环境管理的原则和手段,掌握主要环境规划类型的规划内容、编制程序和方法掌握环境规划学理论和方法体系。理解不同环境规划类型的特点和环境功能区划的依据,了解环境规划和管理在促进环境与经济协调发展中的重要作用。

第一节　环　境　规　划

一　环境规划的概念

（一）环境规划的概念

　　环境规划是国民经济和社会发展的有机组成部分,是人类为达到环境与经济社会协调发展的既定目标,依据社会经济规律、生态规律和地学原理,而对自身活动和环境决策所做的时间和空间的具体安排,是规划管理者对一定时期内生态环境保护目标和措施所做出的具体规定,是一种带有指令性的环境保护方案。

环境规划是环境决策在时间、空间上的具体安排,是对一定时期内环境保护目标和措施所做出的规定。环境规划实质上是一种改变人类经济社会活动和环境保护活动盲目性和主观随意性的科学决策活动,是国民经济与社会发展规划的重要组成部分,是政府履行环境职责的综合决策过程之一,是约束和指导政府行政行为的纲领性文件。

环境规划的定义阐明了环境规划的目的、内容和科学性的要求。环境规划的目的可以理解为保护人类生存和发展的环境基础,促进环境、经济和社会持续稳定发展。环境规划的基本任务是依据一定区域内有限的环境资源及其承载能力,根据社会经济发展和居民生活的需求,对环境保护和所有开发活动进行安排和部署,以调控人类自身与环境有关的行为,对人们的经济和社会活动进行约束,达到协调人与自然的关系的目的。

(二) 环境规划的内涵

环境规划的研究对象是"社会-经济-环境"这一大的复合生态系统,它可能指整个国家,也可能指一个区域(城市、省区、流域)。

环境规划的任务在于使该系统协调发展,维护系统良性循环,以谋求系统最佳状态。

环境规划依据经济学原理、生态学原理、地学原理、系统理论和可持续发展理论,充分体现环境规划学科的交叉性。

环境规划的主要内容是合理安排人类自身活动和环境决策,其中既包括对人类经济社会活动提出符合环境保护需求的约束要求,也包括对环境保护和建设活动做出的安排和部署。

环境规划必须符合特定历史时期的技术、经济发展水平和能力。

二　环境规划的意义与作用

(一) 环境规划的意义

环境规划是经济和社会发展规划或城市总体规划的重要组成部分。它是应用各种科技信息和手段,在预测发展环境的影响及环境质量变化趋势的基础上,为了达到预期的环境保护目标,通过综合分析做出的带有指令性质的实施方案,其目的是在发展的同时保护环境,维护生态平衡,从而实现可持续发展。环境规划既是协调社会经济发展与环境保护的重要手段,也是体现环境保护以预防为主的最重要的、最高层次的手段,还是各级政府环境保护部门开展环境保护工作的依据。它还为制定国民经济和社会发展规划、国土规划、区域(流域)规划及城市总体规划提供科学依据。环境规划在社会经济发展和环境决策目标中所起的作用越来越重要。

（二）环境规划的作用

1. 促进环境与经济、社会可持续发展

环境规划的重要作用在于协调环境与经济、社会的关系,预防环境问题的发生,促进环境与经济、社会的可持续发展。

2. 保障环境保护活动纳入国民经济和社会发展计划

环境保护是我国经济生活中的重要组成部分,它与经济、社会活动有密切联系,必须将环境保护活动纳入国民经济和社会发展计划之中,进行综合平衡,才能得以顺利开展。环境规划就是环境保护的行动计划,为了便于纳入国民经济和社会发展计划,对环境保护的目标、指标、项目和资金等方面都需经过科学论证和精心规划。

3. 合理分配排污削减量,约束排污者的行为

根据环境的纳污容量以及"谁污染谁承担削减责任"的基本原则,公平地规定各排污者的允许排污量和应削减量,为合理地、指令性地约束排污者的排污行为、消减及消除污染提供科学依据。

4. 以最小的投资获取最佳的环境效益

环境是人类生存的基本要素、生活的重要指标,又是经济发展的物质源泉,在有限的资源和资金条件下,特别是对发展中的中国来说,如何用最少的资金,实现经济和环境的协调发展,显得十分重要。环境规划正是运用科学的方法,保障在发展经济的同时,以最小的投资获取最佳环境效益的有效措施。

5. 实现环境管理目标的基本依据

环境规划制定的功能区划、质量目标、控制指标和各种措施以及工程项目给人们提供了环境保护工作的方向和要求,可以指导环境建设和环境管理活动的开展,对有效地实现环境科学管理起着决定性作用。

三　环境规划的原则

（一）遵循经济规律,符合国民经济计划总要求的原则

环境问题实质上是一个经济问题。经济发展要消耗环境资源,向环境排放污染物,并产生环境问题。自然生态环境的保护和污染防治需要的资金、人力、技术、资源和能量,受到经济发展水平和国力的制约。环境与经济存在着互相依赖、互相制约的密切联系,在两者的双向关系中,经济起着主导的作用。因此,制定环境规划必须遵循经济规律,符合国民经济计划的总要求。这个原则是环境规划编制的最重要的基本原则。

（二）经济建设、城乡建设和环境建设同步原则

第二次全国环境保护会议上提出的中国环境保护工作的基本方针是：经济建设、城乡建设和环境建设同步规划、同步实施和同步发展，实现经济效益、社会效益和环境效益的统一，促进经济、社会和环境持续、协调发展。它标志着中国的发展战略从传统的只重发展经济忽视环境保护的战略思想，向环境与经济社会协调发展的战略思想的转变。

（三）遵循生态规律，合理利用环境资源的原则

在制定环境规划时必须遵循生态规律，对环境资源的开发利用要遵循开发利用与保护增值并重的原则，防止开发过度造成恶性循环。

（四）预防为主，防治结合的原则

"防患于未然"是环境规划的根本目的之一。在环境污染和生态破坏发生之前，予以杜绝和防范，减少其带来的危害和损失是环境保护的宗旨。同时鉴于我国环境污染和生态退化问题比较突出，预防为主、防治结合是环境规划的重要原则。

（五）系统原则

环境规划对象是一个综合体，用系统理论指导环境规划有更强的实用性，只有把环境规划研究作为一个子系统，与更高层次的大系统建立广泛联系和协调关系，即用系统的方法才能对子系统进行调控，才能达到保护和改善环境质量的目的。

（六）坚持依靠科技进步的原则

要大力发展清洁生产和推广废弃物综合利用，将污染消除在生产过程之中；积极采用适宜的、先进的、经济的治理技术；同时，环境规划还必须借助科技的力量，寻求支持系统，包括数据收集、统计、预测、处理和信息整理等，从而完善环境规划的分析过程，获得更准确、更可行的规划结果。

（七）强化环境管理的原则

我国环境保护工作形成了一条具有中国特色的环境保护道路，其核心是强化环境管理，运用法律的、经济的和行政的手段保证和促进环境保护事业的发展，因而环境规划要体现出这一特点，必须是经济发展与环境相协调，才能起到环境规划的先导作用，为环境管理服务。

（八）其他原则

环境规划和其他规划一样，都必须遵守"实事求是、因地制宜、突出重点、兼顾一般"的原则。环境问题的地域性十分突出，不同地区的环境问题解决的方法和手段也不尽相同。因此，要特别注意这些原则，才能使环境规划符合客观实际，具有可操作性。

（一）环境规划的基本任务

环境规划的基本任务是依据有限的资源和环境承载力,对人类的经济和社会活动进行约束,以调控人类自身的活动、协调人与自然的关系,协调和解决国民经济发展与环境保护之间的矛盾,维护人类生态系统的良性循环,谋求社会经济系统的最佳状态。针对日益提高的生活水平和对环境质量的要求,在空间和时间上部署环境保护与建设活动是环境规划的一项基本任务。具体有以下几点:

1. 合理编制地区环境保护规划纲要,制定环境保护技术政策

全面掌握地区经济和社会发展的基础资料,编制环境保护的规划纲要。通过调查研究,搜集有关地区经济和社会发展长期计划及各项基础技术资料,并对本地区的自然资源、社会资源和经济资源作全面分析和评价,以便进一步确定地区经济和社会发展的性质,明确环境保护的任务,确定环境保护的内容及途径,编制地区环境建设的规划纲要。

环境保护技术政策涉及国民经济和社会发展的需要和能源、资源合理开发利用的程度,生态环境保护与人体健康,国家经济技术开发战略等多方面错综复杂的关系,而且还与环境质量的背景、现状和未来发展直接相关。因此,要制定统一的环境保护技术政策,用以指导制定环境规划。制定环境技术政策,既要和有关方面、有关行业的技术经济政策相协调,又要从环境保护战略全局的需要加以统筹安排,起到指导环境管理的作用。

2. 规划区域内工农业生产力的合理布局

首先要对工业分布的现状进行分析,揭示环境制约因素,以便从根本上解决污染问题。其次,要根据地区发展的规划纲要,结合地区经济、社会、历史以及环境条件,将各类工业合理地组合,合理布局工业体系,使工业布局与资源、环境及城镇居民点、基础设施等建设布局相协调。还要结合农业区划状况,因地制宜地安排好农、林、牧、副、渔等各项生产用地;加强城郊副食品基地的建设;妥善解决工、农业之间以及农业与各项建设之间在用地、用水和能源消耗等方面的矛盾,做到资源的合理配置,确定区域生产力布局。

对区域内污染工业的分布现状进行分析,以便在规划中提出改善布局的实施方案,预测工业布局规划对环境可能带来的不利影响,并进行环境影响评价,采取减少其不利影响的保护措施,以期达到规定的环境目标;在新开发的工业区,要形成“工业产业链”,以便充分利用资源,减少环境污染。

3. 充分合理利用资源,提高资源利用率

广义的资源包括自然资源(如水、气候、生物、土地、矿物和天然风景等)、社

会资源(如劳动力数量、年龄构成、就业率、劳动技能和文化教育水平等)和经济资源(指在某一地区积累的物质财富,包括工农业生产、交通运输、水利和城镇建设等物质技术基础)。必须对相关地区的资源结构进行综合分析和评价,明确资源开发利用的有利条件和限制因素,以便因地制宜,最大限度地利用资源,这是促进经济发展和减少环境污染的基础。

4. 搞好环境保护,建立区域生态系统的良性循环

区域环境规划应力求减轻或消除经济活动对自然环境的威胁,恢复已被破坏的环境,使自然环境向良性循环发展,进一步改善和美化人工环境。对局部被人类活动改造的地表进行适当修饰,搞好城乡绿化和重点园林绿地规划,丰富文化设施,增加休憩和旅游的活动场所。

(二)环境规划的类型

环境规划涵盖面非常广泛,关于环境保护的计划安排都属于环境规划。因研究问题的角度、采取的划分方法不同,可以依据环境规划的目的对环境规划进行不同的分类,一般以范围、时段、内容等方面划分环境规划的类型。

1. 按行政区划和管理层次划分

可分为国家环境规划、区域环境规划、部门环境规划、农村环境规划、自然保护区环境规划、城市综合整治环境规划和重点污染源污染防治规划。

(1)国家环境规划涉及整个国家,是全国社会经济发展总体规划的组成部分,它对全国的环境保护工作起指导作用。

(2)区域环境规划包括江河流域环境规划、近海海域环境保护规划、城市环境规划、大型经济技术开发区环境规划、工矿区环境规划、乡镇环境规划(农村环境综合整治规划)、资源能源保护区环境规划、风景旅游区和自然保护区环境规划等。

(3)部门环境规划包括工业部门环境规划、农业部门环境规划和交通运输部门环境规划等。

2. 按规划跨越时间长度划分

(1)远期环境规划。一般为 10 年以上的宏观计划,是依据对长远环境目标和战略措施来制定的。

(2)中期环境规划。规划期一般为 5~10 年。5 年环境规划一般称五年环保计划。由于我国国民经济计划体系是以五年计划为核心的计划体系,所以五年环境规划也是各种环境规划的主体,它应与国民经济发展计划同步,并纳入其中。

(3)短期环境规划。实际上是中期环境规划的年度安排,是五年计划分年度实施的具体部署,也可以对中期规划进行修正和补充。年度环境计划则是中期环境规划目标中每一个措施、工程、项目及任务的年度实施计划安排。

3. 按环境规划的内容划分

环境规划按不同层次可分为宏观环境规划、专项环境规划和环境管理规划。

如城市环境规划可分为城市宏观环境规划、城市专项环境规划和城市环境管理规划,其内容既有区别,又有联系。

(1)城市宏观环境规划是一种战略层次的环境规划,包括社会经济发展和环境变化趋势分析、环境保护目标、环境功能区划、环境保护战略、区域污染控制、生态建设与生态保护规划方案等。

(2)专项环境规划按环境要素划分,可分为大气污染控制规划、水污染控制规划、固体废物污染控制规划、噪声污染控制规划等。

大气污染控制规划主要是在城市或城区进行,其主要内容是对规划区内的大气污染控制提出基本任务、规划目标和主要的防治措施。水污染控制规划包括区域、水系、城市的水污染控制,水域(河流、湖泊、地下水和海洋)环境保护规划的主要内容是对规划区内水域污染控制提出基本任务、规划目标和主要的防治措施。固体废物污染控制规划是区域、行业和企业等的规划,主要对规划区内的固体废物处理处置、综合利用进行规划。噪声污染控制规划一般指城市、小区、道路和企业的噪声污染防治规划。

(3)在环境管理规划方面,无论是污染综合整治规划还是污染物排放总量控制规划,可以由区域制定,也可以由部门制定。如果考虑预防措施,环境综合整治规划可以提升为污染防治规划,如城市污染综合防治规划、工矿区污染综合防治规划、交通污染综合防治规划等。

4. 按环境规划的性质划分

环境规划从性质上分,有生态建设规划、污染综合防治规划、专题规划和环境科学技术与产业发展规划等。

(1)生态建设规划。在编制国家或地区经济社会发展规划时,不是单纯考虑经济因素,应把当地的生态系统和社会经济系统紧密结合在一起进行考虑,使国家或地区的经济发展能够符合生态规律,既能促进和保证经济发展,又不会破坏当地的生态系统。在综合分析各种土地利用的"生态适宜度"的基础上,制定土地利用规划,通常称为生态规划。

(2)污染综合防治规划。污染综合防治规划也称为污染控制规划,是当前环境规划的重点。按内容可分为工业(行业、工业区)污染控制规划、农业污染控制规划和城市污染控制规划;根据范围和性质的不同又可分为区域污染综合防治规划和部门污染综合防治规划。

(3)区域污染综合防治规划。如经济协作区、工业园区、城市和水域等的污染综合防治规划。

(4)部门污染综合防治规划。如工业系统污染综合防治规划、农业污染综合防治规划、商业污染综合防治规划以及企业污染综合防治规划等。工业系统污染综合防治规划还可以按行业分为化工污染综合防治规划、轻工业污染综合防治规划和冶金工业污染综合防治规划等。

（5）自然保护规划。保护的内容主要是生物资源和其他可更新资源，还包括文物古迹、有特殊价值的水源地和地貌景观等。

（6）环境科学技术与产业发展规划。其主要内容有为实现上述规划类型所需要的科学技术、发展环境科学体系所需要的基础理论、环境管理现代化和环境保护产业发展研究等。

5. 按环境与经济的辩证关系划分

可分为经济制约型、协调型、环境制约型等。

（1）经济制约型。经济制约型环境规划的目的是满足经济发展的需要，环境保护服从于经济发展的需求，一般表现为先污染后治理的形式，是为了解决经济发展所带来的环境后果而做出的规划。

（2）协调型。协调型环境规划的目的是促进经济与环境之间的协调发展，以经济和环境的双重目标为出发点而做出的规划。协调型环境规划是协调发展理论的产物，协调发展在今天已经被全世界公认为发展经济和保护环境的最佳选择。

（3）环境制约型。环境制约型环境规划的目的是要求经济发展服从环境保护，经济发展目标是建立在环境基础上的，即经济发展的模式受环境保护的制约。

五　环境规划的基本内容和编制程序

（一）环境规划的基本内容

从总体上概括，环境规划的主要内容包括以下 7 个部分：

1. 环境调查与评价

这是制定环境规划的基础。环境规划所用的各种数据信息，主要通过环境现状调查与评价来获得。

2. 环境预测

通过现代科学技术手段与方法，对未来的环境状况与发展趋势进行定量或半定量的描述与分析。没有环境方面的科学预测，就不可能编制出一个合理的环境规划，因此，环境预测是编制环境规划的先决条件。

3. 环境区划

环境区划是从整体空间规划理念出发，根据区域环境特点和经济社会发展状况，把特定的空间划分为不同功能的环境单元，研究各环境单元环境承载力及环境质量的现状与发展变化趋势，提出不同功能环境单元的环境目标和环境管理方案。

4. 环境目标

确定合适的环境目标是制定环境规划的关键。环境目标太高，环境保护投资多,超越自然规律和经济承受能力,则环境目标无法实现。环境目标过低,不能满足人们对环境质量的要求或造成严重的环境问题。因此,在制定环境规划时,确定恰当的环境保护目标是十分重要的。

5. 环境规划方案

确定环境规划方案的主要依据有环境问题及成因、各有关政策和规定、污染物削减量、环境目标、投资能力及效益、措施可行等。

环境规划(污染综合防治规划)方案的内容包括:环境区划及功能分区;提出污染综合防治方案,包括大气污染综合整治方案、水环境污染综合整治方案、固体废物综合整治方案、噪声污染综合整治方案、生产力布局及产业结构调整、自然(生态)保护。

6. 环境规划方案的选择

环境规划方案主要是指实现环境目标应采取的措施以及相应的环境投资。在制定环境规划时,一般要作多个不同的规划方案,经过对各方案的综合比较,选择一个经济上合理、技术上先进、满足环境目标要求的最佳方案。这个方案可作为最佳推荐方案,提供给相关部门决策。

方案比较和优化是环境规划过程中重要的工作方法,环境规划方案的确定应考虑如下问题:方案要有鲜明的特点,比较的项目不宜太多,要抓住起关键作用的问题做比较,注意可比性;确定的方案要结合实际,针对不同方案的关键问题,提出不同规划方案的实施措施;对比各方案的投资和预期效益,分析方案的实施条件,目标是投资少、效果好,不应片面追求先进技术或过分强调投资。

7. 实施环境规划的支持与保证

包括制定投资预算、编制年度计划、确保技术支持和强化环境管理。

(二)环境目标和指标体系

确定适宜的环境目标是制定环境规划的关键,环境规划的目的就是为了实现预定的环境目标。环境规划目标是环境战略的具体体现,是进行环境建设和管理的基本出发点和归宿。环境目标是通过环境指标体系表征的,环境指标体系是一定时空范围内主要环境因素构成的环境系统的整体反映。

1. 环境目标

环境目标是环境规划的核心内容,是对规划对象(如区域、城市和工业区等)在某一阶段的环境质量状况、发展方向和发展水平所做的规定。

按照不同的划分标准,环境目标可分为不同的类型:

(1) 按规划内容可分为环境质量目标和环境污染控制目标。环境质量目标主要包括大气环境质量目标、水环境质量目标、噪声控制目标及生态环境目标。在不同地域或功能区,环境质量目标由一系列表征环境质量的指标体系来实现。环境污染总量控制目标主要由工业或行业污染控制目标和区域环境综合整治目标构成。污染排放总量控制目标实质上是以功能区环境容量为基础的目标,即把污染物排放量控制在功能区环境容量的限度内,超过的部分作为削减目标。

(2)按规划目的可以分为环境污染控制目标、生态建设目标和环境管理目标。在环境污染控制目标中,大气污染控制目标是在规划期内要把区域内的大气主要污染物的总量、浓度控制在一定的标准内,包括各项空气质量指标和大气污染治理指标。水污染控制目标是控制区域工业废水和生活污水的排放总量以及水体中污染物的含量、控制向区域内地表水体排放的工业废水和生活污水的总量、制定各类水体污染的治理目标。固体废物控制目标是控制区域内工业固体废物和生活垃圾的产生量和排放总量、提出固体废物的综合利用率等各项目标。噪声污染控制目标是按国家规划的标准要求,把区域内的一般噪声、交通噪声等控制在一定的范围内。

生态保护目标是在区域环境规划中要有保护生物资源、矿产资源、土地资源和水资源等生态资源的规划目标;同时还要有防止水土流失、土地退化以及建立自然保护区的规划目标。

环境管理目标是指在环境规划中要包括组织、协调、监督等项管理目标,同时还包括实施环境规划、执行各项环境法规以及环境保护的宣传、教育等项管理目标。依靠环境管理来确保环境规划的实施。

(3)按规划时间可分为短期(1~4年)、中期(5~10年)和长期(10年以上)目标。长期目标通常是中、短期目标制定的依据,而短期目标则是中、长期目标的基础。短期目标需要准确、定量、具体,具有很强的可操作性;中期目标包含具体的定量目标和定性目标;对于长期目标,主要是有战略意义的宏观要求。

(4)按空间范围可分为国家、省区、县市各级环境目标。对特定的区域、流域、海域等也可规定其相应目标。

(5)按管理层次可分为规划区在规划期内的宏观目标和详细目标。宏观目标是对应达到的环境目标总体上的规定;详细目标是根据环境要素、功能区划对规定的环境目标所作的具体规定。

确定环境目标的原则是:以规划区环境特征、性质和主体功能为基础;以经济、社会发展的战略思想为依据;环境目标应当满足人们生存发展对环境质量的基本要求;环境目标应当满足现有技术经济条件;环境目标要求能进行时空分解、定量化。

2. 环境规划目标的可行性分析

经过调查、分析、预测确定环境目标后,还要对环境规划目标进行可行性分析,并及时反馈回来对目标进行修改完善,以使目标准确可行。主要包括以下几个方面:

(1)环境保护投资分析。在环境规划中其目标一旦确定,污染物总量削减指标、环境污染控制指标和环境保护工程指标就相应确定。逐项计算完成各项指标所需资金,得出一个总投资预算。同时,考虑环保投资占同期国民生产总值的比例,计算出国家和地方准备投入的环保资金,两者相比得出结论。

（2）技术力量分析。包括对环境管理技术、污染防治技术和技术人才与技术推广的分析。

（3）污染负荷削减能力分析。对规划区污染负荷削减能力的分析直接关系到环境目标能否实现。

（4）其他分析。在环境规划目标可达性分析中,相关的影响措施、控制对策、法规执行程度等因素也应加以分析。

3. 环境规划的指标体系

环境规划指标是直接反映环境现象以及相关的事物,并用来描述环境规划内容的总体数量和质量的特征值。环境规划指标包含两方面的含义:一是表示规划指标的内涵和所属范围的部分,即规划指标的名称;二是表示规划指标数量和质量特征的数值,即经过调查登记、汇总整理而得到的数据。

建立环境规划指标体系,就是要建立起能全面、准确、系统和科学地反映各种环境质量特征和内容的一系列环境规划目标。选择指标体系,必须遵循一定的原则,主要包括整体性原则、科学性原则、规范性原则、可行性原则、适应性原则和简洁性原则。

目前,环境规划指标主要采用按其表征对象、作用以及在环境规划中的重要性和相关性来划分。主要包括环境质量指标、污染物总量控制指标、环境规划措施与管理指标以及相关经济指标。

（1）环境质量指标。主要表征自然环境要素(大气、水)和生活环境(如安静)的质量状况,一般以环境质量标准作为基本衡量尺度。环境质量指标既是环境规划的依据,同时也是归宿点,所有其他指标的确定都是围绕完成环境质量指标进行的。

（2）污染物总量控制指标。根据一定地域的环境特点和容量来确定,其中又有容量总量控制和目标总量控制两种。前者体现环境的容量要求,是自然约束的反映;后者体现规划的目标要求,是人为约束的反映。我国现在执行的指标体系是将两者有机结合起来,同时采用。

（3）环境规划措施和管理指标。是首先达到污染物总量控制指标,进而达到环境质量指标的支持性和保证性指标。这类指标有的由环保部门规划与管理,有的则属于城市总体规划范畴。但这类指标的完成与否同环境质量的优劣密切相关,因而将其列入环境规划中。

（4）相关性指标。主要包括经济指标、社会指标和生态指标 3 类。相关指标大都包含在国民经济和社会发展规划中,都与环境指标有密切的联系,对环境质量有深刻影响。

(三) 环境预测

环境预测是根据人们过去和现在已掌握的信息、资料、经验和规律,运用现代科学技术手段和方法,对未来的环境状况和环境发展趋势及其主要污染物和污染源的动态变化进行定量预测和分析。

1. 环境预测的依据

环境预测的依据如下:

(1) 环境规划预测的主要目的是预先推测出实施经济社会发展达到某个水平年时的环境状况,以便在时间和空间上做出具体的安排和部署。所以这种环境预测与经济发展的关系十分密切,且把社会经济发展规划(发展目标)作为环境预测的主要依据。

(2) 规划区的环境质量评价是环境预测的基础工作和依据,通过环境评价探索出经济社会发展与环境保护间的关系和变化规律,从而为建立环境规划的预测或决策模型奠定基础。

(3) 规划区内经济和社会发展规划中各水平年的发展目标是环境预测的主要依据,这是因为一个地区的经济和社会发展与环境质量状况存在一定的相关性,利用这种关系才能做出环境状况的科学预测。

(4) 城乡建设发展规划、城镇总体发展战略和发展目标等有关资料都是环境预测的依据资料。

2. 环境预测的类型

进行环境预测时,根据预测目的的不同,所采用的数据是不一样的,因而其结果也就不一样。按预测目的可分为警告型预测(趋势预测)、目标导向型预测(理想型)和规划协调型预测(对策型)。

(1) 警告型预测。警告型预测指在人口和经济按历史发展趋势增长,环保投资、污染防治管理水平、技术手段和工程能力均维持目前水平的前提下,预测未来环境的可能状况。其目的是提供环境质量的下限值。

(2) 目标导向型预测。目标导向型预测指人们主观愿望达到的水平。目的是提供环境质量的上限值。

(3) 规划协调型预测。规划协调型预测指通过一定手段,使环境与经济协调发展所能达到的环境状况。这是预测的主要类型,也是规划决策的主要依据。这是在充分考虑技术进步、环境保护治理能力、企业管理水平和产业结构更新换代等动态因素前提下,随环境治理达到的、切合实际的预测。

3. 环境预测的主要内容

环境预测的主要内容有:

(1) 社会和经济发展预测。社会发展预测重点是人口预测,经济发展预测重点是能源消耗预测、国民生产总值预测和工业部门产值预测。预测随着社会、经济的发展所带来的各种环境问题,预测区域环境质量随着人们的生产和消费活动变化的规律性,预测区域污染物发生量和人口分布、人口密度、生产布局和生产力发展水平等因素之间的关系。

(2)环境容量和资源预测。根据区域环境功能的区划、环境污染状况和环境质量标准来预测区域环境容量的变化,预测区域内各类资源的开采量、储备量以及资源的开发利用效果。

(3)环境污染预测。预测各类污染物在大气、水体、土壤等环境要素中的总量、浓度以及分布的变化,预测可能出现的新污染物种类和数量,预测规划期内由环境污染可能造成的各种社会和经济损失。污染物宏观总量预测的要点是确定合理的排污系数和弹性系数,环境质量预测的重点是确定排放源与汇之间的输入响应关系。

(4)环境治理和投资预测。各类污染物的治理技术、装置、措施、方案以及污染治理的投资和效果的预测;预测规划期内的环境保护总投资、投资比例、投资重点、投资期限和投资效益等。

(5)生态环境预测。城市生态环境,包括水资源的储量、消耗量、地下水位等,城市绿地面积、土地利用状况和城市化趋势等;农业生态环境,包括农业耕地数量和质量,盐碱地的面积和分布,水体流失的面积和分布;此外还有区域内的森林、草原、沙漠等的面积、分布以及区域内的物种、自然保护区和旅游风景区的变化趋势。

(四)环境功能区划

1. 环境功能区划的含义和目的

环境功能区划是实现环境管理科学化的一项基础工作。它依据社会经济发展需要和不同地区在环境结构、环境状态和使用功能上的差异,对区域进行的合理划分。它研究各环境单元的承载力以及环境质量的现状和发展变化趋势,揭示人类自身活动与环境和人类生活之间的关系。在环境规划中进行功能区的划分,一是为了合理布局,二是为确定具体的环境目标,三是便于目标的管理和执行。对于未建成区或新开发区、新兴城市等来说,环境功能区划对其未来环境状态有决定性影响。

2. 环境功能区划的依据和内容

环境功能区划的依据是保证功能与规划相匹配;依据自然条件划分功能区;依据环境的开发利用潜力划分功能区;依据社会经济的现状、特点和未来发展趋势划分功能区;依据行政辖区划分功能区;依据环境保护的重点和特点划分功能区。

环境功能区划的内容是:在所研究的范围内,根据各环境要素的组成、自净能力等条件,合理确定使用功能的不同类型区,确定界面、设立监测控制点位;在所研究范围的层次上,根据社会经济发展目标,以功能区为单元,提出生活和生产布局以及相应的环境目标与环境标准的建议;在各功能区内,根据其在生活和生产布局中的分工职能以及所承担的相应的环境负荷,设计出污染物流和环境信息流;建立环境信息库,以便将生产、生活和环境信息进行实时处理,及时掌握环境状况及其发展趋势,并通过反馈做出合理的控制决策。

3. 环境功能区划的类型

按其范围分为城市环境规划的功能区和区域(省市)环境规划的功能区;按其内容可分为综合环境区划(城市综合环境区划主要以城市中人群的活动方式以及对环境的要求为分类准则,一般可分为重点环境保护区、一般环境保护区、污染控制区和重点污染治理区等)和部门环境功能区划(大气环境功能区划、地表水环境功能区划和噪声功能区划)。

(五)环境规划方案的设计和优化

1. 环境规划方案的设计

环境规划方案的设计是整个规划工作的中心,与确定目标一样是工作重点。它是在考虑国家或地区有关政策规定、环境问题和环境目标、污染状况和污染削减量、投资能力和效益的情况下,提出具体的污染防治和自然保护的措施和对策。

环境规划方案设计的步骤如下:

(1)分析调查评价结果,包括环境质量、污染状况、主要污染物和污染源、现有环境承载力、污染削减量、现有资金和技术,从而明确环境现状、治理能力和污染综合防治水平。

(2)分析预测的结果,阐明环境存在的主要问题,明确环境现有承载能力,削减量和可能的投资、技术支持,从而综合评估实际存在的问题和解决问题的能力。

(3)详细列出环境规划总目标和各项分目标,以明确现实环境与环境目标的差距。

(4)制定环境发展战略和主要任务,从整体上提出环境保护方向、重点、主要任务和步骤。

(5)制定环境规划的措施和对策,这是规划的主体,在目标与现实之间要通过措施的采用才能解决。重要的是运用各种方法制定针对性强的措施和对策,如区域环境污染综合防治措施、生态环境保护措施、自然资源合理开发利用措施、调整生产布局措施、土地规划措施、城乡建设规划措施和环境管理措施。

2. 环境规划方案的优化

环境规划方案是指实现环境目标应采取的措施以及相应的环境保护投资,力争投资少效果好。在制定环境规划时,一般要做多个不同的规划方案,通过对比各方案,确定经济上合理、技术上先进并满足环境目标要求的几个方案作为推荐方案。

环境规划方案优化的步骤如下：

（1）分析、评价现存和潜在的环境问题，寻求解决的方法和途径，研究为实现预定环境目标而采取的措施。

（2）对所有拟定的环境规划草案进行经济效益分析、环境效益分析、社会效益分析和生态效益分析。

（3）分析、比较和论证各种规划草案，建立优化模型，选出最佳总体方案。

（4）预测评价区域环境规划方案的实施对社会、经济发展和环境产生的影响。

（5）概算实施区域环境规划所需的投资总额，确定投资方向、重点、构成与期限，以及评估投资效果等。

（6）环境规划方案审批。环境规划的申报与审批是把规划方案变成实施方案的基本途径，也是环境管理中一项重要的工作制度。环境规划方案必须按照一定的程序上报有关决策机关，等待审核批准。

（7）环境规划方案实施与管理。环境规划的编制、审批和下达只是规划工作的一部分，而更重要的工作是组织规划的实施。环境规划按照法定程序下达后，在环境保护部门的监督管理下，各实施单位根据规划中对本地区，本部门或本单位的要求有责任组织各方面的力量，促使规划付诸实施。环境规划的具体编制程序见图 7-1。

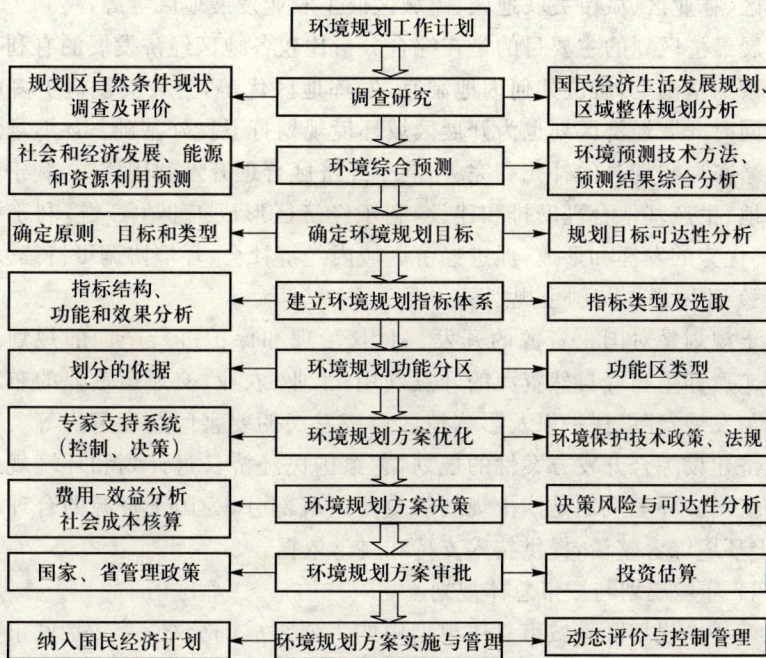

图 7-1 环境规划的具体编制程序

（一）环境规划与国民经济和社会发展规划

国民经济与社会发展规划的制定是以环境为基础的,只有合理利用自然资源,维护生态平衡,国民经济才能持续发展;环境规划是有计划地解决社会和经济发展与环境污染之间的矛盾,通过环境规划来协调两者的关系,是国民经济和社会发展规划的重要组成部分;环境规划制定的主要依据是经济和社会发展规划,经济与环境的协调发展最终也是通过经济发展规划与环境规划的目标协调一致体现出来的。环境规划与国民经济和社会发展规划关系最密切的有四个部分:一是人口与经济部分,如人口密度、素质,经济的规模及生产技术水平等;二是生产力的布局和产业结构,它对环境有着根本性影响和作用;三是因经济发展产生的污染,尤其是工业污染,这始终是环境保护的主要控制目标;四是国民经济能够给环境保护提供多少资金,这是确定和实现环境保护目标的重要保证。

（二）环境规划与经济区划

经济区划是按照地域经济的相似性和差异性,对全国各地区进行战略划分和战略布局,构成具有不同地域范围、不同内容、不同层次和各具特色的经济区,如农业区、林业区、城市关联地区、流域区或工农业发展地区等等。

开展经济区划的主要目的是在综合分析比较各地区经济发展的有利条件和不利因素的基础上,解决如何因地制宜,发挥地区优势,为人类创造更多的物质财富。同时开展经济区划也为开展区域环境规划打下良好基础。环境规划是经济区战略布局和划分的补充和完善,利于经济区合理开发利用资源,利于经济区原料基地、生产基地合理安排和建设,利于经济区形成工业生产链,利于资源优势、经济优势的发挥和形成,促进经济区域内经济社会、环境协调可持续发展。

（三）环境规划与国土规划

国土规划是对国土资源的开发、利用、治理和保护进行全面的规划。包括土、水、矿产和生物等自然资源的开发利用;工业、农业、交通运输业的布局和地区组合与发展;环境保护以及影响地区经济发展的要害问题和解决等。国土规划是经济建设综合开发方案性的规划,它给国民经济长远计划和环境规划提供可靠的依据。环境规划是国土规划的重要组成部分,为国土资源的合理开发利用、国土环境综合整治,提供技术支持和科学依据。

（四）环境规划与城市总体规划

城市环境规划既是城市总体规划中的主要组成部分之一,又是城市建设中的独立规划,并参与城市总体规划目标的综合平衡。

目前我国城市所采用的规划体系主要包括国民经济和社会发展规划、土地利用规划、城市规划、交通规划、绿化规划和城市环境规划等。城市总体规划是为确定城市性质、规模、发展方向,通过合理利用土地,协调城市空间布局和各项建设,实现城市经济和社会发展目标而进行的综合部署。它们的主要差异在于城市环境规划主要从保护人体健康出发,以保持或创建清洁、优美、安静和适宜生存的城市环境为目标,从而促使经济社会和环境的可持续发展;城市总体规划是一种更深、更高层次上的经济和社会发展规划要求,两者之间存在事实上的主从关系。因为城市规划所覆盖的内容更多,对城市总体发展的指导性更强,规划思路的经济导向性更明确,与政府的主要目标联系紧密,并且经过多年的发展,相应的机构、制度等组织性的力量较为雄厚。

在地方的实际工作中,一般的程序是先制定城市规划,再制定环境规划,要求环境规划编制时参考城市规划的有关用地布局、经济发展战略、城市发展方向和生态环境保护等内容,并从环境保护的角度提出反馈意见。

综上所述,环境规划与国民经济和社会发展长期计划、国土规划、经济区划、城市总体规划有着紧密的联系,它们共同构成了一个完整的规划体系。

第二节　环境管理

一　环境管理的概念

环境管理学是从环境保护实践中产生,又在环境保护的实践中发展起来的。它既是环境科学的一门分支学科,又是环境科学与管理科学交叉渗透的产物,同时也是一个工作领域,是环境保护实践的重要组成部分。

（一）环境管理的概念

环境管理从 20 世纪 70 年代初开始形成,并逐步发展成为一门新兴学科。国内外学者对环境管理的概念与内涵认识日益深化。1974 年"环境管理"概念在墨西哥召开的"资源利用、环境与发展战略方针"专题研讨会上首次被正式提出,此次会议形成了 3 点共识:① 全人类的一切基本需要应当得到满足;② 要进行发展以满足基本需要,但不能超出生物圈的容许极限;③ 协调这两个目标的方法是环境管理。

1975 年休埃尔在其《环境管理》一书中对环境管理进行了专门阐述,指出"环境管理是对损害人类自然环境质量的人为活动(特别是损害大气、水和陆地外貌质量的人为活动)施加影响"。他特别说明,所谓"施加影响",是指"多人协同的活动,以求创造一种美学上会令人愉快、经济上可以生存发展、身体上有益于健康的环境所做出的自觉的、系统的努力"。我国学者叶文虎主编的《环境管理学》一书中，对环境管理的含义进行了如下论述："通过对人们自身思想观念和行为进行调整，以求达到人类社会发展与自然环境的承载力相协调。也就是说，环境管理是人类有意识的自我约束，这种约束通过行政的、经济的、法律的、教育的、科学的等手段来进行，它是人类社会发展的根本保障和基本内容。"刘天齐主编的《环境技术与管理工程概论》一书中，对环境管理的含义做了如下论述："通过全面规划，协调发展与环境的关系，运用经济、法律、技术、行政、教育等手段，限制人类损害环境质量的行为，达到既满足人类的基本需要、又不超出环境的容许极限的目的。"

根据国内外学者的阐述，环境管理的含义主要应涵盖以下4个方面：

（1）协调发展与环境的关系。建立可持续发展的经济体系、社会体系和保持与之相适应的可持续利用的资源和环境基础，是环境管理的根本目标。

（2）运用各种手段限制人类损害环境质量的行为。人在管理活动中扮演着管理者和被管理者的双重角色，具有决定性的作用，因此环境管理的核心是对人的管理。

（3）环境管理是一个动态过程。它必须适应社会、经济、技术的发展，并及时调整政策措施，使人类的经济活动不超过环境的承载能力和自净能力。

（4）环境保护作为国际社会共同关注的问题，环境管理需要超越文化和意识形态等方面的差异，采取协调合作的行动。

综上所述，可以认为，环境管理是指依据国家的环境政策、法律、法规和标准，坚持宏观综合决策与微观执法监督相结合，从环境与发展综合决策入手，运用各种有效管理手段，调控人类的各种环境行为，协调经济、社会发展同环境保护之间的关系，限制人类损害环境质量的活动以维护区域正常的环境秩序和环境安全，实现区域社会可持续发展的行为总体。其中，管理手段包括法律、经济、行政、技术和教育5个手段，人类行为包括自然、经济、社会3种基本行为。

（二）环境管理的目的和任务

1. 环境管理的目的

环境管理的目的是通过对可持续发展思想的传播，使人类社会的组织形式、运行机制以及管理部门和生产部门的决策、计划和个人的日常生活等各种行为，符合人与自然和谐相处的要求，并以法律法规、规章制度、社会体制和思想观念的形式体现出来。具体来说就是创建并规范一种新的生产方式、新的消费方式、新的社会行为规则和新的发展方式，来保护和改善环境。

2. 环境管理的任务

环境管理的基本任务是转变人类社会的一系列基本观念和调整人类社会的观念。观念的转变包括消费观、伦理观、价值观、科技观和发展观直到整个世界观的转变。这种观念的转变将是根本的、深刻的,它将带动整个人类文明的转变。环境文化是以人与自然和谐为核心和信念的文化,环境管理的任务之一就是要指导和培育这样一种文化,以取代工业文明时代形成的以人为中心、以人的需要为中心、以自然环境为征服对象的文化,并将这种环境文化渗透到人们的思想意识中去,使人们在日常的生活和工作中能够自觉地调整自身的行为,以达到与自然环境和谐的状态。

环境管理的两项任务是相互补充、互为一体的。其中,环境文化的建设是根本性的,但是文化的建设是一项长期的任务,短期内对环境问题的解决效用不是很明显,而行为的调整则可以比较快地见效。同时,行为的调整也可以促进文化的建设。

二　环境管理的内容

环境管理的内容可以从不同的角度来划分。从管理对象角度,可以分为政府行为的环境管理、企业行为的环境管理和公众行为的环境管理;从环境目标角度,可以分为环境质量的环境管理和生态环境的环境管理。政府是环境管理的对象,但它却同时扮演着主要环境管理者的角色;企业既是资源能源的主要消耗者,同时也是废弃物的主要产生者,因此企业是政府实施环境管理时的重点对象。所以在实际工作中,各种环境管理常常相互交叉、结合在一起,并不需要从理论分析的角度去进行分门别类的管理。本节将着重从政府的环境管理行为的角度,介绍环境管理的内容。

(一) 环境质量管理

环境质量一般是指特定的环境中,环境总体或环境的某些要素对人群的生存和繁衍以及社会经济发展的适宜程度。因环境由多种要素组成,也由于不同地域环境的功能不同,故通常把环境质量分为空气环境质量、水环境质量、声环境质量、土壤环境质量等。

根据环境要素的不同,环境质量管理的内容还可以进一步划分为:大气环境管理、水环境管理、声环境管理、土壤环境管理和固体废物环境管理。根据区域类型的不同,还可以将环境质量管理进一步划分为城市环境管理和农村环境管理。而从产业部门的角度,可将环境管理的内容划分为农业环境管理、工业环境管理以及商业和服务业环境管理等。

(二) 生态环境管理

生态环境实质上就是指人类赖以生存和发展的自然环境,生态环境强调自然生态系统中各种要素之间存在着密不可分的物质的、能量的、信息的流动与联系。所谓生态环境管理,实质上是人类对影响生态系统行为的管理。

（三）自然资源管理

根据自然资源的更新或补给速率，自然资源可以划分为两大类：可更新资源和不可更新资源。可更新资源管理的目标是：确保人类对可更新资源的开发利用速率不超过更新速率，维护生态系统平衡和基因的多样性，拯救濒危的动物、植物资源。不可更新资源管理的目标是：提高不可更新资源的利用率，尽可能减缓不可更新资源的消耗速度，以便使人类有足够的时间进行技术体系的调整，并开发代替的可更新资源，保证自然生态系统长期稳定。

在实际工作中，通常是按照自然资源的种类，将自然资源管理的内容划分为：水资源管理、土地资源管理、矿产资源管理和生物资源管理等。

三　环境管理的基本原则

环境管理有下列基本原则：

（一）可持续发展原则

可持续发展是环境管理的根本性原则，其他原则都是围绕着这一原则展开的。可持续发展首先强调的是发展，其次才是发展的可持续性。环境资源是支持人类生存和发展的物质基础。目前人类的发展是靠开发利用环境资源来维持的，但在实现发展的同时也引发了严重的生态环境问题，全球气候异常、土地沙漠化、水土流失、生物多样性减少等已经成为全球性的生态环境问题，这些环境问题反过来又制约了人类的发展。人类需要的是可持续的发展，可持续发展是既满足当代人需要，又不损害后代人满足其自身需要能力的发展。而保持可持续发展就必须调整人类自身行为，正是环境管理的基本任务。因此，可持续发展的原理也是贯穿环境管理过程的基本原理。

（二）全过程控制原则

环境管理是人类力图解决环境问题而对自身行为进行的调节，环境管理的内容应当包括所有对环境产生影响的人类社会经济活动，全过程控制就是指对人类社会活动的全过程进行管理控制。因此，无论是人类社会的组织行为、生产行为还是生活行为，其全过程均应受到环境管理的监督控制。

目前环境管理主要针对的是人类的开发建设行为和生产加工行为对环境的污染和破坏。显然，这是不能从根本上解决问题的，产品是联系人类生产和生活行为的纽带，也是人与环境系统中物质循环的载体，因此，对产品的生命全过程（生命周期）进行监控，是对人类社会行为进行环境管理的一个重要方面。

产品的生命周期包括：原材料开采—生产加工—运输分配—使用消费—废弃处置。目前的环境管理大多只注重于产品生产过程中产生的环境问题，而对于产品在使用后对环境造成污染危害的管理则相应薄弱。因此，以生命周期管理思想为指导,实施面向产品全过程的环境管理是大势所趋。

（三）"双赢"原则

"双赢"是个比较广泛的概念,实际生活中,环境问题的发生往往涉及多个部门,而跨行政区域的环境问题则更是非某一个行政区所能单独解决的。因此,在处理与多个部门、多个地区有关的环境管理问题时,必须遵循"双赢"原则。经济与环境的"双赢",也是可持续发展的要求,在处理环境与经济的冲突时,必须追求既能保护环境、又能促进经济发展的方案。一般情况下,在环境管理的实际工作中,往往处理的是多方面的关系,因此,不仅要"双赢",而且要"多赢"。

环境管理的"双赢"原则,实际上指的是法律、标准、政策和制度。"双赢"并不是冲突双方都会得到最大限度的好处,而是彼此在遵守规则的前提下的一定程度的妥协。例如,在排污工厂和附近居民发生纠纷的情况下,如果要协调工厂和居民的矛盾,就必须依具污染排放标准及有关的法律规定,才能顺利解决问题。

技术和资金支持对"双赢"的实现也起着关键的作用,如节水技术对于农业、节能技术对于工业的作用。对于一个工厂来讲,如果提高产品产量,就会增加对能源的需求,但如果通过对原来工艺的改革,提高能源的利用率来发展,就不会增加对能源总量的需求,这样既提高了产品产量,发展了经济,又节约了能源,保护了环境。在节约资源和能源、减少污染物排放管理中,技术与资金是保障。

因此,在环境管理的过程中,要实现"双赢",必须依赖法律标准和政策制度等的保障,同时还要大力发展环保技术,积极筹措资金。

四 环境管理的基本手段

环境管理是一个具有对象性、目的性的管理过程,为了实现管理目标,需要运用一定的手段对管理对象施以控制和管理。环境管理手段是指为了实现环境管理目标,管理主体针对客体所采取的必需、有效的手段。按其所起的具体作用可分为:行政手段、法律手段、经济手段、技术手段、宣传教育手段。

（一）行政手段

行政手段是指各级政府,根据国家行政法规所赋予的组织和指挥权利,以命令、指示、规定等形式作用于直接管理对象,对环境资源保护工作实施行政决策和管理的一种手段。例如,对一些环境污染严重的排污单位实施禁止排污或严格限制排污,甚至将这些排污单位关、停、并、转。又如,对某些环境危害较大的项目不予审批,或暂缓审批。

在环境管理工作中,行政手段通常包括制定和实施环境标准、颁布和推行环境政策。行政手段具有以下特征:

（1）权威性。行政机构的权威越高，行政手段的效力越强。因此，环境保护行政机构权威性的高低，对提高政府环境管理的效果有很大的影响。

（2）强制性。行政机构发出的命令、指示、规定等将通过国家机器强制执行，管理对象必须绝对服从，否则将受到制裁和惩罚。

（3）规范性。行政机构发出的命令、指示、规定等必须以文件或法规的形式予以公布和下达。

当然，行政手段也有其局限性，主要表现在：① 难以适应市场经济的要求；② 受主观因素的影响程度较大；③ 容易造成行政关系混乱。

（二）法律手段

法律是一种行为规范，它告诉人们应当做什么或不应当做什么。与其他管理手段相比，法律手段的最显著特征是强制性，即通过国家机器的作用，强制执行，是环境管理的一种强制性措施。违反法律规范的行为将受到相应的制裁和惩罚。

环境管理执法需联合司法部门，以法律的手段来制止破坏环境的违法行为，追究违反环境法律者的责任。

法律手段的运用可以不受利益集团的影响，并通过审判过程得到恰当的阐述。它直接对活动者行为进行控制，在管理效果方面具有较大的确定性；利用法规的权威性和强制性可对知法犯法者起到威慑的作用，达到预防犯罪的目的。而且，法律手段往往成为其他各种手段有效运用的重要前提，没有法律手段作保证，经济手段就无法实施，宣传教育手段就会显得软弱无力，行政手段就会难以落实。

但法律手段同样具有其局限性。法律手段往往只考虑原告、被告的法律责任关系，强调社会公平，无法兼顾裁决结果的经济可行性；法律手段是对已造成的污染和损害做出惩罚赔偿的一种事后补救措施，但环境损害的表现大多滞后，且无法弥补挽回；该方式对企业防治污染缺乏激励作用，使企业偏重于污染的末端治理，这会影响企业防治污染的积极性和主动性。

（三）经济手段

经济手段是指运用价格、税收、补贴、押金、补偿费以及有关的金融手段，引导和激励社会经济活动的主体主动采取有利于环境保护的措施。

在市场经济中，由于不承认环境和自然资源具有价值，从而促使了环境和自然资源被过度消耗，呈现严重的枯竭状况。目前，环境和自然资源的价值虽然在认识论上已被肯定，但一时还无法在价格上加以表示，为此，在环境管理中可以运用一些经济手段加以补救，以间接调整对环境与自然资源的利用。我国政府环境管理中，现行的经济手段主要包括排污收费制度、减免税制度、补贴政策和贷款优惠政策等。

与其他环境管理手段相比,经济手段具有自己的优势。该手段的运用使得环境管理行为直接与成本－效益相连,利用市场机制,以最低的成本达到所需的环境效果,并实现资源的最佳配置,达到市场均衡;灵活、多样的经济手段还为政府和污染者提供了管理上的可选择性,双方均可根据具体情况,选择有利于自身的方案,可以极大地降低双方的管理执行成本,提高管理效率;经济手段还可为企业提供经济刺激作用,激发其进行污染控制技术、清洁生产、环保产品的创新,并实施生态管理。

当然,经济手段同样具有其局限性。经济手段的缺点主要表现在:由于污染物对环境的负面影响具有潜在性、长期性,加上多种污染物综合作用产生的累积效果,使得污染原因具有不确定性,所以,准确计量环境损失是相当困难和复杂的;如何对不同的污染物排放确定合理的价格,并科学地规定各种污染物的允许排放量,对环境损失进行有效的控制、合理的分配,一直是管理实践中的难点;而且,经济手段刺激技术更新的作用仅限于当这些新技术的获得比较容易且企业可以从中获得利益时的情况。

（四）技术手段

技术手段是要求环境管理部门采用最科学的管理技术,排污单位采用最先进的治理技术,不断发现和解决环境污染问题,有效预防和控制环境污染。环境管理是在环境学和管理学交叉综合的基础上发展产生的,它既包括了环境保护方面的自然科学领域,也包括了社会、管理学的范畴,环境管理的有效实施必须依赖于相应的技术支持和保证。

国外先进的环境管理经验表明,一靠法律、二靠科技是最简洁的环境管理办法。许多环境政策、法律、法规的制定和实施都涉及很多科学技术问题,因此环境问题解决得好坏,不仅取决于政府决策、市场因素,也取决于科学技术。环境管理的常用技术措施包括环境监测技术、环境预测技术、环境标准、环境审计、环境信息管理技术和环境规划等。

技术手段的应用可以提高环境与经济协调的决策科学水平,促进人与自然的和谐;提高保障代内与代际的人与人之间(包括国家之间、地区之间、部门之间)公平的管理科学水平;提高发展既能高度满足人类消耗需要又与环境友好的新材料、新工艺的科学技术水平;提高整治生态环境破坏、治理环境污染、环境承载力的科学技术水平等。

（五）宣传教育手段

宣传教育手段是通过广播、报纸、电视、电影、网络、演出等各种媒体宣传环境保护的知识、内容和重要意义,激发广大群众保护环境的热情和积极性,对危害环境的各种行为实行舆论监督。

环境宣传教育可以提高人们的环境保护意识,特别是环境道德教育。通过环境宣传教育,不但要使全社会充分认识到环境保护的重要性,而且应当使全社会懂得环境保护需要每一个社会成员的参与。只有全体社会成员共同参与,才能从根本上保证环境得到保护。

实施环境宣传教育的重要作用在于两方面。第一,每一个社会成员都是物质产品的消费者,他们的消费方式和选择将会对环境产生不同的影响;同时他们又分别以不同的身份和形式参与到政府、企事业单位的社会行为之中。如果每一个社会成员都能够从我做起,在决策时充分考虑环境保护的要求,在行动中切实贯彻国家的环境保护政策和法律,那么,就会在全社会逐渐形成自觉的环境保护意识。这对于保护环境、实现可持续发展无疑将会具有根本性的意义。第二,通过环境宣传教育,提高公众的环境保护意识和环境道德水平,还有助于增强企业和公众(另一环境管理的主体)参与环境管理的能力。在西方国家,公众参与环境管理已经非常普遍。例如,许多国家规定了公众参与环境影响评价的形式和程序,并作为环境影响评价不可缺少的组成部分。但在我国,公众参与环境管理还有待加强,其中原因之一就是公众缺乏必要和足够的环境保护意识和相应的科学知识。

五　环境管理的基本职能

环境管理的职能是环境管理的职责与功能。这种职责与功能贯穿于环境管理工作的全过程。环境管理是一种兼具科学性、社会性的活动,其活动形式表现为通过计划、组织、协调、控制而达到既定目标的过程。因此,环境管理可分为四个基本职能:计划职能、组织职能、监督职能和协调职能。另外,为了正确处理经济建设与环境保护的对立统一关系,环境管理还具有指导与服务两个辅助职能。

环境管理的基本职能是计划、组织、监督、协调、指导和服务。环境管理机构在环境保护中应起到计划、组织、监督、协调、指导和服务 6 个方面的作用。

（一）计划职能

计划职能是环境管理的首要职能。所谓计划职能,是指对未来的环境管理目标、对策和措施进行规划和安排。也就是在开展环境管理工作或行动之前,预先拟定出具体内容和步骤,它包括确立短期和长期的管理目标,以及选定实现管理目标的对策和措施。

（二）组织职能

组织是管理的又一项基本职能。所谓环境管理的组织职能,是指为了实现环境管理目标,对人们的环境保护活动进行合理的分工和协作,合理配备和使用各种资源,协调和动员社会各方面的力量,正确处理人际关系和调整社会各阶层的经济利益关系的职能。为了实现环境管理目标和计划,必须要有组织保证,必须对管理活动中的各种要素和人们在管理活动中的相互关系进行合理的组织。

因此,环境管理的组织职能包括两大方面:一是环境管理的内部组织职能;二是环境管理的外部组织职能。

（三）监督职能

监督作为一种管理职能是普遍存在的,是环境管理活动中的一个最基本、最主要的职能,也是环境保护行政主管部门的一种基本管理职能。

环境监督是指对环境质量的监测与对一切影响环境质量行为的监察。这里强调的主要是后者,即对危害环境行为的监察和对保护环境行为的督促。对环境质量的监测主要由各项环境监督机关实施。

（四）协调职能

协调是环境管理的一个重要职能。所谓协调职能,是指在实现管理目标的过程中协调各种横向和纵向关系及联系的职能。协调职能与监督职能的关系非常密切,强化监督管理离不开协调。

开展环境管理需要协调,只有通过协调,才能使步调一致。此外,开展建设项目环境管理和污染治理也离不开综合协调。

（五）指导职能

指导职能是指环境管理者在实现管理目标的过程中对有关部门具有的业务指导职能。指导职能包括纵向和横向指导两个方面:纵向指导是指上级环境管理部门对下级环境管理部门的业务指导;横向指导是指在同一政府领导下的环境管理部门对同级相关部门开展环境保护工作的业务指导。

（六）服务职能

服务职能是从指导职能中派生出来的一个职能。加强环境监督管理,服务必须到位,这是新形势下对环境管理提出的新要求。从广义上讲,"管理就是服务",环境管理工作要服务于经济建设的大局。从狭义上讲,环境管理中有许多需要为经济部门和企业提供服务的内容,包括污染防治技术咨询服务、环境法律与政策咨询服务、清洁生产咨询服务、ISO 14000 环境管理标准体系咨询服务等内容。

对于环境管理者而言,指导职能比服务职能具有更大的责任和义务,是管理者必须履行的责任和义务。而服务职能是以服务需求的存在为前提,没有客体的需求,就没有主体的服务。

六　中国的环境管理

（一）中国的环境管理政策

经过长期的探索和实践,中国制定了"预防为主、防治结合"、"谁污染、谁治理"及"强化管理"的环境保护三大环境管理基本政策。

"预防为主"政策的主要内容是：把环境保护纳入国民经济和社会发展规划中；实行城市环境综合整治；实施建设项目环境影响评价制度；实行污染防治设备必须与主体工程同时设计、同时施工、同时投入使用的"三同时"制度。

"谁污染、谁治理"政策的主要内容是：企业要把污染防治与技术改造结合起来；实施排污许可证制度与排污收费制度；对工业污染实行限期治理。

"强化管理"政策的主要内容是：加强规划保护立法和执法；建立健全环境保护机构和全国性的环境管理保护网络；建立健全环境管理制度。

（二）中国的环境管理制度

环境管理制度是根据环境保护法规制定出的，是集法律、行政、经济、教育和技术于一体的比较完整的环境管理体系。从第一次全国环境保护会议开始，中国先后制定和出台了8项环境管理制度，分别是"三同时"制度、环境影响评价制度、排污收费制度、环境目标责任制度、城市环境综合整治定量考核制度、排污申报登记与排污许可证制度、污染集中控制制度和污染限期治理制度。

1. "三同时"制度

（1）"三同时"制度的概念。《中华人民共和国环境保护法》第二十六条中"建设项目中防治污染的设施，必须与主体工程同时设计、同时施工、同时投产使用"的规定，简称为"三同时"制度。从广义上讲，"三同时"制度是从宏观规划上保证经济建设、城乡建设与环境建设同步规划、同步实施、同步发展，以达到经济效益、社会效益与环境效益相统一的战略目标的有力措施。

（2）"三同时"制度的适用范围和主要内容。"三同时"制度的适用范围包括新建、扩建、改建项目，技术改造项目，凡可能对环境造成污染和破坏的其他工程建设项目；确有经济效益的综合利用项目，也应当同治理环境污染一样，与主体工程同时设计、同时施工、同时投产使用。"三同时"制度的基本内容是：在建设项目的设计阶段，应对建设项目建成后的环境影响进行说明；在建设项目的施工阶段，环境保护设施必须与主体工程同时施工；建设项目在正式投产或使用前，建设单位必须向负责审批的环境保护部门提交"环境保护设施竣工验收报告"。

2. 环境影响评价制度

（1）环境影响评价制度的概念。环境影响评价是指对拟议中的政策、规划、计划、发展战略、开发建设(活动)等可能对环境产生的物理性、化学性、生物性的作用及其造成的环境变化和对人类健康和福利的可能影响进行系统的分析和评价，并从经济、技术、管理、社会等各方面提出减缓、避免这些影响的对策措施。《中华人民共和国环境影响评价法》第2条规定：本法所称环境影响评价，是指对规划和建设项目实施后可能造成的环境影响进行分析、预测和评估，提出预防或者减轻不良环境影响的对策和措施，进行跟踪监测的方法与制度。环境影响评价制度实际上是对所进行的环境影响评价在内容和程序等方面所作的规定。

（2）环境影响评价制度适用范围和主要内容。环境影响评价制度适用于一切基本建设项目、技术改造项目、区域开发建设项目以及中外合资、中外合作和外商独资的建设项目；国务院有关部门、设区的市级以上地方人民政府及其有关部门组织编制的土地利用的有关规划以及区域、流域、海域的建设、开发利用规划也适用。

环境影响评价制度的基本内容包括：① 对建设项目环境影响评价实行分类管理。根据《建设项目环境保护管理条例》和《中华人民共和国环境影响评价法》的规定，国家根据建设项目对环境的影响程度，实行分类管理。第一类是对环境可能造成重大影响的项目：建设对环境可能造成重大影响的项目，应当编制环境影响报告书，对建设项目产生的污染和对环境的影响进行全面、详细的评价。第二类是对环境可能造成轻度影响的项目：建设对环境可能造成轻度影响的项目，应当编制环境影响报告表，对建设项目产生的污染和对环境的影响进行分析或者专项评价。第三类是对环境影响很小的项目：建设对环境影响很小的项目，不需要进行环境影响评价的，应当填报环境影响登记表。另外，对建设项目环境影响报告文件的内容、评价文件的审批和从事建设项目环境影响评价工作的单位实行这个审查制度等，都作了具体规定。② 建设项目环境影响报告书。应当包括下列内容：建设项目概况，建设项目周围环境现状，建设项目对环境可能造成影响的分析和预测，环境保护措施及其经济、技术论证，环境影响经济损益分析，对建设项目实施环境监测的建议，环境影响评价结论；涉及水土保护的建设项目，还必须有经水行政主管部门审查同意的水土保护方案。专项规划的环境影响报告书应当包括：实施该规划对环境可能造成影响的分析、预测和评估，预防或者减轻不良环境影响的对策和措施，环境影响评价的结论等内容。③ 建设项目环境影响报告书（表）或登记表。由建设单位报有审批权的环境保护行政主管部门审批；建设项目有行业主管部门的，其环境影响报告书或者环境影响报告表应当经行业主管部门预审后，报有审批权的环境保护行政主管部门审批。④ 对从事建设项目环境影响评价工作的单位实行资格审查制度。从事建设项目环境影响评价工作的单位，必须取得国务院环境保护行政主管部门颁发的资格证书，按照资格证书规定的等级和范围，从事建设项目环境影响评价工作，并对评价结论负责。⑤ 征求公众意见。建设单位编制环境影响报告书，应当依照有关法律规定，征求建设项目所在地有关单位和居民的意见。建设单位报批的环境影响报告书应当附具对有关单位、专家和公众的意见采纳或者不采纳的说明。

3. 排污收费制度

排污收费制度，是指向环境排放污染物或超过规定的标准排放污染物的排污者，依照国家法律和有关规定按标准交纳费用的制度。排污收费制度是"污染者付费"原则的体现，可以使污染防治责任与排污者的经济利益直接挂钩，促进经济效益、社会效益和环境效益的统一。征收的排污费纳入预算内,作为环境保护补助资金,按专款资金管理,由环境保护部门会同财政部门统筹安排使用,实行专款专用,主要用于补助重点排污单位治理污染源以及环境污染的综合性治理措施。这项制度在国外称污染收费、征收污染费或生态税。中国排污费征收是以征收超标排污费为主、征收非超标排污费为辅的收费体制。

4. 环境目标责任制度

环境目标责任制度是一项依据国家法律规定,具体落实各级地方政府对本辖区环境质量负责的行政管理制度。这项制度是一项综合性的管理制度,通过目标责任书确定了一个区域、一个部门环境保护主要责任人和责任范围,运用定量化、制度化的目标管理办法,把贯彻执行环境保护这一基本国策作为各级地方政府和决策者的政绩考核内容,纳入到各级地方政府的责任期目标之中。

环境保护目标责任制的内涵可以概括为以中国的基本国情为基础,以现行法律为依据,以责任制为核心,以行政制约为机制,把责任、权力、利益和义务有机结合在一起,确定了地方行政首长在改善环境质量上的权力、责任和义务。

环境目标责任制有以下特点:

(1) 有明确的时间和空间界限,一般以一届政府的任期为时间界限,以行政单位所辖地域或行业、企业为空间界限。

(2) 有明确的环境质量目标和定量要求。

(3) 有明确的年度工作指标。

(4) 以责任制等形式层层落实,有可分解的质量指标。

(5) 有配套的措施、支持系统和考核与奖惩办法。

(6) 有定量化的监测和控制系统。

环境目标责任制的作用主要是明确了环境保护的主要责任者、责任目标和责任范围,加强了各级政府对环境保护的重视和领导,使环境保护这一国策有具体的贯彻;责任制的各项指标可以层层分解,使保护环境的任务落实到方方面面、各行各业,调动全社会的积极性;有利于由单项治理、分散治理转向区域环境污染综合防治,实现由一般化管理向科学化、定量化管理的转变;有利于把环境保护纳入国民经济和社会发展计划及年度工作计划,同时促进环保机构建设,强化环境保护部门的统一监督管理职能。

5. 城市环境综合整治定量考核制度

城市环境综合整治定量考核是以城市环境综合整治规划为依据,在城市政府的统一领导下,通过科学的定量的城市环境综合整治考核指标体系,把城市各行业组织起来,开展以环境、经济、社会效益统一为目标的环境建设、城市建设、经济建设,使城市环境综合整治定量化。

(1) 主要内容。城市环境综合整治定量考核的对象主要是城市政府,分为:

① 国家级考核，即国家直接对部分重点城市的环境综合整治工作进行考核；
② 省、自治区考核，即省、自治区考核本辖区内县级以上城市，具体名单由各省、自治区人民政府自行确定。

（2）考核指标。城市环境综合整治定量考核制度是把城市环境综合整治的基本内容划分为 4 个大项（环境质量指标、污染控制指标、环境建设指标、环境管理指标）的若干子项（共 22 项），如城市环境质量指标中的大气 TSP 年日均值等，按得分结果实行分级考核制。根据各项指标的得分结果计算出综合得分，将城市分为 10 个等级。根据得分综合评价一个城市的环境质量。城市环境综合整治包括了城市建设、环境建设、污染防治等方面的内容，实行城市环境综合整治定量考核促进了各有关部门都来关心和改善城市环境，从而推动了环境保护事业的发展。

（3）主要作用。城市环境综合整治定量考核制度的主要体现在：① 使城市环境保护工作逐步由定性管理转向定量管理，有利于污染物排放总量控制制度和排污许可证制度的实施；② 明确了城市政府在环境综合整治中的职责，通过考核评价城市综合整治的状况和水平，促进城市综合整治工作的深入发展；③ 将环境管理和污染防治紧密地结合起来，使城市环境得到改善。

6. 排污申报登记与排污许可证制度

（1）排污申报登记与排污许可证制度的概念。排污申报登记制度，是指向环境排放污染物的单位，按照环境保护法的规定，向所在地环境保护行政主管部门申报登记在各种活动中排放污染物的种类、数量和浓度，污染物排放设施、处理设施运行和其他防治污染的有关情况，以及排放污染物发生重大变化时及时申报的制度。排污申报登记制度主要是使环境保护部门掌握本地区的环境污染状况和变化情况，以及排污单位的污染物排放情况，为环境监督管理提供基本依据。申报登记污染物的种类，是按照国家有关规定以及地方环境保护部门根据本地区的情况确定的，主要包括大气污染物、水体污染物、固体废物、噪声源等。

（2）排污申报登记与排污许可证制度的特点。排污申报登记制度具有以下特点：① 基础性，它是为环境管理提供污染源基本情况的主要来源和依据；② 时间性，它分别规定了新、老排污单位排污现状、排污有重大改变和改变污染物处理设施时应遵守的申报登记时间和办理手续的时间，体现了排污单位排放污染物的动态变化记录情况；③ 真实性，排污单位要如实申报，不得谎报和拒报，申报不真实将导致环境管理上的错误判断；④ 强制性，法律规定拒报或谎报环境保护行政主管部门规定的有关污染排放申报事项，可给予警告或处以罚款。

（3）实施排污许可证制度的作用。排污许可证制度的主要作用是：① 有利于环境保护目标的实现，即排污许可证制度基于排污总量控制技术，综合考虑环境保护目标，使污染源直接与环境质量挂钩，按照环境保护目标的要求，确定污

染源排放负荷,并采取相应的排污控制措施,有效地保证环境保护目标的实现;
② 能够有效控制新污染的产生,即按照总量控制要求,将排污权优化分配到各有关排污单位,以维持进入环境的污染物总量不变,这使得企业排污权明确,在促进老污染源改造的同时有效地控制了新污染源的产生。

7. 污染集中控制制度

(1) 污染集中控制制度的概念。污染集中控制制度是指在一个特定的范围内,在不减轻污染源单位防治责任的前提下,将同类污染源排放的污染物集中预防和治理的措施。污染集中控制的依据是区域污染防治规划,按照废水、废气、固体废物等的性质、种类和所处的地理位置,以集中治理为主。

(2) 污染集中控制的形式。中国污染集中控制的形式多种多样,但可归纳为废水污染的集中控制、废气污染的集中控制、有害固体废物的集中控制以及噪声的集中控制四大类。

(3) 污染集中控制制度的作用。污染集中控制制度的作用体现在以下几个方面:① 有利于集中人力、物力、财力解决重点污染问题,把分散的人力、物力、财力集中起来,重点解决敏感或者难度大的污染问题;② 有利于采用新技术,提高污染治理效果,采用新技术、新工艺、新设备,提高污染控制水平;③ 有利于提高资源利用率,加速有害废物资源化,可以节约资源、能源,提高废物综合利用率;④ 有利于节省防治污染的总投入,解决了有些企业因缺少资金或技术难以承担污染治理责任,或虽有污染治理设施却因管理不善达不到预期效果等问题;⑤ 有利于改善和提高环境质量,有助于环境质量状况在相对短的时间内得到较大改善。

8. 污染限期治理制度

(1) 污染限期治理制度的概念。污染限期治理是以污染源调查、评价为基础,以环境保护规划为依据,分期分批地对污染危害严重、群众反映强烈的污染物、污染源、污染区域采取的限定治理时间、治理内容及治理效果的强制性措施,是对排污单位采取的一项强制性法律措施。

(2) 污染限期治理制度的对象和范围。限期治理的对象主要有两类:一是位于特别保护区内的超标排污的污染源;二是造成严重污染的污染源。通常是根据污染物对于人体健康有无严重影响、是否严重扰民、经济效益是否远小于环境污染所造成的损失等情况来考察是否属于严重污染。

限期治理的范围包括:① 区域性限期治理,即对污染严重的某一区域、某一水域的限期治理;② 行业性限期治理,即对某个行业性污染的限期治理,也包括产品结构、原材料、能源结构、工艺和设备的调整与更新;③ 污染源限期治理,即对污染严重的排放源进行限期治理,如对某个企业、污染源、污染物的限期治理。

限期治理的重点是:① 污染危害严重、群众反映强烈的污染物、污染源;

② 位于居民区、水源保护区、风景游览区、自然保护区、城市上风向等环境敏感区的污染企业;③ 区域或水域环境质量十分恶劣,有碍景观的环境综合治理项目;④ 污染范围广、污染危害较大的行业污染项目;⑤ 其他必须限期治理的污染企业。

污染限期治理的目标一般包括浓度控制要求、总量控制要求、时间要求等,而对一些特别类型环境要素的污染治理要求,在治理资金、设备及治理技术上加以特殊规定。

限期治理的决定权在有关的人民政府或由人民政府赋予环境保护行政主管部门。

(三)中国的专项环境管理

1. 环境规划管理

所谓环境规划管理,是指环保部门代表地方政府对制定区域环境保护规划和计划的组织、协调、审批和实施的全过程管理。其中,规划的组织、协调和审批过程是规划管理的主体,从时间上划分属于规划的前期管理,而规划的实施管理属于后期管理,融入环境执法监督过程中。

2. 区域环境管理

(1)城市环境管理。城市环境管理包括污染物浓度控制指标管理、污染物总量控制指标管理和城市环境污染综合整治,目的是将某一控制区域(如行政区域、流域、环境功能区)作为一个完整的系统,采取措施将排入这一区域的污染物总量控制在一定数量之内,以满足该区域的环境质量要求。

(2)农村环境管理。农村环境管理是依据国家农村环境保护的法规、政策和规划进行监督管理的,它是环境管理的一个重要方面。其目的是协调农村经济发展与生态环境保护之间的关系,处理农村经济各部门、各社会集团和个人有关环境问题的相互关系,通过全面规划和合理利用自然资源,从而达到既满足人们对经济发展的需求,又保护好农村环境,保持农村环境的良性循环,促进农业资源的持续利用,实现农业和乡镇经济的可持续发展。

农村环境管理的途径和措施有建立健全农村环境管理机构、加强乡镇企业的环境管理、防治农药化肥污染、发展生态农业等。

(3)流域环境的管理。流域一般是指某一水域以及此水域所临近的陆域的总称,往往分属多个级别或同一层次的行政单元管辖,如省级流域、市级流域、县级流域等。流域的这种特殊性决定了流域环境问题是一种跨区域的环境问题。流域环境问题主要是水环境问题,污染的综合治理主要是水环境的综合治理。通过流域特别是重点流域的环境综合治理,可以带动区域环境综合治理,促进城市和乡镇水污染和生活垃圾污染的防治工作。

(4)建设项目环境管理。建设项目环境管理是指环境保护部门根据国家环境保护产业政策、行业政策、技术政策、规划布局和清洁生产要求以及专业工程验收规范,运用环境影响评价、"三同时"、排污申报、排污收费和污染限期治理等制度对建设项目依法进行的管理活动。其主要任务是促进建设项目合理布局,合理利用资源和能源,最大限度减少污染物的产生和排放,落实"三同时"与"预防为主、防治结合"的环境保护方针,保证建设项目建成投产或使用后其污染物的排放符合国家或地区的排放要求。

(5) 组织环境管理。企业作为社会上最重要的组织,是人类社会生产活动的基本单元,是人类社会创造物质财富的主体,特别是工业企业,通过开采自然资源,并加以提炼、加工、转化,从而提炼制造出满足人类社会基本生存和发展所需要的生活资料和生产资料。同时工业污染是当今环境污染的一个重要组成部分,企业在生产活动中大量消费各种自然资源、排放大量废弃物,也是造成资源耗竭、环境污染、生态破坏的首要原因。

(6) 自然资源的保护与管理。包括水资源保护与管理、海洋资源保护与管理、土地资源保护与管理、森林资源保护与管理、草原资源保护与管理生物多样性的保护与管理。

阅读材料

材料1 我国"十二五"环境保护规划的核心思想

我国"十二五"环境保护规划的核心思想是"促进经济发展与环境保护高度融合",主要反映在以下两个方面:

1. 采取从紧和严厉的宏观环境政策

实施从紧和严厉的宏观环境政策,是指国家在环境保护的深度和力度上有极大增强,使我国环境政策(包括环境标准、法律责任等)具备比过去大得多的约束力和实际执行率,比发达国家在相应发展阶段上采取的环境政策更为严格,部分环境政策要达到发达国家当前的程度。

具体而言,从紧和严厉的环境政策包含以下3个要点:

(1) 提高各种环境准入门槛,采取严格的环境监管措施,加快淘汰落后产能,对排污企业实行严格的达标治理。

(2) 对国家的法律体系进行生态化改造,在民法、刑法、物权法、经济法、资源法中,全面强化对环境保护的要求。要跳出环保范围内的法制建设,不能仅仅局限于修改环保法、水法、大气法,要在国家整个法律体系、社会主义的法制方向中把环保的内容充实进去。

（3）更多地使用经济手段管理环境，通过绿色信贷、绿色税收、绿色保险、绿色价格体系、绿色证券等等，使国家经济政策全面朝着环境友好的方向改变。

2. 在特殊区域和领域实行环境优先的战略方针

实施环境优先，主要包含以下内容：

（1）把生态文明作为国家执政的优先准则之一，置于重大决策前端。以生态文明为基本要求制定国民经济和社会发展规划等重大发展蓝图。在国家有关发展的重大决策中，增强环境保护参与决策的程度。对区域和产业发展规划和政策进行环境影响评价并赋予一票否决的权力。

（2）实行从紧和严厉的环境政策，使国家在环境保护的深度和力度上有极大增强，使我国环境政策（包括环境标准、法律责任等）具备比过去大得多的约束力和实际执行率，比发达国家在相应发展阶段上采取的环境政策更为严格，部分环境政策要达到发达国家当前的程度。

（3）具体在 10 个方面实现"环境优先"：一是在制定法律法规时，优先进行环保立法；二是在编制发展规划时，优先编制环保规划；三是在做出发展决策时，优先考虑环境影响；四是在调整经济结构时，优先发展清洁产业；五是在利用有限资源时，优先节约环境资源；六是在新上投资项目时，优先进行环保评估；七是将环保投入作为公共财政支出的重点，环保开支的增速要高于财政开支的增速；八是在建设公共设施时，优先安排环保设施；九是在进行技术改造时，优先采用环保型技术；十是在考核发展政绩时，优先考核环保指标。

材料2　香港绿色住宅规划的评估标准

1. 绿色住宅的特点

（1）减少对自然环境的负面影响。绿色住宅首先应该尽量减少对自然环境的不良影响。例如，尽量减少住宅消耗的能量（如出行、采暖、制冷、照明及设备运行等）；尽量选择在生产、运输和安装过程中能量消耗最少和产生污染最少的材料；尽可能在施工中减少建筑垃圾的产生和对环境的破坏；尽可能降低用水量，最大限度地做到水的重复利用和循环使用；尽量有利于当地动植物的生存等。

（2）健康和高质量的内部物理环境。绿色住宅应具有高质量的内部物理环境，尽量降低室内的空气污染程度，尽量运用天然采光和自然通风，尽量保持舒适的温湿度，通过控制湿度延长建筑围护件的寿命、减少空气中的生物污染物（如真菌、螨等）。当然，绿色住宅同时应该是健康的住宅，应该尽量采用符合人体健康标准的建筑材料和装饰材料，具备较好的室内空气质量和环境质量；此外，应该在选址、环境管理等方面，保证较好的室外环境质量，从而保障人体的健康。

（3）将住宅及其环境融为一体。绿色住宅应该运用系统学的观点，把住宅与环境系统结合，应该认识到各种因素（如：交通、景观、单体、施工、管理等）之间存在着的相互联系。只有运用这种概念规划、设计和建造的住宅，才有可能综合解决各种矛盾，真正达到节能、持久、健康、舒适的效果。

（4）延长使用寿命、提高住宅质量。绿色住宅还应该是使用寿命较长的住宅，这能够减少资源和能源的消耗，减少相应废弃物的产生。提高住宅质量可以降低维修费用，有助于减少因维修而引起的浪费和相应的水体、空气污染。

2. 香港绿色住宅规划的评估标准

香港的绿色住宅评估标准是借鉴英国标准、结合香港特别行政区的具体情况制定的。该标准针对新建住宅和改建住宅的不同情况提出了不同的要求，并分别从宏观、中观和微观3个方面提出了建议。评估标准分为：

（1）香港绿色住宅评估标准（影响全局环境的问题）。评估内容包括交通及人行通路、整体热气流交换值、灵活性设计及适用性、干衣设备、高效使用能源的建筑设备和装配、公共区域照明、室外照明、建筑材料、可循环利用材料的使用、破坏臭氧层的物质、耐久木材的使用、用于临时作业的木材和设备等。

（2）香港绿色住宅评估标准（影响当地环境的问题）。评估内容包括土地污染、生态影响评估（EIA）、空气质量评估、噪声影响评估、水污染及污水排放、建筑周边小气候、景观、建筑绿化、节水、循环回收设备、环境管理计划、施工中的空气污染、施工中的噪声、施工中的水污染、建筑废墟的处理和施工废弃物的处理等。

材料3　新加坡环境管理的主要措施

环境局是新加坡实施环境管理的主要职能部门，其主要职能可分为3个部分：首先是与其他部门合作，在发展项目规划、土地使用规划和建筑物的设计施工阶段，综合考虑环境因素，预防环境问题的产生，或者减轻环境影响；其次是组织环境基础设施的建设；第三是制定和推动环境法规和环境标准的实施，对其执行情况进行监督。为实现这些职能，新加坡环境局运用了多种环境管理手段。

1. 环境法规和环境标准

目前新加坡有40多部环境法律法规，规定了17种空气污染物的排放标准，其中覆盖大部分静态污染源，污水排放标准涉及温度、BOD、COD、总悬浮颗粒物、pH、28种化学物质，并且对26种有毒工业废物的排放设立了相关的标准。在新加坡，环境法规和标准的实施在很大程度上依赖于系统的环境监测和严格执行的罚款制度。与其他国家相比，新加坡的环境违规者面临更严厉的处罚。

2. 计划控制

新加坡制定了目标期为2020年的土地利用战略规划，该规划试图将现有的商业中心分为 4 个地区性中心,规划限制影响环境的土地利用,规定工业项目和公共住房建设项目必须配有相应的环境设施,确定污染密集产业的布局,划定自然保护区,保护集水区。土地管理局和公共事务部负责执行新加坡的土地利用战略规划,环境局向这两个部门提供有关环境问题的意见,公共事务部负责建筑许可证的管理,要求建筑方遵守环境、健康、污水、污染控制规则和标准,并在建筑建成后进行检查。

3. 经济手段

20 世纪 90 年代以来,新加坡环境局加大了经济手段在环境管理中的应用。目前使用的主要经济手段有使用者收费、许可证、税收、投资抵免等。其中使用者付费制度主要用于污水、固体废物的收集和处理。这些费用由环境局收集,这笔收费是环境局的重要资金来源,支持了环境局运行成本的 $1/3 \sim 1/2$。许可证制度主要用于控制中心城区的机动车数量,新加坡自 1990 年开始实施机动车配额制,规定车辆的年增长率不能超过 3%,购车者必须购买注册许可,中型车的注册许可证费用占购车价的 30%~40%,大型车则占到车价的 15%~25%。为鼓励无铅汽油的使用,新加坡对无铅汽油实施税率优惠。为鼓励清洁技术的推广,新加坡对采用清洁技术和设备采用投资抵免和加速折旧的政策优惠。

4. 引入市场机制,鼓励私人资本参与公共环境基础设施建设

新加坡的公共环境基础设施建设由政府财政投资,公共卫生服务也是作为公益事业由财政投资的。但随着人口增长和人均收入水平的提高,都市生活废物的产生量不断增加,虽然经过大力提倡再循环和回收利用,但无法回收利用的都市废物排放量仍居高不下。面对公共环境基础设施和公共卫生服务需求的不断增长,单纯依靠财政支出难以满足需要。在这种情况下,新加坡积极采取措施,吸引私人资本进入公共环境基础设施建设和公共卫生服务领域。

5. 鼓励公众参与

在新加坡,各种政府和非政府的金字塔状组织会开展丰富的活动。通过这些活动,使各年龄段的人都接受到环境教育,达到提高公众环境意识和清洁环境的目的。按照环境活动的发起者和活动领域不同,可将其分为:

(1) 政府发起的针对特定环境问题的运动。如发起于 1963 年的“植树运动”、1967 年的“花园城市运动”、1977 年的“清洁新加坡河运动”等。

(2) 政府发起的面向教育系统的环境运动。在新加坡,学生们被鼓励参加各种环境活动,如“海岸生活运动”、“固体废物管理运动”、“废物最小化和循环运动”和“绿色校园运动”等。1998 年以来,新加坡还建立了“国家青年环境贡献奖”,以鼓励 18~25 岁间为环境做出突出贡献的青年人。

(3) 从 1990 年新加坡开始的“清洁绿周活动”。每年一度的“清洁绿周活动”是公众、业界和政府共同推动的大型环境运动。环境局为其提供官方支持,

但活动的开展更多地依靠公司和社会组织的参与。在活动期间,保护环境的宣传无处不在,人们被组织起来清洁特定的区域,召开专门的研讨会、组织学校比赛等。

(4) 环保 NGO 组织的活动。这类组织和活动主要有"绿色自愿者网",针对垃圾和社区清洁的"习惯论坛",致力于组织民众认识自然的"国家公园协会",致力于欣赏、保护、研究自然遗产的"自然社会"等。

思 考 题

1. 什么是环境规划? 如何理解其内涵?
2. 环境规划的特征和基本原则是什么?
3. 环境功能区划的目的和基本内容是什么?
4. 结合实际解释环境规划方案设计的基本过程。
5. 简述环境规划与其他规划的关系。
6. 什么是环境管理?
7. 环境管理的基本任务是什么?
8. 常用的环境管理手段有哪些? 如何运用这些手段实现环境管理的目的?
9. 环境管理的基本职能有几种?
10. 简述中国的环境管理制度。

第八章	环境影响评价

导读

  环境影响评价是我国环境保护的一项重要法律制度。环境影响评价在我国经济建设、社会发展和环境建设中发挥着重要作用,环境影响评价的理论意义与实践意义受到科学家、政府管理人员及公众的支持和重视,其理论、方法与技术得到不断发展和完善。本章介绍了环境影响评价的由来、分类与基本内容。通过学习了解环境影响评价的方法,掌握环境影响评价大纲的编写要求。

  环境影响评价是指对规划和建设项目实施后可能造成的环境影响进行分析、预测和评估,提出预防或者减轻不良环境影响的对策和措施,进行跟踪监测的方法与制度。环境影响评价制度是实施可持续发展战略,预防因规划和建设项目实施后对环境造成不良影响,促进经济、社会和环境协调发展的法律制度。

  环境影响评价是我国环境保护的一项重要法律制度。从 20 世纪 70 年代我国环境影响评价制度建立至今,环境影响评价在我国经济建设、社会发展和环境保护中的地位和作用日益彰显。环境影响评价必须客观、公开、公正,综合考虑规划或建设项目实施后对各种环境因素及其所构成的生态系统可能造成的影响,为决策提供科学依据。

281

第一节　环境影响评价概述

一　环境影响评价的发展历程

(一)国外环境影响评价发展概况

20 世纪 60 年代中期,国外开始进行环境质量评价工作。1966 年,美国开展了格林大气污染综合指数评价,其后提出了"可呼吸到的厌恶污染物含量指数";1969 年制定的国家环境政策法在世界上首次把环境影响评价制度作为国家政策确定下来。加利福尼亚州是美国第一个把环境影响评价制度列为州法律的州。例如,加利福尼亚大学承担的综合开发旧金山一带的环境影响评价工作的报告中同时对几个方案进行比较评价,以选择一个最优的方案。

1969 年,瑞典制定了以环境影响评价为中心的国家环境保护法,并成立了由环境保护人员、法律专家、工业界人员等组成的环境保护许可委员会。开发项目的环境影响报告先由环境保护局进行技术审查,然后由"批准局"决定是否颁发许可证,当时瑞典审查的依据仅是大气污染、水体污染的排放标准、布局状况及项目给当地经济带来的影响。

20 世纪 60 年代后期,日本已注重环境质量评价工作,重点在浓度控制方式、总量控制方式、按变化的排放量分配方式等方面。1972 年,日本把环境影响评价作为一项政策来实施;1976 年,提出了把环境影响评价制度列为国家的专门法律。1973 年 6 月对北海道的苫小牧东部工业基地的环境影响评价和有关发电厂布局的环境影响评价,是日本在此领域的几个早期案例。

英国从 1970 年开始探讨环境影响评价制度,较强调项目开发后系统的环境监测计划,并在 1971—1972 年对该国在 1943 年制定的"城市、农村计划法"进行了修改。该法要求对所有开发项目进行环境影响评价,这实际上是当时环境影响评价工作的基础。1974—1977 年平均每年审查 25～50 个开发项目。S. LROSS在 1977 年对英国克鲁德河流主流与支流进行的水质评价中,曾以 BOD_5、氨氮、悬浮固体及 DO 这 4 项指标作为评价参数。

新西兰在 1973 年 11 月的内阁会议上通过了环境保护与改善步骤的条例,虽然其中提出了要进行环境影响评价,但只要求对环境有重大影响的项目,如公路建设、电力建设、住宅建设等做环境影响评价。

在东欧,原苏联等国采用统一的物理-化学指标进行评价,同时也考虑生物指标。20 世纪 70 年代初期,就已在伏尔加河、顿河、莫斯科河建立了河流污染平衡模式,配合水质预报及最优化控制的水质评价研究进展速度较快。

20 世纪 60 年代末期至 70 年代初期,国外的环境质量现状评价方法有几十种,环境影响评价方法也有几十种。纵观其发展,在当时就已形成了由单目标向多目标、由单环境要素向多环境要素、由单纯的自然环境系统向自然环境与社会环境的综合系统、由静态分析向动态分析的发展趋势。

(二)我国环境影响评价发展概况

1. 起步阶段

1972—1976 年为我国环境质量评价工作发展的起步阶段。该阶段从北京官厅水库水质调查工作开始至成都区域环境会议为止。我国在此阶段探讨了环境质量评价的指数表达等诸多方法,1976 年国家还对上海金山地区的环境质量本底值与现状做了大量调研工作,而后,冶金部又组织国内一些单位配合宝山钢铁公司对宝钢地区进行了环境现状评价与预测评价。

2. 广泛探索阶段

1977—1979 年为广泛探索阶段。这一阶段从成都区域环境会议到南京区域环境学术研讨会为止。该阶段国内环境保护工作者对环境质量评价的理论和方法进行了较广泛的探索,其评价工作实践也从以水体评价为主而扩展到大气、噪声、土壤、人群与整个区域环境等,诸如北京西郊环境质量评价、南京市环境质量评价等。

3. 全面发展阶段

1980—1981 年为我国环境质量评价工作全面发展阶段。这一阶段从南京区域环境学术会议到第一次全国环境质量评价学术研讨会为止。该阶段环境质量评价工作在全国各城市普遍展开,如沈阳市环境质量评价和污染防治综合研究、鸭绿江下游环境质量评价与污染防治研究。这一时期的环境质量评价工作已不限于受污染的环境,还涉及美学环境、社会环境等。这一阶段环境质量评价工作的特点是:

(1)由环境单要素评价发展到区域环境综合评价。

(2)由环境现状评价发展到环境影响评价。

(3)由受污染与否的环境评价发展到自然和社会相结合的全环境评价。

(4)由城市环境质量评价逐步发展到水体环境、农田生态环境、海域环境、风景旅游环境、居住生活环境、工业区生产环境等多领域的环境质量评价。

(5)在评价理论与方法上,已经不限于环境监测数据的指数评价,提出了大量的模糊数学、概率统计、信息论等数学方法。由于系统工程理论与方法的引入,使环境评价理论在地学、生态学、化学、卫生学等领域得到广泛发展。例如,用热力学的熵的概念分析环境变异、把干燥度和化学平衡理论应用于环境功能区划等。

4. 实施环境影响评价阶段

1979 年,《中华人民共和国环境保护法(试行)》颁布后,建设部门的环境影响评价已制度化。1981 年,国家经委、计委、建设部与国务院环保办联合发布《基本建设项目环境保护管理办法的通知》((81)国环字 12 号),使新建、改建、扩建项目的环境影响评价有了实施细则。

1984 年,国务院颁布了《关于加强乡镇、街道企业环境管理的规定》((84)国发第 135 号),规定所有新建、改建、扩建或转产的乡镇、街道企业,都须填写环境影响报告表。

1986 年 3 月在河北省石家庄市召开的全国第二次环境质量评价学术研讨会上,除了按综合评价、环境管理、大气评价与水体评价 4 个专题进行研讨之外,还就区域环境影响评价与区域规划、环境评价中的生态学研究、乡镇企业的环境评价、风险评价、经济损益评价等进行了研讨,对评价理论、评价内容、评价的指标体系、预测评价方法等进行了进一步的研究。

1986 年,国家环境保护总局颁布了《建设项目环境保护管理办法》((86)国环字第 003 号,简称《86 管理办法》),该文件较 1981 年颁布的《管理办法》扩大了管理范围,充实了管理内容,进一步明确了职责。

1987 年,国家计委和环境保护委员会又颁布了《建设项目环境保护设计规定》((87)国环字第 002 号);与此同时,在"七五"期间,有关部、委和各省市根据本地区的实际状况,结合贯彻《86 管理办法》而相应地制定了一批有关建设项目环境管理实施办法或细则,使国家法规与地方法规有机地构成了环境影响评价的制度体系。

1988 年 3 月,国家环境保护总局颁布《关于建设项目环境管理问题若干意见》,促进了环境影响评价工作的开展。到 1989 年 4 月,国家环境保护总局又颁布《建设项目环境影响评价证书管理办法》((89)环监字第 281 号),以代替《86 管理办法》,同时以附件形式公布了对持有《建设项目环境影响评价证书》单位的考核规定。

1998 年 11 月 18 日国务院第十次常务会议通过了《建设项目环境保护管理条例》,这标志着我国建设项目的环境保护管理进入了一个新时期。

为统一我国环境影响评价技术,使环境影响报告书的编制规范化,国家环境保护总局组织力量编写了《环境影响评价技术导则》,现已出版的有 HJ 2.1-2011 总纲、HJ/T 2.3 地面水环境、HJ 2.4 声环境、HJ 19-2011 生态影响。

在总结了《中华人民共和国环境保护法(试行)》执行 10 年的基础上,经过认真修改的《中华人民共和国环境保护法》(以下简称《环境保护法》)已由第七届全国人大常委会第十一次会议通过并自 1989 年 12 月 26 日起实行。它是我国环境保护的基本法律,其第十三条规定:建设污染环境的项目,必须遵守国家有关建设项目环境保护管理的规定。建设项目的环境影响报告书必须对建设项目产生的污染和对环境的影响做出评价,规定防治措施,经项目主管部门预审并依照规定的程序报环境保护行政主管部门审批。环境影响报告书经批准后,计划部门方可批准建设项目设计任务书。

5. 提高阶段

1999—2002 年为我国环境影响评价工作全面提高阶段。1998 年 11 月 19 日国务院 253 号令颁布实施《建设项目环境保护管理条例》,这是建设项目环境管理的第一个行政法规,环境影响评价作为其中的一章做了详细明确的规定。

1999 年 1 月 20—22 日,在北京召开了第三次全国建设项目环境保护管理工作会议,认真研究贯彻《建设项目环境保护管理条例》,把中国的环境影响评价制度推向了一个新的阶段。1999 年 3 月,国家环境保护总局令第 2 号,公布《建设项目环境影响评价资格证书管理办法》,对评价单位的资质进行了规定;1999 年 4 月,国家环境保护总局《关于公布建设项目环境保护分类管理名录(试行)的通知》公布了分类管理名录;1999 年 4 月,国家环境保护总局《关于执行建设项目环境影响评价制度有关问题的通知》(环发[1999]107 号文件)对《建设项目环境保护管理条例》中涉及的环境影响评价程序、审批及评价资格等问题进一步明确。这些部门行政规章成为贯彻落实《建设项目环境保护管理条例》、把环境影响评价推向新阶段的有力保证。

国家环境保护总局还下发了《关于贯彻实施〈建设项目环境保护管理条例〉的通知》,加强了国家和地方建设项目环境影响评价制度执行情况的检查,使环境影响评价制度向继续提高阶段迈进。

6. 新拓展阶段

2003 年至今,为我国环境影响评价工作新拓展阶段。2002 年 10 月 28 日,第九届全国人大常委会通过了《中华人民共和国环境影响评价法》并于 2003 年 9 月 1 日起正式实施。环境影响评价范畴从项目环境影响评价扩展到规划环境影响评价,是环境影响评价制度的最新发展。

国家环境保护总局依照法律的规定,初步建立了环境影响评价基础数据库;颁布了《规划环境影响评价技术导则(试行)》,明确了规划环境影响评价的基本内容、工作程序、指标体系以及评价方法等;还会同有关部门制定了《编制环境影响报告书的规划的具体范围(试行)》和《编制环境影响篇章或说明的规划的具体范围(试行)》,并经国务院批准,予以发布;制定了《专项规划环境影响报告书审查办法》(国家环境保护总局令第 18 号)、《环境影响评价审查专家库管理办法》(国家环境保护总局令第 16 号);设立了国家环境影响评价审查专家库。

为了加强环境影响评价管理,提高环境影响评价专业技术人员素质,确保环境影响评价质量,2004 年 2 月,人事部、国家环境保护总局决定在全国环境影评价行业建立环境影响评价工程师职业资格制度,对环境影响评价这门科学和技术以及从业者提出了更高的要求。

二　环境影响评价分类

按照评价对象,环境影响评价可以分为规划环境影响评价和建设项目环境影响评价。按照环境要素,环境影响评价可以分为大气环境影响评价、地表水环境影响评价、声环境影响评价、生态环境影响评价和固体废物环境影响评价等;按照时间顺序,环境影响评价一般分为环境质量现状评价、环境影响预测评价以及环境影响后评价;在空间域上可分为工程建设项目环境影响评价和区域影响环境评价;按内容可分为单项环境评价和综合环境评价或宏观环境评价。

三　环境影响评价基本内容

（一）确定环境影响评价工作等级

环境影响评价工作等级是以下列因素为依据进行划分的:

1. 项目的工程特点

项目的工程特点主要有工程性质、工程规模、能源及资源(包括水)的使用量及类型、污染物排放特点(排放量、排放方式、排放去向,主要污染物种类、性质、排放浓度)等。

2. 项目所在地区的环境特征

项目所在地区的环境特征主要有自然环境特点、环境敏感程度、环境质量现状及社会经济环境状况等。

3. 国家或地方政府所颁布的有关法规

根据环境的组成特征,环境影响评价通常可进一步分解成对下列不同环境要素(或称评价项目)的评价:大气、地表水、地下水、噪声、土壤与生态、人群健康状况、文物与"珍贵"景观以及日照、热、放射性、电磁波、振动等。建设项目对上述各环境要素的影响评价统称为单项环境影响评价(简称单项影响评价)。

按照上述划分依据,可将上述各单项影响评价划分为 3 个工作等级。例如,大气环境影响评价划分为一级、二级、三级;地表水环境影响评价划分为一级、二级、三级等等,以此类推。一级评价最详细,二级次之,三级较简略。各单项影响评价工作等级划分的详细规定,可参阅相应的导则。一般情况下,环境影响评价包括一个以上的单项影响评价,每个单项影响评价工作等级不一定相同。

对于单项影响评价的工作等级均低于第三级的建设项目,不需编制环境影响报告书,只需按国家颁发的《建设项目环境保护管理办法》填写《建设项目环境影响报告表》。对于建设项目中个别评价工作等级低于第三级的单项影响评价，可根据具体情况进行简单的叙述、或不做叙述。

对于某一具体建设项目，在划分各评价项目的工作等级时，根据建设项目对环境的影响、所在地区的环境特征或当地对环境的特殊要求等情况可作适当调整。

（二）编写环境影响评价大纲

环境影响评价大纲应在开展环境影响评价工作之前编制，它是具体指导建设项目环境影响评价的技术文件，也是检查报告书内容和质量的主要判据，其内容应该尽量具体、详细。

环境影响评价大纲应按工作程序中所标明的顺序，在充分研读有关文件、进行初步的工程和环境现状调查后编制。

环境影响评价大纲一般应包括以下内容：

（1）总则。其中包括评价任务的由来、编制依据、控制污染与保护环境的目标、采用的评价标准、评价项目及其工作等级和重点等。

（2）项目概况。如为扩建项目，应同时介绍现有工程概况。

（3）拟建地区的环境简况。附位置图。

（4）项目工程的内容与方法。根据当地环境特点、评价项目的环境影响评价工作等级与重点等因素，说明工程的内容、方法和重点。

（5）项目周围地区的环境现状调查。一般包括自然环境与社会环境现状调查。环境中与评价项目关系较密切部分的现状调查 根据已确定的各评价项目工作等级、环境特点和影响预测的需要，尽量详细地说明调查参数、调查范围及调查的方法、时期、地点、次数等。

（6）环境影响预测与评价建设项目的环境影响。根据各评价项目的工作等级、环境特点，尽量详细地说明预测方法、预测内容、预测范围、预测时段以及有关参数的估值方法等。如进行建设项目环境影响的综合评价，应说明拟采用的评价方法。

（7）评价工作成果清单、拟提出的结论和建议的内容。

（8）评价工作的组织、计划安排。

（9）评价工作经费概算。

在下列任意一种情况下，应编写环境影响评价工作的实施方案，以作为大纲的必要补充：第一，由于必需的资料暂时缺乏，所编大纲不够具体，对评价工作的指导作用不足；第二，建设项目特别重要或环境问题特别严重，如规模较大、工艺复杂、污染严重等；第三，环境状况十分敏感。

（三）环境现状调查

环境现状调查是每个评价项目（或专题）共有的，也是必需的工作，虽然各项目（或专题）所要求的调查内容不同，但其调查目的都是为了充分掌握项目所在区域环境质量现状或本底,为后续的环境影响预测、评价和累积效应分析以及投产运行进行环境管理提供基础数据。

（四）环境影响预测与评价

环境影响预测一般按环境要素（大气环境、水环境、声环境、生态环境等）分别进行。预测的范围、时段、内容及方法应根据其评价工作等级、工程与环境的特性、当地的环境要求而定。同时应考虑预测范围内,规划的建设项目可能产生的环境影响。

环境影响预测时,应考虑环境对影响的衰减能力。一般情况应考虑两个时段,即影响的衰减能力最差的时期（对污染来说就是环境净化能力最低的时期）和影响的衰减能力一般的时期。如果评价时间较短,评价工作等级又较低时,可只预测环境对污染衰减能力最差的时期。

（五）环境影响评价报告书的编制

环境影响报告书应全面、概括地反映环境影响评价的全部工作,文字应简洁、准确,并尽量采用图表和照片,以使提出的资料清楚,论点明确,利于阅读和审查。原始数据、全部计算过程等不必在报告书中列出,必要时可编入附录。所参考的主要文献应按其发表的时间次序由近至远列出目录。评价内容较多的报告书,其重点评价项目另编分项报告书;主要的技术问题另编专题技术报告。

四 环境影响评价方法

（一）环境影响因素预测方法

影响因素预测方法包括数学模式方法、物理模拟预测方法、对比法与类比法以及专业判断法等。

1. 数学模式方法

以数学模式为主的客观预测方法,针对分析确定相关模式的方法,分为黑箱模型、灰箱模型和白箱模型三大类。用于环境预测的解析模式可以分为零维、一维、二维、三维;根据变化状态可分为稳态和非稳态。

2. 物理模拟方法

利用与原型在某个方面相似（几何相似、运动相似、热力相似、动力相似等）的实物模型,通过实验进行预测。

（1）几何相似。指模型流场与原型流场中地形地物的几何形状、对应部分的夹角和相对位置相同,尺寸按相同比例缩小。

（2）运动相似。指模型流场与原型流场在各对应点上的速度方向相同,并且大小（包括平均流速和湍流强度）成常数比例。

（3）热力相似。指模型流场与原型流场的温度垂直分布相似。

288

（4）动力相似。指模型流场与原型流场在对应点受到的力要求方向一致，大小成常数比例。

（5）时间相似。指模型流场与原型流场的变化规律要相似，保证所有对应点上的各个变化率相同。

3. 对比法和类似法

（1）对比法。通过对工程兴建前后，对某些环境因子影响的机制及变化过程进行对比分析，进行环境影响的预测。

（2）类似法。在进行一个未来建设项目的环境影响评价时，可以通过研究一个已知类似工程兴建前后对环境的影响情况，推测工程可能的环境影响的方法。

（二）环境影响综合评价方法

环境影响综合评价使用最普遍的方法为指数法和动态系统模型法等。

1. 指数法

分为一般指数法和巴特尔指数法。

（1）一般指数法。在测定表示环境质量的参数后，与环境质量标准比较，由它们的比值作为评价的指数。表达式如下：

$$P = \frac{\rho}{\rho_s} \qquad (8-1)$$

式中：ρ——污染物浓度实测值；

ρ_s——污染物浓度标准值。

通过分析 P 值大小可以判定环境污染状况：当 P 值小于 1 时，环境因子达标，P 值越小，环境状况越好；当 P 值大于 1 时，环境因子超标，P 值越大，环境状况越恶劣。

（2）巴特尔指数法。1972 年提出，最初用于水资源项目的研究，它是采取函数作图的方法，把评价因子浓度值转换为环境质量值，再将各环境质量值乘以权重值求和，得综合指数值，用于表示环境质量状况。

2. 动态系统模型法

动态系统模型法是以动态观点综合分析世界范围内人口、工农业生产、资源和环境污染之间的复杂关系，用数学模型表达，在计算机上进行模拟，推测今后的发展趋势。

| 五 | 环境影响评价的程序 |

（一）准备阶段

研究有关文件，进行初步的工程分析和环境现状调查，筛选重点评价项目，确定各单项环境影响评价的工作等级,编制评价大纲。

（二）工作阶段

工程分析和环境现状调查,并进行环境影响预测和评价环境影响。在充分做好环境现状调查、监测的基础上,开展环境质量现状评价。根据污染源强和环境现状资料进行环境影响预测,评价项目的环境影响。在可能会受到影响的区域开展公众意见调查,提出防治环境污染和生态影响的具体工程措施和环境管理措施。若建设项目需要进行多方案的比选,则需要对各方案分别进行预测和评价,并从环境保护角度推荐最佳方案。如果对原方案得出了否定的结论,则需要对新方案重新进行环境影响评价。

（三）报告书编制阶段

汇总整理,分析第二阶段工作所得各种资料数据,给出结论,完成环境影响报告书的编制。

第二节　建设项目的环境影响评价

一　建设项目环境影响评价的概念

在我国领域内建设对环境有影响的建设项目都需要进行环境影响评价。环境影响评价不是一般的预测评价,它要求可能对环境有影响的建设开发者,必须事先通过调查、预测和评价,对项目的选址、对周围环境产生的影响以及应采取的防范措施等提出建设项目环境影响报告书,经过审查批准后,才能进行开发和建设。在我国的环境保护法和各种污染防治的单行法律中,它是一项决定建设项目能否进行的具有强制性的法律制度。例如,环境保护法规定,建设污染环境的项目,必须遵守国家有关建设项目环境保护管理的规定。建设项目的环境影响报告书,必须对建设项目产生的污染和对环境的影响作出评价,规定防治措施,经项目主管部门预审并依照规定的程序报环境保护行政主管部门批准。环境影响报告书经批准后,计划部门方可批准建设项目设计任务书。

根据我国环境保护法律和有关行政法规的规定,建设项目对环境可能造成重大影响的,应当编制环境影响报告书,对建设项目产生的污染和对环境的影响进行全面、详细的评价。具体建设项目大体上包括:一切对自然环境产生影响或排放污染物对周围环境产生影响的大中型工业建设项目;一切对自然环境和生态平衡产生影响的大中型水利枢纽、矿山、港口、铁路、公路建设项目;大面积开垦荒地和采伐森林的基本建设项目;对珍稀野生动植物资源的生存和发展产生严重影响,甚至造成灭绝的大中型建设项目;对各种生态类型的自然保护区和有重要科学价值的特殊地质、地貌地区产生严重影响的建设项目等。建设项目对环境可能造成轻度影响的,应当编制环境影响报告表,对建设项目产生的污染和对环境的影响进行分析或者专项评价;建设项目对环境影响很小的,也需要填报环境影响登记表。

二 建设项目环境影响评价的意义

（一）经济发展方式的重大改革

在传统的经济发展中,往往考虑直接的、眼前的经济效益,没有或很少考虑环境效益,有时甚至为获取局部的暂时的效益,以牺牲资源和环境为代价。结果就不可避免地造成环境污染和破坏,导致经济发展与环境保护的尖锐对立。实行环境影响评价制度,能有效地改变这种状况。进行环境影响评价的过程,是认识生态环境与人类经济活动相互依赖和相互制约关系的过程,认识的提高和深化,有助于经济效益与环境效益的统一,实现经济与环境的协调发展。

（二）为区域经济发展规划提供科学依据

在传统的发展中,一个地区或一个城市由于缺乏社会的、经济的特别是环境的综合分析评价,盲目性很大,往往造成畸形发展,出现资源和环境的严重破坏和污染。通过环境影响评价,掌握区域的环境特征和环境容量,在此基础上制定的社会经济发展规划才能符合客观规律并切实可行。

（三）制定可行的环境保护对策、实行科学管理

通过环境影响评价,可以获得应将建设项目的污染和破坏限制在什么范围和程度才能符合环境标准要求的信息和资料,据此,提出既符合环境效益又符合经济效益的环境保护对策,并在项目设计中体现。使建设项目的环保措施和设施建立在较科学可靠的基础上,同时也为环境管理提供了依据。

（四）促进相关环境科学技术的发展

环境影响评价涉及自然科学和社会科学的广泛领域,包括基础理论研究和应用技术开发。环境影响评价工作中遇到的问题,必然会对相关环境科学技术提出挑战,进而推动相关环境科学技术的发展。

国际和国内的经验都表明,为防止在社会经济的发展中造成重大环境损失和生态破坏,对有关政策和规划进行环境影响评价是十分重要的。

三 建设项目环境影响评价的分类

建设项目对环境的影响千差万别,不仅不同行业、不同产品、不同规模、不同

工艺、不同原材料产生的污染物种类和数量不同,对环境的影响不同,即使是相似的企业处于不同的区域、不同的地点,对环境的影响也不一样。《中华人民共和国环境影响评价法》、《建设项目环境保护管理条例》和《建设项目环境保护分类管理名录》中均对建设项目的环境保护分类管理作了具体规定。

2008年8月15日,环境保护部修订通过最新的《建设项目环境影响评价分类管理名录》(环境保护部令第2号),新名录自2008年10月1日起施行。建设项目所处环境的敏感性质和敏感程度,是确定建设项目环境影响评价类别的重要依据。建设涉及环境敏感区的项目,应当严格按照名录确定其环境影响评价类别,不得擅自提高或者降低环境影响评价类别。环境影响评价文件应当就该项目对环境敏感区的影响作重点分析。

建设单位应当按照下列规定组织编制环境影响报告书、环境影响报告表或者填报环境影响登记表(以下统称环境影响评价文件):

(1)可能造成重大环境影响的,应当编制环境影响报告书,对产生的环境影响进行全面评价。

(2)可能造成轻度环境影响的,应当编制环境影响报告表,对产生的环境影响进行分析或者专项评价。

(3)对环境影响很小、不需要进行环境影响评价的,应当填报环境影响登记表。

(4)跨行业、复合型建设项目,其环境影响评价类别按其中单项等级最高的确定。

(5)名录中未作规定的建设项目,其环境影响评价类别由省级环境保护行政主管部门根据建设项目的污染因子、生态影响因子特征及其所处环境的敏感性质和敏感程度提出建议,报国务院环境保护行政主管部门认定。

新名录对环境敏感区重新作了规定,明确环境敏感区是指依法设立的各级各类自然、文化保护地以及对建设项目的某类污染因子或者生态影响因子特别敏感的区域,主要包括:① 自然保护区、风景名胜区、世界文化和自然遗产地、饮用水水源保护区;② 基本农田保护区、基本草原、森林公园、地质公园、重要湿地、天然林、珍稀濒危野生动植物天然集中分布区、重要水生生物的自然产卵场及索饵场、越冬场和洄游通道、天然渔场、资源型缺水地区、水土流失重点防治区、沙化土地封禁保护区、封闭及半封闭海域、富营养化水域;③ 以居住、医疗卫生、文化教育、科研、行政办公等为主要功能的区域,文物保护单位,具有特殊历史、文化、科学、民族意义的保护地。

建设项目环境影响评价的工作程序大体上分为 3 个阶段：准备阶段、正式工作阶段、报告书编制阶段。这 3 个阶段的主要工作内容各不相同。

（一）准备阶段的主要工作内容

（1）研究有关文件。包括国家和地方的法律法规、发展规划和环境功能区划、技术导则和相关标准、建设项目依据、可行性研究资料及其他有关技术资料。

（2）进行初步的工程分析和环境现状调查。明确建设项目的工程组成，根据工艺流程确定排污环节和主要污染物，同时对建设项目影响区域的环境现状进行调查。

（3）识别建设项目的环境影响因素。筛选主要的环境影响因子，明确评价重点。

（4）确定各单项环境影响评价的范围和评价工作等级。如果是编制环境影响报告书的建设项目，该阶段的主要成果是编制完成环境影响评价大纲，将以上这些工作的内容和成果全部融入其中；如果是编制环境影响报告表的建设项目，则无需编制环境影响评价大纲。

（二）正式工作阶段的主要工作内容

（1）进一步进行工程分析，在充分做好环境现状调查、监测的基础上，开展环境质量现状评价。

（2）根据建设项目污染源强和环境现状资料进行环境影响预测，评价建设项目的环境影响，同时在可能会受到建设项目影响的区域开展公众意见调查。

（3）提出防治环境污染和生态影响的具体工程措施和环境管理措施。若建设项目需要进行多方案的比选，则需要对各方案分别进行预测和评价，并从环境保护角度推荐最佳方案；如果对原方案得出了否定的结论，则需要对新方案重新进行环境影响评价。

（三）报告书编制阶段的主要工作内容

汇总、分析第二阶段得到的各种资料、数据和结论，从环境保护角度确定建设项目的可行性，给出评价结论和提出环境保护的建议，最终完成环境影响报告书（表）的编制。环境影响评价的工作程序详见图 8-1。

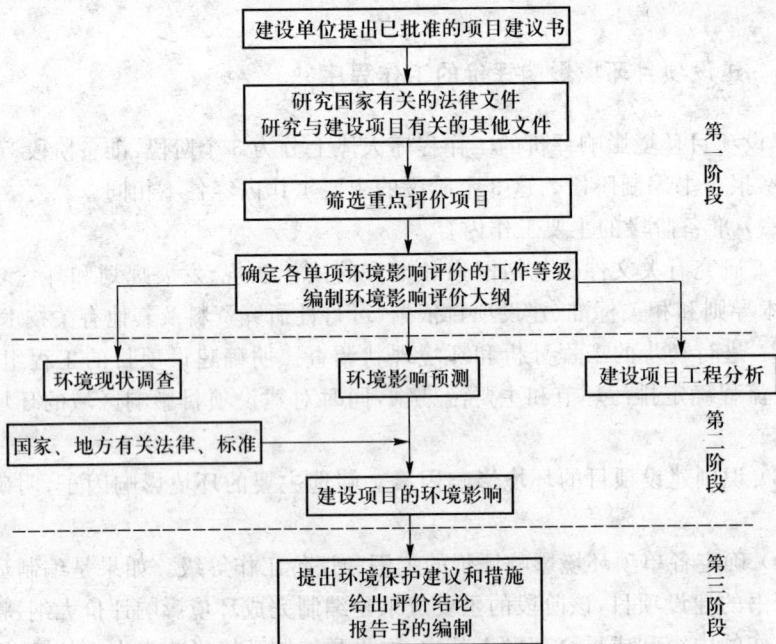

建设单位提出已批准的项目建议书

研究国家有关的法律文件
研究与建设项目有关的其他文件

筛选重点评价项目

确定各单项环境影响评价的工作等级
编制环境影响评价大纲

第一阶段

环境现状调查　　环境影响预测　　建设项目工程分析

国家、地方有关法律、标准

建设项目的环境影响

第二阶段

提出环境保护建议和措施
给出评价结论
报告书的编制

第三阶段

图 8-1　建设项目环境影响评价工作程序

第三节　规划的环境影响评价

一　规划环境影响评价的意义

2009 年 8 月 17 日,国务院公布了《规划环境影响评价条例》,并从 2009 年 10 月 1 日起正式实施。《条例》的发布是我国环境立法的重大进展,标志着环境保护参与综合决策进入了新的阶段。规划环境影响评价要求将区域、流域生态系统整体影响作为规划环评的着力点,有利于从决策源头防止生产力布局、资源配置不合理造成的环境问题。

规划环境影响评价的重要意义,就是找到了一种比较合理的环境管理机制,构建了综合决策的实际内容。可以通过规划环境影响评价,充分调动了社会各方面的力量,可以形成政府审批,环境保护行政主管部门统一监督管理,有关部门对规划产生的环境影响负责,公众参与,共同保护环境的新机制。规划环评是环保部门在环境保护管理方式上,实现从项目型管理向综合型管理转变,从微观管理向宏观管理转变,从被动管理向主动参与管理转变的契机,是环保部门为经济与环境协调发展的服务平台。规划环境影响评价有利于更好地从源头解决关系民生的环境问题,维护人民群众的环境权益,是坚持以人为本、构建社会主义和谐社会的重要平台。

二 规划环境影响评价的指导思想和基本原则

规划环境影响评价的指导思想,就是坚持全面协调可持续的科学发展观,坚持立足基本国情与借鉴国际经验相结合,坚持继承与创新相结合。规划环境影响评价在规划编制和决策过程中,实施可持续发展战略,充分考虑规划可能涉及的环境问题,预防规划实施后可能造成的不良环境影响,协调经济增长、社会进步与环境保护的关系。

规划环境影响评价的基本原则有:①科学、客观、公正原则;②早期介入原则;③整体性原则;④公众参与原则;⑤一致性原则;⑥可操作性原则。

三 规划环境影响评价的特点

规划环境影响评价的特点是:①早期介入性;②具有宏观性,空间范围大,时间跨度长;③综合考虑规划区域环境累积影响,在开发活动的全过程中贯穿循环经济理念;④保证规划与环境政策、法规的一致性;⑤具有综合性,多学科的特点。

四 规划环境影响评价的内容

规划环境影响评价的内容如下:

(1) 规划分析。分析拟议的规划目标、指标、规划方案与相关的其他发展规划、环境保护规划的关系。

(2) 环境现状调查与分析。调查、分析环境现状和历史演变,识别敏感的环境问题以及制约拟议规划的主要因素。

(3) 环境影响识别与确定环境目标和评价指标。识别规划目标、指标、方案(包括替代方案)的主要环境问题和环境影响,按照有关的环境保护政策、法规和标准拟定或确认环境目标,选择量化和非量化的评价指标。

(4) 环境影响分析与评价。预测和评价不同规划方案(包括替代方案)对环境保护目标、环境质量和可持续性的影响。

(5) 针对各规划方案(包括替代方案),拟定环境保护对策和措施,确定环境可行的推荐规划方案。

（6）开展公众参与。规划环境影响评价的公众参与只限于编制环境影响报告书的专项规划。在规划草案上报审批前,规划编制机关应当通过举行论证会、听证会或者其他形式,征求有关单位、专家和公众对规划的环境影响报告书草案的意见。

（7）拟定监测、跟踪评价计划。

（8）评价结论与建议。评价结论包括规划的有利影响和不利影响,环境影响减免措施;结合该规划实施后环境影响的实际提出环境保护建议。

五　规划环境影响评价的技术路线

规划环境影响评价的技术路线如下:

（1）规划编制机关按照相关规定,检索拟编制的规划是否需要进行环评,是编制环境影响报告书还是编制环境影响篇章或说明。

（2）对于需要编制环境影响报告书或者环境影响篇章或说明的规划,委托其他单位编制或自行编制。

（3）将编制的规划环境影响篇章或说明作为规划草案的一部分报送规划审批机关审批,将编制的规划环境影响报告书送审查机关审查。

（4）规划审批机关在接到审查意见后,决定是否审批该项规划。

规划环境影响评价的工作程序如图 8-2 所示。

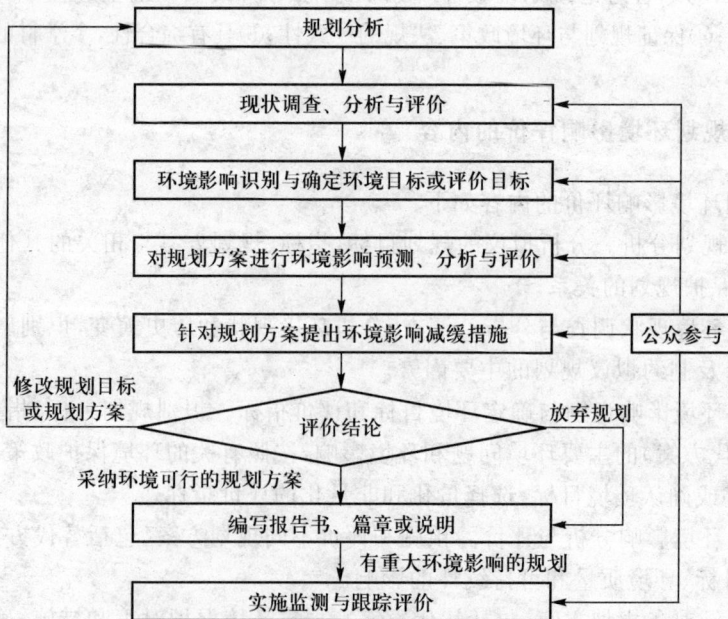

图 8-2　规划环境影响评价的工作程序

六　规划环境影响报告（书）的编写

（一）规划环境影响报告书编写总体要求

规划环境影响报告书应数据翔实、论点明确、论据充分，结论清晰准确。报告书应不少于 9 个方面的内容：总则、规划概述、环境现状分析、环境影响分析与评价、推荐方案与减缓措施、专家咨询与公众参与、监测与跟踪评价、困难和不确定性、执行总结。

（1）总则。规划的一般背景；与规划有关的环境保护政策、环境保护目标和标准；环境影响识别（表）；评价范围与环境目标和评价指标；与规划层次相适宜的影响预测和评价所采用的方法。

（2）规划概述与分析。规划的社会经济目标和环境保护目标；规划与上、下层次规划（或建设项目）的关系和一致性分析；规划目标与其他规划目标、环保规划目标的关系和协调性分析；符合规划目标和环境目标要求的可行的各规划（替代）方案概要。

（3）环境现状分析。环境调查工作概述；概述规划涉及的区域存在主要环境问题，及其历史演变，并预计在没有本规划情况下的环境发展趋势；环境敏感区域或敏感环境问题，以表格一一对应的形式列出可能对规划发展目标形成制约的关键因素或条件；可能受规划实施影响的区域或行业部门。

（4）对主要环境影响的分析与评价。按环境主题描述所识别、预测的主要环境影响；不同规划方案，分别描述所识别、预测的主要影响；描述环境影响时，说明不同地域尺度和不同时间尺度的影响；不同规划方案可能导致的环境影响进行比较，包括环境目标、环境质量或可持续性的比较。

（5）规划方案与减缓措施。描述符合规划目标和环境目标的规划方案，并概述各方案的主要环境影响，主要环境影响的防护对策、措施和对规划的限制，以及减缓措施实施的阶段性目标和指标；各环境可行规划方案的综合评述；供有关部门决策的推荐方案及替代方案；规划的结论性意见和建议。

（6）监测与跟踪评价。对下一层次规划或项目环境评价的要求；监测和跟踪计划。

（7）公众参与。公众参与概况；概述与环境评价有关的专家咨询和收集的公众意见与建议；专家咨询和公众意见与建议的落实情况。

（8）困难和不确定性。概述在编辑和分析用于环境评价的信息时所遇到的困难和由此导致的不确定性，以及它们可能对规划过程的影响。

（9）执行总结。采用非技术性文字简要说明规划背景、规划的主要目标、评价过程、环境资源现状、预计的环境影响、推荐的规划方案与减缓措施、公众参与的主要发现和处理结果、总体评价结论。

（二）环境影响篇章及说明的编写要求

规划环境影响篇章应文字简洁、图文并茂、数据翔实、论点明确、论据充分、结论清晰准确。

规划环境影响篇章至少包括 4 个方面的内容：前言、环境现状描述、环境影响分析与评价、环境影响减缓措施。

（1）前言。与规划有关的环境保护政策、环境保护目标和标准；评价范围与环境目标和评价指标；与规划层次相适宜的影响预测和评价所采用的方法。

（2）环境现状分析。概述规划涉及的区域存在主要环境问题及其历史演变；列出可能对规划发展目标形成制约的关键因素或条件。

（3）环境影响分析与评价。简要说明规划与上、下层次规划的关系，以及与其他规划目标、环保规划目标的协调性；不同规划方案，分别描述所识别、预测的主要的直接影响、间接影响和累积影响；对不同规划方案可能导致的环境影响进行比较，包括环境目标、环境质量或可持续性的比较。

（4）环境影响减缓措施。描述各方案（包括推荐方案、替代方案）的主要环境影响以及主要环境影响的防护对策、措施和对规划的限制。

阅 读 材 料

材料 1　中国环境影响评价的发展过程

1969 年，美国颁布《国家环境政策法》，建立了环境影响评价制度。我国环境影响评价从最初单纯的工程项目环境影响评价，发展到工程项目环境影响评价、区域开发环境影响评价和战略影响评价同时兼顾的全面的环境影响评价体系，环境影响评价方法和程序也在发展中不断地得以完善。我国的环境影响评价是借鉴国外经验，结合我国实际情况逐步发展起来的。

1973 年 8 月，北京召开了第一次全国环境保护会议，标志着中国环境保护事业序幕的揭开。会议通过了"全面规划、合理布局、综合利用、化害为利、依靠群众、大家动手、保护环境、造福人民"的环境保护工作方针，初步孕育了环境影响评价的思想。这一阶段是中国环境保护的创业时期，一批环保科技成果为中国环境影响评价的确立和开展在理论上和技术上打下了基础，积累了经验。

1979 年，中国第一次颁布了《中华人民共和国环境保护法（试行）》，其中规定扩建、改建、新建工程必须提出环境影响报告书，从此中国正式实施了环境影响评价制度。在这个阶段里，国家对环境影响评价的理论和实施进行了探讨，并以《环境保护法》为依据,颁布了许多关于环境影响评价的法规或法规性文件。1981 年,颁布了《基本建设项目环境保护管理办法》,对环境影响评价的适用范围、评价内容、工作程序等都作了较为明确的规定。1986 年 3 月颁布了《建设项目环境保护管理办法》,6 月颁布了《建设项目环境影响评价证书管理办法(试行)》;1988 年 3 月下发了关于《建设项目环境管理若干问题的意见》并颁布了《建设项目环境保护设计规定》;1989 年 5 月颁布了《建设项目环境影响评价收费标准的原则方法》。这一系列规范性文件的颁布标志我国初步建立了环境影响评价制度的实施、管理体系。我国积极开展了环境影响评价工作。据不完全统计,1979—1988 年全国共完成大中型建设项目环境影响报告书 2 000 多份。其中,1980—1985 年全国共完成大中型建设项目环境影响报告书 445 项,占同期大中型建设项目的 76%。

20 世纪 90 年代,环境影响评价得到快速发展。亚洲开发银行和世界银行开始对中国环境影响评价培训进行技术援助,中国的环境影响评价开始与国际社会接轨,环境影响评价工作发展更快。1990 年 6 月颁布了《建设项目环境保护管理程序》;1992—1994 年的 3 年间,执行的环境影响评价项目数(包括环境影响报告表)分别为 36 366、34 276 和 31 476 项,分别占当年建设项目数的 61%、57% 和 63%;1995 年以后,国家开始对建设项目的环境影响进行分类管理,把评价要求分为编制环境影响报告书、编制环境影响报告表和填报环境影响登记表 3 类。1995 年这 3 类数目分别是 3 274、50 215 和 11 376 项,分别占当年建设项目数的 4.10%、63.10% 和 14.30%;1996 年这 3 类的数目分别是 2 656、45 988 和 16 736 项,分别占当年建设项目数的 3.30%、57.30% 和 20.80%。从 1992 年到 1996 年,执行环境影响评价的项目数占当年建设项目总数的比例维持在 60% 左右。1998 年 11 月,国务院第十次常务会议通过了《建设项目环境保护管理条例》,并予发布实施,该条例对环境影响评价的分类、适用范围、程序、环境影响报告书的内容以及相应的法律责任等都作了明确规定。

材料 2　战略环境影响评价

战略环境影响评价(简称"战略环评")是环境影响评价(简称"环评")发展的新趋势,为了真正落实科学发展观,构建和谐社会,我国必须高度重视战略环评,真正把战略环评制度付诸实践。美国、加拿大、俄罗斯联邦等国家的实践表明,战略环评是将可持续发展战略从宏观、抽象概念落实到实际、具体方案的桥梁,是提高环评有效性的客观要求和科学生态补偿的重要前提,也是保证环境与发展综合决策的标志。历史的教训不能重复,已伤痕累累的生态环境再也经不起破坏与摧残,然而战略环评在国外尚处于初期阶段,在我国也只是刚起步,因此有必要进行深入研究。

战略环境影响评价是在政策、计划、规划水平上进行环评,是人类对环境问题认识深化的结果,是环保思想从"末端治理"、"生产过程控制"过渡到第三阶段,即"源头防治"。解决环境问题整体战略提出的过程,也是决策科学化、民主化及人类社会可持续发展的客观要求。所谓战略环评,即是"从源头和过程控制"战略思想的集中体现,是对政策、规划或计划及其替代方案的环境影响进行规范的、系统的、综合的评价。结果应用于负有公共责任的决策中,它是在政策、规划、计划层次上及早协调环境与发展关系的决策和规划手段。可以看出,战略环评的突出特点是具有高层次性,这正是单个项目环评所不具备的。

战略环评制度最早产生于美国,1969 年的《国家环境政策法》提出"在对人类环境质量具有重大影响的每一项建议或立法建议报告和其他重大联邦行动中,均应由负责官员提供关于该行动可能产生的环境影响说明"。如今,美国政府已经编制了好几百部战略环境影响报告。1993 年加拿大也颁布了《政策和规划提案的环境影响评价程序》,规定提交内阁审议的所有联邦政策和规划提案都需要经过非立法性的环境评价程序。俄罗斯联邦环境和自然资源保护部 1994 年 7 月 18 日公布的《俄罗斯联邦环境影响评价条例》在其第二部分适用范围中,环境影响评价的范围不仅包括具体的建设项目,而且包括规划、计划等经济技术决策。欧盟于 1996 年颁行了《欧盟关于一定计划与规划环境影响评价指令建议》,规定鉴于环境评价是在计划和规划中综合考虑环境因素的重要手段,它可以确保有关主管当局在采纳有关计划和规划之前考虑这些计划和规划实施时可能会产生的环境影响,应在成员国制定的计划和规划中开展环境评价。荷兰于 1993 年制定的《环境保护法》第七章规定了环境影响评价,规定那些对环境具有严重不利影响的活动和政府关于该活动的"决定"应当进行环境影响评价。英国、丹麦、瑞典等许多国家也都建立了战略环评系统。在亚洲,韩国环评法要求国家及地方政府在制定实施各种政策与计划时必须进行战略环评。日本出台了一整套"计划环境评价体系",专门用于区域开发计划中的战略环评。

20 世纪 90 年代以来,我国也逐渐认识到开展战略环境影响评价的重要性和紧迫性,并在《中国 21 世纪议程》、《国务院关于环境保护若干问题的决定》等文件中明确提出开展对现行重大政策和法规的环评。特别是加入世贸组织和签订《京都议定书》后,政府更多地通过法规、政策、计划和规划的制定和实施来参与经济活动。2003 年 9 月 1 日,《中华人民共和国环境影响评价法》正式实施,这部法律第一次将环评从单纯的建设项目扩展到各类发展规划,用法律的形式确保环境保护参与综合决策,同时,更加突出公众在环境保护中的作用,并通过环境影响跟踪评价和后评价制度,将环境影响评价落实到规划执行和建设项目运行的整个过程中。因而,随着我国经济的发展,人们生活水平的快速提高,实施战略环评是环评的必然发展趋势。

我国的项目环评经过 20 多年的发展完善,已成为我国环境管理的一项基本制度,在控制和减少环境污染、保护生态环境方面发挥了重要作用。然而,目前环评局限于具体的建设项目,而没有考虑多个建设项目可能产生的区域累积效应或区域范围内的间接负面环境影响。但与这类具体项目相比,国家的重大经济、技术和产业政策、区域和资源开发规划、城市和行业发展规划、重大基础设施建设等对环境的影响更大。其原因在于:建设项目处于整个决策链(战略—政策—规划—计划—项目)的末端,因此项目环评只能对具体项目表示认同或否决,并不能指导政策或规划的发展方向,无法从源头上保护环境,也不能解决开发建设活动中产生的宏观影响、间接影响、和累积影响。而环境问题在人们着手制定政策、规划和计划时就已经潜在地产生了。

正是由于现有环评工作出现的这些局限性,战略环评应运而生,它能在决策过程的早期执行,并包含某一类型或某一地区的所有项目,因而能确保充分评价替代方案,考虑到累积影响,全面咨询公众,在实施前而不是实施后做出与某一项目相关的决策。

材料 3 风险环境影响评价

环境风险是指由自然原因或人类活动引起,通过自然环境传递,以自然灾害或人为事故表现出来,能对人类社会及自然环境产生破坏、损害甚至毁灭性作用等不期望事件发生的概率及后果。

环境风险具有两个主要特点:不确定性和危害性。不确定性是指人们对事件发生的时间、地点、强度等实现难以准确预料;危害性针对时间的后果而言,具有风险的事件对其承受着会造成威胁,并且一旦事件发生,就会对其承受者造成损失或危害。

根据产生原因的差异,可将环境风险分为化学风险、物理风险及自然灾害风险。化学性风险是指人类、动物、植物能发生毒害或其他不利影响的化学物品的排放、泄露,或是有毒、易燃、易爆材料的泄露而引起的风险;物理风险是指机械设备或机械、建筑结构的故障所引发的风险;自然灾害风险是指地震、台风、龙卷风、洪水等自然灾害等引发的物理性和化学性风险。

环境风险评价(environment risk assessment,ERA)是评估事件的发生概率以及在不同概率下事件后果的严重性,并决定采取适宜的对策。主要是关心与项目关联在一起的突发性灾难事故(主要包括易燃易爆物质、有毒有害物质、放射性物质失控状态下的泄漏,大型技术系统如桥梁、水坝等的故障)造成的环境危害的评价。这类风险评价常称为事故风险评价。环境风险评价主要关心的是事件发生的可能性及其发生后的影响。

环境风险评价被认为是环境影响评价的一个分支,是环境影响评价和工程

（项目）风险安全评价的交叉学，在条件允许的情况下，可利用安全评价数据开展环境风险评价。环境风险评价(ERA)与环境影响评价(EIA)的区别见表8-1。

表8-1　环境风险评价与环境影响评价的主要不同点

序号	项目	环境风险评价	环境影响评价
1	分析重点	突发事故	正常运行工况
2	持续时间	很短	很长
3	应计算的物理效应	火灾、爆炸、向空气和地面水释放污染物	向空气、地面水、地下水释放污染物、噪声、热污染等
4	释放类型	瞬时或短时间连续释放	长时间连续释放
5	应考虑的影响类型	突发性的激烈的效应以及事故后期的长远效应	连续的、累积的效应
6	主要危害受体	人和建筑、生态	人和生态
7	危害性质	急性受毒；灾难性的	慢性受毒
8	照射时间	很短	很长
9	源项确定	较大的不确定性	不确定性很小
10	评价方法	概率方法	确定论方法

思 考 题

1. 简述环境影响评价大纲所包含的内容。
2. 简述建设项目环境影响评价的意义。
3. 环境影响评价工作程序分为几个阶段？
4. 简述环境影响评价在国内外的应用与发展状况。
5. 建设项目环境影响评价与规划环境影响评价的异同点是什么？

第九章　可持续发展理论与实践

导读

　　可持续发展是人类对传统发展模式的反思。本章简要介绍了可持续发展思想的由来、内涵、特征与基本原则,重点论述了可持续发展的实施途径;简要介绍了循环经济的基本概念及产生过程,重点论述了循环经济的"3R"原则、实施方式及类型、保障体系及国内外实践;简要介绍了清洁生产的基本概念、内容、特点、审核程序和国内外的发展情况;简要介绍了工业生态的基本理论,重点论述了生态工业园的特征、类型;简要介绍了低碳经济的产生背景、概念及特征,重点论述了低碳经济的发展模式和实现方式。通过学习,掌握可持续发展的基本理论和实践途径,理解清洁生产、循环经济、生态工业和低碳经济与可持续发展之间的相关关系。

第一节　可持续发展的理论与实施途径

一　**可持续发展思想的由来**

　　发展问题是人类社会前进过程中一个永恒的主题。可持续发展思想是在反思人类社会经济发展和生存环境的问题中逐步形成的。

　　(一)《寂静的春天》——对传统行为和观念的早期反思

美国海洋生物学家蕾切尔·卡逊1962年发表了环境保护的科普著作《寂静的春天》,该书详尽地讲述了以DDT为代表的杀虫剂的广泛使用给我们的环境造成巨大的、难以逆转的危害,惊呼人们将会失去"春光明媚的春天"。书中还指出,人类一方面在创造高度文明,另一方面又在毁灭自己的文明,环境问题如不解决,人类将"生活在幸福的坟墓之中"。

蕾切尔·卡逊的《寂静的春天》在世界范围内引发了人类对自身传统行为和观念进行比较系统和深入的反思。《寂静的春天》成为全球环境运动的奠基之作,正如美国前副总统阿尔·戈尔在该书前言中所说:《寂静的春天》犹如旷野中的一声呐喊,用它深切的感受、全面的研究和雄辩的论点改变了历史的进程。如果没有这本书,环境运动也许会被延误很长时间,或者现在还没有开始。

(二)《增长的极限》——引起世界反响的严肃忧虑

地球环境的"承载能力"是否有界限?发展的道路与地球环境的"负荷极限"如何相适应?人类社会的发展应如何规划才能实现人类与自然的和谐?试图回答这些问题的是一个由知识分子组成的名为"罗马俱乐部"的组织。1972年他们发表了题为《增长的极限》的报告,认为:由于世界人口增长、粮食生产、资源消耗、工业发展和环境污染等基本因素的运行方式是指数增长而非线性增长,全球的增长将会因为粮食短缺和环境破坏于21世纪某个时段内达到极限,世界就会面临着一场"灾难性的崩溃";要避免因超越地球资源极限而导致世界崩溃的最好方法就是限制增长,即"零增长"。报告引发了全球对传统发展模式和人类前途的严肃忧虑,极大地推动了日后可持续发展理论的形成和发展。

(三)联合国人类环境会议——人类对环境问题的正式回应

1972年,联合国人类环境会议在斯德哥尔摩召开,大会通过了《人类环境宣言》,它向全球呼吁"人类在决定世界各地的行动时,必须更加审慎地考虑它们对环境产生的后果"。该会议的历史功绩在于唤起了各国政府对环境问题和环境污染的反思、觉醒和关注,正式吹响了人类共同向环境问题挑战的进军号角。

(四)《我们共同的未来》——可持续发展的国际性宣言

1983年11月,联合国成立了世界环境与发展委员会(WECD),挪威首相布伦特兰夫人任主席。该委员会的职责是制订"全球的变革日程",提出长期的环境对策,特别是提出如何将对环境的关注变为在经济和社会发展处于不同阶段的国家之间合作的方法。1984年10月,联合国环境与发展委员会召开了首次会议,提出了《从一个地球到一个世界》的报告;1987年,该委员会向42届联合国大会提交了《我们共同的未来》的研究报告。报告分为"共同的问题"、"共同的挑战"和"共同的努力"三大部分,系统地研究了人类社会面临重大的经济、社会和环境问题;报告首次阐述了"可持续发展"的概念,把人们从单纯考虑环境保护引导到把环境保护与人类发展密切结合起来,实现了人类关于环境与发展思想的重要飞跃,标志着可持续发展思想的确立。

（五）联合国环境与发展大会——环境与发展的里程碑

1992 年 6 月 3 日,在巴西里约热内卢召开了联合国环境与发展大会(又称地球会议),共有 183 个国家派代表团和 70 个国际组织代表出席了会议,103 位国家元首和政府首脑亲自与会并讲话。会议通过了关于环境与发展的《里约环境与发展宣言》和《21 世纪议程》两个纲领性文件。《里约宣言》指出:和平、发展和保护环境是互相依存、不可分割的,世界各国应在环境与发展领域加强国际合作,为建立一种新的、公平的全球伙伴关系而努力。《21 世纪议程》是在全球、区域及各国范围内实现可持续发展的行动纲领,涉及国民经济和社会发展的各个领域。在这次会议上,与会各国一致承诺:把走可持续发展的道路作为未来的长期共同的发展战略。里约会议的历史功绩在于使可持续发展走出了仅仅在理论上探索的阶段,使之成为世界各国普遍采用的发展模式而开始付诸实施。

（六）约翰内斯堡可持续发展世界首脑会议——对全球推进可持续发展战略的检视

2002 年 8 月 26 日—9 月 4 日,在南非约翰内斯堡召开了可持续发展世界首脑峰会。会议全面审议了 1992 年联合国环境与发展大会通过的《里约宣言》、《21 世纪议程》等重要文件和其他一些主要环境公约的执行情况。并在此基础上,就今后的工作形成面向行动的战略与措施,积极推进全球的可持续发展。会议提出了著名的可持续发展三大支柱:经济发展、社会进步和环境保护,明确了经济社会发展必须与环境保护相结合,以确保世界的可持续发展和人类的繁荣。这次会议标志着人类在可持续发展道路上向前迈出了实质性的一步。

（七）"里约＋20 峰会"——我们憧憬的未来

2012 年 6 月 20 日—22 日,在巴西里约热内卢召开了联合国可持续发展大会。会议针对"可持续发展和消除贫困背景下的绿色经济"及"促进可持续发展机制框架"两大主题,围绕"达成新的可持续发展政治承诺"、"全面评估过去二十年可持续发展领域取得的进展和存在的差距"和"应对新挑战制订新的行动计划"三大目标,进行了深入讨论,正式通过《我们憧憬的未来》这一大会成果文件。成果文件重申了"共同但有区别的责任"原则;决定启动可持续发展目标讨论进程;强调可持续发展和消除贫困背景下的绿色经济是实现可持续发展的重要工具之一;敦促发达国家履行官方发展援助承诺,以优惠条件向发展中国家转让环境友好型技术,帮助发展中国家提高可持续发展能力。

二　可持续发展的内涵与特征

（一）可持续发展的定义

可持续发展一词来自西方发达国家，其英文由两个单词组成：sustainable 和 development。sustainable 即可持续，来源于生态学，最初应用于渔业和林业等可再生资源的管理策略，如鱼类的自然增殖量高于捕捞量时，在生态学上被认为是可持续性管理；development 即发展，在应用上该词更多地体现经济学的特征。

可持续发展最权威的定义是在《我们共同的未来》报告中给出的，即可持续发展是指既满足当代人的需要，又不对后代人满足其需要的能力构成危害的发展。这一概念在最一般的意义上得到了广泛的接受和认可，并在 1992 年的联合国环境与发展大会上得到了共识。可持续发展的定义虽短，但却有非常丰富的内涵。其基本点有以下 3 个方面：① 需要，即指发展的目标是要满足人类需要；② 限制，强调人类的行为要受到自然界的制约；③ 公平，强调代与代之间、人类与其他生物种群之间、不同国家和不同地区之间的公平。

（二）可持续发展的内涵

可持续发展是一个涉及经济、社会、文化、技术及自然环境的综合概念，包括经济可持续、社会可持续和生态可持续。它们之间互相关联而不可分割。孤立追求经济持续必然导致经济崩溃；孤立追求生态持续不能遏制全球环境的衰退；孤立追求社会公平也不能实现社会的富裕和安居乐业。生态可持续是基础，经济可持续是前提，社会可持续是目的，人类追求的应该是经济－社会－自然复合系统的可持续发展。它的基本思想主要包括 3 个方面：

1. 可持续发展鼓励经济增长

它强调经济增长的必要性，必须通过经济增长提高当代人福利水平，增强国家实力和社会财富。但可持续发展不仅要重视经济增长的数量，更要追求经济增长的质量。这就是说经济发展包括数量增长和质量提高两部分。数量的增长是有限的，而依靠科学技术进步，提高经济活动中的效益和质量，采取科学的经济增长方式才是可持续的。因此，可持续发展要求重新审视如何实现经济增长。要达到具有可持续意义的经济增长，必须审计使用能源和原料的方式，改变传统的以"高投入、高消耗、高污染"为特征的生产模式和消费模式，实施清洁生产和文明消费，从而减少每单位经济活动造成的环境压力。环境退化的原因产生于经济活动，其解决的办法也必须依靠于经济过程。

2. 可持续发展的标志是资源的永续利用和良好的生态环境

经济和社会发展不能超越资源和环境的承载能力。可持续发展以自然资源为基础，同生态环境相协调。它要求在严格控制人口增长、提高人口素质和保护环境、资源永续利用的条件下，进行经济建设、保证以可持续的方式使用自然资源和环境成本，使人类的发展控制在地球的承载力之内。可持续发展强调发展是有限制条件的，没有限制就没有可持续发展。要实现可持续发展，必须使自然资源的耗竭速率低于资源的再生速率，必须通过转变发展模式，从根本上解决环境问题。如果经济决策中能够将环境影响全面系统地考虑进去,这一目的是能够达到的。但如果处理不当,环境退化和资源破坏的成本就非常巨大,甚至会抵消经济增长的成果而适得其反。

3. 可持续发展的目标是谋求社会的全面进步

发展不仅仅是经济问题,单纯追求产值的经济增长不能体现发展的内涵。可持续发展观认为,世界各国的发展阶段和发展目标可以不同,但发展的本质应当包括改善人类生活质量,提高人类健康水平,创造一个保障人们平等、自由、教育和免受暴力的社会环境。这就是说,在人类可持续发展系统中,经济发展是基础,自然生态保护是条件,社会进步才是目的。而这三者又是一个相互影响的综合体,只要社会在每一个时间段内都能保持与经济、资源和环境的协调,这个社会就符合可持续发展的要求。显然,人类共同追求的目标,是以人为本的自然-经济-社会复合系统的持续、稳定、健康的发展。

三 可持续发展的基本原则

（一）公平性原则

公平是指机会选择的平等性。可持续发展的公平性原则包括两个方面的含义:

（1）同代人之间的横向公平性。可持续发展要满足所有人的基本需求,给予他们公平的机会来满足他们实现美好生活的愿望。但是,当今世界贫富悬殊、两极分化的世界完全不符合可持续发展的原则。因此,需要给世界各国以公平的发展权,要把消除贫困作为可持续发展进程特别优先的问题来考虑。

（2）代际间的纵向公平性。人类赖以生存和发展的自然资源是有限的,当代人不能因为自己的需求和发展而损害后代人满足其发展需求的自然资源和环境,要给后代人以公平利用自然资源的权利。

（二）持续性原则

可持续性是指生态、环境系统受到某种干扰时能保持其生产率的能力。资源和环境是人类生存与发展的基础和条件,资源的永续利用和生态系统可持续性的保持是人类持续发展的首要条件。可持续发展要求人们根据可持续性原则调整自己的生活方式,在生态可能的范围内确定自己的消耗标准,即对可再生资源的使用强度和规模应限制在资源再生产的速度之下;对不可再生资源的利用速度不应超过寻求替代资源的速度;对环境排放的废物量不应超出环境的自净能力。因此,可持续性原则的核心指的是人类的经济和社会发展不能超越资源与环境的承载能力。

（三）共同性原则

鉴于世界各国历史、文化和发展水平的差异,可持续发展的具体目标、政策和实施步骤不可能是唯一的,但可持续发展所体现的公平性和持续性原则对所有国家都是共同的。为实现这一总目标,必须建立新的全球合作伙伴关系,在全球整体性和相互依存性的基础上开展联合行动。共同性原则同样反映在《里约宣言》之中:"致力于达成既尊重所有各方的利益,又保护全球环境与发展体系的国际协定,认识到我们的家园——地球的整体性和相互依存性。"

共同性原则有两方面的含义:

(1)发展目标的共同性。即保持地球生态系统的安全,并以最合理的利用方式为整个人类谋福利。

(2)行动的共同性。因为地球生态系统具有很强的整体性、关联性,许多生态环境问题实际上是没有国界的,必须开展全球合作。

四　可持续发展战略的实施途径

可持续发展战略是一个全新的革命性的发展战略,其实施是一项综合的系统工程。从目前国际社会所做的努力来看,大致从以下几个方面实施可持续发展战略:

(1)制定测度可持续发展的指标体系,研究如何将资源和环境纳入国民经济核算体系,以使人们能够更加直接地从可持续发展的角度,对包括经济在内的各种活动进行评价。

(2)制定条约或宣言,使保护环境和资源的有关措施成为国际社会的共同行为准则,并形成明确的行动计划和纲领。

(3)建立和健全环境管理系统,促使企业的生产活动和居民的消费生活向减轻环境负荷的方向转变。

(4)各有关国际组织和开发援助机构都把环境保护和支持可持续发展的能力建设作为提供开发援助的重点领域。

(一)可持续发展的评价指标体系

可持续发展战略已经在许多国家实施,为了反应在不同时间和空间的可持续发展变化过程,需要采取合适的方法对可持续发展进行测度。可持续发展指标是指用来描述或者评价人类社会可持续发展状态的指标。可持续发展是经济系统、社会系统和环境系统和谐发展的象征,它所涵盖的范围包括经济发展和经济效益的实现、自然资源的有效配置和永续利用、环境质量的改善和公平适宜的社会组织形式等,因此可持续发展指标体系几乎涉及人类社会经济生活以及生态环境的各个方面。

1. 可持续发展指标体系的功能

通过建立可持续发展指标体系,构建评估信息系统,检测区域发展过程中的社会经济问题和环境问题,分析各种结果的原因,评价可持续发展水平,以引导政府更好地贯彻实施可持续发展战略。

可持续发展指标体系应具有以下几个方面的功能:① 能够描述和表征某一时刻发展的各个方面的现状;② 能够描述和反映某一时刻发展的各个方面的变化趋势;③ 能够描述和体现发展的各个方面的协调程度。

2. 可持续发展指标体系的设置原则

建立可持续发展指标体系应该遵循科学性、层次性、相关性、简明性等基本原则。

(1)科学性原则。指标体系必须严格按照可持续发展的科学内涵来构建,特别强调经济、社会与环境之间的协调,应能客观综合地反映影响区域可持续发展的各种因素(如自然资源利用是否合理、经济系统是否高效、社会系统是否健康、生态环境系统是否向良性循环方向发展等)以及决策、管理水平等。

(2)层次性原则。由于区域可持续发展是一个复杂的系统,它可分为若干子系统,加之指标体系主要是为各级政府的决策提供信息,并且解决可持续发展问题必须由各级政府在各个层次上进行调控和管理。因此,在不同的层次上应当采用不同的可持续发展指标。

(3)相关性原则。根据可持续发展的内涵,可持续发展的任何指标都必须体现与其他指标之间的内在联系。

(4)简明性原则。指标体系中的指标内容应当简明、具有较强的可比性并容易获取。

3. 可持续发展指标体系的分类

目前,关于可持续发展指标体系衡量方法,大致可以分为单项指标评价方法和指标体系评价方法。单项评价指标是用某一个单一的评价指标来对可持续发展进行状态评估。由于可持续发展涉及经济、环境、社会等不同的层面,因此单项指标有的立足于经济的评价,有的立足于生态的评价,有的立足于社会的评价。指标体系评价是由一系列相互联系的指标组成一个整体,从不同角度反映可持续发展的各个层面及其联系。指标体系大致可以分为系统型、菜单型和专题型3类。具体如表9-1所示。

表 9-1　可持续发展评价指标体系的类型

单项评价指标		指标体系评价	
类型	描述	类型	描述
立足于经济的评价指标	绿色 GDP 国家财富 真实储蓄率	系统型指标体系	表述社会经济活动与环境之间关系,如 UNSCD 可持续发展指标体系

单项评价指标		指标体系评价	
类型	描述	类型	描述
立足于生态的评价指标	生态足迹法 能值分析法	菜单型指标体系	以菜单的形式列出各领域中重要的描述和评价指标,如中国一些研究机构(如中国科学院)设计的指标体系
立足于社会的评价指标	人类发展指数 社会进步指数(ISP) 物质生活质量指数(PQLI)	专题型指标体系	按照可持续发展的战略目标、关键领域和关键问题等来设计指标,如英国政府的可持续发展指标体系

(资料来源:龚胜生等,2010)

下面简要介绍主要的一些指标体系作。

(1)"绿色"GDP指标。GDP指标形成于国民经济核算体系(SNA),是许多宏观政策分析与决策的基础。然而,它却存在着明显的缺陷,如忽略收入分配状况、忽略非市场活动以及不能体现环境退化状况等。从环境的角度,当前对国民经济核算体系的批评主要体现在:国民经济核算体系没有充分反映环境与经济间的相互关系,忽视了经济活动对自然资源消耗与环境质量下降的影响。为了弥补该体系忽视环境要素的缺陷,1993年联合国核算专家依据可持续发展思想对SNA进行局部扩展与补充,由此形成了环境与经济综合核算体系(SEEA),通过该体系把环境要素引入国民经济过程,形成了一个经环境修正的指标EDP,即经环境调整的国内生产净值(environmentally-adjusted domestic product,EDP)。该指标由于把资源耗减和环境退化的成本核算在内,即在现行GDP的基础上扣除了自然资源损耗价值与环境污染损失价值,因此被视为绿色GDP。通常来说,绿色GDP可以用式(9-1)表示:

$$绿色GDP=现行GDP-环境与资源成本-环境资源保护成本 \qquad (9-1)$$

(2)国家财富。1995年9月,世界银行在题为"监测环境的进展(monitoring environmental progress on work progress)"的报告中公布了一套全新的国家财富概念和测度方法;1997年6月,世界银行环境局在《扩展衡量财富的手段——环境可持续发展指标》中对世界各国的财富进行了计算。根据定义,国家财富是人造资本、自然资本、人力资本和社会资本4种要素的组合(图9-1)。其中人造资本是人类生产活动所创造和积累的物质财富,包括房屋、基础设施(如供水系统、公路、铁路等),是经济活动的主要成果;自然资本是大自然赋予人类的财富,是天然生成的或具有明显的自然生长过程,包括土地、空气、水、森林、地下矿产等,是人类生存和发展的基础;人力资本是指一个国家的民众所具备的知识、经验和技能;社会资本是促使整个社会以有效方式运用上述资源的社会体制和文化基础,是联系人造资本、自然资本和人力资本 3 种要素的纽带。因此,一个国家的可持续发展就应表现为其国家财富的非负增长。

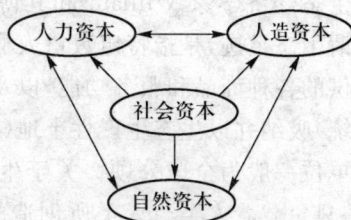

图 9-1　各种资本之间的关系示意图

(资料来源:龚胜生等,2010)

作为衡量可持续发展的指标,国家财富强调了经济可持续性、环境可持续性和社会可持续性,且综合性强,容易进行国家之间、地区之间的比较,是可持续发展的一个较为理想的测度方法。根据这种方法,世界银行进行了实际的统计,结果表明,人造资本一般只占财富总量的 20% 以下,远远小于人力资本和自然资本的份额。

(3) 人类发展指数。人类发展指数(human development index,HDI)是联合国开发计划署在《1990 年人类发展报告》中提出的用于测算世界各国的人类发展状况。HDI 体系认为,发展的真正目的是为了扩大人类在各种领域里的选择权,包括经济、政治和文化领域。HDI 强调经济增长只是发展的手段,其目的是为了创造一个能使人民享受长期、健康和创造性生活的环境。

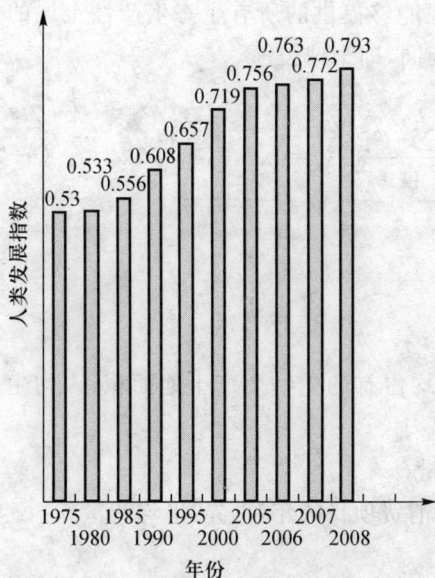

图 9-2　1975—2008 年中国人类发展指数的提升

(资料来源:UNDP China,2010)

HDI 是由 3 项基础指标加权合成的测算国家人类发展状况的综合指数:① 人均预期寿命;② 教育水平,由成年人识字率(占 2/3 权重)及小学、中学和大学综合入学率(占 1/3 权重)组成,反映人的平均知识水平;③ 人均 GDP,按美元购买力评价的人均国内生产总值计算。依据 HDI 的高低,可将各国分为高人类发展国家(或地区)(HDI>0.8)、中等人类发展国家(或地区)(0.8>HDI>0.5)和低人类发展国家(或地区)(HDI>0.5)。

近 30 年来,中国在人类发展方面取得了长足进步,人类发展指数处于历史最高水平,接近"高人类发展国家"的标准(图 9-2)。

（4）生态足迹。生态足迹（ecological footprint）也称为生态占用，是由加拿大生态经济学家 William 和其博士生 Mathis Wackernagel 于 1992 年提出的。所谓生态足迹，是指特定数量人群按照某一种生活方式所消费的自然生态系统提供的各种商品和服务功能，以及在这一过程中所产生的废弃物需要环境（生态系统）吸纳并以生态生产性土地（或水域）面积来表示的一种可操作的定量方法，其单位一般为全球公顷。关于生态足迹的概念，William 曾将其形象地比喻为"一只负载着人类与人类所创造的城市、工厂的巨脚踏在地球上留下的脚印"。生态足迹的计算基于以下基本事实：①人类可以确定自身消费的绝大多数资源、能源及其所产生的废弃物的数量；②这些资源和废弃物流能折算成生产和消纳这些资源和废弃物流的生态生产性面积。

生态生产也称生物生产，是指生态系统中的生物从外界环境中吸收生命过程所需的物质和能量转化为新的物质，从而实现物质和能量的积累。由于自然资本总是与一定的地球表面相联系，因此生态足迹分析用生物生产性土地的概念来代表自然资本。生产性土地是生态足迹分析的度量基础，它是指具有生物生产能力的土地或水体。生态足迹核算中，各种资源和能源消费项目被折算为耕地、牧草地、林地、建筑用地、化石能源用地和水域等 6 类生物生产性土地。

生态承载力是指在不损害有关生态系统能力和功能完整的前提下，人类社会可以持续使用的最大资源数量与排放的废弃物数量。在生态足迹的框架下，通常将某个地区的生态承载力，以该地区能够提供的所有生态生产性土地的面积总和来表征，其度量单位与生态足迹相同，即全球公顷。

生态足迹的计算公式如下：

$$EF = N(ef) = N\sum r_i A_i = \frac{N\sum r_i C_i}{Y_i} \quad (i = 1,2,3,4,5,6) \tag{9-2}$$

式中：EF ——生态足迹；

$\quad N$ ——人口数量；

$\quad ef$ ——人均生态足迹；

$\quad r_i$ ——均衡因子；

$\quad A_i$ ——第 i 种消费项目折算的人均占有的生物生产土地面积（人均生态足迹分量）；

$\quad C_i$ —— i 种消费项目的人均消费量；

$\quad Y_i$ ——生物生产土地生产第 i 种消费项目的年（世界）平均产量。

生态承载力公式如下：

$$EC = N(ec) = N\sum a_j r_j y_j \quad (j = 1,2,3,4,5,6) \tag{9-3}$$

式中：EC——区域生态承载力；

$\quad ec$——人均生态承载力；

a_j———人均生物生产面积；

r_j———均衡因子；

y_j———产量因子。

根据地区的生态承载力与生态足迹,可以得到生态赤字或者生态盈余。生态赤字和生态盈余是用来衡量一个区域可持续发展程度的重要指标。当生态承载力小于生态足迹时,出现生态赤字,其大小等于生态足迹减去生态承载力,说明该地区的人类负荷超过了其生态容量,要满足其人口在现有生活水平下的消费需求,该地区要么从地区之外进口欠缺的资源以平衡生态足迹,要么通过消耗自然资本以弥补收入供给流通的不足。这表明该地区发展模式处于相对不可持续状态,其不可持续的程度可以用生态赤字来衡量。当生态承载力大于生态足迹时,则产生生态盈余,其大小等于生态承载力减去生态足迹得到的余数。生态盈余表明该地区的生态承载力足以支持其人类负荷,该地区消费模式具有相对可持续性,可持续程度用生态盈余来衡量。目前,人类的生态足迹超过了地球生态承载力的 50%,如图 9-3 所示。

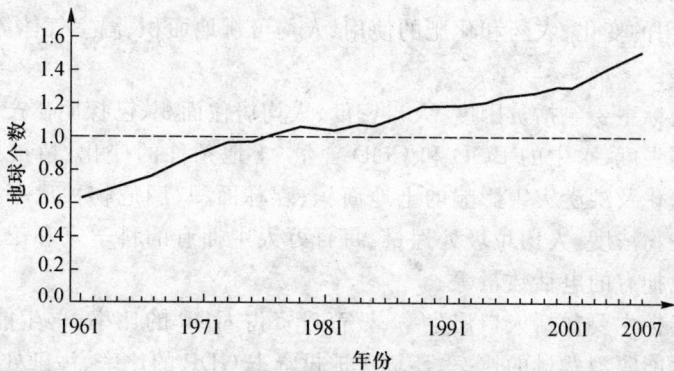

图 9-3　全球生态足迹

(资料来源:世界自然基金会,2010)

生态足迹将资源供给和消耗统一至一个全球一致的面积指标,使可持续发展的衡量真正具有空间可比性,通过相同的单位比较人类的需求和自然界的供给,测度的结果能够清楚地表明人类对生态环境的影响,使得我们能明确地判断现实与可持续发展间的距离。

(5)驱动力-状态-响应指标体系模式。驱动力(driving force)-状态(state)-响应(response)模式(简称"DSR 模式")是国际上最为流行的可持续发展指标体系。其中驱动力指标反映的是对可持续发展有影响的人类活动、进程和方式,即表明环境问题的原因;状态指标衡量由于人类行为而导致的环境质量或环境状态的变化,即描述可持续发展的状况;响应指标是对可持续发展状况变化所做出的选择和反应,即显示社会及其制度机制为减轻诸如资源破坏等所做的努力。

DSR 模式的框架基础是由加拿大政府最早提出、后由 OECD 和 UNEP 发展起来的压力(pressure)-状态(state)-响应(response)模型(PSR 模型)。PSR 模型的结构是,人类活动对环境施以"压力",影响到环境的质量和自然资源的数量("状态"),社会通过环境政策、一般经济政策和部门政策以及意识和行为的变化而对这些变化的反应("社会响应"),主要目的是回答发生了什么、为什么发生、我们如何做这 3 个问题。随后,联合国可持续发展委员会(UNCSD)对 PSR 模型加以扩展,形成了 DSR 模型。DSR 模型将评价指标划分为社会指标、经济指标、环境指标和机构指标四大类,覆盖了可持续发展的主要领域。通过应用 DSR 概念模型将每一领域的评价指标分为驱使力指标、状态指标和响应指标,具体指标的设置主要是结合《21 世纪议程》各章节内容加以选择和确定,共提出 142 个指标。

驱动力指标主要包括就业率、人口净增长率、成人识字率、可安全饮水的人口占总人口的比率、运输燃料的人均消费量、人均实际 GDP 增长率、GDP 用于投资的份额、矿藏储量的消耗、人均能源消费量、人均水消费量、排入海域的氮磷量、土地利用的变化、农药和化肥的使用、人均可耕地面积、温室气体等大气污染物排放量等。

状态指标主要包括贫困度、人口密度、人均居住面积、已探明矿产资源储量、原材料使用强度、水中的 BOD 和 COD 含量、土地条件的变化、植被指数、受荒漠化和盐碱化及洪涝灾害影响的土地面积、森林面积、濒危物种比率、二氧化硫等大气污染物浓度、人均垃圾处理量、每百万人中拥有的科学家和工程师人数、每百户居民拥有的电话数量等。

响应指标主要包括人口出生率、教育投资占 GDP 的比率、再生能源的消费量与非再生能源消费量的比率、环境保护投资占 GDP 的比率、污染处理范围、科学研究费用占 GDP 的比率等。

(二)全球《21 世纪议程》

1992 年 6 月,在巴西里约热内卢召开了联合国环境与发展大会,会议通过了全球《21 世纪议程》,是将环境、经济和社会关注事项纳入一个单一政策框架的具有划时代意义的成就,是实施可持续发展战略的人类行动计划。这份文件虽然不具有法律约束力,但它反映了环境与发展领域的全球共识和最高级别的政治承诺,提供了全球推进可持续发展的行动准则。全球《21 世纪议程》载有2500 余项各种各样的行动建议,包括如何减少浪费和消费形态、扶贫、保护大气、海洋和生物多样化以及促进可持续农业的详细提议。

1. 全球《21 世纪议程》的基本思想

全球《21 世纪议程》深刻指出,人类正处于一个历史的关键时期,世界各国间和各国内部长期存在的经济悬殊现象,贫困、饥饿、疾病和文盲有增无减,赖以维持生命的地球生态系统继续恶化。如果人类不想进入这个不可持续的境地，就必须改变现行的政策，综合处理环境与发展问题，提高所有人特别是穷人的生活水平，在全球范围内更好地保护和管理生态系统。要争取一个更为安全、更为繁荣、更为平等的未来，任何一个国家不可能仅依靠自己的力量取得成功，必须联合起来，建立促进可持续发展全球伙伴关系，只有这样才能实现可持续发展的长远目标。

全球《21世纪议程》的目的是为了促使全世界为21世纪的挑战做好准备。它强调圆满实施议程是各国政府必须首先负起的责任。为了实现议程的目标，各国的战略、计划、政策和程序至关重要，国际合作需要相互支持和各国的努力。同时，要特别注重转型经济阶段许多国家所面临的特殊情况和挑战。它还指出，议程是一个能动的方案，应该根据各国和各地区的不同情况、能力和优先次序来实施，并视需要和情况的改变不断调整。

2. 全球《21世纪议程》的主要内容

《21世纪议程》涉及人类可持续发展的所有领域，提供了21世纪如何使经济、社会与环境协调发展的行动纲领和行动蓝图。它共计40多万字，分4个部分，如图9-4所示。

(1) 经济与社会的可持续发展。包括加速发展中国家可持续发展的国际合作和有关的国内政策、消除贫困、改变消费方式、人口动态与可持续能力、保护和促进人类健康、促进人类住区的可持续发展、将环境与发展问题纳入决策进程。

(2) 资源保护与管理。包括保护大气层；统筹规划和管理陆地资源的方式；禁止砍伐森林、脆弱生态系统的管理和山区发展；促进可持续农业和农村的发展；生物多样性保护；对生物技术的环境无害化管理；保护海洋，包括封闭和半封闭沿海区，保护、合理利用和开发其生物资源；保护淡水资源的质量和供应——对水资源的开发、管理和利用；有毒化学品的环境无害化管理，包括防止在国际上非法贩运有毒废料、危险废料的环境无害化管理；对放射性废料实行安全和环境无害化管理。

(3) 加强主要群体的作用。包括采取全球性行动促进妇女的发展；青年和儿童参与可持续发展、确认和加强土著人民及其社区的作用；加强非政府组织作为可持续发展合作者的作用、支持《21世纪议程》的地方当局的倡议；加强工人及工会的作用、加强工商界的作用、加强科学和技术界的作用、加强农民的作用。

(4) 实施手段。包括财政资源和机制、环境安全和无害化技术的转让、合作和能力建设、科学促进可持续发展、促进教育、公众意识和培训、促进发展中国家能力建设的国家机制和国际合作、国际体制安排、国际法律文书和机制、决策用的信息等。

(三)《中国21世纪议程》

《中国21世纪议程》是中国实施可持续发展战略的行动纲领，是制定国民经济和社会发展中长期计划的指导性文件，同时也是中国政府认真履行1992年联合国环境与发展大会的原则立场和实际行动，表明了中国在解决环境与发展问题上的决心和信心。《中国 21 世纪议程》为中国 21 世纪的发展描绘了一幅宏伟蓝图,是我国第一个可持续发展战略框架(图 9-5)。

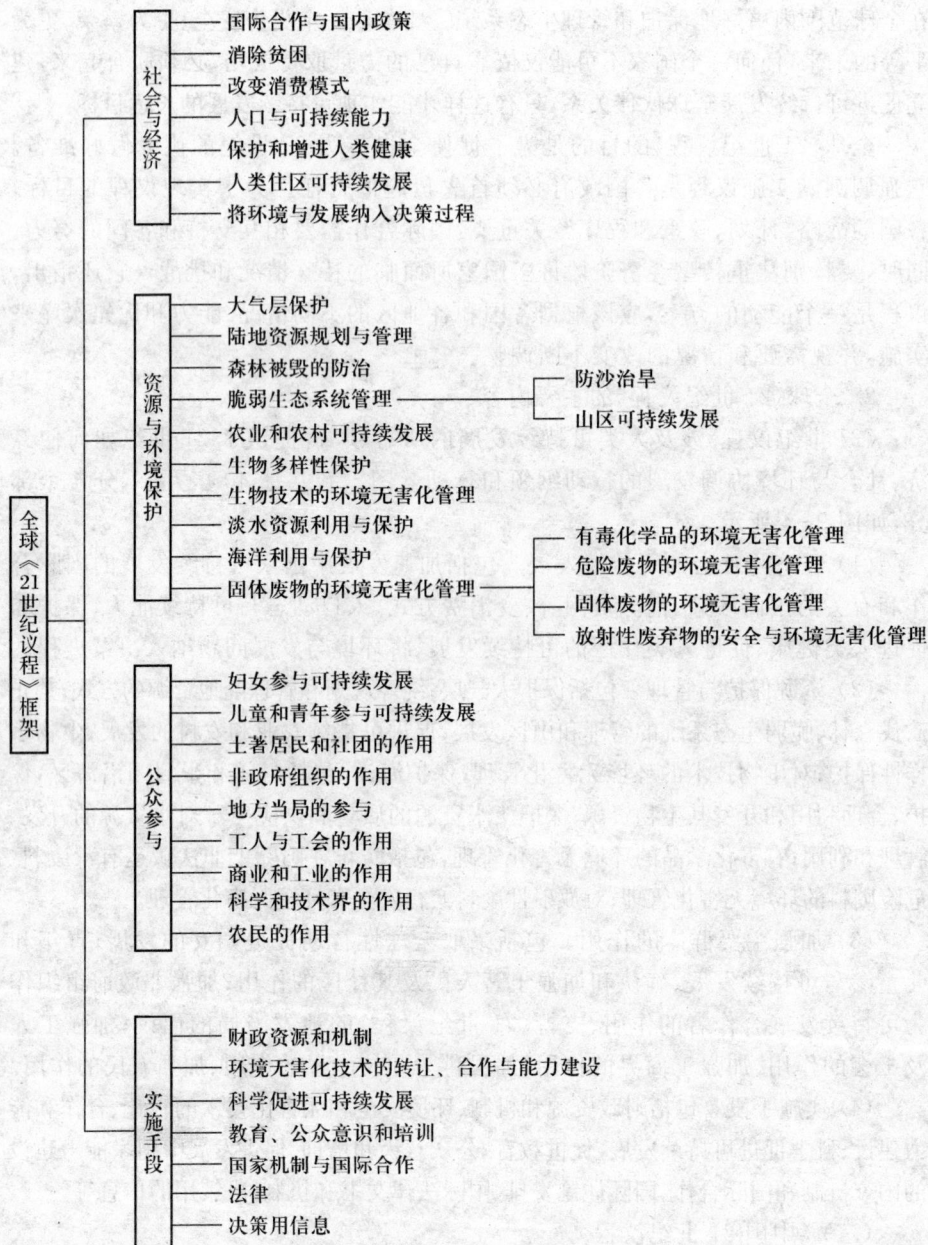

社会与经济
- 国际合作与国内政策
- 消除贫困
- 改变消费模式
- 人口与可持续能力
- 保护和增进人类健康
- 人类住区可持续发展
- 将环境与发展纳入决策过程

资源与环境保护
- 大气层保护
- 陆地资源规划与管理
- 森林被毁的防治
- 脆弱生态系统管理
  - 防沙治旱
  - 山区可持续发展
- 农业和农村可持续发展
- 生物多样性保护
- 生物技术的环境无害化管理
- 淡水资源利用与保护
- 海洋利用与保护
- 固体废物的环境无害化管理
  - 有毒化学品的环境无害化管理
  - 危险废物的环境无害化管理
  - 固体废物的环境无害化管理
  - 放射性废弃物的安全与环境无害化管理

公众参与
- 妇女参与可持续发展
- 儿童和青年参与可持续发展
- 土著居民和社团的作用
- 非政府组织的作用
- 地方当局的参与
- 工人与工会的作用
- 商业和工业的作用
- 科学和技术界的作用
- 农民的作用

实施手段
- 财政资源和机制
- 环境无害化技术的转让、合作与能力建设
- 科学促进可持续发展
- 教育、公众意识和培训
- 国家机制与国际合作
- 法律
- 决策用信息

全球《21 世纪议程》框架

图 9-4 全球《21 世纪议程》框架

(资料来源:刘培哲等,2001)

316

《中国21世纪议程》

可持续发展总体战略
战略与对策
立法与实施
费用与资金机制
教育与能力建设
公众参与

社会可持续发展
人口、消费和社会服务
消除贫困
卫生和健康
人类住区可持续发展
防灾减灾

经济可持续发展
可持续发展经济政策
农业与农村可持续发展
工业、交通和通讯业可持续发展
可持续能源生产与消费

资源与环境保护
自然资源保护与持续利用
生物多样性保护
荒漠化防治
保护大气层
固体废弃物无害化管理

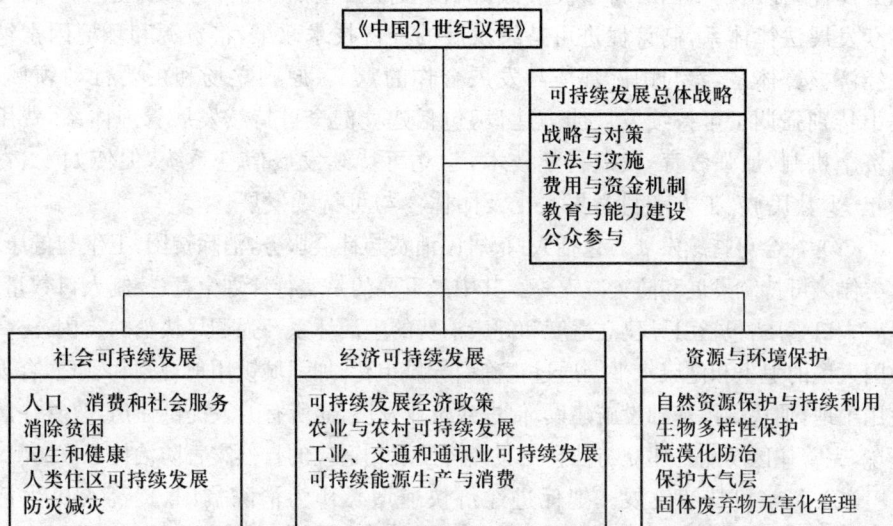

图 9-5　中国可持续发展战略框架
（资料来源：刘培哲等，2001）

1.《中国 21 世纪议程》的基本思想

制定和实施《中国 21 世纪议程》，走可持续发展之路，是我国在 21 世纪发展的需要和必然选择。我国是发展中国家，要提高社会生产力，增强综合国力和不断提高人民生活水平，就必须毫不动摇地把发展国民经济放在第一位，各项工作都要紧紧围绕经济建设这个中心来开展。我国是在人口基数大、人均资源少、经济和科技水平都比较落后的条件下实现经济快速发展的，这使本来就已经短缺的资源和脆弱的环境面临更大的压力。在这种形势下，我国政府认识到，只有遵循可持续发展的战略思想，从国家整体的高度协调和组织各部门、各地方、各社会阶层和全体人民的行动，才能顺利完成预期的经济发展目标，才能保护好自然资源和改善生态环境，实现国家长期、稳定的发展。

《中国 21 世纪议程》从我国的人口、环境与发展的总体情况出发，提出了促进我国经济、社会、资源和环境相互协调的可持续发展战略目标：① 在保持经济快速增长的同时，依靠科技进步和提高劳动者素质，不断改善发展的质量；② 促进社会的全面发展与进步，建立可持续发展的社会基础；③ 控制环境污染，改善生态环境，保护可持续利用的资源基础；④ 逐步建立国家可持续发展的政策体系、法律体系，建立促进可持续发展的综合决策机制和协调管理机制。

2.《中国 21 世纪议程》的主要内容

《中国 21 世纪议程》共 20 章，78 个方案领域，主要内容分为四大部分：

（1）可持续发展总体战略与政策。论述了实施中国可持续发展战略的背景和必要性,提出了中国可持续发展战略目标、战略重点和重大行动,建立中国可持续发展法律体系,制订促进可持续发展的经济技术政策,将资源和环境因素纳入经济核算体系,参与国际环境与发展合作的意义、原则立场和主要行动领域,其中特别强调了可持续发展能力建设,包括建立健全可持续发展管理体系,费用与资金机制,加强教育,发展科学技术,建立可持续发展信息系统,促使妇女、青少年、少数民族、工人和科学界人士及团体参与可持续发展。

(2) 社会可持续发展。包括人口、居民消费与社会服务,消除贫困,卫生与健康,人类住区可持续发展和防灾减灾等。其中最重要的是实行计划生育、控制人口数量、提高人口素质,包括引导建立适度和健康消费的生活体系。强调尽快消除贫困,提高中国人民的卫生和健康水平。通过正确引导城市化,加强城镇用地规划和管理,合理使用土地,加快城镇基础设施建设,促进建筑业发展,向所有的人提供住房,改善住区环境,完善住区功能。建立与社会主义经济发展相适应的自然灾害防治体系。

(3) 经济可持续发展。把促进经济快速增长作为消除贫困、提高人民生活水平、增强综合国力的必要条件,其中包括可持续发展的经济政策,农业与农村经济的可持续发展、工业与交通、通信业的可持续发展、可持续能源和生产消费等部分。着重强调利用市场机制和经济手段推动可持续发展,提供新的就业机会,在工业活动中积极推广清洁生产,尽快发展环保产业,提高能源效率与节能,开发利用新能源和可再生能源。

(4) 资源的合理利用与环境保护。包括水、土等自然资源保护与可持续利用,还包括生物多样性保护、防治土地荒漠化、防灾减灾、保护大气层(如控制大气污染和防治酸雨)、固体废物无害化管理等。着重强调在自然资源管理决策中推行可持续发展影响评价制度,对重点区域和流域进行综合开发整治,完善生物多样性保护法规体系,建立和扩大国家自然保护区网络,建立全国土地荒漠化的监测和信息系统,开发消耗臭氧层物质的替代产品和替代技术,大面积造林,建立有害废物处置、利用的新法规和技术标准等。

(四) 中国可持续发展战略的实施

1. 实施可持续发展战略是中国的必然选择

经济增长对环境的影响是很复杂的。

库兹涅茨曲线是 20 世纪 50 年代诺贝尔奖获得者、经济学家库兹涅茨用来分析人均收入水平与分配公平程度之间关系的一种学说,即收入分配的不平等现象与经济变化之间呈现出倒 U 形曲线关系,这有很多实践数据予以验证。20世纪 90 年代初,普林斯顿大学经济学家 Crossman 和 Krueger 等通过对 42 个国家横截面数据的分析,发现部分环境污染物(如颗粒物、二氧化硫等)排放总量与经济增长的长期关系也呈现倒 U 形曲线,就像反映经济增长与收入分配之间关系的库兹涅茨曲线那样。当一个国家经济发展水平较低的时候,环境污染的程

318

度较轻,但是随着人均收入的增加,环境污染由低趋高,环境恶化程度随经济的增长而加剧;当经济发展达到一定水平后,即达到某个临界点或称"拐点"以后,随着人均收入的进一步增加,环境污染又由高趋低,其环境污染的程度逐渐减缓,环境质量逐渐得到改善,这种现象被称为环境库兹涅茨曲线(environmental Kuznets curve,EKC)。

环境库兹涅茨曲线源于对发达国家早先环境问题的研究和实证比对,是否对当今发展中国家普遍适用尚待实践检验。西方各发达国家的经济增长与环境负荷的升降过程以及未来的趋势,如图9-6(a)所示。图中横坐标是发展状况,它比经济状况的涵义更广泛些;纵坐标是资源消耗,强调的是环境负荷的源头方面。由图可见,在经济增长的过程中,环境负荷的升降分为3个阶段:工业化阶段,环境负荷不断上升;大力补救阶段,环境负荷以较慢的速度上升,达到顶点后,逐步下降;远景阶段(尚未完全实现),环境负荷继续下降,直到很低的程度。

发展中国家的经济增长,起步较晚,至今仍在工业化的征途中。这些国家应以发达国家的历史为鉴,认真吸取其经验教训,不去重复它们的错误,从现在起就采取有力措施,争取早日进入第二和第三阶段,避免出现十分严重的环境问题,如图9-6(b)所示。

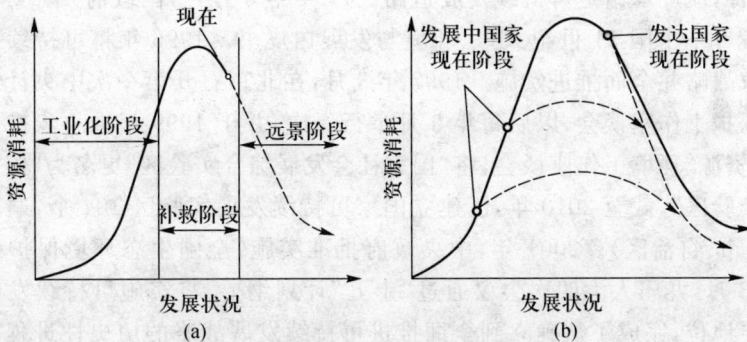

图9-6 资源消耗与发展状况的关系

(资料来源:陆钟武,2003)

目前,我国根本不具备依靠环境库兹涅茨曲线解决环境问题的生态条件。环境库兹涅茨曲线隐含了一个重要的前提条件:"生态阈值"(生态环境承载力)足够大,而人类对地球环境和生态系统的压力在很多方面已经接近其"承载阈值"。同时,发达国家传统工业化进程没有遇到严重的能源短缺问题,而发展中国家在工业化尚未完成时,已经遇到了能源匮乏、水资源枯竭、环境污染以及由经济问题引发的国际政治形势紧张等问题的严重困扰。环境库兹涅茨曲线呈现出来的是传统工业化"先污染、后治理"的教训,对我们是一个重要的警示,我们决不能接受环境库兹涅茨曲线的误导,在所谓"拐点"出现以后再考虑环保民生的问题。

如果把图 9-6 中描绘发达国家环境负荷的曲线看成是一座高山,那么发展经济就是一次翻山活动。发达国家已经基本上翻过了这座环境高山,经济大幅度发展了,但也付出过沉重的环境代价。所以,发展中国家最好不要再走发达国家从山顶上翻过去的老路,而需另走一条新路,那就是在半山腰上开凿一条隧道,从其中穿过去。这样,翻山活动变成了穿山活动,付出的代价(环境负荷)较低,而前进的水平距离(经济增长)却没变。

我国还正在工业化的进程中,为了最终完成工业化的全过程,还有很长一段路要走。这条路究竟怎样走才能实现经济和环境双赢,是现在就必须做出选择的重大问题。我们应该坚定地实施可持续发展战略,走新型工业化发展道路,穿越"环境高山",构建资源节约型、环境友好型社会。

2. 中国可持续发展战略的实施进展

中国政府参加了可持续发展理念形成和发展中具有里程碑意义的斯德哥尔摩人类环境会议、里约环境与发展大会、南非约翰内斯堡可持续发展首脑峰会等3 次大会,是最早提出并实施可持续发展战略的国家之一。1992 年 6 月,在联合国环境与发展大会上,中国政府积极签署了《环境与发展里约宣言》、《21 世纪议程》等文件,庄严承诺走可持续发展道路。1994 年 3 月,中国政府发布《中国 21世纪议程——中国 21 世纪人口、环境与发展白皮书》,1996 年将可持续发展上升为国家战略并全面推进实施。1997 年 3 月,在北京召开第一次中央计划生育与环境保护工作座谈会,以后每年 3 月举行一次,并于 1999 年进一步扩大为中央人口、资源、环境工作座谈会,将"国家社会发展综合实验区"更名为"国家可持续发展实验区",截至 2010 年,已建立国家可持续发展实验区 104 个,遍及全国30 个省(市、自治区)。2001 年,中央政府批准实施《全国生态环境保护纲要》;2001 年 3 月,九届人大四次会议通过"十五"计划纲要,将实施可持续发展战略置于重要地位,完成了从确立到全面推进可持续发展战略的历史性进程。2002年 9 月 3 日,朱镕基代表中国政府出席联合国在南非约翰内斯堡召开的"里约10 年"世界首脑大会并在演讲中指出:实现可持续发展,是世界各国共同面临的重大和紧迫的任务,阐明了中国政府促进可持续发展的 5 点主张。2002 年 10月 28 日,第九届全国人民代表大会常务委员会通过《中华人民共和国环境影响评价法》。2003 年 1 月,国务院印发了《中国 21 世纪初可持续发展行动纲要》,确定了 21 世纪初中国可持续发展的重点领域和行动计划。2003 年 10 月,中国共产党第十六届三中全会提出"科学发展观",强调坚持以人为本,树立全面、协调、可持续的发展观,促进经济社会和人的全面发展,实施 5 个统筹。2005 年 10月,中国共产党第十六届五中全会的决议进一步指出坚持以人为本,创新发展观念、转变增长模式,提高发展质量,提升自主创新能力、构建和谐社会、落实 5 个统筹,实现社会公平,切实把经济社会发展转入全面协调可持续发展的轨道。2006年10月,中国共产党第十六届六中全会通过构建和谐社会的决议。2007年3月,全国人大通过国家"十一五"规划纲要,提出建设"资源节约型、环境友好型社会",明确实现节能减排的约束性指标。2007年10月,胡锦涛在十七大报告中指出:转变发展方式,加强能源资源节约和生态环境保护,增强可持续发展能力,建设生态文明。2008年10月,中国政府颁布了《中国应对气候变化的政策与行动》白皮书,全面介绍了气候变化对中国的影响、中国减缓和适应气候变化的政策与行动以及中国对此进行的体制机制建设,成为中国应对气候变化的纲领性文件。2009年9月,胡锦涛同志在联合国气候变化峰会上宣布,中国将大力发展绿色经济,积极发展低碳经济和循环经济,研发和推广气候友好技术。2009年12月,中国政府在哥本哈根气候变化峰会上承诺,到2020年单位国内生产总值二氧化碳排放比2005年下降40%~50%。2010年4月,修改后的《可再生能源法》正式实施,同年8月,国家发展和改革委员会启动国家低碳省和低碳城市试点工作。

第二节　清　洁　生　产

一　清洁生产的概念

（一）清洁生产的定义

清洁生产(cleaner production)是一个相对抽象的概念,目前尚未形成统一的定义。清洁生产在不同的发展阶段或者不同的国家有不同的叫法,例如,欧洲国家称为"少废无废工艺"、"无废生产";日本多称"无公害工艺";美国称为"废料最少化"、"污染预防"、"减废技术"。此外,还有"绿色工艺"、"生态工艺"、"环境工艺"、"过程与环境一体化工艺"、"再循环工艺"、"源削减"、"污染削减"、"再循环"等。但其基本内涵是一致的,即对产品的生产过程、产品及服务采取污染预防的策略来减少污染物的产生。1989年,联合国环境规划署首次采用了"清洁生产"这一术语,将清洁生产定义为:清洁生产是指对工艺和产品不断运用综合性的预防战略,以减少其对人体和环境的风险。1996年,联合国环境规划署对该定义作了进一步完善,即:清洁生产是指为提高生态效率和降低人类及环境风险而对生产过程、产品和服务持续实施的一种综合性、预防性的战略措施。对于生产过程,要求节约原材料和能源,减少使用有毒物料,降低所有废弃物的数量和毒性;对于产品,要求减少从原材料开采到产品废弃后最终处置的整个生命周期的不利影响；对于服务，要求将环境因素纳入设计和所提供的服务中。

2002 年出台的《中华人民共和国清洁生产促进法》(2003 年 1 月 1 日正式实施)将清洁生产定义为：不断采取改进设计、使用清洁的能源和原料、采用先进的工艺技术与设备、改善管理、综合利用等措施，从源头削减污染，提高资源利用效率，减少或者避免生产、服务和产品使用过程中污染物的产生和排放，以减轻或者消除对人类健康和环境的危害。

（二）清洁生产的实质

清洁生产从本质上来说，就是对生产过程与产品采取整体预防的环境策略，减少或者消除它们对人类及环境的可能危害，同时充分满足人类需要，使社会经济效益最大化的一种生产模式。因此清洁生产的根本举措和要求是对传统的环境保护模式和社会生产模式体系实施双重变革。从生产的角度看，清洁生产要求在考虑资源和保护环境的基础上发展生产，即在生产全过程的各个环节中，不仅要注重生产过程自身，而且应当关注产品和服务生命周期过程中对环境的影响，从而有效地降低生产活动对生态环境的压力，促进生产的生态效益，推动产业系统的生态化转型。从环境保护的角度看，应以防治工业污染的预防性措施渗透贯穿到生产活动全过程中，而不再是那种分离或附加在生产活动之外的延长过程，不再是污染产生后再施以治理的末端控制方式。清洁生产与末端控制的差异见表 9-2。

表 9-2　清洁生产与末端治理的比较

比较项目	清洁生产系统	末端治理(不含综合利用)
思考方法	污染物消除在生产过程中	污染物产生后再处理
产生时代	20 世纪 80 年代末期	20 世纪 70—80 年代
控制过程	生产全过程控制 产品生命周期全过程控制	污染物达标排放控制
控制效果	比较稳定	产污量影响处理效果
产污量	明显减少	间接可推动减少
排污量	减少	减少
资源利用率	增加	无显著变化
资源耗用	减少	增加(治理污染消耗)
产品产量	增加	无显著变化
产品成本	降低	增加(治理污染费用)
经济效益	增加	减少(用于治理污染)
治理污染费用	减少	随排放标准严格，费用增加
污染转移	无	有可能
目标对象	全社会	企业及周围环境

（资料来源：曲向荣，2010）

二　清洁生产的内容

（一）清洁生产的主要内容

清洁生产的内容十分丰富,其核心是将资源与环境的考虑有机融入产品及其生产的全过程中。清洁生产主要包括以下 3 个方面内容:

1. 清洁的原料和能源

是指在产品生产中能被充分利用而极少产生废物和污染的原材料和能源。包括常规能源的清洁利用,如采用洁净煤技术,逐步提高液体燃料、天然气的使用比例;可再生能源的利用,如水力资源的充分开发和利用;新能源的开发,如太阳能、生物质能、风能、潮汐能、地热能的开发和利用;各种节能技术和措施等,如在能耗大的化工行业采用热电联产技术,提高能源利用率。少用或不用有毒有害及稀缺原料。

2. 清洁的生产过程

包括节约能源和原材料,淘汰有害的原材料,减少和降低所有废物的数量和毒性。一般而言,对于一个生产过程系统,实施清洁生产的基本途径包括:原材料替代、工艺改进、管理改善和废弃物循环利用 4 个方面,如图 9-7 所示。

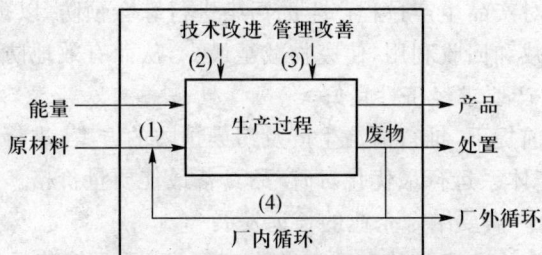

图 9-7　清洁的生产过程的内涵和实施途径

（资料来源:钱易等,2010）

3. 清洁的产品

获得产品是生产活动的首要目标。产品不仅是工业生产各种效益的载体,而且是体现工业生产与环境相互作用的基本单元。同时,产品还决定着生产过程,并通过市场连接了生产过程和消费过程。因此,清洁的产品是整个清洁生产概念不可或缺的组成部分,并逐渐发展成为清洁生产中一个重要的独立内容。目前,人们又进一步把关注的目光从有形产品延伸到了无形产品——服务上。所谓服务提供的是一种便利,一种精神上的消费,是一种无形的"产品"。当前有关产品的生命周期评价及产品的生态设计正成为清洁生产中一个全新的发展领域。

（二）清洁生产的两个全过程控制

清洁生产的两个全过程控制,即生产全过程和产品生命周期全过程控制。

1. 生产全过程控制

即从产品开发、规划、设计、建设、生产到运营管理的全过程,采取措施,提高效率,防止生态破坏和污染的发生。

2. 产品生命周期全过程控制

即从原材料加工、提炼到产品产出、产品使用直到报废处置的各个环节,采取必要的措施,实现产品整个生命周期资源和能源消耗的最小化。

三　清洁生产的特点

清洁生产的主要特点如下:

(一) 清洁生产是一项系统工程

推行清洁生产需要企业建立一个预防污染、资源保护所必需的组织机构,要明确职责并进行科学的规划,制定发展战略、政策和法规。清洁生产是包括产品设计、能源和原材料的更新与替代,开发少废、无废清洁工艺,排放污染物处置及物料循环等在内的一项复杂的系统工程。

(二) 清洁生产强调污染预防和有效性

清洁生产是对产品生产过程产生的污染进行综合预防,以预防为主,通过污染物产生源的削减和回收利用,使废物减至最少,从而有效地防止污染的产生。

(三) 清洁生产要求经济性良好

在技术可靠前提下,推行清洁生产及污染预防的方案,进行社会、经济、环境效益分析,使生产体系运行最优化,即产品具备最佳质量价格。

(四) 清洁生产需要结合企业的长远发展

清洁生产结合企业产品特点和工艺生产要求,既要使其目标符合企业生产经营发展的需要,又要考虑企业经济的承受能力,而且要保护生态环境和自然资源。因此,清洁生产是一个持续工程,即清洁生产的理念是一个永恒的课题。

四　实施清洁生产的途径

清洁生产的实施,从宏观上,首先要有国家的立法规范和政府支持以及相应的环境管理手段,如促进清洁生产的经济政策、环境管理体系、环境标志制度、产品生命周期评估等;从微观上,企业实施清洁生产的途径和方法包括产业产品结构调整、产品设计、原料选择、工艺改革、节能降耗、资源综合利用、技术创新和加强管理等诸多方面。

(一) 合理布局,调整产品结构,解决"结构型"环境污染

企业生产应在满足市场需求的前提下,更多地生产那些资源丰富、耗能少、

原材料转化率高的产品,以解决影响环境的"结构型"污染和资源浪费。同时,要通过改善产品功能和改变产品原料配方,更多地生产无污染、无公害的产品,减少产品在生产和使用过程中对环境的污染。

（二）实施绿色设计,生产清洁产品

在产品设计和原料选择时,优先选择无毒、低毒、少污染的原辅材料,减少有毒有害物料的使用,减少生产过程中的危险因素,使用可回收利用的包装材料,合理包装产品,采用可降解和易处置的原材料,合理利用产品功能,延长产品使用寿命。改进产品设计的目的在于将环境因素纳入产品开发的全过程,使其在使用过程中效率高、污染少,在使用后易回收再利用,在废弃后对环境危害小。目前,这种以"不影响产品的性能和寿命前提下尽可能体现环境目标"为核心的产品设计主要是消费方式替代设计、产品原材料环境友好型设计、延长产品生命周期设计、易于拆卸的设计和可回收性设计等。

（三）改革生产工艺,开发清洁生产工艺

生产工艺技术路线是决定污染物产生量的重要因素,改革传统工艺、开发或采用清洁生产工艺,是防止生产污染的途径。要大力开发和采用少废或无废的生产工艺和设备来替代落后的工艺和设备,提高原材料及能源使用效率,减少生产过程中的危险因素,最大限度地减少废弃物的产生量和毒性。

（四）建立生产闭合圈,从而达到废物的循环利用

从生产工艺、生产设备、生产自动化控制和生产现场管理着手,使生产过程中流失的物料返回到流程中或经适当的处理后作为原料回用,建立从原料投入到废物循环回收利用的生产闭合圈,使整个生产系统不排放污染物,实现生产过程清洁化。

（五）大力节能降耗,开展资源综合利用

要通过改革工艺、改进设备和加强生产管理,最大限度地节约能源和降低原辅材料消耗,做到物尽其用,使原材料中的所有组分通过生产过程尽可能地转化为产品,消除废物的产生。同时,要大力开展资源综合利用,如对废水的回收净化循环利用和重复利用、对废气废物的回收梯次利用、对共生资源的分解综合利用,以达到节约资源、一物多用、减少排污的目的,使"三废"资源化、减量化和无害化,有效地实现清洁生产。

（六）加强科学管理

实施清洁生产就是要转变传统的旧式生产观念,建立一套健全的环境管理体系,使人为的资源浪费和污染物排放减至最小。工业污染有相当一部分是由于生产过程管理不善造成的,只要改进操作,改善管理,不需花费很大的经济代价,便可获得明显的削减废物和减少污染的效果。国内外的实践表明,强化管理能削减40%污染物的产生。主要方法是:落实岗位和目标责任制,杜绝跑冒滴漏,防止生

产事故,使人为的资源浪费和污染排放减至最小;加强设备管理,提高设备完好率和运行率;开展物料、能量流程审核;科学安排生产进度,改进操作程序;组织安全文明生产,把绿色文明渗透到企业文化之中等。推行清洁生产的过程也是加强生产管理的过程,它在很大程度上丰富和完善了工业生产管理的内涵。

五　国内外清洁生产概况

(一) 联合国环境署

1989 年 5 月,联合国环境署工业与环境规划活动中心根据环境规划署理事会会议的决议,制定了《清洁生产计划》,在全球范围内推进清洁生产。

自 1990 年以来,联合国环境署在坎特伯雷、巴黎等地举办了 8 次国际清洁生产高级研讨会,如图 9-8 所示。其中,1998 年 10 月在韩国汉城举办的第五次国际清洁生产高级研讨会上,出台了《国际清洁生产宣言》,该宣言是对作为一种环境管理战略的清洁生产的公开承诺,包括中国在内的 13 个国家的部长及其他高级代表、9 位公司领导人共 64 位与会者,首批签署了《国际清洁生产宣言》。2002 年第七次清洁生产国际高级研讨会上,联合国环境规划署建议各国进一步加强政府的政策制定,使清洁生产成为主流,尤其是提高国家清洁生产中心在政策、技术、管理以及网络等方面的能力。此次会议上,联合国环境规划署与环境毒理学与化学学会(SETAC)共同发起了"生命周期行动",旨在全球推广生命周期的思想。会议还提出,清洁生产和可持续消费密不可分,建议改变生产模式与改变消费模式并举,进一步把可持续生产和消费模式融入商业运作和日常生活,乃至国际多边环境协议的执行中。

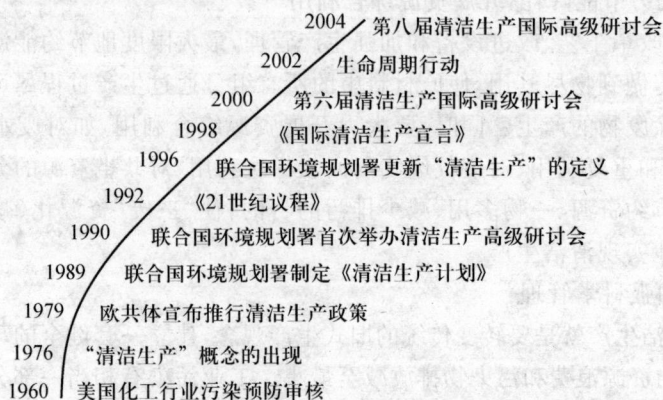

```
2004 ╱ 第八届清洁生产国际高级研讨会
    2002 ╱ 生命周期行动
  2000 ╱ 第六届清洁生产国际高级研讨会
 1998 ╱ 《国际清洁生产宣言》
1996 ╱ 联合国环境规划署更新"清洁生产"的定义
1992 ╱ 《21世纪议程》
1990 ╱ 联合国环境规划署首次举办清洁生产高级研讨会
1989 ┃ 联合国环境规划署制定《清洁生产计划》
1979 ┃ 欧共体宣布推行清洁生产政策
1976 ┃ "清洁生产"概念的出现
1960 ┃ 美国化工行业污染预防审核
```

图 9-8　国际清洁生产发展进程

(二) 美国

326

1974 年，3M 公司发起实施了与清洁生产相关的"污染预防"计划，该计划成功地显示了以污染预防来替代末端治理方式的作用和机会，即通过技术及管理的改进可同时实现两个目标：一是减少排放到环境中的污染物；二是通过污染物削减来降低生产成本。因此，3M 公司的 3P 计划为企业展示了清洁生产的良好前景，在企业环境管理的发展历程中具有里程碑的意义。

美国国会 1984 年通过了《资源保护及回收法——固体及有害废物修正案》，该法系统提出了建立废物最小化的污染预防与控制体系，推动"在各可行的部位将有害废物尽可能地削减和消除"的基本对策和实践。其中，基于预防概念的源头削减和废物循环，被认为是废物管理中鼓励的两个优先策略。1990 年 10 月，美国国会通过了《污染预防法》，将预防的对象从仅针对有毒有害废物拓展到各种废物的产生和排放活动，并用污染预防代替了废物最小化的用语。该法确立了污染预防作为美国的一项国策。

（三）欧洲

1976 年，欧洲共同体（1993 年 11 月 1 日易名为欧洲联盟）在巴黎举行了"无废工艺和无废生产的国际研讨会"，对协调生产和自然的相互关系问题提出应主要着眼于消除造成污染的根源，而不仅是消除污染引起的后果。随后，1979 年 4 月，欧洲共同体理事会宣布推行无废工艺和无废生产的政策，并于同年 11 月在日内瓦举行的"在环境领域内进行国际合作的全欧高级会议"上，通过了《关于少废无废工艺和废料利用的宣言》，指出无废工艺是使社会和自然取得和谐关系的战略方向和主要手段。此后，欧共体陆续召开过一些国家、地区性或国际性的研讨会，并分别于 1984、1985、1987 年 3 次由欧共体环境事务委员会拨款推动建立清洁生产示范工程。

20 世纪 90 年代初，欧盟环境政策由"整治型"开始向"预防型"转变。1992 年签署的《马斯特里赫特条约》提出了欧盟的"可持续发展"的目标。1997 年修订的《阿姆斯特丹条约》正式将可持续发展作为欧盟的有限目标，并把环境与发展综合决策纳入欧盟的基本立法中，为欧盟环境与发展综合决策的执行奠定了法律基础。

进入 21 世纪后，欧盟颁布出台了《关于在电子电气设备中限制使用某些有害物质指令》（RoHS 指令）、《报废电子电气设备指令》（WEEE 指令）、《欧盟用能产品生态设计框架指令》（EuP 指令）和《化学品注册、评估、授权和限制制度》（REACH 指令）等，频频以政策文件以持续促进清洁生产的推行和实施。

在国家层面，荷兰、英国、德国和丹麦等广泛开展项目示范。例如，1990 年荷兰实施了 PRISMA 计划，开展污染预防项目示范，行业涉及食品加工、金属包装、公众运输、金属构件和化学工业等。同时，这些国家以不同方式将清洁生产纳入国家政策框架中。首先，采取一种综合方式将清洁生产概念分散渗透到相关的政策法规体系中，广泛推进生产模式的生态化转型；其次，以产品生态化调整为政策导向的重点,广泛出台一系列产品导向政策,如荷兰发布了"产品与环境"政策、丹麦开展了"工业产品的环境设计"项目等。

(四)中国

我国是世界上最早响应联合国环境与发展大会可持续发展和清洁生产战略的国家之一。1993年10月在上海召开的第二次全国工业污染防治会议上,确定了清洁生产在我国工业污染控制中的地位。1994年3月,在国务院常务委员会讨论通过的《中国21世纪议程——中国21世纪人口、环境与发展白皮书》中专门设立了"开展清洁生产和生产绿色产品"这一方案领域,清洁生产被确定为中国可持续发展战略的重要组成部分。1995年,中国国家清洁生产中心成立。1996年8月,国务院颁布了《关于环境保护若干问题的决定》,明确规定所有大、中、小型新建、扩建、改建和技术改造项目,要提高技术起点,采用能耗物耗小、污染排放量少的清洁生产工艺。1997年4月,国家环保总局制定并发布了《关于推行清洁生产的若干意见》,要求地方环境保护主管部门将清洁生产纳入已有的环境管理政策中,以便更深入地促进清洁生产。1999年5月,国家经贸委发布了《关于实施清洁生产示范试点的通知》,选择北京、上海等10个试点城市和石化、冶金等5个试点行业开展清洁生产示范和试点。2002年6月,国务院常委会会议讨论通过《中华人民共和国清洁生产促进法》,并于2003年1月1日起实施,以此为起点,我国清洁生产步入规范化、法制化的道路。具体如图9-9所示。

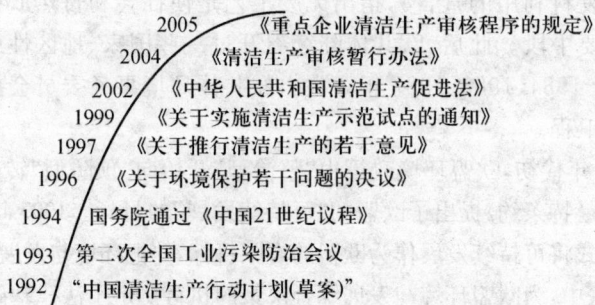

2005   《重点企业清洁生产审核程序的规定》
2004   《清洁生产审核暂行办法》
2002   《中华人民共和国清洁生产促进法》
1999   《关于实施清洁生产示范试点的通知》
1997   《关于推行清洁生产的若干意见》
1996   《关于环境保护若干问题的决议》
1994   国务院通过《中国21世纪议程》
1993   第二次全国工业污染防治会议
1992   "中国清洁生产行动计划(草案)"

图9-9 我国清洁生产发展历程

六　清洁生产的意义

(一)清洁生产是实现可持续发展的必然选择和重要保障

清洁生产强调从源头抓起,着眼于全过程控制。不仅尽可能地提高资源能源利用率和原材料转化率,减少对资源的消耗和浪费,从而保障资源的永续利用,而且通过清洁生产,把污染消除在生产过程中,可以尽可能地减少污染物的产生量和排放量,大大减少对人类的危害和对环境的污染,改善了环境质量,实现了经济效益和环境效益的统一,体现了可持续发展的要求。

（二）清洁生产可减少末端治理费用,降低生产成本

末端治理作为目前国内外控制污染最重要的手段,为保护环境起到了极为重要的作用。然而,随着工业化发展速度的加快,末端治理模式的种种弊端逐渐显露出来:首先,末端治理设施投资大、运行费用高,造成企业成本上升,经济效益下降;第二,末端治理存在污染物转移等问题,不能彻底解决环境污染;第三,末端治理未涉及资源的有效利用,不能制止自然资源的浪费。

清洁生产从根本上扬弃了末端治理的弊端,它通过生产全过程控制,减少甚至消除污染物的产生和排放。这样,不仅可以减少末端治理设施的建设投资,也减少了其日常运转费用,大大减轻了工业企业的负担。

（三）清洁生产是工业文明的重要过程和标志

清洁生产强调提高企业的管理水平,包括管理人员、工程技术人员、操作工人在内的所有员工的经济观念、环境意识、参与管理意识、技术水平、职业道德等。同时,清洁生产还可有效改善操作工人的劳动环境和操作条件,减轻生产过程对员工健康的影响,为企业树立良好的社会形象,促使公众对其产品的支持,提高企业的市场竞争力。

（四）清洁生产是防止工业污染的最佳模式

清洁生产借助于各种相关理论和技术,在产品生命周期的各个环节采取预防措施,通过将生产技术、生产过程、经营管理及产品消费等方面的物流、能流、信息流等要素有机结合起来,并优化运行方式,从而实现最小的环境影响,最少的资源、能源使用,最佳的管理模式以及最优化的经济增长水平。

七　清洁生产审核

（一）清洁生产审核的概念

清洁生产审核是推行清洁生产的重要工作和有效途径。2004 年,国家发改委、国家环境保护总局制定并审议通过了《清洁生产审核暂行办法》。《清洁生产审核暂行办法》对清洁生产审核加以定义:"清洁生产审核,也称为清洁生产审计,是指按照一定程序,对生产和服务过程进行调查和诊断,找出能耗高、物耗高、污染重的原因,提出减少有毒有害物料的使用、产生,降低能耗、物耗以及废物产生的方案,进而选定技术经济及环境可行的清洁生产方案的过程。"

清洁生产审核的对象为企业。企业实施清洁生产审核,其目的有两个方面:一是判断出企业中不符合清洁生产的地方和做法;二是提出方案解决这些问题,从而达到节能、降耗、减污、增效的清洁生产目的。因此,清洁生产审核包括两个

方面的内容:审和核。审主要表现为列出企业物耗、能耗、水耗清单及污染源、有毒有害物清单,审查其产生部位、产生原因及与国家的相关法规是否符合;核主要表现为清洁生产方案的实施效果的跟踪与验证。

(二)清洁生产审核的总体思路

清洁生产审核的总体思路可用一句话来介绍,即:判明废弃物产生的部位,分析废弃物产生的原因,提出方案以减少或消除废弃物。

废物在哪里产生(where)——污染源清单。通过现场调查和物料平衡找出废物的产生部位并确定产生量,这里的"废弃物"包括各种废物和排放物。

为什么会产生废物(why)——原因分析。通过分析产品生产过程的每一个环节,找出具体原因。

如何消除这些废物(how)——方案产生和实施。针对每一个废物产生的原因,设计相应的清洁生产方案,包括无低费方案和中高费方案,方案可以是一个、几个甚至十几个,通过实施这些清洁生产方案来消除废物产生原因,从而达到减少废物的目的。

在清洁生产审核过程中,对于废弃物在哪里产生、为什么会产生废弃物和如何消除这些废弃物均应从影响生产过程的 8 个方面进行分析。影响生产过程的 8 个方面主要包括原料能源、技术工艺、设备、过程控制、管理、员工、产品和废弃物,如图 9-10 所示。

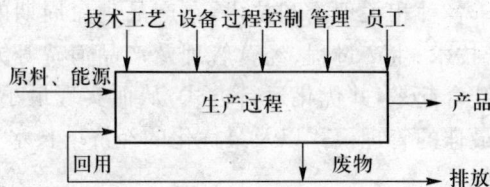

图 9-10　生产过程影响因素框图

(1)原辅材料和能源。由于原材料和辅助材料本身所具有的特性(如毒性、难降解性等)会带来污染风险,选择对环境无害的原辅材料是清洁生产所要考虑的重要方面。

(2)技术工艺。生产过程的技术工艺水平基本上决定了废弃物的产生量和状态,结合技术改造预防污染是实现清洁生产的一条重要途径。

(3)设备。设备的适用性及其维护、保养等均会影响到废弃物的产生。

(4)过程控制。过程控制对许多生产过程是极为重要的,例如化工、炼油及其他类似的生产过程,反应参数是否处于受控状态并达到优化水平(或工艺要求),对产品的得率和优品的得率具有直接的影响,因而也就影响到废弃物的产生量。

(5)产品。产品的要求决定了生产过程,产品性能、种类和结构等的变化往往要求生产过程作出相应的改变和调整,因而也会影响到废弃物的产生,另外产品的包装、体积等也会对生产过程及其废弃物的产生造成影响。

(6)员工。主要从人的素质与参与角度上讲,缺乏专业技术人员、熟练工和优良管理人员及员工缺乏积极性、责任心和进取精神都可导致废弃物的增加。

(7)管理。加强管理是企业发展永恒的主题,任何管理上的松懈都会影响到废弃物的产生。

(8)废弃物。废弃物本身所具有的特性和所处的状态直接关系到它是否可现场再用和循环使用。"废弃物"只有当他离开生产过程时才称其为废弃物,否则仍为生产过程中的有用材料和物质。

(三)清洁生产的审核程序

根据国外清洁生产审核方法,结合我国清洁生产审核的实践,国家清洁生产中心开发了我国的清洁生产审核程序,将其一般过程概括为筹划与组织、预评估、评估、方案产生与筛选、可行性分析、方案实施以及持续清洁生产等7个阶段,共35个步骤。

阶段1:筹划与组织,主要是进行宣传、发动和准备工作。

阶段2:预评估,主要选择审核重点和设置清洁生产目标。

阶段3:评估,主要是建立审核重点的物料平衡,并进行废弃物产生的原因分析。

阶段4:方案产生与筛选,主要是针对废弃物产生原因,产生相应的方案并进行筛选,编制清洁生产中期审核报告。

阶段5:可行性分析,主要是对阶段4筛选出来的中/高费清洁生产方案进行可行性分析,从而确定出可实施的清洁生产方案。

阶段6:方案实施,主要是实施可行的方案并分析、跟踪验证方案的实施效果。

阶段7:持续清洁生产,主要是制订计划、措施在企业中持续推行清洁生产,最后编制清洁生产审核报告。

上述7个阶段的具体活动和产出如图9—11所示。

(四)清洁生产审核的特点

进行企业清洁生产审核是推行清洁生产的一项重要举措,它从一个企业的角度出发,通过一套完整的程序来达到预防污染的目的。清洁生产审核具备如下特点:

1.鲜明的目的性

清洁生产审核特别强调节能、降耗、减污、增效,并与现代企业的管理要求一致,具有鲜明的目的性。

2.系统性

清洁生产审核以生产过程为主体,考虑对其产生影响的8个方面,从原材料投入到产品改进,从技术革新到加强管理等,设计了一套发现问题、解决问题、持续实施的系统而完整的方法学。

筹划和组织
1. 取得领导支持
2. 组建审核小组
3. 制定审核计划
4. 开展宣传教育

1. 领导的参与
2. 审核小组
3. 审核工作计划
4. 障碍的克服

预评估
1. 进行现状调研
2. 进行现场考察
3. 评价产污状况
4. 确定审核重点
5. 设置清洁生产目标
6. 提出和实施无/低费方案

1. 现状调查结论
2. 审核重点
3. 清洁生产目标
4. 现场考察产生的无/低费方案的实施

评估
1. 准备审核重点材料
2. 实测输入输出物流
3. 建立物料平衡
4. 分析废物产生原因
5. 提出和实施无/低费方案

1. 物料平衡
2. 废物产生原因
3. 审核重点无/低费方案的实施

方案产生和筛选
1. 产生方案
2. 分类汇总方案
3. 筛选方案
4. 研制方案
5. 继续实施无/低费方案
6. 核定并汇总无/低费方案实施效果
7. 编写清洁生产中期审核报告

1. 各类清洁生产方案的汇总
2. 推荐的供可行性分析的方案
3. 中期评估前无/低费方案实施效果的核定与汇总
4. 清洁生产中期审核报告

可行性分析
1. 进行市场调查
2. 进行技术评估
3. 进行环境评估
4. 进行经济评估
5. 推荐可实施方案

1. 方案的可行性分析结果
2. 推荐的可实施方案

方案实施
1. 组织方案实施
2. 汇总已实施的无/低费方案的成果
3. 验证已实施的中/高费方案的成果
4. 分析总结已实施方案对企业的影响

1. 推荐方案的实施
2. 已实施方案的成果分析结论

持续清洁生产
1. 建立和完善清洁生产组织
2. 建立和完善清洁生产管理制度
3. 制定持续清洁生产计划
4. 编写清洁生产审核报告

1. 清洁生产组织机构
2. 清洁生产管理制度
3. 持续清洁生产计划
4. 清洁生产审核报告

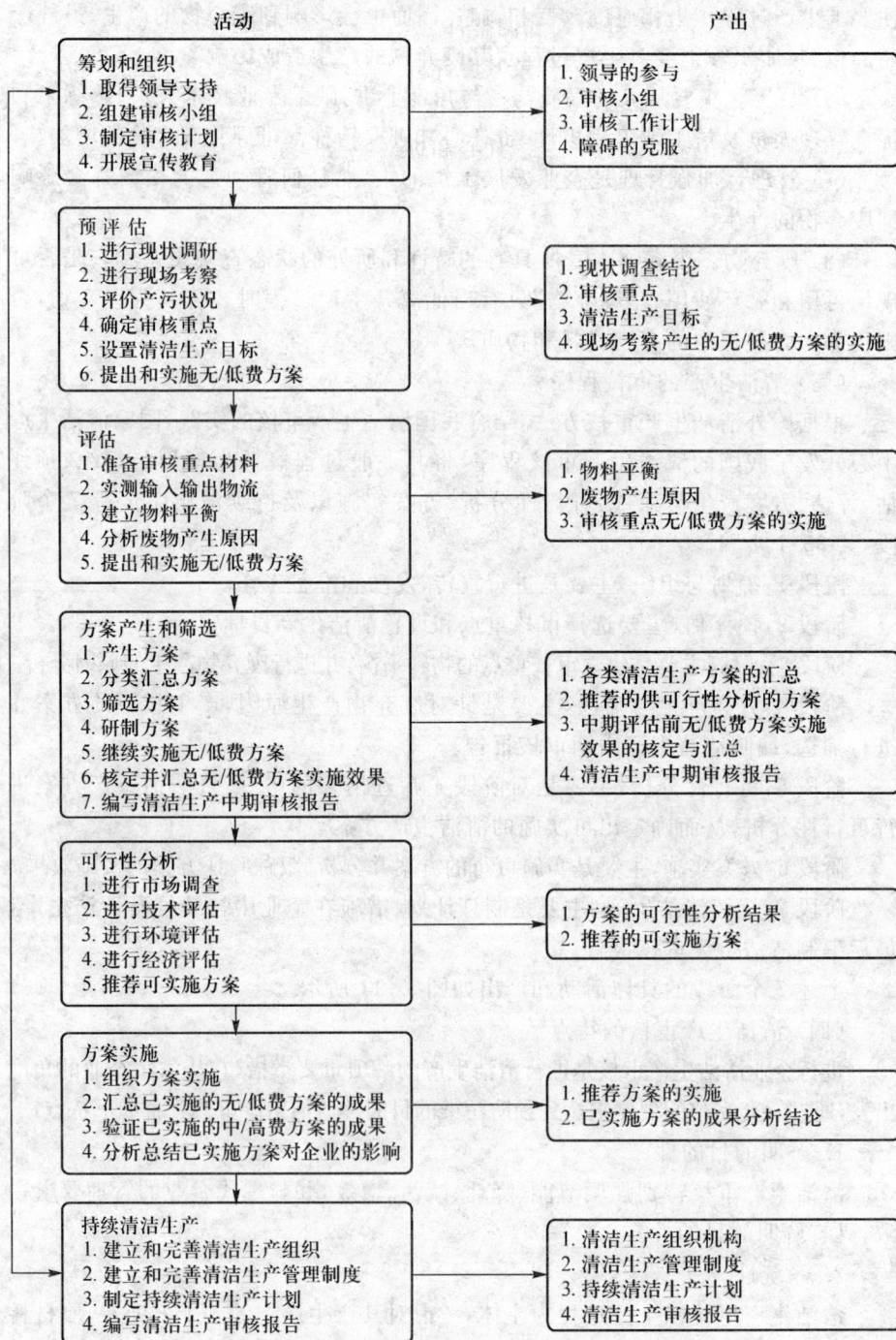

图9-11 清洁生产审核工程流程图

第三节 循 环 经 济

循环经济的概念

　　循环经济也称为资源闭环利用型经济,是以物质、能量梯次和闭路循环使用为特征的,在环境方面表现为污染低排放,甚至污染零排放。循环经济把清洁生产、资源综合利用、可再生能源开发、灵巧产品的生态设计和生态消费等融为一体,运用生态学规律来指导人类社会经济活动的模式。

　　循环经济是人类社会特定历史发展阶段的产物,是后工业化阶段经济社会的常态。概括而言,循环经济具有 3 个特征:

　　(1) 循环经济是人类社会特定历史发展阶段的产物。循环经济是作为传统"大规模生产、大规模消费、大规模废弃"经济发展模式对立物出现的,尝试建立以"资源－产品－再生资源"为特征的替代经济发展与运行模式,启动了向未来稳态经济社会的步伐。

　　(2) 循环经济是经济发展所遭遇的资源约束和生态约束环节变迁的产物。经济发展过程中,资源和环境的约束是始终存在的。然而,近代以来工业生产方式的崛起和大规模工业体系的建立使得约束的主要环节和性质发生了根本性的变化,即由产能、运能等环节的约束逐渐转变成为资源存量和储量上的约束,甚至是生态系统失衡上的终极约束。正是约束环节的变迁导致了现代意义上循环经济的诞生和兴起。

　　(3) 循环经济是以往环境与发展成就的综合体。从浓度控制到总量控制,从只关注污染物到关注废物,从单纯的环保对策到综合政策,从末端治理到清洁生产再到消费端和需求端本身,从专门化组织到全民参与。所有这些实际上都表达着一种信息,即我们必须以一种整体、系统和积分式的发展视角来对待环境和发展问题。循环经济正是提供了这种视角和载体。

　　循环经济本质上就是一种生态经济,它要求运用生态学规律来指导人类社会的经济活动。与传统经济相比,循环经济的不同之处在于:传统经济是一种"资源－产品－污染排放"单向流动的线性经济,其特征是高开采、低利用、高排放。在这种经济中,人们高强度地把地球上的物质和能源提取出来,然后又把污染和废物大量地排放到环境中,对资源的利用是粗放的和一次性的,通过把资源持续不断地变成废物来实现经济的数量型增长。与此不同,循环经济倡导的是一种与环境和谐的经济发展模式。它要求把经济活动组织成一个"资源－产品—再生资源"的反馈式流程,其特征是低开采、高利用、低排放。所有的物质和能源要能在这个不断进行的经济循环中得到合理和持久的利用,以把经济活动对自然环境的影响降低到尽可能小的程度。循环经济与传统经济的比较如表9-3所示。

表9-3 循环经济和传统经济的比较

比较项目	传统经济	循环经济
运动方式	物质单向流动的开放性线性经济(资源—产品—废物)	循环型物质能量循环的环状经济(资源—产品—再生资源—再生产品)
对资源的利用状况	粗放型经营,一次性利用;高开采、低利用	资源循环利用,科学经营管理;低开采,高利用
废物排放及对环境的影响	废物高排放;成本外部化,对环境不友好	废物零排放或低排放;对环境友好
追求目标	经济利益(产品利润最大化)	经济利益、环境利益与社会持续发展利益
经济增长方式	数量型增长	内涵型发展
环境治理方式	末端治理	预防为主,全程控制
支持理论	政治经济学、福利经济学等传统经济理论	生态系统理论、工业生态学理论等
评价指标	第一经济指标(GDP、GNP、人均消费等)	绿色核算体系(绿色 GDP 等)

(资料来源:曲向荣,2010)

二 循环经济的产生过程

循环经济是国际社会在追求社会经济与生态可持续发展过程中倡导的一种可持续生产和消费的理念,它的产生和发展具有深刻的时代背景:一方面源于对人类所面临的经济增长与资源环境之间矛盾的认识;另一方面则源于对传统工业文明和社会模式的反思。

(一)理论萌芽阶段

20 世纪中叶,欧美等发达国家经历了第二次工业革命,粗放型经济快速增长。1965 年和 1966 年美国经济学家肯尼斯·鲍尔丁先后发表《地球像一艘宇宙飞船》和《未来宇宙飞船地球经济学》两篇文章,首先从经济发展的视角阐述了地球容量和经济发展之间的关系,奠定了循环经济的思想基础。鲍尔丁的"宇宙飞船经济理论"将环境与人类的关系比喻为相对封闭的、有限的"宇宙飞船"和"飞船船员"之间共命运关系的生态经济观点。他认为地球资源与地球生产能力是有限的,必须自觉意识到在容量是有限的、未来是封闭的地球上,应建立循环生产系统。地球就像在太空中飞行的宇宙飞船,要靠不断消耗自身有限的资源而生存,如果不合理开发资源、保护环境,就会像宇宙飞船那样走向毁灭。

(二) 循环经济理论形成与共识阶段

1987 年,《我们共同的未来》提出通过管理来实现资源的高效利用、再生和循环。此后,循环经济的概念被广泛应用。1990 年 5 月,国际生态经济学会成立。2001 年,莱斯特·布朗的《生态经济》系统概述了循环经济理论框架。

(三) 循环经济的实践阶段

20 世纪 80 年代,人们开始关注废弃物的再利用,在思想和政策方面对循环经济有所体现,但是对于污染物的产生是否合理,是否应从生产和消费源头上防止污染的产生等问题,大多数国家缺少重视,也没有考虑经济运行机制本身对环境的影响。20 世纪 90 年代,可持续发展成为世界潮流,源头预防和全过程管理成为国家环境与发展政策的主流,循环经济快速崛起,而各国依靠多种手段来推进循环经济的发展。

三　循环经济的基本原则

循环经济是系统性的产业变革,是从单一追求产品利润最大化向遵循生态可持续发展能力建设的根本转变。循环经济的建立依赖于一组以“减量化、再使用、再循环”为内容的行为原则,即“3R”原则,每一个原则对循环经济的成功实施都是必不可少的,如图 9-12 所示。

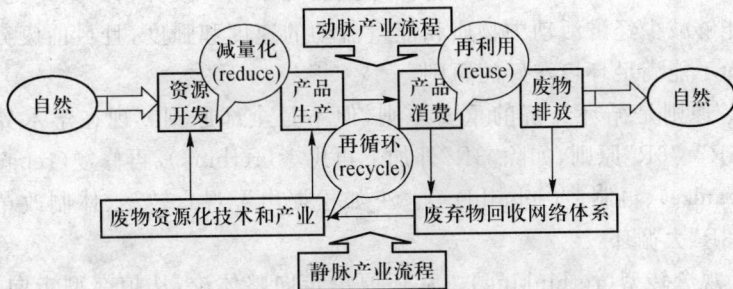

图 9-12　循环经济的“3R”理念

(资料来源:何尧军等,2009)

减量化原则是生态效率理念的核心,属于输入端方法,旨在减少进入生产—消费—再生流程中的物质量,从源头节约资源使用量。减量化原则体现在生产过程中,就是要求生产者通过优化产品设计和生产工艺等来减少单位产品的原

335

料使用量、能源消耗量以及污染物排放量;对消费活动而言,该原则要求人们推行适度消费和绿色消费方式。

再利用原则属于过程性方法,目的是在符合标准要求的前提下延长产品和服务的时间强度,尽可能多次或多种方式地使用物品,防止物品过早地成为垃圾。

再循环原则属于输出端方法,是指通过收集处理、加工制造、回收和综合利用等方式,将废弃物或者物品作为再生资源使用的活动。资源化有两种途径:① 原级资源化,是一种最理想的资源化方式,即将废弃物资源化后形成与原来相同的新产品,如废纸生产出再生纸;② 次级资源化,即将废弃物变成与原来不同类型的产品。原级资源化在形成产品中可以减少 20%～90% 的原材料使用量,而次级资源化最多可减少 25% 的原生材料使用量。

"3R"原则在循环经济中的重要性并不是并列的。综合运用"3R"原则,按照"避免产生—循环利用—最终处置"的顺序对待废弃物才是资源利用的最优方式,即"3R"原则的优先顺序是:减量化→再利用→再循环。减量化原则优于再利用原则,再利用原则优于再循环原则,本质上再利用和再循环原则都是为减量化原则服务的。减量化原则是循环经济的第一原则,是一种预防性措施,是节约资源和减少废弃物产生的最有效方法,在"3R"原则中具有优先权。再利用原则是循环经济的第二原则,依据再利用原则,生产企业在产品的设计和加工生产中应严格执行通用标准,以便于设备的维修和升级换代,从而延长其使用寿命;在消费中应鼓励消费者购买可重复利用的物品或将淘汰的旧物品返回旧货市场供他人使用。再循环原则本质上是一种末端治理方式,而不是一种预防性的措施,是循环经济的第三原则。废物的再循环虽然可以减少废弃物的最终处理量,但不一定能够减少经济活动中物质和能量流动的速度和强度,且目前废弃物再利用方式尚不能满足环境友好的原则。

"3R"原则是循环经济的重要原则,但不是全部原则。现在学术界提出了"4R"、"5R"、"6R"原则,如除"3R"外加上再思考(rethink)、再修复(repair)、再组织(reorganize)、再制造(rebuild)等。王如松提出了观念转型、体制改革和功能重组的"3R"大循环:

(1) 观念转型(rethinking)。从还原论走向整体论,从掠夺型走向共生型,促进决策者、经营者、消费者、科技工作者和社会传媒在生产、消费、流通、还原和调控方面以信息反馈为核心的理念更新和观念转型;

(2) 体制改革(reform)。从基于产值与利润的物流型部门经济小循环走向面向社会与自然的服务型区域经济大循环,引进催化、孵化机制,促进产业结构、产品结构、景观结构、管理体制和科技结构的横向、纵向、区域和社会耦合;

(3)功能重组(refunction)。从谋生型被动受控行为到学习型自主自生行为,从物态、事态走向人类生态,促进从微观、中观和宏观等不同时、空、量、构、序尺度的功能整合和规划、建设、管理领域的技术更新,促进自然、经济和社会的功能健康型循环。

四 循环经济的实施方式和类型

循环经济具体体现在经济活动的 3 个重要层面上,分别通过运用"3R"原则实现 3 个层面的物质闭环流动,依次为:① 企业层面的小循环,即推行清洁生产;② 区域层面的中循环,即发展工业生态园区、生态农业和生态园区(生态小区);③ 社会层面的大循环,即推行绿色消费和资源回收利用。

(一)微观层次——以清洁生产为导向的"杜邦模式"

循环经济在企业层面的实施就是根据生态效率的理念,在单个企业内部推行清洁生产,在企业内部各操作单元之间进行物质多层次循环利用和能量的梯级利用,最大限度地提高物质和能量的利用率,实现污染物排放的最小量化。一般来说,厂内物料循环主要有下列几种情况:① 将工艺中流失的物料回收后仍作为原料返回原来的工序之中;② 将生产过程中生成的废物经适当处理后作为原料或原料替代物返回原生产流程中;③ 将某一工序中生成的废料经适当处理后作为原辅料用于本厂的其他工序中。

20 世纪 80 年代末,美国杜邦公司创造性地把循环经济的"3R"原则发展成为与化学工业实际相结合的"3R 制造法",以达到少排放甚至零排放的环境保护目标。杜邦公司通过企业内各工艺之间的物料循环,从废塑料中回收化学物质,开发出用途广泛的乙烯产品;通过放弃使用某些对环境有害的化学物质、减少某些化学物质的使用量等方法。相对于 20 世纪 80 年代末,到 1994 年该公司生产造成的塑料废弃物减少了 25%,空气污染物排放量减少了 70%。

(二)中观层次——以生态原理设计的"工业生态园区"模式

按照工业生态学的原理,通过企业间的物质集成、能量集成和信息集成,形成企业间的工业代谢和共生关系,建立生态工业园区,企业间的生态工业园区已成为循环经济发展的重要实现形式,体现了"零排放"的思想。以生态工业园区形式出现的循环经济对传统企业管理提出了两个方面的挑战。一方面,传统企业管理的全部力量集中在销售产品上,而总是把废物管理和环境问题扔给多少有点儿次要的部门;而现在要赋予废料增值以同样的重要性,要同销售产品一样重视企业所有物质与能源的最优化交换。另一方面,传统的企业管理在企业间激烈竞争的背景下建立了竞争力的信条;而工业生态系统要求企业间不仅仅是竞争关系,而是建立起一种超越门户的管理形式,以保证相互间资源利用的最优化。

丹麦卡伦堡生态工业园区是目前世界上工业生态系统运行最为典型的代

表。这个生态工业园区的主体企业是发电厂、炼油厂、制药厂和石膏板生产厂，以这4个企业为核心，通过贸易方式利用对方生产过程中产生的废弃物和副产品，不仅减少了废物产生量和处理的费用，还产生了较好的经济效益，形成了经济发展与环境保护的良性循环。

（三）宏观层次——构建循环型社会模式

社会层面属于大循环的范畴，主要是通过废弃物的再生利用，实现消费过程中和消费后物质与能量的循环，从而在整个社会范围内形成"自然资源—产品—再生资源"的循环经济环路，从而在全社会建立物质循环。社会层面的循环模式的实施需要相应的生态法规、法律、教育、道德的建设来支撑。德国的双轨制回收系统和日本的循环型社会体系是在社会层面上实施循环经济的典型代表。

DSD是一个专门组织对包装废弃物进行回收利用的非政府组织。它接受企业的委托，组织收运者对包装废弃物进行回收和分类，然后送至相应的资源再利用厂家进行循环利用，能直接回用的包装废弃物则送返制造商，如图9-13所示。DSD系统大大促进了德国包装废弃物在整个社会层面上的回收利用。

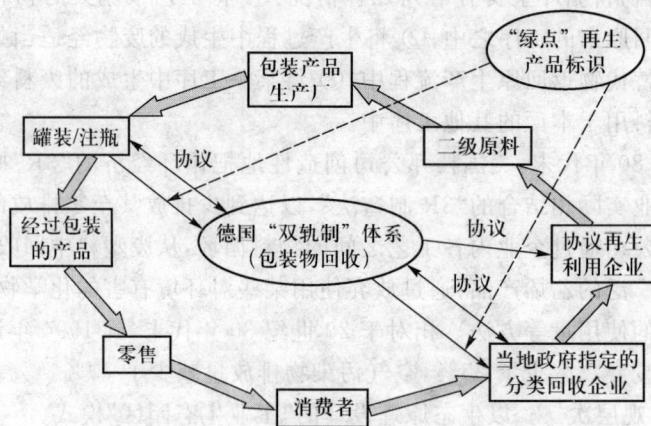

图9-13　德国包装废物回收体系

（资料来源：金涌等，2009）

五　　实施循环经济的保障体系

循环经济的实施需要由相应的技术载体和技术战略组成的技术支撑体系。

（一）技术保障体系

循环经济的实施需要相应的能源、材料、信息等技术载体。循环经济的主要技术载体包括环境无害化技术、资源综合利用技术和能源利用技术等。

1. 环境无害化技术

环境无害化技术的特征是污染排放量少,合理利用资源和能源,更多地回收废弃物和产品,并以环境可接受的方式处置残余的废弃物。环境无害化技术主要包括预防污染的少废或无废的工艺技术和产品技术,同时也包括治理污染的末端技术。主要类型有污染治理技术和废弃物利用技术。

(1) 污染治理技术。污染治理技术即传统意义上的环境工程技术,这是用来消除污染物质的技术,通过建设废弃物净化装置来实现有毒有害废弃物的净化处理。其特点是不改变生产系统或工艺程序,只是在生产过程的末端通过净化废弃物实现污染控制。废弃物净化处理的环保产业正发展成为一个新兴的产业部门,主要包括大气污染防治技术、水污染防治技术、固体废物处理技术和噪声污染防治技术等。

(2) 废弃物利用技术。废弃物利用技术是用来进行废弃物再利用的技术,通过这些技术实现产业废弃物和生活废弃物的资源化处理。目前,比较重要的废弃物利用技术有废纸加工再生技术、废玻璃加工再生技术、废塑料转化为汽油和柴油技术、有机垃圾制成复合肥料技术、废电池等有害废弃物回收利用技术等。

2. 资源综合利用技术

资源综合利用技术包括清洁生产技术、工业生态技术、生命周期评价等。

(1) 清洁生产技术。清洁生产技术在循环经济技术支撑体系中占据重要位置。清洁生产的理念,不但含有技术上的可行性,还包括经济上的可盈利性,它充分体现了发展循环经济在环境与发展问题上的双重意义。

(2) 工业生态技术。工业生态技术是从产品设计开始,按照产品生命周期的原则,依据生态设计的理念,引进和改进现有企业的生产工艺,建立最小化消耗资源、极少产生废弃物和污染物的高新技术系统。工业生态技术包括生态设计技术、高新技术、抗风险技术、园区内废弃物使用和交换技术、信息技术、管理技术等。

(3) 生命周期评价。生命周期评价是以产品为核心,分析、识别和评估原材料,生产过程、最终产品或生产系统在其整个生命周期中的环境影响。生命周期评价理论构成了循环经济的微观技术思路。它要求从物质和能源的整个流通过程,即从开采、加工、运输、使用、再生循环、最终处置6个环节对系统的资源消耗和污染排放进行分析,从而得到全过程、全系统的物流情况和环境影响,由此评估系统的生态经济效益优劣。运用生命周期理论可以避免传统线性思维从某一个单独的环节进行环境影响评估的局限。

3. 能源利用技术

能源利用技术是循环经济的技术载体的核心,包括洁净能源技术、新能源技术、高能效技术或节能技术等。

（二）法律法规保障体系

德国、日本、美国等发达国家在发展循环经济的同时,都以立法作为主要手段,通过法律法规的形式将"减量化、再利用、再循环"的要求和一些具体措施确定下来,使其具有强制性,这种措施的实际效果比较明显。通常循环经济的法律体系可分为 3 个层面:基本法层面、综合法层面和专项法层面。德国、日本和美国循环经济法律体系的比较见表 9-4。

表 9-4　世界各国循环经济发展的法规政策保障比较

国家	法律法规比较	战略比较
德国	属于经济循环法,均以循环经济基本法(如德国《循环经济与废弃物管理法》和日本《促进建立循环社会基本法》)为核心,形成了较为完善的法律体系;循环经济原则被确定为具有法律效力的生产指导性原则,对产品设计、产业结构调整具有指导作用;对可回收、回收价值大的具体产业颁布了有针对性的法律法规	注重政府引导和干预,以法治形式推进循环型社会战略,强化了财政等杠杆调控,加强了对微观经济主体的管理,引进循环经济技术,在全社会发展循环经济
日本		以"垃圾经济"为基础逐步形成较为完善的循环经济战略体系,并在国家调节的市场经济条件下运行
美国	属于污染预防法,较末端治理模式有进步,主要是将以清洁生产为基本实现形式的循环经济立法纳入污染预防的法律范畴,大部分法律属于环境法	自由竞争的市场条件下自治型循环经济发展,以经济政策引导为主,提供有利于循环经济发展的公共产品,遵循市场规律,充分发挥市场对资源的作用,促进循环经济的发展

（资料来源:黄贤金等,2009）

（三）政策保障体系

循环经济政策主要是通过推行新的生产方式来解决经济系统的资源消耗无度和环境污染严重的问题,其重点在于促进经济模式的转变。与循环经济法律相比,循环经济的政策具有灵活性和实效性强的特点。循环经济政策体系主要包括以下 3 个方面:

1. 基本政策

基本政策是循环经济发展的最根本和普遍适用的指导政策,其目的是确定循环经济在社会经济发展中的战略地位,提出循环经济发展的总体战略目标、步骤、主要制度和措施。

2. 核心政策

核心政策是直接推动循环经济重点领域的政策,即指生产和消费领域,包括 4 个重点产业体系——生态工业体系、生态农业体系、绿色服务业体系、废旧资料再生利用和无害化处置产业。

3. 基础政策

基础政策是更大程度地为循环经济重点领域实践创造良好制度环境的政策,包括经济结构调整政策、贸易政策和有利于资源环境保护的产权制度,财政、金融、税收和价格政策,以及国民经济核算制度、审计制度和干部考核制度等。

(四)回收中介机构

非营利性的社会中介机构可以在政府公共组织和企业营利性组织之外发挥独特的作用。

1. 德国的 DSD 公司

德国双元回收系统(dual system deutschland,DSD),又称双轨制回收系统、绿点系统,是一个企业发起和创建的垃圾回收系统,享受政府的免税政策。DSD 企业成员按照规定向 DSD 组织支付一定费用后,就可取得"绿点"包装回收标志的使用权。"绿点"标志表明该商品包装的生产企业参与了"商品再循环计划",并为处理自己产品的废弃包装交了费。DSD 组织则利用成员交纳的费用,负责收集包装垃圾并进行清理、分拣及回收利用。DSD 的收费标准根据回收包装物的不同类型,分别按重量、体积或面积进行计算。DSD 的主要运作方式是:标有绿点的包装物从 DSD 成员生产企业流出,经消费者排放后再由 DSD 组织认可的收运人(包括 DSD 成员收运单位和消费者)将其送至 DSD 成员回收企业进行回收利用。资金流则从生产企业流到 DSD 组织,再随包装物流向收运人和回收企业。对于政府下达的回收指标,DSD 组织每年都会进行全国范围的统计,将经核实后的数据报告提交给国家环境部门,完成了回收指标的工商企业即可按规定获得免税。

2. 日本的废品回收情报网络

在日本大阪,畅通的废品回收情报网络,专门发行旧货信息报《大阪资源循环月刊》,介绍各类旧物的有关资料。

3. 蒙特利尔的中介组织

加拿大蒙特利尔在发展循环经济中更为全面地重视发挥社会中介组织的作用。一方面,政府注意加强与准政府机构、环境网、大学联系,请他们参与政策研究、法规制定、理论探讨和工作推行;另一方面,注意发挥社区组织的作用,使政府的循环经济政策更好地得以贯彻实施。

4. 美国的社区协调中介机构

美国的社区协调中介机构是实行会员制的中介组织,代表政府与厂矿企业及社区联系。近年来,他们在政府部门的支持下,和其他公共机构一起推动"环保兰星"项目,获得极大成功。他们采取多种方式加强废弃物的回收处理、污染源的治理,使废弃物的回收和排放逐步走上规范有序的轨道。

（五）公众参与

实施循环经济不仅需要政府的提倡和企业的自律,更需要提高广大社会公众的参与意识和参与能力。发达国家非常重视运用各种手段和舆论传媒加强对循环经济的社会宣传,以提高市民实现零排放或低排放的社会意识。日本、德国两国对公众参与建设循环型社会都非常重视,从幼儿阶段即开始加强环境教育,培养公民正确认识人与自然的关系,养成爱护环境、节约资源的良好习惯;发挥各种民间环保组织的作用,广泛宣传环境保护的重要性,强化全民的环境意识;通过国家立法规范人们的环境行为,使爱护自然、循环利用资源、保护环境、维护生态平衡成为人们日常生活的基本准则。

六　国外循环经济的发展情况

德国和日本是世界上最早引入循环经济理念的国家,也是到目前为止循环经济体系发展最为完善的国家。下面分别对德国和日本的循环经济实践进行简要介绍。

（一）德国

德国的循环经济起源于垃圾处理,然后逐渐向生产和消费领域扩展与转移。因此,在德国,循环经济又被称为"垃圾经济"。

1. 德国循环经济的运行模式

德国循环经济的运行主要依托双元回收系统(dual system deutscheland,DSD),这一系统的核心主体是 DSD 公司。DSD 公司是 1991 年为配合实施《包装废弃物处理法》,在德国工业联盟和德国工商企业协会的支持下由 95 家涉及零售、日用品生产和标志公司发起的,是专门组织回收处理包装废弃物的非盈利社会中介组织。目前,已有 1.6 万家企业加入 DSD 系统,成为全国范围内的包装、回收、分类和再循环的体系。

DSD 公司享受包装法规规定的免税政策,其活动经费是对委托他们进行包装废弃物回收的包装企业及进口商发放许可的"绿点"标志并收费。任何印有绿点标记的商品,就表明其生产企业参与了"商品包装再循环计划",并为处理自己产品的废弃包装交了费。

DSD 系统的有效实施使德国包装材料的回收利用率不断提高,包装废弃物整体回收利用率从 1990 年的 13.6％增加到 2002 年的 80％。包装产品的循环再生能力也不断得到增强,玻璃的再生利用率达到 90％,纸包装为 60％,轻质包装为 50％。2003 年,德国包装材料回收达到了 600 万 t。

2. 德国循环经济的法律体系

德国是世界上最早实施循环经济的国家之一,其循环经济立法也一直居于世界前列。德国循环经济法律体系的制定目的有两个：① 阻止废弃物的产生，当其不能被阻止时，将被循环利用；② 当废弃物不能再循环利用时，将以合适的方式有组织地、强制地被填埋处理。归纳起来，德国的循环经济立法体系包括 3 个层次——法律、条例和指南，如表 9-5 所示。

表 9-5　德国循环经济相关法规体系概况

立法时间	法规名称
1972 年	《废弃物处理法》，1986 年修订为《废弃物限制处理法》
1991 年	《包装废弃物处理法》，2000 年和 2001 年修订
1992 年	《废旧车辆限制条例》
1994 年	《循环经济与废弃物处置法》，2000 年修订
1999 年	《联邦水土保持与旧废物法令》
2000 年	《社区垃圾合乎环保放置及垃圾处理法令》
2000 年	《可再生能源法》，2004 年修订

（资料来源：刘学谦等，2010）

《循环经济与废弃物处置法》是德国发展循环经济的代表性法律规范，其强调生产者的责任，要求生产者对产品的整个生命周期负责，包括原料的加工到产品的运输再到废物的处理。把资源闭路循环的循环经济思想从商品包装拓展到社会相关领域，规定了对待废弃物的优先顺序为：避免产生—循环利用—最后处置。该法的主要内容包括：

（1）明确立法目的。立法是为了发展循环经济，保护自然资源，确保废物按照有利于环境保护的方式进行处置。

（2）规定废物产生者、拥有者和处置者的原则和义务。关于废物利用，法律规定废物应当进行无害化利用，表现为物质自身的利用和从中提取能源。对于不利用、长期不在循环系统之内的废物，应当按照规范的要求，采取不影响公众健康的技术方式进行处置。

（3）产品责任。该法规定，谁开发、生产加工和经营产品，谁就要承担满足循环经济目的的产品责任。

（4）计划责任。该法规定，每年产生 2 t 以上需要特别监测的废物制造者，或者每年产生 2 000 t 以上需要监测的废物制造者，必须制定避免、利用、处置所产生废物的经济计划。

（5）监测制度。该法规定废物的利用和处置要处于主管部门的监测之下。

3. 德国循环经济的政策体系

为贯彻建立德国循环型社会的思路，促进废弃物减量化，提高资源再生率，德国政府制定了许多经济政策来鼓励企业及公众积极参与循环经济的建设。德国政府对于发展循环经济的主要政策支持从以下几个方面体现：

（1）废物收费政策。在德国，垃圾处理费的征收主要有向消费者收费和向生产商收费（又叫产品费）两类。对于消费者来说，德国的各个城市的垃圾收费标准和方式并不相同：按户征收和按排量征收。目前大部分城市采用按户征收的方式，部分城市开始试用计量收费制，按不同废物、不同量收取不同费用。产品费的征收体现了"污染者付费"原则，要求生产商对其生产的产品全生命周期负责。采取垃圾收费政策强制消费者和生产商增加对废弃物的回收和处理投入，为垃圾的治理积累了资金，推动了垃圾的减量化和资源化。

（2）生态税。为了更好地贯彻循环经济法，德国于 1998 年在波恩制定了"绿色规划"，在国内工业经济界和金融投资中将生态税引进产品税制改革中。生态税是针对使用对环境有害的材料和消耗不可再生资源而增加的一个税种。例如，从 2002 年起，德国开始对燃油和电力消费征收生态税。生态税的引入有利于政府从宏观上控制市场导向，促使生产商采用先进的工艺和技术，通过经济措施引导生产者的行为，进而达到改进消费模式和调整产业结构的目的。

（3）押金抵押返还政策。德国政府制定和颁发了《饮料容器实施强制押金制度》的法令。该法令规定，任何人在购买饮料时都必须多交 0.5 马克作为容器的押金，以保证容器使用后退还商店，以获得循环使用。这是欧洲第一个有关包装回收的法令。同样，在《包装废弃物处理法》中也规定：若液体饮料的容器是不可回收利用的，购买者必须为每个容器至少多付 0.25 欧元的押金；当容器容量超过 1.5 L 时，需要多付 0.5 欧元。只有容器按《包装废弃物处理法》的要求返还时，押金才能退回。

（4）废物处理产业化。德国政府较早认识到垃圾处理是全民的事业，由于其投资巨大，不能完全依靠政府来解决垃圾问题，必须广泛吸引私人经济参与才能迅速发展，以推动垃圾处理的市场化和产业化。其中，负责包装废弃物处置的双元回收系统有限责任公司就是典型的例子。

4. 德国发展循环经济的经验

（1）依靠公众的力量可获得更好的成效。大多数德国人都积极响应减少或回收废弃物的号召，并付诸实际。公民个人与非政府组织成为推动循环经济顺利发展并取得良好功效的中坚力量。

（2）要求相关利益者承担相应责任。

（3）利用市场机制与市场手段，达到事半功倍的效果。例如，利用"污染者付费"的原则，可以促进废弃物的源头减量。

（4）尽早调整带来副作用的条款，降低危害和长期费用。

（5）合理运用循环经济的原理，带来长期效益。效率的提高意味着企业与整个经济体系降低成本的潜力的发挥。在生产中寻求对生态有利的策略不仅激发了创造力，也创造了商业机会，并提升了产品的竞争力。

（二）日本

日本发展循环经济走的是"立法为主，补贴为辅，全面推进，最终建立循环型社会"的模式。

1. 日本循环经济的实践模式

日本建立循环型社会的实践模式主要为：环保产业化，即发展"静脉"产业；产业环境化，即发展环境友好型"动脉"产业，"动脉"与"静脉"结合连通，并趋向物质流动平衡。

日本学者形象地把开采自然资源（一次资源）、利用自然资源的生产制造产业称为"动脉产业"，而把回收、利用生产和消费活动中产生的废弃物（二次资源）生产再生资源的产业称为"静脉产业"。

日本的静脉产业内容非常广泛，主要包括容器包装的再利用产业、废旧家电再生利用产业、建筑材料的再生利用产业、食品再生利用产业、汽车再生利用产业以及与上述废弃物再利用相关联的回收、运输和再生技术产业等。静脉产业是日本建设循环型社会的重点，其主要做法是建立废弃物再生利用行业的生态工业园。只要静脉产业体系建立起来，理论上讲，动、静脉产业间或者说整个社会中的物质循环利用体系就会自然形成。截至 2005 年，日本建成了从事"静脉产业"的"生态环保城"14 个，形成了规模效应。经过不到 10 年的时间，日本循环型社会已经进入到良性发展时期，不少废弃物的循环利用率已达到或超过法定目标。

2. 日本循环经济的法律体系

日本是世界上循环经济立法最为完善的国家，其所有相关的法律精神，集中体现为"三个要素，一个目标"，即资源再利用、旧物品再利用、减少废弃物，最终实现资源循环型的社会目标。

日本以环境基本法为基础，形成了基本法→综合法→单行法的循环经济法律层次结构，并辅之以灵活具体的循环经济发展政策，建立了先进的循环经济立法体系，具体如图 9-14 所示。

（1）基本法。即《循环型社会形成推进基本法》（2000 年 6 月 2 日颁布，2001 年 1 月生效），该法明确提出了循环型社会基本规划是国家一切规划的基础；明确了产生废物企业的生产责任和回收义务，并从法律上规定了废物处理的优先顺序，即废物的发生抑制—再使用—循环再利用—回收安全处置。

（2）综合法。包括《废弃物处理法》和《资源有效利用促进法》。《废弃物处理法》是在 1970 年制定的，最后修订于 2000 年并于 2001 年 4 月生效，该法是关于废物处理和循环综合管理的办法。《资源有效利用促进法》的目的是将以往单纯作为原材料的再生利用"1R"原则转变为"3R"原则，即减少废物产生、产品零部件的再生利用、资源的再生利用，它要求人们在设计阶段就考虑减少废物的产生、旧产品能继续使用以及采用能循环利用的原材料。

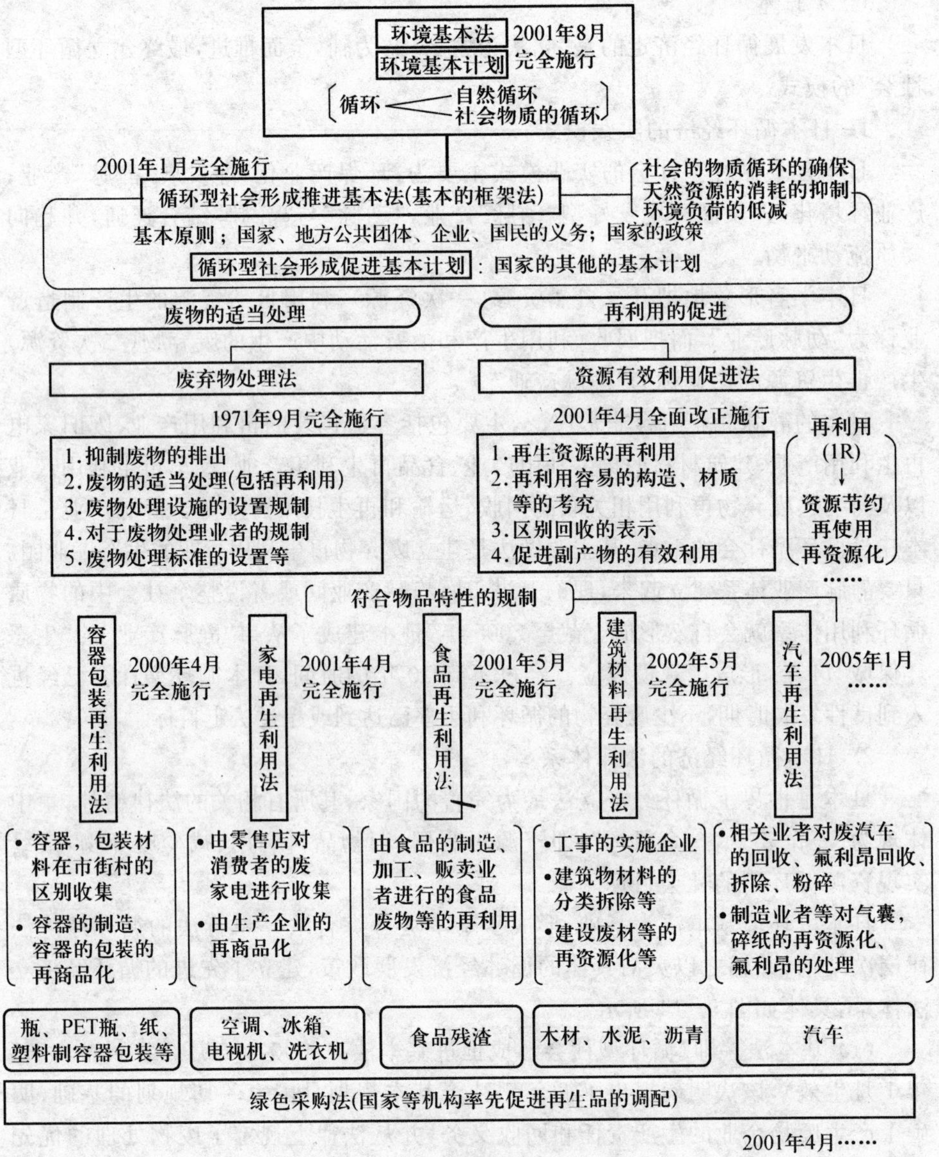

环境基本法 2001年8月
环境基本计划 完全施行

循环 — 自然循环
社会物质的循环

2001年1月完全施行

循环型社会形成推进基本法(基本的框架法)

社会的物质循环的确保
天然资源的消耗的抑制
环境负荷的低减

基本原则；国家、地方公共团体、企业、国民的义务；国家的政策

循环型社会形成促进基本计划：国家的其他的基本计划

废物的适当处理　　　　　　　　再利用的促进

废弃物处理法　　　　　　　　　资源有效利用促进法

1971年9月完全施行　　　　　　　2001年4月全面改正施行　　　再利用(1R)

1.抑制废物的排出　　　　　　　1.再生资源的再利用　　　　　↓
2.废物的适当处理(包括再利用)　2.再利用容易的构造、材质　资源节约
3.废物处理设施的设置规制　　　　等的考究　　　　　　　　再使用
4.对于废物处理业者的规制　　　3.区别回收的表示　　　　　再资源化
5.废物处理标准的设置等　　　　4.促进副产物的有效利用　　……

符合物品特性的规制

容器包装再生利用法 | 家电再生利用法 | 食品再生利用法 | 建筑材料再生利用法 | 汽车再生利用法
2000年4月完全施行 | 2001年4月完全施行 | 2001年5月完全施行 | 2002年5月完全施行 | 2005年1月……

• 容器，包装材料在市街村的区别收集
• 容器的制造、容器的包装的再商品化

• 由零售店对消费者的废家电进行收集
• 由生产企业的再商品化

由食品的制造、加工、贩卖业者进行的食品废物等的再利用

• 工事的实施企业
• 建筑物材料的分类拆除等
• 建设废材等的再资源化等

• 相关业者对废汽车的回收、氟利昂回收、拆除、粉碎
• 制造业者等对气囊，碎纸的再资源化、氟利昂的处理

瓶、PET瓶、纸、塑料制容器包装等 | 空调、冰箱、电视机、洗衣机 | 食品残渣 | 木材、水泥、沥青 | 汽车

绿色采购法(国家等机构率先促进再生品的调配)

2001年4月……

图 9-14　日本循环经济的法律体系

(资料来源:杨雪锋等,2009)

　　(3) 单行法。即根据各种产品的性质制定的法律法规,主要包括《容器包装再生利用法》、《家电再生利用法》、《建筑材料再生利用法》、《食品再生利用法》、《汽车再生利用法》、《绿色采购法》等。

　　3. 日本循环经济的政策体系

（1）政府奖励政策。日本设立资源回收奖，如日本大阪市对社区、学校等集体回收报纸、硬板纸、旧布等发给奖金；全市设了牛奶盒回收点，回收到一定程度后可凭回收卡免费购买图书；市民回收100只铝罐或600个牛奶盒可付给100日元。这种奖项旨在鼓励市民回收有用物质的积极性。该奖项实施后在日本许多城市收到良好的效果。

（2）税收优惠政策。该政策主要包括以下内容：① 对发展循环经济有成效的企业，日本政府给予税收方面的优惠政策予以鼓励（如企业设置资源回收系统，由非盈利性的金融机构提供中长期优惠利率贷款；凡修建废弃物处理设施，皆从国库中提供部分财政补贴）；② 对废塑料制品类再生处理设备，在使用年度内除了普通退税外，还按取得价格的14％进行特别退税；③ 对废纸脱墨处理装置、处理玻璃碎片用的夹杂物去除装置、铝再生制造设备、空瓶洗净处理装置等，除实行特别退税外，还可获得3年的固定资产税退还；④ 对公害防治设施，可减免固定资产税，根据设施的差异，减免税率分别为原税金的40％～70％；⑤ 对各类环保设施，加大设备折旧率，在其原有折旧率的基础上再增加14％～20％的特别折旧率。

（3）大力发展绿色消费市场，扶持社会静脉产业。在绿色消费中，贴有政府认可的环境标志的商品可出售，表明该产品从生产到使用和回收的全过程符合保护环境的要求。日本政府将静脉产业作为日本建设循环型社会的主力军，通过减免税收，增加投资等方式来大力扶持，旨在形成整个社会范围内自然资源产品、再生资源循环的经济环路。

（4）价格优惠政策。价格优惠是发达国家鼓励发展循环经济的又一重要政策。例如，规定废旧物资要实行商品化收费，即废弃者应该支付与废旧家电收集、再商品化等有关的费用。目前，日本规定的4种废旧家电的再商品化费用，每台电冰箱平均4 600日元，每台室内空调机3 500日元，每台洗衣机2 400日元，每台电视机2 700日元。

（5）预算政策。日本政府对循环经济的预算支持政策主要是从技术研发、工艺设备改进等层面制定。具体预算政策措施如下：① 创造型的技术研究开发补助金制度，即对中小企业从事的有关环境技术开发项目给予补贴，补助费占其研发费用的1/2左右；② 对废弃物再资源化工艺设备生产者给予相当于生产、实验费的1/2的补助；③ 对引进先导型合理利用能源设备予以补贴，其补贴率为1/3，补贴金额最高上限为2亿日元；④ 推进循环型社会结构技术实用化补助优惠政策，对民间生产企业采用的高效实用技术（"3R"技术）给予2/3的补贴，补贴金额上限为1亿日元。

（6）融资对策。该对策主要包括两方面：① 从事"3R"研究开发、设备投资、工艺改进等活动的各民间企业，根据不同情况分别享受一定的政策贷款利率（日本政策开发银行的政策利率分为3级，利率分别为1.85％、1.80％、1.75％，融资比例（贷款占投资经费比重）为40％，中小企业金融公库利率为1.45 ％）；

② 企业设置资源回收系统,由非盈利性的金融机构提供中长期优惠利率贷款。

4. 日本发展循环经济的经验

日本通过建设循环型经济社会的实践,总结了发展循环经济的三方面经验:

(1) 提升公众意识对于建立一个循环型社会非常重要,信息交流和教育在其中占有重要位置。

(2) 在政府推动的前提下,应尽可能利用市场的力量。如法律规定了各部门必须在废弃物处理和回收过程中进行适当的费用分配,而"延伸生产者责任"制度的引入,更将公共部门的废弃物管理变为了私营企业的经济行为。

(3) 需要实施污染预防性措施。

七　我国循环经济的发展情况

(一) 我国循环经济的产生与发展

我国循环经济起步于 20 世纪末,至 2002 年为理念倡导阶段;2003—2005 年我国循环经济的发展步入国家决策阶段。2003 年,《中华人民共和国清洁生产促进法》正式实施,对提高资源利用效率、减少和避免污染物的产生、促进经济和社会可持续发展起到了重要的作用;2005 年,国家出台了《关于加快发展循环经济的若干意见》政策,鼓励和指导地区发展循环经济。2006—2010 年我国循环经济的发展全面进入示范试点阶段。国家相关部门开展了循环经济试点工作,并取得了一定的成效;2009 年开始实施的《中华人民共和国循环经济促进法》,为促进循环经济发展奠定了法律基础,我国循环经济进入了一个全新的发展时期。

(二) 我国循环经济的建设模式

我国循环经济建设集中在城市、工业园区和企业 3 个层面。各个层面建设模式有所差异。

1. 城市层面

近年来,我国在各行业间建立输入-输出端资源综合信息平台,促进不同行业间构建循环型社会。辽宁、浙江、广东、北京、天津、贵阳等近 30 个省市正积极开始在不同的区域尺度上探索循环经济的发展模式。

城市循环经济发展综合模式是在城市生态循环系统和城市基础设施系统支撑下的循环型经济系统和社会系统的有机组合和共生,主要包括城市生产循环系统、城市物流循环系统、城市消费循环系统、城市生态资源系统、城市社会系统以及城市基础设施系统的发展模式等内容。

2. 工业园区层面

建立工业园区层面的循环经济是循环经济在中观层次上的实现方式。当前国内重点循环经济工业园区主要以生态学理念为指导,引导企业间积极构建以物质流和能量流为主的资源综合循环利用的生态型工业园区。截止到 2010 年，我国已初步构建了 30 多个国家级循环经济示范园区，如天津经济技术开发区、河北省曹妃甸循环经济示范区、苏州工业园、青海省柴达木循环经济试验区和海南省昌江循环经济工业区等。

我国工业园区层面的循环经济建设模式，主要包括物质集成、能量和水系统集成和信息集成三大类。物质集成是指通过产品体系规划、元素集成以及数学优化方法构建原料、产品、副产品及废物的工业生态链，实现物质的最优循环利用，这是我国园区循环经济建设最多的模式之一，河北省曹妃甸循环经济示范区、扬州经济开发区等是园区循环经济物质集成建设较好的代表。能量和水系统集成是指实现工业园区系统内能量、水的有效利用，不仅包括园区内各企业间能量的交换，而且包括工业水资源分类深度处理，以实现能量和水循环利用等。当前能量和水系统集成在我国很多园区内的应用获得了显著的成效，张家港扬子江冶金工业园、武汉市青山区、天津经济技术开发区等是我国能量和水系统集成模式应用较好的循环经济园区代表。信息集成指通过数模数据库信息流交换，多方位、长短期结合的综合利用，实现园区内企业间信息互通、园区间物料/能量合作的循环经济建设模式。由于园区内企业间、园区间信息互通存在一定的难度，因此信息集成模式在我国取得显著成效的园区较少，天津经济技术开发区是我国循环经济信息集成模式的代表。从应用模式角度来看，我国园区层面的循环经济建设主要呈现出以园区和政府主导为主，企业自主参与为辅的特点。

3. 企业层面

企业是发展循环经济的主体，构建企业层面"小循环"体系建设，是发展循环经济的基础。在国家政策的持续推进下，攀钢、包钢、济钢、太钢等重点大中型钢铁厂，北京水泥厂、内蒙古乌兰水泥厂、吉林亚泰集团、江西华春等重点建材企业，山西焦化集团、山东鲁北企业集团、四川宜宾天原等化工企业，以及有色、煤炭、电力、石化、机械等高能耗、高污染行业的一些工业企业均开展了大量按照"减量化、再利用、资源化"原则的举措，打造企业内部循环经济链条，实施以清洁生产为核心的资源循环利用模式。

当前我国企业层面实施循环经济的模式主要集中在企业内部资源循环利用、企业间物质循环利用和企业消纳社会废弃物 3 个领域。企业内部资源循环利用主要指下游工序的废物返回上游工序作为原料重新利用，这是我国有色、机械等工业企业的主要循环经济建设模式。企业间物质循环利用是指某一工程制造过程的废物、余热等，送往临近的其他工程的制造过程中加以利用，当前我国钢铁行业和电力行业的钢渣水泥制造工艺、热电联产等是企业间循环经济建设模式的主要代表。企业消纳社会废弃物主要指某一企业作为社会的废弃物的消纳段，对社会多种行业的废弃物进行循环再利用。例如，建材行业的原料包括钢渣、皮革厂和玻璃厂的废弃物等,是我国企业消纳社会废弃物的重要代表行业之一。

从资源利用角度看,我国企业层面的循环经济建设模式正朝着以余热余能回收再利用为主、水资源回收利用为辅,同时废固的循环再利用逐步推展的模式方向发展。从技术角度来看,我国企业层应用较多的循环经济技术主要包括:资源节约和替代技术、能量梯级利用技术和废弃物综合回用处理技术等。近年来,在"零排放"技术、有毒有害原材料替代技术、绿色制造技术、延长产业链和相关产业链接技术等方面也有了一定的突破。从企业应用方式的角度来看,我国企业层面的循环经济方式主要以自发行为和企业间合作为主,多数企业开展循环经济建设的目的是以降低企业生产成本和提升产品附加值。

第四节　生态工业

一　生态工业概述

(一)生态工业的起源

生态工业的萌芽出现在 20 世纪 60—70 年代,当时只是作为一个概念提出,并没有更为深入的研究。20 世纪 90 年代初,生态工业一词首先在美国工程科学院关系密切的一些工程技术中重新被提出,特别是 1989 年 Robert Frosch 和 Nicolas Gallopulos 在 *Scientific American* 杂志上发表了题为"可持续工业发展战略"的文章,作者首次提出了"生态工业"和"工业生态学"的概念,认为传统的工业活动模式——单个的制造过程,即获取原材料、生产产品、排出废弃物的模式,应该转化为一种更综合的模式,即工业生态系统。在这种系统中,物质和能源的消耗是优化的,产生的废弃物是最少的,一个过程的排放物将作为另一个过程的原材料。1990 年,美国国家科学院与贝尔实验室共同组织了首次"工业生态学"论坛,对工业生态学的概念、内容和方法及应用前景进行了全面系统的总结,基本形成了工业生态学的概念框架。1997 年,美国麻省理工学院和耶鲁大学联合创办了杂志 *Journal of Industrial Ecology*,探讨其理论和实践。

(二)生态工业的概念与内涵

生态工业是按照生态经济原理,以生态学理论为指导,基于生态系统承载能力,在社会生产消费活动中,应用生态工程的方法,模拟自然生态系统,具有完整的生命周期、高效的代谢过程及和谐的生态功能的网络型、进化型、复合型产业。生态工业突出了整体预防、生态效率、全生命周期、资源能源多层分级利用、可持续发展等重要概念,它要求综合运用生态规律、经济规律和一切有利于工业生态经济协调发展的现代科学技术。

从宏观上,应使工业经济系统和生态系统耦合,协调工业的生态、经济和技术关系,促进工业生态经济系统的人流、物质流、能量流、信息流和价值流的合理运转和系统的稳定、有序、协调发展,建立宏观的工业生态系统的动态平衡。

在微观上,应做到工业生态资源的多层次物质循环和综合利用,提高工业生态经济子系统的能量转换和物质循环效率,建立微观的工业生态经济平衡,从而实现工业的经济效益、社会效益和生态效益的同步提高。

（三）生态工业与传统工业的比较

生态工业区别于传统工业的一个重要方面是物质的生命周期全循环,即工业系统内要综合考虑产品从"摇篮"、"坟墓"到"再生"的全过程,并通过这样的过程实现物质从源到汇的纵向闭合,实现资源的永续循环利用。理想的工业生态系统见图 9-15。而传统工业一般将废弃的产品（或材料）看成是无用的、等待处置的东西,因此来源于自然环境的原材料经过一次生产过程后,就变成了废弃物排放到环境中,这样的线性过程打破了自然界的物质平衡,造成了生态耗竭和生态滞留。表 9-6 列出了生态工业和传统工业的比较。

表 9-6　生态工业与传统工业的比较

比较项目	传统工业	生态工业
目标	单一利用,产品导向	综合效益,功能导向
结构	链式,刚性	网状,自适应型
规模化趋势	产业单一化,大型化	产业多样化,网络化
系统耦合关系	纵向,部门经济	横向,复合型生态经济
功能	产品生产,对产品销售市场负责	产品＋社会服务＋生态服务＋能力建设,对产品生命周期的全过程负责
经济效益	局部效益高,整体效益低	综合效益好,整体效益好
废弃物	向环境排放,负效益	系统内资源化,正效益
调节机制	外部控制,正反馈为主	内部调节,正负反馈平衡
环境保护	末端控制,高投入,无回报	过程控制,低投入,正回报
社会效益	减少就业机会	增加就业机会
行为生态	被动,分工专门化,行为机械化	主动,一专多能,行为人性化
自然生态	厂内生产与厂外环境分离	与厂外相关环境构成复合生态体
稳定性	对外部依赖性高	抗外部干扰能力强
进化策略	更新换代难、代价大	协同进化快、代价小
可持续能力	低	高
决策管理机制	人治,自我调节能力弱	生态控制,自我调节能力强
研发能力	低,封闭性	高,开放性
工业景观	灰色、破碎、反差大	绿化、和谐、生机勃勃

（资料来源:王如松等,2006）

351

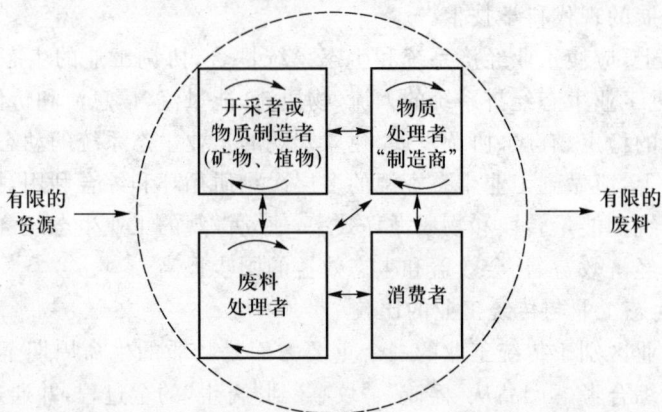

图 9-15　理想的工业生态系统

生态工业的理论基础

　　生态工业的核心是运用工业生态学的方法,通过横向联合、纵向闭合、区域耦合、社会整合、功能导向、结构柔化、能力组合、增加就业和人性化生产等手段传统工业的生态转型。生态工业涉及一个复杂的大系统,需要生态学、生态经济学、系统工程学、信息科学、环境科学等作为理论指导。

　　(一)生态学

　　生态学是研究生物与环境之间相互关系的科学,生态学的基本规则可以概括为"整体、协调、循环、再生"8个字。对于生态工业这种生产与消费交织的复杂系统,生态学的基本规律同样适用,这些规律包括相互依存与相互制约规律、物质循环与再生规律、物质输入-输出平衡规律、相互适应与补偿的系统进化规律、环境资源有效极限规律等。

　　(二)生态经济学

　　生态经济学是将生态学和经济学密切结合,从整体上研究经济系统和生态系统之间相互关系及其发展规律的学科。生态经济学的理论核心是促进生态和经济协调发展,对生态工业的形成和发展具有重要的作用。

　　(三)系统工程学

　　系统工程是以系统为研究对象,把所要研究和管理的事物当成系统,从系统的观点、整体的观点出发,对系统进行最优规划、最优管理、最优控制,以达到最优系统目标的一门综合性组织管理技术。系统工程学的目标可以归结为系统方法上的整体化、资源利用综合化和管理的科学化。生态工业研究的核心问题之一是如何运用系统工程的理论和方法实现系统的集成。

（四）信息科学

信息科学是研究信息及其运动规律的科学。扩展人类的信息功能，提高人类对信息的接受和处理能力，实质上就是扩展和增强人类认识世界和改造世界的能力，这是信息科学的出发点和最终归宿。

信息科学在生态工业的建设中起着至关重要的作用。

首先，信息是企业生存和发展的要素。企业在进行生态改造时，必须了解周边的自然条件和资源优势，掌握市场运作规律和供求关系，及时获取环境和市场信息，依据环境和市场的变化采取相应的对策，争取生存和发展壮大的机会。

其次，物质、能量和信息是构成现代社会资源的三大主体。技术信息对传统产业的升级、生态化改造具有重要的促进作用。

最后，信息可以成为技术和产品的载体，是减少物质消耗的重要手段。信息系统的建设将促进生态工业向低物质化的方向发展，是功能经济的具体体现。

（五）环境科学

环境科学是研究人类社会发展活动与环境演化规律之间相互作用关系，寻求人类社会与环境协同演化、持续发展途径与方法的科学。运用环境科学的原理，可以指导生态工业的建设。从工业园的整体出发，更多考虑环境因素，促进产业与环境的协调发展，保持工业园区生产和消费系统中的物质、能量与环境的输入、输出之间的相对平衡，实现资源的永续利用。因此，环境科学对生态工业的建设至关重要。

三　生态工业园区

（一）生态工业园区的定义

生态工业园区是生态工业的具体载体，是生态工业发展的最佳组合模式，在世界范围内受到了广泛关注。由于工业生态学自身尚不完善，生态工业园的定义也不统一，主要的几种定义如下：

定义一：1995 年 Cote 和 Hall 提出，生态工业园是保持自然与经济资源，减少生产、材料、能源、保险与治理费用和负债，提高操作效率、质量、工人健康和公众形象，提供来自废料利用及其规模的收益机会的工业系统。

定义二：Lowe、Moran 和 Holmes 提出，生态工业园是通过管理环境和资源利用的合作，寻求增强的环境和经济效益；通过协作，工业园区寻求一种集体的利益，这种利益大于所有单个公司利益的总和。这样的加工与服务商务社区（群体）即生态工业园。

定义三：1996 年 8 月由美国总统可持续发展委员会（PCSD）召集的专家组

提出,生态工业园是商务（企业）群体,其中的商业企业相互合作,而且与当地的社区合作,以实现有效地共享资源（信息、材料、水、能源、基础设施和天然生境）,产生经济和环境质量效益,为商业企业和当地社区带来可平衡的人类资源。

定义四:PCSD专家组还提出,生态工业园可定义为一种工业系统,它有计划地进行材料和能源交换,寻求能源与原材料使用的最少化与废物最少化,建立可持续的经济、生态和社会关系。

定义五:我国《综合类生态工业园区标准》（HJ274—2009）提出,生态工业园,是按照清洁生产要求,依据循环经济理念和工业生态学原理设计的可持续产业园区。园区把关联的企业组织起来,通过模拟自然生态系统,借助生态工业技术、环境工程学和系统工程学等方法,建立产业化中"生产者—消费者—还原者"的循环途径,形成生态产业链网,实现物质闭路循环流动、能量的梯次利用、资源共享以及原料利用最大化和废物排放量最小化,进而实现区域的经济、环境和社会的可持续发展。

（二）生态工业园区的特征

生态工业园区最本质的特征在于企业间的相互作用以及企业与自然环境间的作用,最终实现园区内资源利用最大化和环境污染的最小化。同传统的工业园区相比,生态工业园区具有以下特征:

（1）具有明确的主体,但不仅仅只是围绕某一主体而设计、运行,在设计工业园区的同时也考虑了社区。

（2）通过毒物替代、二氧化碳吸收、材料交换和废物统一处理来减少环境影响或生态破坏,但生态工业园区不单纯是环境技术公司或绿色产品公司的集合。

（3）通过共生和层叠实现能量效率最大化。

（4）通过回收、再生和循环对材料进行可持续利用。

（5）在生态工业园区定位的社会以供求关系形成网络,而不是单一的副产物或废物交换模式或交换网络。

（6）具有环境基础设施,企业、园区和整个社区的环境状况得到持续改善。

（7）拥有规范体系,允许一定灵活性而且鼓励成员适应整体运行目标。

（8）应用减废减污的经济型设备。

（9）应用便于能量与物质在密封管线内流动的信息管理系统。

（10）准确定位生态工业园区及其成员的市场,同时吸引那些能填补适当位置和开展其他业务环节的企业。

总之,作为生态系统,生态工业园区企业间存在着一定的物质、能量和废物流,为有效促进它们间的关系,更加需要制度、法律、技术等系统来给予保障和支撑,其主要特点可用图9-16来直观表达。

生态产业园区

需要

产业活动　　　相互的沟通关系　　　生态恢复

促进　　　　新项目　　　　克服

有效的物质流
有效的能量流
有效的废物流

清洁生产
废物最小化
为环境而设计
生命周期评价
总体质量环境管理

障碍：
制度的
法律的
技术的
物流的

需要

返回自然系统

信息、教育
共享与合作
可循环市场
有效的集聚
竞争者参与
可用的仓储
规章与制度

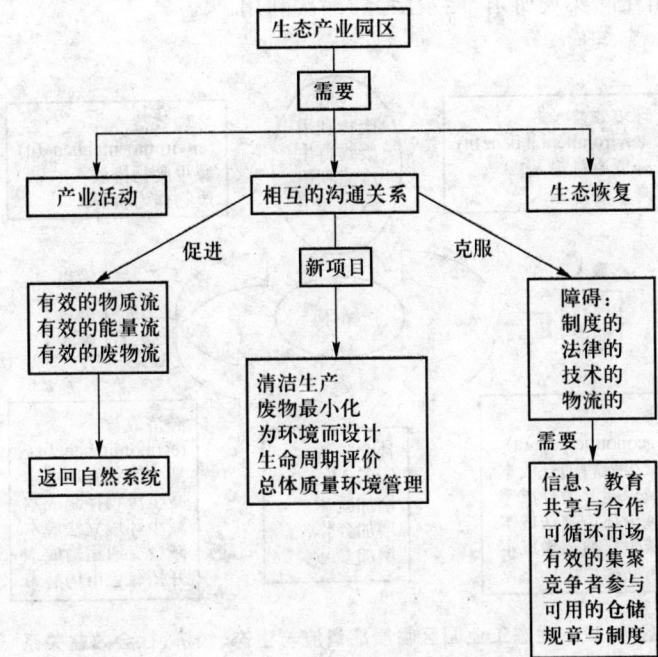

图 9-16　生态工业园区的主要特征

（资料来源：方一平等，2008）

通过对园区内部、内部与外部的物质和能量流及园区规章制度、经济和管理方面的理解，展现在我们面前的是一个增强公司的竞争力，减少废物和污染，提供工作岗位和改善工作条件，生态环境、经济和社会"三赢（win-win-win）"的可持续社区，如图 9-17 所示。

（三）生态工业园区的系统集成

集成是指为实现特定的目标，创造性地对集成单元（要素）进行优化并按照一定的模式关系构造成为一个有机整体系统（集成体），从而更大程度地提升集成体的整体性能，适应环境的变化，更加有效地实现特定的功能目标的过程。系统集成主要是在区域和企业层次上进行。其通常包括物质集成、能量集成、水集成和信息集成 4 个部分。

1. 物质循环链

物质循环链是指生态产业链中各成员之间进行物质传递、供应、废弃物或副产品而建立的生态产业链。

2. 能量梯次利用链

有效的能量利用是削减费用和环境负担的主要战略。在生态工业园区中的生态产业链网内，不仅单个企业在寻求各自的电能、蒸汽或热水等使用的更大效率,而且在相互间实现所谓"能量层叠"梯次利用。

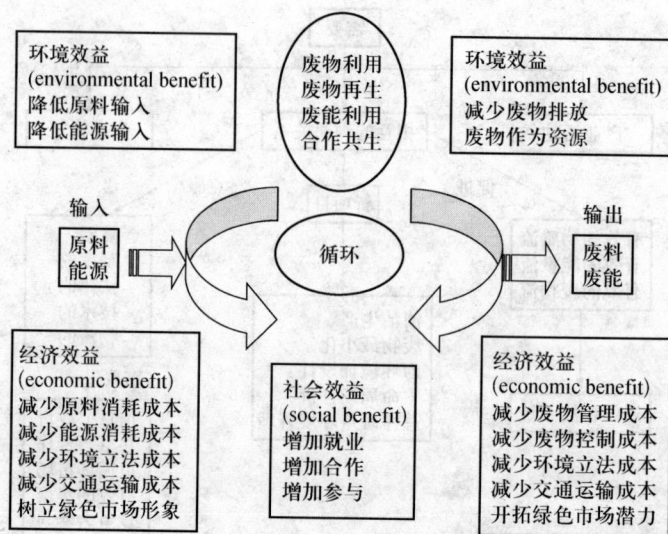

图 9-17　生态工业园区物质能量流与生态、经济、社会效益关系

(资料来源:方一平等,2008)

3. 水循环利用链

同能量一样,对于水资源的使用应当实现"水层叠"。实际上,工业用水有 5 个等级,分别为超纯水、去离子水、饮用水、洗涤用水和灌溉用水。生态工业园区中的生态产业链网间通过构筑水循环,利用生态产业链,分级使用水资源,既可节约水资源,又可以提高水资源的利用率。

4. 信息链

网络内生态产业链上企业间充分地交流信息是生态产业链良好运行的保证。因此,开发服务于生态产业链网整体运行的管理信息系统,实现计算机化管理是提高生态产业链网信息管理水平的关键。这些信息包括园区有害及无害废物的组成、流向和相关信息,相关生态链的产业信息、市场发展信息、技术信息、法律法规信息、相关生态工业信息及其他领域的信息等。

(四)生态工业园区的类型

可从不同的角度对生态工业园区进行分类,具体如下:

1. 从原始基础的角度分为现有改造型与全新型

现有改造型园区是对现已存在的工业企业,通过适当的技术改造,在区域内成员间建立起废弃物和能量的转换关系。广西贵糖生态工业园区属于此种类型。全新型生态工业园区是在良好规划和设计的基础上从无到有地进行建设,主要吸引那些具有"绿色制造技术"的企业入园,并创建一些基础设施,使得这些企业间可以进行废水、余热等的交换。这种生态工业园区投资大,对其成员要求高。南海国家生态工业园区属于这一类型。

2. 从产业结构的角度分为联合企业型和综合园区型

联合企业型通常以某一大型的联合企业为主体,围绕联合企业所从事的核心构造工业生态链和工业生态系统。综合型园区内存在各种不同的行业,企业间的工业循环共生关系更为多样化。与联合企业型园区相比,综合型园区需要更多地考虑不同利益主体间的协调和配合。丹麦的卡伦堡工业园区属于这种类型。

3. 从空间组织方式的角度划分为实体型和虚拟型

实体型园区的成员在地理位置上聚集于同一区域,可以通过管道设施进行成员间的物质、能量交换。虚拟型园区不严格要求其成员在同一地区,由园区内和园区外的企业共同构成一个更大范围的工业共生系统。虚拟园区可以省去一般建园所需昂贵的购地费用,避免建立复杂的相互依赖关系和进行困难的工厂迁址工作,具有很大的灵活性。

(五)生态工业园区的基本模式

1. 自主共生型生态工业园——卡伦堡模式

丹麦的卡伦堡生态工业园是目前世界上最早也是最成功的生态工业园。该园区以发电厂、炼油厂、制药厂和石膏制板厂为核心,通过贸易的方式把其他企业的副产品或者废弃物作为本企业的生产原料,建立起一种工业共生和代谢产业链关系,实现了园区废弃物"零排放"的目标,如图 9-18 所示。园区内的 4 个核心企业都具有独立法人资格,在所有权上不具有隶属关系,驱动这些企业走到一起的动力是较低的交易成本。此外,在园区内还有专门负责在 4 个核心企业间进行协调、组织、结算、监督工作的管理队伍,并且为新的废弃物利用项目提供资金和技术支持,使物流、能流和信息流得到优化配置,促使循环经济得以有序进行。据估计,卡伦堡工业共生体每年交换的物质量达到 2 900 万 t,耗水量降低 25%,仅电厂通过水的循环使用就减少水耗 60%;石油消耗每年减少 1.9 万 t,煤炭消耗每年减少 3 万 t,CO_2 排放每年减少 13 万 t,SO_2 排放每年减少 2.5 万 t。

2. 产业共生型生态工业园——贵港模式

广西贵港生态工业园是我国第一个国家级生态工业园。制糖业本身是一种排污量大的企业。贵糖集团经过多年的探索形成了以生态甘蔗园为起点,生态工业与生态农业相结合的两条工业生态链。该模式最大的特点是产业共生及在"3R"原则指导下的生态农业和生态工业的共生、农业和工业高度一体化,将当地乃至广西的甘蔗种植纳入产业链条中,在"减量化"原则的指导下抓源头提高甘蔗园的产量和甘蔗质量,并且将甘蔗园作为整个产业链条的收尾环节(即复合肥返田)。该示范园区由蔗田系统、制糖系统、酒精系统、造纸系统、热电联产系统和环境综合处理系统组成,通过工农产业一体化形成的产业群有效地推动了当地经济的发展,如图9-19所示。

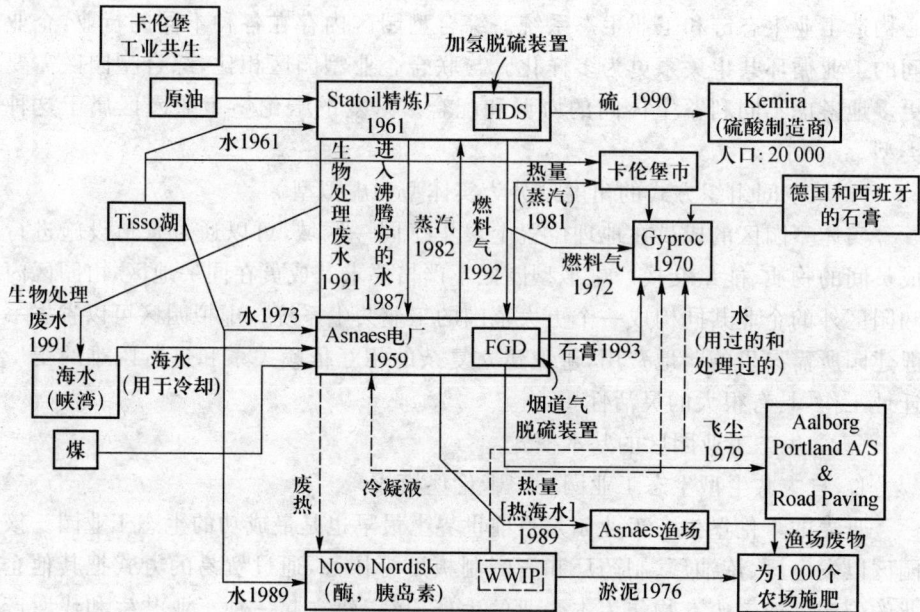

图9-18 卡伦堡生态工业共生系统

(资料来源:于秀娟等,2003)

WWTP指污水处理厂;图中数字代表实施的年份

3. 改造型生态工业园——美国 Chattanooga 模式

具有代表性的改造型生态工业园是以杜邦公司的尼龙线头回收为核心的 Chattanooga 生态工业园。Chattanooga 曾经是一个污染严重的老工业区,目前在该园区内,围绕杜邦公司的尼龙线头回收企业为核心建立起了一系列环保产业,推行企业排放改革,不仅大大减少了对环境的污染,而且形成了老工业区的产业空间。旧钢铁厂车间改造成一个用太阳能处理废水的生态车间,而旁边是利用循环废水的肥皂厂,紧邻的是急需肥皂厂副产物的另一家工厂,这样就建立起一个完整的生态工业网络。这种老企业主导型生态工业园模式的突出特征是通过重新利用老工业企业的工业废弃物,修补、扩展产业链,实现老企业内部的清洁生产,以减少污染和增进效益。这种革新方式对老工业区的改造很有借鉴意义,并且更能适应老工业企业密集的城市。

现代化甘蔗园

甘蔗专用
有机复合肥

甘蔗

节水工程

低聚果糖生物工程

酒精厂
复合肥车间

有机糖生产技改工程

浮渣

酒精废液

制糖新工艺改造

废糖蜜

能源酒精技改

蔗汁

制糖厂
压榨车间

滤泥

废CO_2

酵母精生物工程

贵港市发展
生态工业的
能力建设

水泥厂

轻钙厂

废CO_2

园区外其他厂废糖蜜

白泥

白泥

蔗渣

绿色制浆工程

碱回收

新建制浆厂
造纸厂
(碱回收、白水回收)

白水回收

园区外其他厂蔗渣

蔗髓

CMC工程

中段废水

综合废水

热电厂锅炉
热电联产

煤气 (含SO_2、尘)

除尘脱硫塔

二级处理

中性废水

灼热煤灰

煤灰

三级沉淀

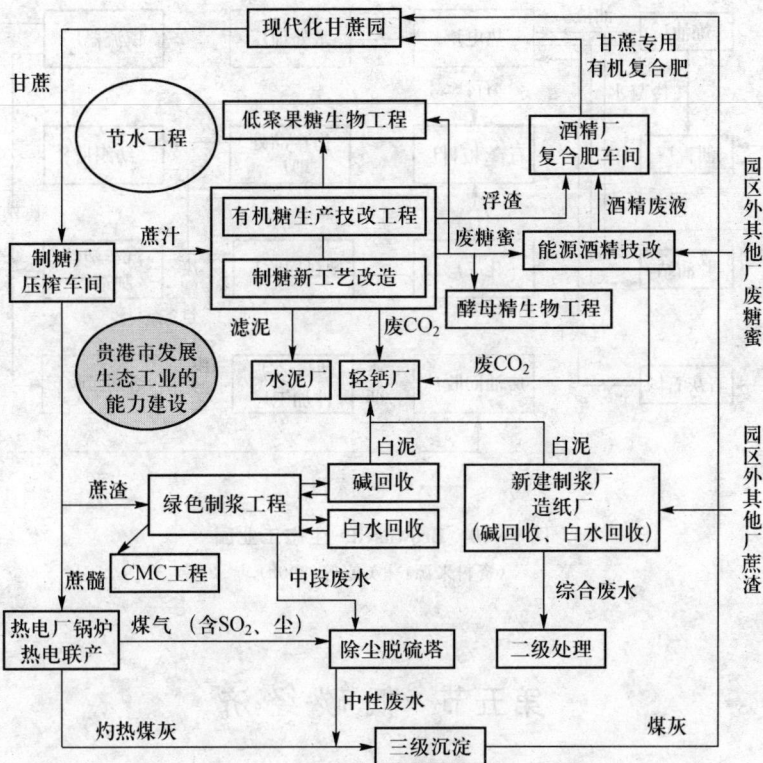

图 9-19　贵港生态工业示范园区

(资料来源:金涌等,2009)

4. 虚拟生态工业园

具有代表性的虚拟生态工业园是美国的 Brownsville 生态工业园。由于该模式不严格要求其参与者在同一地区,而是通过系统模型、数据库等一系列信息平台的构造建立成员之间的物质、能量和信息联系,所以这种生态产业园的建立有利于突破地理位置和行政区划的限制,将具有产业关联度的企业联系在一起,形成一种非传统意义上的跨区域产业链,而且在原有参与者的基础上可以不受地域限制地增加新成员来担当修补现有产业链的角色,增加了产业链条扩展的灵活性,如图 9-20 所示。

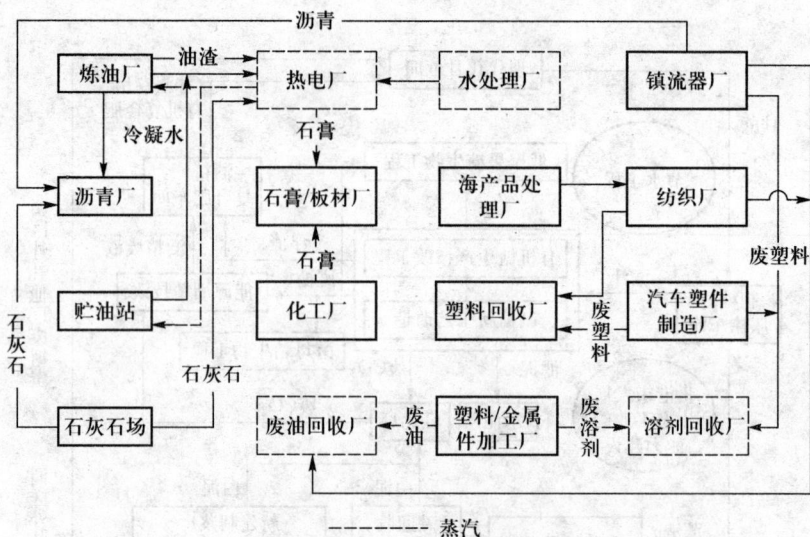

图 9-20 Brownsville 生态工业园

(资料来源:鞠美庭等,2008)

第五节 低碳经济

一 低碳经济的概念、产生背景与现状

(一) 低碳经济的产生背景与发展现状

低碳经济是近年来为应对气候变化和温室气体减排而提出的一种新的经济模式,目前已成为全球关注的热点。低碳经济的提出最早见于英国政府的能源白皮书——《我们能源的未来:创建低碳经济》(*Our Energy Future*:*Creating an Low Carbon Economy*)(2003),英国计划在 2050 年将其温室气体排放量在 1990 年的水平上减排 60%,从根本上把英国变成一个低碳经济的国家。2006 年 10 月,由英国政府推出、世界银行前首席经济学家尼古拉斯·斯特恩牵头的《斯特恩报告》指出,全球以每年 GDP 1% 的投入,可以避免将来每年 GDP 5%～20% 的损失,呼吁全球向低碳经济转型。2007 年 7 月,美国参议院提出了《低碳经济法案》,表明低碳经济的发展道路有望成为美国未来的重要战略选择。2007 年 12 月,联合国气候变化大会在印尼巴厘岛举行,会议制定了应对气候变化的巴厘岛路线图。该路线图为 2009 年前应对气候变化谈判的关键议题确立

了明确议程,要求发达国家在 2020 年前将温室气体减排 25%～40%。"巴厘岛路线图"为全球进一步迈向低碳经济起到了积极的作用,具有里程碑的意义。联合国环境规划署确定 2008 年"世界环境日"的主题为"转变传统观念,推行低碳经济"。2008 年,日本提出将用能源与环境高新技术引领全球,把日本打造成为世界上第一个低碳社会,并于 2009 年 8 月发布了《建设低碳社会研究开发战略》。2009 年 6 月,美国众议院通过了《清洁能源与安全法案》,设置了美国主要碳排放源的排放总额限制,相对于 2005 年的排放水平,到 2020 年削减 17%,到 2050 年削减 83%。奥巴马政府推出的近 8 000 亿美元的绿色经济复兴计划,旨在将刺激经济增长和增加就业岗位的短期政策同美国的持久繁荣结合起来,其"黏合剂"就是以优先发展清洁能源为内容的绿色能源战略。发展低碳经济作为协调社会经济发展、保障能源安全与应对气候变化的基本途径,已得到世界各国普遍认同,世界各国纷纷采取措施推进本国低碳经济的发展,包括制定温室气体减排目标或为本国设置排放上限(表 9-7)。

表 9-7 各国为低碳经济采取的战略行动

国家或地区	战 略 行 动
澳大利亚	从 2011 年 7 月 1 日起实施名为"减少碳污染计划"的限额与交易机制,承诺到 2020 年在 2000 年的基础上实现 25% 的减排
巴西	执行一项"国家能效政策",到 2030 年实现 1 060 亿 kW·h/a 的节能目标,相当于当年减少碳排放 3 000 万 t
哥斯达黎加	宣称到 2021 年实现碳中和
法国	如果其他国家采取相同的措施,到 2050 年将减排 75%～80%(带有附加条件的目标)
英国	2008 年的气候变化法案要求有一个独立的专家委员会制定具有法律约束力的 5 年碳预算。该法案要求通过英国和国外的行动到 2050 年实现至少 80% 的减排。2020 年在 1990 年的基础上减排 34%,如果能够达成全球气候变化协议的话,这一目标将上调到 42%。英国还承诺不新建没有碳捕获和存储技术的燃煤电厂,以实现 25% 碳捕获的目标,到 2025 年实现 100% 的捕获
墨西哥	计划到 2012 年建立一个限额与交易的国内机制,减少特定产业部门(水泥和炼油等)的排放;政府还承诺到 2050 年在 2002 年的基础上减排 50%
挪威	目标是到 2030 年实现碳中和;已经投入 1.4 亿欧元在选定的欧盟成员国实施为期 5 年的碳捕获和存储项目
南非	制定了最迟在 2020—2025 年之间把温室气体增速降低一半的计划;采取各种经济和政策措施,逐步使排放趋于稳定乃至减少

国家或地区	战 略 行 动
瑞典	2000 年,瑞典讨论了一个到 2050 年在 1990 年基础上减排 50% 的目标。瑞典政府表示该国应该采取国际行动,把温室气体浓度(体积分数)稳定在 550×10^{-6} 水平以下。到 2050 年应该把瑞典的人均排放降低到 4.5 t 二氧化碳当量以下。然而与当前的排放水平相比,这仅仅实现了 40% 的减排。2008 年度预算中包括 70 亿克朗,用于从 2009 年到 2011 年的气候和能源行动
美国	美国政府提出到 2020 年在 2005 年基础上实现 14%~15% 的减排。《瓦克斯曼-马凯气候变化议案》(已经得到众院批准,正在接受参院审议)呼吁建立一个绝对上限,可以覆盖 85% 的美国经济,到 2020 年在 2005 年的基础上减排 17%,到 2050 年减排 80%。该议案要求电力公共事业部门到 2020 年要利用可再生能源和能效方式满足 15% 的能源需求,到 2025 年对清洁能源技术和能效的新投资达到 900 亿美元
日本	日本首相鸠山由纪夫提出新的减排目标,到 2020 年在 1990 年的基础上将减排 25%,这会给其他减排大国增加很大的压力
欧盟	承诺到 2020 年在 1990 年的基础上减排 30%(等 UNFCCC 的后京都协议达成后)。2007 年的欧盟气候和能源一揽子政策又制定了 3 个 2020 年要达成的目标:能源消费量在先前预期基础上减少 20%;可再生能源在总能源消费中的比例提高到 20%;从可持续生产的生物燃料中获取的汽油和柴油比例提高到 10%

(资料来源:中国环境与发展国际合作委员,2009)

(二) 低碳经济的含义与内涵

关于低碳经济目前尚没有统一的定义。低碳意指较低的温室气体排放。"碳"有广义和狭义之分,狭义上的碳是指造成当前全球气候变暖的二氧化碳,特别是化石能源燃烧所产生的二氧化碳;广义上的碳包括《京都议定书》上提出的 6 种温室气体,即二氧化碳(CO_2)、甲烷(CH_4)、氧化亚氮(N_2O)、氢氟碳化物($HFCs$)、全氟碳化物($PFCs$)和六氟化硫(SF_6)。

低碳经济是以高能效、低污染、低排放为特征的经济发展模式,它依靠新技术、新能源等手段将人类在生产生活中产生的温室气体,尤其是 CO_2 的排放量减少到最低值,以更低的能源强度和温室气体排放强度支撑社会经济可持续发展,以实现人类与自然界和谐发展的目标。低碳经济被认为是人类社会继农业经济、工业经济、信息经济之后的又一次划时代的革命浪潮。其核心在于提高能源效率、改善能源结构、优化经济结构和推动社会转型,其本质在于要求低碳技术创新和经济社会发展的激励制度的创新,推动世界走向低碳社会。

低碳经济以协调处理好经济增长、社会发展、环境保护这三者关系为出发点,以保证经济发展为核心,以增强可持续发展能力为目标,以节约能源资源、优化能源结构、加强生态保护为重点,以科技进步为支撑,要求不断提高国际社会减缓和适应气候变化的能力。低碳经济作为一种新经济模式,包含 3 个方面的内涵：

（1）低碳经济是相对于高碳经济而言的，是相对于基于无约束的碳密集能源生产方式和能源消费方式的高碳经济而言的。因此，发展低碳经济的关键在于降低单位能源消费量的排放量，通过碳捕捉、碳封存、碳蓄积降低能源消费的碳强度，控制 CO_2 排放量的增长速度。

（2）低碳经济是相对于新能源而言的，是相对于基于化石能源的经济发展模式而言的。因此，发展低碳经济的关键在于促进经济增长与由能源消费引发的碳排放"脱钩"，实现经济与碳排放错位增长（碳排放低增长、零增长乃至负增长），通过能源替代、发展低碳能源和无碳能源控制经济体的碳排放弹性，并最终实现经济增长的碳脱钩。

（3）低碳经济是相对于人为碳通量而言的，是一种为解决人为碳通量增加引发的地球生态圈碳失衡而实施的人类自救行为。因此，发展低碳经济的关键在于改变人们的高碳消费倾向和碳偏好，减少化石能源的消费量，减缓碳足迹，实现低碳生存。

二　低碳经济的发展模式和实现方式

（一）低碳经济的发展模式

低碳经济主要有两个表现形式：一是低碳生产；二是低碳消费。低碳经济的发展模式将社会、经济和生态这 3 个子系统纳入到同一个更大的人类复合生态系统中，构成开放的复杂系统，在实践中运用低碳经济理论组织经济活动，将传统经济发展模式改造成低碳型的新经济模式，如图 9-21 所示。具体来说，低碳经济发展模式就是以低能耗、低污染、低排放和高效能、高效率、高效益（"三低三高"）为基础，以低碳发展为发展方向，以节能减排为发展方式，以碳中和技术为发展方法的绿色经济发展模式。世界各国尽管对低碳经济发展模式的特点认识不一，但归结起来有以下几个特点：

（1）降低能耗和减少污染物排放，即经济发展过程中要实现"三低"——低能耗、低排放、低污染。

（2）经济增长与能源消费、温室气体（主要指 CO_2）排放脱钩，不能保持同步增长，在保持经济增长的同时，提高能源效率，减少废气排放。

（3）低碳技术创新是发展低碳经济的直接手段。

（4）开发与利用新型清洁的可再生能源作为重要举措。

（5）围绕低碳技术创新与发展新型清洁能源进行相关制度创新与法律体系建设。

（二）低碳经济的实现方式

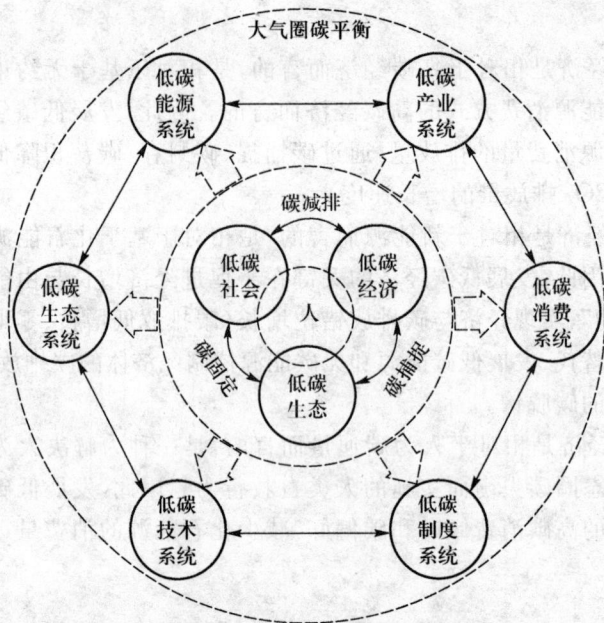

图 9-21 低碳发展系统整体结构

（资料来源：徐玖平等，2010）

低碳经济的内容十分广泛，从能源生产到最终的消费，碳的排放存在于产业发展过程中的各个环节和各个领域。低碳经济是一种发展模式，它不单纯是一种能源结构的调整、一个产业经济的改变和一个社会形式的改变，而是涉及技术创新模式、消费价值观念和生活方式变革的一场复杂的系统工程。

1. 低碳能源体系

低碳经济的实质就是用低的能源消费、低的排放和低的污染来保证国民经济和社会的可持续发展。低碳能源是指高能效、低能耗、低污染、低碳排放的能源，包括可再生能源、核能和清洁煤，其中可再生能源包括太阳能、风能、水能、海洋能、地热能及生物质能等。因此，低碳经济发展的核心就是低碳能源。发展低碳经济就是要改变现有的能源结构，使现有的"高碳"能源结构逐渐向"低碳"的能源结构转变。这就要求：一方面大力推广使用现有技术可控的低碳能源；另一方面大力推进科技创新，积极开发高效、经济、实用的低碳能源新技术，并将其转化成实际生产力。

2. 低碳产业结构

低碳产业是以低能耗低污染为基础的产业。低碳产业的发展将带动现有高碳产业的转型发展，催生新的产业发展机会，形成新的经济增长点，促进经济高速发展。产业结构优化是实现低碳发展的主要途径之一，包括工业、农业、服务业构成的大产业体系的结构调整及三大产业内部的结构调整。低碳产业的发展重点是低碳能源产业、低碳交通产业、低碳建筑产业、低碳工业、低碳农业、低碳服务产业和低碳消费产业等(图9-22)。

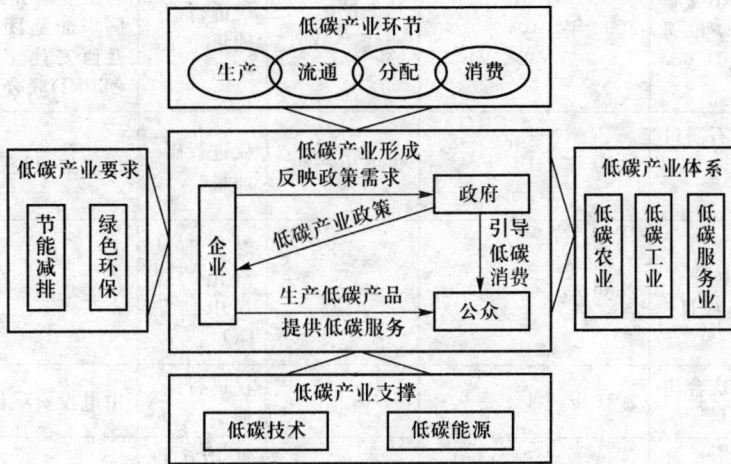

图9-22 低碳产业系统构成

(资料来源:徐玖平等,2011)

3. 低碳技术创新

低碳技术是指所有能够实现低碳经济的技术手段,是国家核心竞争力的一个重要标志,是解决日益严重的生态环境和资源能源问题的根本出路。低碳技术几乎遍及所有涉及温室气体排放的行业部门,包括电力、交通、建筑、冶金、化工、石化等部门以及在可再生能源及新能源、煤的清洁高效利用、油气资源和煤层气的勘探开发、CO_2 捕获与埋存等领域开发的有效控制温室气体排放的新技术。

低碳技术分成3类:

(1)减碳技术。即高能耗、高排放领域的节能减排技术,如煤的清洁高效利用、油气资源和煤层气的勘探开发技术等。

(2)无碳技术。基于现有科技水平和认识,主要包括风力发电技术、太阳能发电技术、水力发电技术、地热供暖与发电技术、生物质燃料技术、核能技术等,其最终理想是实现对化石能源的彻底取代。

(3)去碳技术。即开发以降低大气中碳含量为根本特征的 CO_2 的捕集、封存及利用技术,最为理想的状况是实现碳的零排放。典型的就是 CO_2 的捕获与封存(CCS)。通过替代或改造不同类型的 CO_2 直排电厂,CCS 技术可以减少85%左右的 CO_2 排放量。目前我国 CCS 项目处于电力集团的摸索阶段,已有几座电厂的 CCS 示范项目在进行,如表9-8所示。

表 9-8　目前中国已建成及在建的 CCS 项目

项目名称	投入运营时间	项目规模/(万 $t \cdot a^{-1}$)	CO_2 来源	捕集或封存技术	附注
华能-CSIRO 燃烧后捕集示范项目	2008 年	0.3	热电厂生产线	仅进行碳捕集	澳大利亚联邦科学与工业研究组织、中国华能集团公司以及西安热工研究院(TPRI)联合建设
华能上海石洞口第二电厂 CCS 项目	2009 年	10	煤电生产线	仅进行碳捕集	华能集团投资项目
华能天津临港工业区 CCS 项目	2009 年	—	—	燃烧前从汽化的煤炭中捕集 CO_2	华能集团投资项目
中电投重庆合川双槐电项目	2010 年	1	—	仅进行碳捕集	中电投资项目
内蒙古鄂尔多斯 CCS 项目	2011 年	10	煤制油生产线	把 CO_2 封存在咸水层中	神化集团投资项目
黑龙江大庆油田 CCS 示范项目	2015 年	100	大庆的 350 兆瓦燃煤电厂	富氧燃烧技术	法国阿尔斯通与中国大唐集团合作项目
山东东营胜利油田 CCS 示范	2015 年	100	东营的 1000 兆瓦燃煤电厂	富氧燃烧技术,冷却氨技术	法国阿尔斯通与中国大唐集

(资料来源:联合国环境规划署-同济大学环境与可持续发展学院,2012)

这些低碳技术一旦物化和作用于低碳经济的生产过程,将成为直接生产力,成为低碳经济发展最为重要的物质基础和强大的推动力。

4. 低碳城市建设

国际科学界已有充分的证据证明,当前气候变暖有 90% 以上的可能性是由人类活动造成的,而城市作为人类活动的主要场所,其运行过程中消耗了大量的化石能源,排放的温室气体已占到全球总量的 75% 左右,制造了全球 80% 的污染。因此,如何实现城市的低碳发展是世界各国应对气候变化行动的主要内容之一。低碳城市是以城市空间为载体,以能源、交通、建筑、生产、消费为要素,以技术创新与进步为手段,通过合理的空间规划和科学的环境管治,在保持经济社会有效运转的前提下,实现碳排放与碳处理动态平衡的发展模式。自 2008 年起,我国已有保定、上海、贵阳、杭州、德州、无锡、珠海、南昌、厦门等 100 多个城市提出了建设低碳城市的构想。例如,杭州提出了低碳经济、低碳建筑、低碳交通、低碳生活、低碳环境、低碳社会"六位一体"的低碳城市框架,具体见图9-23。保定提出建设"保定·中国电谷"的概念,依托保定国家高新区新能源和能源设备产业基础,打造光伏、风电、输变电设备、高效节能、电力自动化等七大产业园区,"中国电谷·低碳保定"已成为保定产业发展与城市建设的新亮点与新品牌。低碳城市在以发展低碳经济为主的基础上,必须兼顾低碳社会的建设,必须坚持低碳产业体系与消费模式双轨并行的发展思路,如图9-24所示。

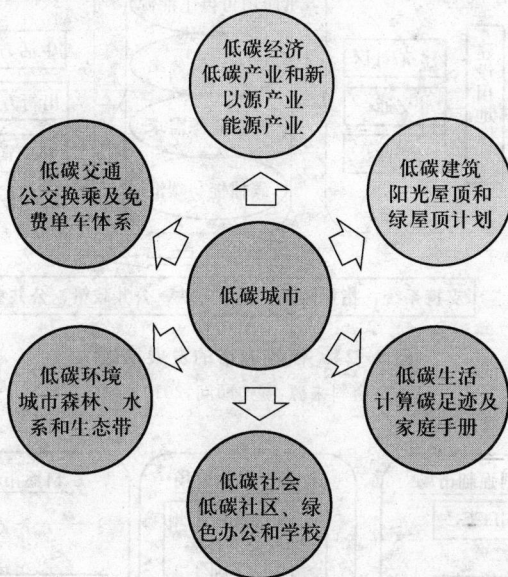

图9-23 杭州六位一体的低碳城市概念框架

(资料来源:气候组织,2010)

5. 低碳交易市场

碳交易是指为促进全球温室气体减排,减少全球 CO_2 排放所采用的市场机制。《京都议定书》把市场机制作为解决以 CO_2 为代表的温室气体减排问题的新路径,即把 CO_2 排放权作为一种商品,从而形成了 CO_2 排放权的交易。碳交易是利用市场机制引领低碳经济发展的必由之路。低碳经济最终要通过实体经济的技术革新和优化转型来减少对化石燃料的依赖,降低温室气体排放水平。但历史经验已经表明,如果没有市场机制的引入,仅仅通过企业和个人的自愿或强制行为是无法达到减排目标的。目前,国际碳市场主要包括配额交易市场、基于项目的减排量交易市场和自愿交易市场,如图9-25所示。配额型交易是指总量管制下所产生的减排单位的交易,主要是《京都议定书》规定的减排国家之间超额减排量的交易,如欧盟的欧盟排放权交易制的"欧盟排放配额"交易,通常是现货交易。项目型交易是指因进行减排项目所产生的减排单位的交易,如清洁发展机制下的"核证减排量(CER)"、联合履行机制下的"减排单位(ERUs)",主要是通过国与国合作的减排计划产生的减排量交易,通常以期货方式预先买卖。配额交易市场机制和减排量交易机制是碳市场存在的基础形态。

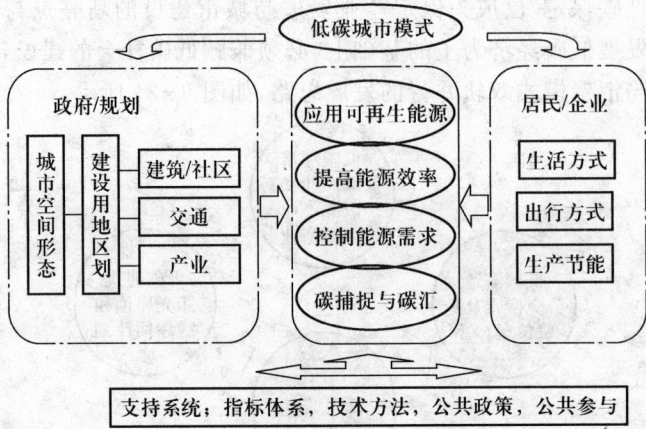

图9-24 低碳城市的发展模式

(资料来源:赛迪顾问,2010)

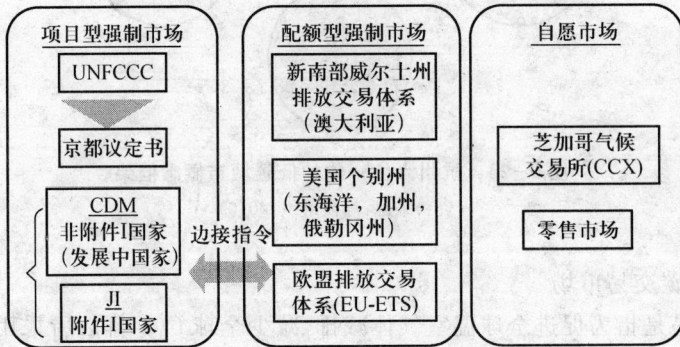

图9-25 国际碳交易市场的构成

(资料来源:何建坤等,2010)

6. 低碳政策保障

制度的创新是推动低碳经济发展的重要驱动力量。《联合国气候变化公约》及《京都议定书》奠定了应对气候变化国家合作的法律基础,是推动低碳经济发展的最具权威、最普遍和最全面的国际基本制度。英国先后引入了气候变化税、气候变化协议、排放贸易机制、碳信托基金、强化项目补贴、强化投资补贴项目等多项经济政策。2011年10月,美国加州通过全美第一套碳市场交易法规。欧盟建立了碳排放交易体制,在丹麦、芬兰、荷兰、挪威、意大利和瑞典等国,对化石燃料开征了碳税。表 9-9 是部分国家和地区的低碳政策。

表 9-9 主要国家和地区低碳政策

国家或地区	主 要 政 策
欧盟	《欧盟能源政策绿皮书》(2006)、《燃料质量指令》(2007)、《欧盟战略能源技术规划》(2007)、《关于促进和利用来自可再生供给源的能源条例草案》(2008)
英国	《气候变化法案》(2008)、《英国低碳转换计划》(2009)、《英国可再生能源战略》(2009)
德国	修订《可再生能源法》(2004)、"CO₂ 捕获与封存"法规(2009)
日本	《建设低碳社会行动计划》(2008)、《绿色经济与社会变革》政策草案(2009)、《推动低碳社会建设基本法案》(2009)
美国	《低碳经济法案》(2007)、《美国复苏与再投资法案》(2009)、《美国清洁能源和安全法案》(2009)

(资料来源:徐玖平等,2011;孙桂娟等,2010)

7. 森林碳汇

碳汇是指自然界中碳的寄存体,一般是指从空气中清除 CO_2 的过程、活动、机制。森林碳汇是气候变化背景下提出的 CO_2 减排措施,其核心是增加陆地生态系统的吸碳能力。森林碳汇是指森林植物吸收大气中的 CO_2 并将其固定在植被或土壤中,从而减少该气体在大气中的浓度。森林是陆地生态系统中最大的碳库,在降低大气中温室气体浓度、减缓全球气候变暖中,具有十分重要的独特作用,如图 9-26 所示。据估计,在造成全球气候变化的 CO_2 气体中,大约有20%是由于森林的砍伐造成的,增加森林碳汇具有紧迫和重要的作用。

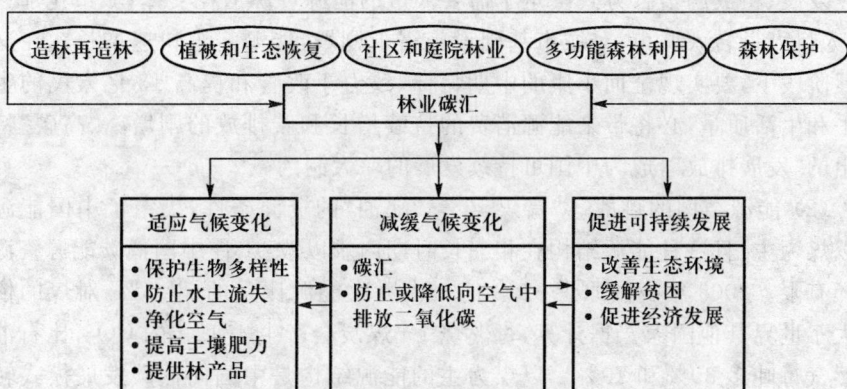

图 9-26 林业碳汇的三重功能

(资料来源:李怒云等,2007)

中国低碳经济的发展战略

中国政府一贯高度重视气候变化问题,把积极应对气候变化作为关系经济社会发展全局的重大议题,纳入经济社会发展中长期规划。2006 年,中国提出了2010 年单位国内生产总值能耗比 2005 年下降 20％左右的约束性指标,2007 年在发展中国家中第一个制定并实施了应对气候变化国家方案,2009 年确定了到 2020年单位国内生产总值温室气体排放比 2005 年下降 40％～45％的行动目标。

（一）中国发展低碳经济的机遇、挑战与实践

作为最大的发展中国家,中国发展低碳经济的机遇和挑战并存。

1. 中国发展低碳经济面临的机遇

低碳经济强调能源技术进步和减排技术创新。以"替代能源和节能技术"为核心的技术创新已被人们视为"第四次产业技术革命"。低碳发展模式,是实现中国经济转型的最佳战略机遇期。走低碳发展道路,既是应对全球气候变化的根本途径,也是国内可持续发展的内在需求。发展低碳经济有利于突破我国经济发展过程中资源和环境瓶颈性约束,走新型工业化道路;有利于顺应世界经济社会变革的潮流,形成完善的促进可持续发展的政策机制和制度保障体系;有利于推动我国产业升级和企业技术创新,打造我国未来的国际核心竞争力;有利于推进世界应对气候变化的进程,树立我国对全球环境事务负责任的发展中大国的良好形象。

2. 中国发展低碳经济面临的挑战

（1）发展阶段的挑战。中国正处于工业化、城市化加快推进的阶段,工业的快速发展、粗放的增长方式决定了需要大量的能源资源消耗支撑;城市化加速推进,人口大量转入城市,对城市基础设施需求剧增,能源需求快速增长。在这种发展阶段下,要实现全面小康的中期目标,致力于改善和提高 13 亿人民的生活水平和生活质量,必将带来能源消费的持续增长和碳排放的剧增。"高碳"特征突出的"发展排放",成为中国可持续发展的一大制约。

（2）能源结构的挑战。"富煤、少气、缺油"的资源条件,决定了中国能源结构以煤为主,且这种能源结构在相当长时期内难以改变,使中国低碳能源资源的选择有限。2009 年我国原煤 31.3 亿 t,占一次能源比重的 70.3％,对煤的依赖远大于世界其他国家。据计算,每燃烧 1 t 煤炭会产生 4.12 t 的 CO_2,比石油和天然气每吨多 30％和 70％。以煤为主的能源结构是中国向低碳发展模式转变的一个长期制约因素,在碳排放指标的压力下,中国的能源结构必须进行调整。

（3）产业结构的挑战。中国经济的主体是第二产业,这决定了能源消费的主要部门是工业,而工业生产技术水平落后,又加重了中国经济的高碳特征。

2008年三大产业结构比例为11.31∶48.62∶40.07。工业部门耗能水平高,其能源消耗量占我国能源消费量的70%以上,加上我国工业生产技术水平总体较为落后,加重了中国经济的高碳特征。采掘、钢铁、建材水泥、电力等高耗能工业行业,2005年能源消费量占了工业能源消费的64.4%。如何加快调整产业结构,优化资源配置,提升工业生产技术,是我们面临的一个重大课题。

(4)技术水平的挑战。作为发展中国家,中国经济由"高碳"向"低碳"转变的最大制约,是整体科技水平落后,技术研发能力有限。IPCC指出,在解决未来温室气体减排的气候变化问题上,技术进步是最重要的决定因素。尽管《联合国气候变化框架公约》规定,发达国家有义务向发展中国家提供技术转让,但执行情况并不乐观。目前,我国与发达国家在低碳技术方面还存在较大差距。

(5)"锁定效应"的挑战。所谓"锁定效应(locked-in effect)",指基础设施、机器设备、个人大件耐用消费品等一旦投入,其使用年限均在15年乃至50年以上,其间不大能轻易废弃。而目前中国过度依赖非低碳技术形成的固定资产,倘若继续沿用传统技术,当未来中国需要承诺温室气体减排或限排义务时,却可能被这些投资"锁定"。因此,在当前经济的发展阶段,如何避免资金和技术锁定效应的束缚,是一项紧迫而现实的挑战。

(二)中国低碳经济的发展战略

对发达工业化国家而言,当发展阶段到了能源消费相对成熟、高能耗工业逐渐移出时,碳排放强度才会逐渐下降,故其向低碳经济转型的起点是从后工业化社会开始,主要任务是减排温室气体、实现能源安全、建立新的竞争优势与经济增长点。而我国是一个发展中大国,能源需求正在急剧增长,发展低碳经济的起点和任务与发达国家截然不同,我国不仅要节能减排,还要加快发展,必须在加快实现工业化、城市化和现代化的进程中走出一条发展低碳经济的新路。

1. 战略取向

(1)在可持续发展的框架下,把低碳发展作为建设资源节约型、环境友好型社会和创新型国家的重点内容,并将发展低碳经济作为走低碳之路的重要载体,纳入可持续工业化和可持续城镇化的具体实践中。

(2)把"低碳化"作为国家社会经济发展的战略目标之一,并把相关目标整合到各项规划和政策中去。近中期应该把提高能效和碳生产率作为核心,不断降低能源消费强度和碳排放强度,努力减少CO_2排放的增长率,实现碳排放与经济增长的逐步脱钩,通过综合措施提高适应气候变化的能力,增加自然生态系统碳汇,降低面临极端天气气候事件的风险和损失。

(3)权衡经济发展与气候保护、近期和远期目标,处理好利用战略机遇期实现重化工业阶段的跨越与低碳转型的关系,同时充分考虑碳减排、能源安全、环境保护的协同效应,有效降低减排成本。一方面,充分利用目前国内外相对较好的资源能源条件加速完成重化工业化的主要任务;另一方面,利用低碳商机,提高我国重点行业节能减排和低碳技术与产品的竞争力,最大限度地以低成本的清洁增长方式和现实的低碳技术实现阶段跨越,减少潜在的碳排放锁定效应的影响。

(4) 加强部门、地区间的合作,吸引各利益相关方的广泛参与,发挥社会各方面的积极性,特别是通过新的国际合作模式和体制创新,共同促进生产模式、消费模式和全球资产配置方式的转变。

(5) 积极参与国际气候体制谈判和低碳规则制定,为我国的工业化进程争取更大的发展空间。在近中期,通过选取合适的指标(如能源消耗强度或碳排放强度),承诺符合国情和实际能力的适当的自愿减缓行动,为防止气候变暖做出新的贡献,提升负责任大国的国际形象。同时,要求发达国家继续率先大幅度减排温室气体,并建立"可测量、可报告、可核实"的技术转让与资金支持新机制。

2. 战略目标

据国内多家权威机构研究,到 2020 年,我国单位 GDP 的 CO_2 排放量有可能实现显著降低。如能在有效的国际技术转让和资金支持下,采取严格的节能减排技术(包括碳捕获与封存)和相应的政策措施,中国的碳排放有可能在 2030—2040 年达到峰值之后进入稳定和下降期。

3. 战略重点

走低碳发展道路,必须结合国内优先的战略发展目标和各个行业部门的自身特点,把握关键的低碳重点领域,以尽可能低的经济成本和碳排放,获取最大的共同利益,逐步实现整个国民经济的"低碳化"。需要重点关注的优先领域包括以下 6 个方面:

(1) 结合当前节能减排的重大战略措施,针对工业生产和终端用能效率整体水平较低的局面,以及不断发展的交通和建筑领域在未来大幅增长的能源需求,开展高耗能行业的能效对标管理,抓住其他重点用能单位和部门,淘汰落后产能并强化新建项目的能效监管。

(2) 着眼于中国快速发展的工业化和城镇化进程,通过行政和经济激励手段促进技术创新,以低能耗、高能效和低碳排放的方式完成大规模基础设施建设,避免固定资产投资中碳排放的技术"锁定效应"。

(3) 基于化石燃料,特别是煤炭在当前和未来我国能源结构和能源安全保障中的基础地位,在中长期能源安全和应对气候变化的背景下,优先部署以煤的气化为龙头的多联产技术系统开发、示范和 IGCC 等先进发电技术的商业化,同时结合 CCS 技术,在煤炭清洁利用等相关领域达到国际领先水平。

(4) 根据中国清洁能源和可再生能源现状与未来产业发展趋势,通过市场加快进口和利用优质油气资源,探索各具特色的可再生能源在国家整体能源系统中的最优配置模式,建立健全多元化的能源供应体系,逐步转变能源结构,改善能源服务,不断提高广大农村地区必需的商品能源比例,促进能源基本公共服务的均等化。

(5) 在中国的生态文明建设过程中,不仅采用区域污染物的联合减排技术,而且深入研究由土地利用、土地利用变化和林业活动等所产生的农田、草地、森林生态系统的固碳作用,通过建设良好生态环境来减缓气候变化。

(6) 加强气候变化的适应策略研究,制定相关的适应规划,区分敏感地区和优先适应的领域,提高农业抗灾和节水等方面的技术水平和设施能力,加强适应性管理,减轻极端天气气候事件可能造成的损失。

4. 战略措施

除上述重点外,中国特色的低碳道路还应着力于逐步构建"资源节约型、环境友好型、低碳导向型社会",在低碳发展战略及其目标指导下,通过相关制度的安排、管理体制的完善、发展规划的制定、试点经验的积累,有序推进低碳经济发展,为我国塑造一个可持续的低碳未来。构建低碳型的社会经济体系主要从以下 4 个方面入手:

(1) 建立应对气候变化的法律法规体系,完善宏观管理体制。开展"应对气候变化法"的立法可行性和立法模式研究,同时在相关法律法规修改过程中,增加有关应对气候变化的条款,例如,在战略环境影响评价的技术导则中加入气候影响评价的相关规定,逐步建立应对气候变化的法律法规体系。针对我国应对气候变化行政主管机构权威不足、能力薄弱、协调机制不健全的现状,一方面,应充分发挥国家应对气候变化及节能减排工作领导小组的作用,建立灵活多样的部门协调机制,针对应对气候变化的战略部署提出建议;另一方面,加强能力建设,争取更多的行政资源,并为今后政府机构调整和进一步提高应对气候变化主管机构的规格做好准备。

(2) 建立低碳发展的长效机制,制定有序发展低碳经济的相关政策。走低碳发展道路,制度创新是关键保障因素。中国要更加切实地在科学发展观的引领下,探索建立有利于节约能源、保护环境和气候的长效机制与政策措施,从政府和企业两个层面推动社会经济的低碳转型。针对当前许多地方,特别是一些城市发展低碳经济的热情,同时鉴于低碳经济目标的多元化和模式的多样性,应该出台相关的指导性意见,进行宏观政策引导,规范低碳经济的内涵、模式、发展方向和评价指标体系;借鉴国外低碳经济发展的经验和教训,推动低碳经济有序健康地发展;优先制定国家层面的专项规划,再选择典型区域、城市和重点行业进行低碳经济试点工作;在条件相对成熟时创建低碳市场,理顺价格形成机制,制定财税鼓励政策,结合整个税收体制改革,统筹考虑能源、环境与碳排放的税种和税率。目前,中国现有促进低碳经济和社会的政策包括 3 个层面,即国家战略、部门政策和地方实践,如图9-27所示。

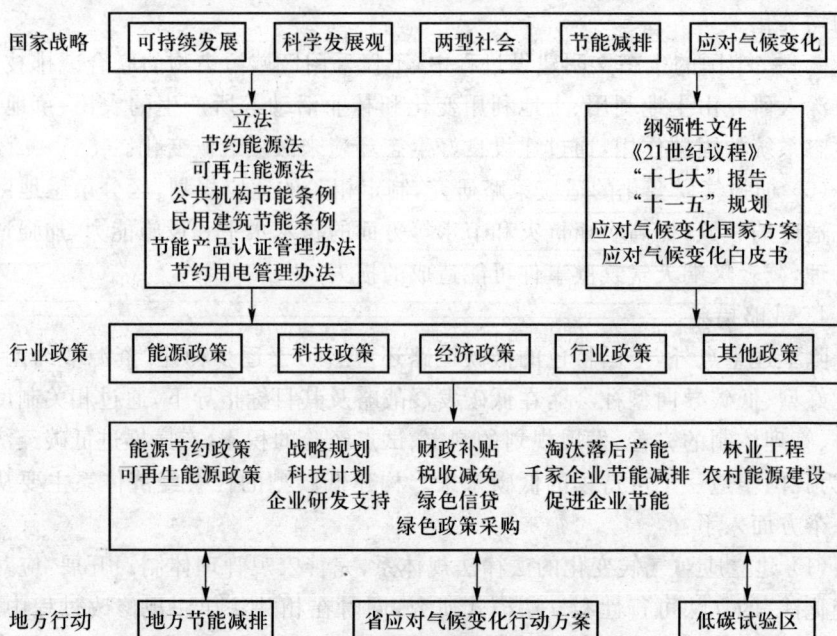

| 国家战略 | 可持续发展 | 科学发展观 | 两型社会 | 节能减排 | 应对气候变化 |

立法
节约能源法
可再生能源法
公共机构节能条例
民用建筑节能条例
节能产品认证管理办法
节约用电管理办法

纲领性文件
《21世纪议程》
"十七大"报告
"十一五"规划
应对气候变化国家方案
应对气候变化白皮书

| 行业政策 | 能源政策 | 科技政策 | 经济政策 | 行业政策 | 其他政策 |

能源节约政策　　战略规划　　　财政补贴　　　淘汰落后产能　　林业工程
可再生能源政策　科技计划　　　税收减免　　　千家企业节能减排　农村能源建设
　　　　　　　　企业研发支持　绿色信贷　　　促进企业节能
　　　　　　　　　　　　　　　绿色政策采购

| 地方行动 | 地方节能减排 | 省应对气候变化行动方案 | 低碳试验区 |

图9-27　中国促进低碳经济和社会的政策框架

(资料来源:UNDP China,2010)

(3) 加强合作,建立健全低碳技术体系。走低碳发展道路,技术创新是核心要素。政府应详细刻画我国低碳技术发展的路线图,采取综合措施,为企业发展创造宽松的政策环境,为技术创新提供完善的制度保障,不断促进生产和消费各个领域高能效、低排放技术的研发和推广,逐步建立节能和提高能效、洁净煤和清洁能源、可再生能源和新能源以及自然碳汇等领域的多元化低碳技术体系,提高产业化发展水平,为低碳转型和增长方式转变提供强有力的技术支撑。中国还应进一步加强国际合作,不仅要通过新的与气候相关的国际合作机制引进、消化、吸收国外的先进技术,更重要的是,通过参与制定行业的能效与碳强度的标准、标杆,开展自愿或强制性标杆管理,使我国重点行业、领域的低碳技术、设备和产品达到国际先进水平。

(4) 建立利益相关方参与的合作机制。低碳发展不但是政府主管部门或企业关注的事情,还需要各利益相关方乃至全社会的广泛参与(图9-28)。由于气候变化涉及面广、影响大,因此,应对气候变化首先需要各政府部门的参与,同时需要不同领域、不同学科专家的共同参与,加强研究,集思广益,发挥集体的智慧。鉴于广大公众对气候变化的知识还知之不多、知之不深,应首先通过宣传、教育、培训,并结合政策激励,转变人们的思想观念,提高大家应对气候变化的认知和低碳意识,逐步达成关注低碳消费行为和模式的共识,进而采取联合行动,共同抵御气候变化可能带来的风险。

政府	寻求长期的解决方案;维护秩序;制定规则;发起倡议;征税的能力
企业	提供服务、产品和技术;平衡经济利润和社会责任;追求企业的长期发展的能力
NGOs	咨询与联络;公开信息与社会评论;通过媒体、网络引导公众的能力
公民	追求高品质的生活和安全、自由;投票、谴责和联合抵制的能力
投资者	要求更透明,信息公开和规范的道德;要求保护社会和自由环境;投资的能力

图 9-28　利益相关方的角色和责任

(资料来源:何建坤等,2010)

发展低碳经济既是一场涉及生产方式、生活方式、价值观念、国家权益和人类命运的全球性革命,又是全球经济不得不从高碳能源转向低碳能源的一个必然选择。发展低碳经济意味着中国能够避免走西方国家的高消耗、高污染的工业化发展道路,走出一条低消耗、低排放的新型工业化道路。

阅 读 材 料

材料 1　日本创建循环型社会新行动计划

2008 年 3 月,为了加强国内的循环经济发展,日本内阁会议通过了第二届循环经济发展基本计划。该计划表明,在兼顾知识产权保护和各国国情的同时,日本政府将向国际社会输出良好的机制、发达的技术和设备,以及与各利益相关方的合作经验,以推动"3R"和绿色废物处理。

"日本创建循环经济社会新行动计划"的基本方针是:首先,在各自国内构筑用"3R"实现绿色废物处理的循环型社会,同时阻止废弃物的非法进出口;在有效实施了这两步之后,作为国内循环经济的补充,推动国际性资源循环。

具体做法如下:

1. 开展适合各国需求的绿色废物处理和"3R"活动

(1) 根据各国需求发展援助政策。支持发展援助机构和国际金融组织开展适应各国需求的循环经济活动;将战略发展经验介绍到湄公河次区域和南亚国家;开展同中国、韩国、新加坡以及其他国家在废物处理和循环经济领域的双边合作;与中国、韩国合作,共同促使 G8、亚洲及其他地区的国家采取具体措施减少废物排放,如视各国情况减少塑料袋的任意使用;为减少海洋污染,促使在"东北亚行动计划"(NOWPAP)下的政策对话,与相邻国共同开展宣传和野外调查。

(2) 人员培训。培训发展中国家的中央、地方政府及企业的人员,派驻由"日本国际合作社(JICA)"通过"绿色援助计划(GAP)"组织的专家。

(3) 推动政策、制度和技术全面发展。通过"日本国际合作社(JICA)"和"日本银行国际合作机构(JBIC)"的日元贷款项目,将"3R"原则应用到技术合作领域(生活固体垃圾分类,循环经济设备和设施)。通过这些合作,起到环境意识教育的作用;通过"草根人身安全项目许可"和"日本非政府组织项目许可"向发展中国家运输再制造商品;运用日本国际环境基金及其他机制支持日本国内和国际民间社团组织的环境保护活动;与发展援助组织(如亚行)联合,推动"3R"在亚洲各国的国际合作;推广环境管理会计制度(物流成本法)和可循环资源在亚洲区域尺度上的质量标准规范。

(4) 发挥地方政府、企业及其他利益相关方的作用。开展日本与亚洲各国城市间的合作;支持工厂间合作,将日本企业建立生态园区和发展循环经济的经验介绍到发展中国家的工厂;与"亚洲生产力组织(APO)"合作,推动"绿色生产",如资源的高效生产和绿色供给;在联合国亚太经济社会发展委员会(UNESCAP)和日本外务省、环境省联合推动的"清洁环境北九州行动"中,积极实践示范项目;在中日韩三方环境部长会谈(TEMM)框架下,推动各国中央与地方政府、企业、非政府组织在循环经济活动领域的沟通互助。

(5) 强知识信息基础建设。加强"3R 中心"和"中国、日本、韩国废物数据共享系统"建设;支持专家和研究人员的交流合作机构(如"亚洲和太平洋岛屿固体废物管理组织"),推动基础数据(如废物产生量)的收集和研究;建立"亚洲 3R研究和信息网",支持各国开展政策和实践经验的交流合作;日本将在"东亚暨东南亚环境和健康论坛"上担当"固体和危险废物"分论坛主席,推动固体危险废物研究,交流先进经验。

(6) 推动国际合作机制。组织推动"3R"行动的国际论坛,邀请有关的部门、机构、组织、企业、地方政府、研究机构及非政府组织;研究建立向发展中国家提供污染物(如垃圾和粪便)调查和处理的援助机制,提供日本在废物管理和"3R"方面的专家给予指导。

2. 防止气候变暖行动

基于福田首相 2008 年 1 月提出的"凉爽地球伙伴关系计划",开展废物处理和"3R"领域的国际合作,合作内容包括:垃圾分类,通过分类和堆肥技术减少垃圾量;发展填埋技术,防止填埋地气体散发;工业有机垃圾的无害化处理和能源再生。

3. 阻止危险废物的非法跨境贸易

促进信息互通和能力建设,确保危险废物的进出口符合"亚洲危险废物非法进出口禁止协定";确保电子废物的进出口符合巴塞尔公约中确定的"亚太地区电子废物环境友好管理";

4. 在亚洲建立区域水平的循环型社会

同各国合作,开展基础工作以推动 2012 年实现"东亚良好物料循环社会愿景";举办推动东亚循环经济发展的部长级高层对话,如"东亚环境部长峰会"、"中日韩三方环境部长会谈"和"亚太地区环境会议";提议该区域的对话进程立即启动;实施与亚洲开展循环经济有关的当地情况及数据的调查研究;以对环境友好的精神,促进在发展中国家难以处理,但在日本管理能力和技术下能够处理的废物进口;开展旨在提高生产率、减少环境影响的资源生产研究;推广国际经合组织(OECD)在物流成本会计、资源生产力研究和联合国环境署(UNEP)在亚洲可持续资源管理方面取得的成果;同中、韩等国开展技术合作和专家交流。

5. 联合 G8 成员国及国际组织

秉承 2008 神户 G8 环境部长峰会上达成的"神户 3R 行动计划",开展与 G8 成员国和 OECD 的合作;开展同其他国际组织如 UNEP 和 OECD 的合作;推动物流成本会计研究;同"国际绿色采购网(IGPN)"合作,推动产品及服务的绿色采购。

(资料来源:中华人民共和国国家发展和改革委员会
资源节约和环境保护司,2008)

材料 2 联合国可持续发展教育十年计划(2005—2014)

2002 年 12 月,联合国大会通过了第 57/254 号决议,确定了联合国可持续发展教育十年计划,时间跨度为 2005—2014 年,并指定联合国教科文组织为领导机构。

可持续发展教育是关于价值观的教育,以尊重为其核心:尊重他人,包括当代人和后代人,尊重我们居住的星球上的资源(资源,动物和植物)。可持续发展教育给我们带来一项新的挑战:采取全新的行为方式和实践来保护我们的未来。

联合国可持续发展教育十年计划打破了传统的教育制度,其特征为:

(1) 跨学科性和整体性。可持续发展学习根植于整个课程体系中,而不是一个单独的学科。

(2) 价值驱动。强调可持续发展的观念和原则。

(3) 批判性思维和解决问题。帮助树立解决可持续发展中遇到的困境和挑战的信心。

（4）方法的多样性。文字,艺术,戏剧,辩论等。

（5）参与决策。学习者可以参与决定他们将如何学习。

（6）地方性。学习不仅针对全球性问题,也针对地方性问题,并使用学习者最常用的语言。

联合国可持续发展教育十年计划旨在将可持续发展的原则,观念和实践融入教育。其主要目标是鼓励各国政府考虑在各自的教育系统和战略中,并酌情在国家发展计划中,列入开展十年计划的措施。

可持续发展教育十年计划的具体目标是:促进"可持续发展教育"相关单位的联系,沟通与合作;不断提高环境教育的教学质量;通过可持续发展教育推进各国完成千年发展目标;为各国的教育改革提供机会和可行方法。

材料3　欧盟征收航空碳税

根据欧盟的决定,从 2012 年起,进出欧盟或者在欧盟内部飞行的航班(年碳排放量低于 1 万 t 的航空运营商和军事、救援、培训、技术、政府间航班得到豁免)将会被纳入欧盟排放交易体系,为其碳排放支付费用。运营商需采取措施,如技术改进,减少排放量保证其不超过欧盟分配的排放配额,或者使用其之前储备的排放配额抵消现有排放,或从全球碳市场获得排放许可证。但是,如果航空公司所在国采取与欧盟"同等严格"排放标准,则该航空公司也可以被豁免。该政策的一个核心概念是航空业排放配额(aviation emission allowances,简称 EUAs)。整个航空业的配额将以 2004—2006 年的平均排放为基数,加上一个百分比。整个航空业在 2012 年的配额是基数的 97%。对每个航空公司而言,其 2012 年的配额将根据该企业 2010 年的排放量在欧盟的总排放量中所占的比例决定。2012 年,85% 的配额将是免费发放的,即如果某航空公司将维持 2010 年的航班次数,而且没有成功的减少排放,那么它需要购买 17.5% 的排放权[计算公式:$1.00-(0.85 \times 0.97)$]。

该项法案一经宣布,便遭到欧盟以外多国航空界的强烈反对。

2009 年底,美国航空运输协会、美国航空公司、大陆航空公司、美国联合航空公司称,欧盟征收航空"碳税"具有歧视性,并提起诉讼。美国航空协会的主要观点是,欧盟碳排放交易体系(EU−ETS)对非欧盟航空公司的碳排放收费违反了 1944 年《芝加哥公约》、1997 年《京都议定书》和 2007 年《美国欧盟开放领空协议》。

2012 年 2 月 21 日,中国、美国、俄罗斯及印度等 26 个国家在莫斯科召开会议,共同商议应对欧盟航空碳排放交易体系的对策。

2012 年 2 月 22 日,来自全球 29 国的与会代表发表联合宣言,提出了反对欧盟单方面向他国航空公司征收"碳排放税"的具体措施。措施包括:利用法律禁止本国航空公司参与碳排放交易体系;修改与欧盟国家的"开放天空"协议;暂停或改变有关扩大商业飞行权利的谈判。

(资料来源:王伟光等,2011)

材料 4　地球工程

地球工程,指的是通过人为对地球系统的物理、化学或生物特质反应过程等进行干预来应对气候变化,减少并有效管理气候变化带来风险的工程项目。在20世纪70年代,温室效应首次引起关注,地球工程计划开始在学术文献中出现。Marchetti(1977)提出了"地球工程"概念,逐渐在美国学术界得到认可,并反映在1992年的美国国家科学院的报告中。地球工程计划成为公众关注中心是由于德国科学家 Paul Crutzen 于2006年在《气候变化》杂志上发表文章呼吁人们重视地球工程学而起。

地球工程有可能降低温室气体浓度,为减少气候变化的某些影响提供备选方案,或者在其他方法无法阻止突然的、毁灭性的或其他人类无法承受的气候变化后果时,提供最后不妨一试的解决策略。然而,现有的研究尚无法确定是否存在能够产生显著效益的大规模地球工程方法,或者这些收益是否能够大大超过其造成的损害。

地球工程大体分为两类:

第一类为二氧化碳移除(CDR),即通过大规模的技术或者工程减少大气中温室气体的含量,从而有效减少地球增温。CO_2 移除方法主要有化学反应碳捕捉、合理利用土地和海洋施肥等。目前来看,这类方法应用前景广阔,一旦被证明安全、有效、持久且费用合理,它们便能发挥减小大气中 CO_2 浓度的作用。

第二类为太阳辐射管理(SRM),即通过工程技术减少大气中太阳辐射的吸收,从而抵消大气中温室气体导致的地球增温。太阳辐射管理方法主要有太空"散热"(如在太空 2 000 km 处放置 25 万 km^2 的"太阳伞",可以减少太阳辐射 1%~2%)、平流层注入气溶胶、云层反射、地表反照率变化、卷云变薄等。这类方法的优势在于能使温度迅速降低,但它不能控制 CO_2 含量,费用可能极其昂贵,安全性也不清楚。

(资料来源:王伟光等,2011)

思　考　题

1. 试述可持续发展模式与传统发展模式的区别。
2. 何谓清洁生产? 清洁生产的主要内容有哪些?

3. 如何理解清洁生产与可持续发展之间的关系？
4. 如何理解循环经济的"3R"原则？
5. 卡伦堡生态工业园区带给我们的启示有哪些？
6. 作为最大的发展中国家,中国应当如何发展低碳经济？
7. 欧盟推行航空碳税的驱动因素主要有哪些？

主要参考文献

[1] 白志鹏,王珺.环境管理学[M].北京:化学工业出版社,2007.

[2] 曹英耀,曾曙,李志坚.清洁生产理论与实务[M].广州:中山大学出版社, 2009.

[3] 陈怀满.环境土壤学[M].北京:科学出版社,2005.

[4] 陈泉生,朱晓勤,郑艺群,等.环境法学[M].厦门:厦门大学出版社,2008.

[5] 陈易.绿色住宅室内设计中的若干思考因素[J].同济大学学报(自然科学版),2005,33(6):752-754.

[6] 戴树桂.环境化学(第2版)[M].北京:高等教育出版社,2006.

[7] 邓楠.中国可持续发展的回顾与展望——纪念改革开放30周年[J].中国人口资源与环境,2009,19(1):1-5.

[8] 丁忠浩,丁克强,刘成付,等.环境规划与管理[M].北京:机械工业出版社, 2007.

[9] Eldon D E,等.环境科学——交叉学科(第10版)[M].王建龙,译.北京:清华大学出版社,2008.

[10] 方精云,刘国华,徐嵩龄.我国森林植被的生物量和净生产量[J].生态学报,1996,16:497-508.

[11] 方一平,周后珍.生态产业园区:可持续发展的社区实践[M].北京:科学出版社,2008.

[12] 龚胜生,敖荣军.可持续发展基础[M].北京:科学出版社,2010.

[13] 郭怀成,尚金城,张天柱,等.环境规划学[M].北京:高等教育出版社, 2009.

[14] 郭怀成.环境规划方法与应用[M].北京:化学工业出版社,2006.

[15] 国务院.国务院关于实行最严格水资源管理制度的意见[J].中华人民共和国国务院公报,2012(6):4-7.

[16] 环境保护部.国家环境保护"十二五"规划[M].北京:中国环境科学出版社,2012.

[17] 郭廷忠,周艳梅,王琳.环境管理学[M].北京:科学出版社,2009.

[18] 郭日生.《中国21世纪议程》的制定与实施进展[J].中国人口资源与环境,2007,17(5):1-5.

[19] Gwynne Dyer.气候战争[M].冯斌,译.北京:中信出版社,2010.

[20] 海热提.环境规划与管理[M].北京:中国环境科学出版社,2009.

[21] 韩宝平,宋亚洲,马晓冬,等.基于生态足迹理论的区域科学发展研究:以淮海经济区为例[M].徐州:中国矿业大学出版社,2009.

[22] 韩宝平,吴彩斌,朱雪强,等.固体废物处理与利用[M].武汉:华中科技大学,2010.

[23] 何建坤,李伟,刘滨.低碳发展——应对气候变化的必由之路[M].北京:学苑出版社,2010.

[24] 何康林,裴宗平,白向玉,等.环境科学导论[M].徐州:中国矿业大学出版社,2007.

[25] 何品晶,邵立明.固体废物管理[M].北京:高等教育出版社,2004.

[26] 何强,井文涌,王翊亭.环境学导论(第3版)[M].北京:清华大学出版社,2004.

[27] 何尧军,单胜道.循环经济理论与实践[M].北京:科学出版社,2009.

[28] 何燧源.环境毒物[M].北京:化学工业出版社,2002.

[29] 侯海涛,陈旻,明庆忠.6R原则在旅游循环经济发展中的应用[J].西南林学院学报,2008,28(4):28-32.

[30] 黄润华,贾振邦.环境学基础教程[M].北京:高等教育出版社,1997.

[31] 黄贤金,葛扬,叶堂林,等.循环经济学[M].南京:东南大学出版社,2009.

[32] 金涌,Arons J S.资源·能源·环境·社会——循环经济科学工程原理[M].北京:化学工业出版社,2009.

[33] 鞠美庭,池勇志,刘伟.环境学基础[M].北京:化学工业出版社,2004.

[34] 鞠美庭,盛连喜.产业生态学[M].北京:高等教育出版社,2008.

[35] 李怒云,龚亚珍,章升东.林业碳汇项目的三重功能分析[J].林业工作参考,2007(2):137-141.

[36] 李兆前,齐建国,吴贵生.从3R到5R:现代循环经济基本原则的重构[J].数量经济技术经济研究,2008(1):53-59.

[37] 联合国环境规划署.全球环境展望(GEO-4,中文版)[M].北京:中国环境科学出版社,2008.

[38] 联合国粮食及农业组织(FAO).2010全球森林资源评估报告[R].罗马:

FAO,2011.

[39] 联合国人口基金信息与外部关系司.2011 年世界人口状况报告[R].纽约：联合国人口基金,2011.

[40] 林维柏.发展循环经济:理念原则措施[J].改革与战略,2009(6):22-24.

[41] 刘静玲,贾峰.环境科学案例研究.北京:北京师范大学出版社,2006.

[42] 刘培桐.环境学概论(第 2 版)[M].北京:高等教育出版社,1995.

[43] 刘培哲,潘家华,周宏春,等.可持续发展理论与中国 21 世纪议程[M].北京:气象出版社,2001.

[44] 刘文玲,王灿.低碳城市发展实践与发展模式[J].中国人口资源与环境,2010,20(4):17-22.

[45] 刘学谦,杨多贵,周志田,等.可持续发展前沿问题研究[M].北京:科学出版社,2010.

[46] 李艳芳,唐芳,李伟.环境保护法典型案例[M].北京:中国人民大学出版社,2003.

[47] (英) 罗杰 N. 里夫.环境影监测基础[M].北京:化学工业出版社,2009.

[48] 陆钟武,毛建素.穿越"环境高山"——论经济增长过程中环境负荷的上升与下降.中国工程科学,2003,5(12):36-42.

[49] 吕忠梅,高利红,余耀军,等.环境法导论[M].北京:北京大学出版社,2010.

[50] 蒋建国.固体废物处置与资源化[M].北京:化学工业出版社,2007.

[51] 马光.环境与可持续发展导论[M].北京:科学出版社,2000.

[52] 马太玲,张江山,王子波,等.环境影响评价[M].武汉:华中科技大学出版社,2009.

[53] 宁平.固体废物处理与处置[M].北京:高等教育出版社,2007.

[54] 钱易,唐孝炎.环境保护与可持续发展(第 2 版)[M].北京:高等教育出版社,2010.

[55] 庆承瑞.全球变暖与反变暖之争和病态科学[N].科学时报,2010-06-28(B3).

[56] 赛迪顾问.中国低碳经济发展体系研究[R/OL].北京:新研究,2010-04-20.www.ccidconsulting.com.

[57] 赛迪顾问.中国循环经济发展战略研究(2011)[R/OL].北京:赛迪顾问,2012.www.ccidconsulting.com.

[58] 曲格平.从"环境库兹涅茨曲线"说起[J].中国环境管理干部学院学报,2006,16(4):1-3.

[59] 曲向荣,梁吉艳,崔丽,等.环境保护与可持续发展[M].北京:清华大学出

版社,2010.

[60] 曲向荣.清洁生产与循环经济[M].北京:清华大学出版社,2010.

[61] 尚金城,包存宽,赵彦伟,等.环境规划与管理(第2版)[M].北京:科学出版社,2009.

[62] 沈洪艳.环境管理学[M].北京:清华大学出版社,2010.

[63] 世界自然基金会,伦敦动物学学会,全球足迹网络.地球生命力报告[R].瑞士格朗:世界自然基金会,2010.

[64] 史新峰.气候变化与低碳经济.北京:中国水利水电出版社,2010.

[65] 宋志伟.农业生态与环境保护[M].北京:北京大学出版社,2007.

[66] 孙桂娟,殷晓彦,孙相云,等.低碳经济概论[M].济南:山东人民出版社,2010.

[67] 谭志雄,陈德敏.中国低碳城市发展模式与行动策略.中国人口资源与环境,2011,21(9):69-75.

[68] 陶良虎.中国低碳经济:面向未来的绿色产业革命[M].北京:研究出版社,2010.

[69] 仝川.环境科学概论[M].北京:科学出版社,2010.

[70] 王如松,周涛,陈亮等.产业生态学基础[M].北京:新华出版社,2006.

[71] 王如松.循环经济建设的生态误区、整合途径和潜势产业辨析[J].应用生态学报,2005,16(12):2339-2346.

[72] 王罗春,蒋海涛,胡晨燕,等.环境影响评价[M].北京:冶金工业出版社,2012.

[73] 王凯雄,童裳伦.环境监测[M].北京:化学工业出版社,2011.

[74] 王宁.保护人类共同的家园——地球[M].北京:化学工业出版社,2003.

[75] 王万忠,焦菊英.中国的土壤侵蚀因子定量评价研究.水土保持通报,1996,16(5):1-20.

[76] 王伟光,郑国光,罗勇,等.应对气候变化报告(2011)[M].北京:社会科学文献出版社,2011.

[77] 王伟中,潘晓东,李振山.从战略到行动:欧盟可持续发展研究[M].北京:社会科学文献出版社,2007.

[78] 王效科,冯宗炜,欧阳志云.中国森林生态系统的植物碳储量和碳密度研究[J].应用生态学报,2001,12(1):13-16.

[79] 王岩,陈宜俍.环境科学概论[M].北京:化学工业出版社,2003.

[80] 魏振枢,杨永杰.环境保护概论(第2版)[M].北京:化学工业出版社,2003.

[81] William P,等.环境科学:全球关注(上、下)[M].戴树桂,译.北京:科学出

版社,2004.

[82] 吴瑞林.不能躺在"环境库兹涅茨曲线"上等拐点[N].中国环境报,2006-08-04(003).

[83] 吴旦立,孙裕生.环境监测(第4版)[M].北京:高等教育出版社,2010.

[84] 徐波,吕颖.日本发展静脉产业的措施及启示[J].现代日本经济,2007(2):6-10.

[85] 徐玖平,李斌.发展循环经济的低碳综合集成模式[J].中国人口资源与环境,2010,20(3):1-8.

[86] 徐玖平,卢毅.低碳经济引论[M].北京:科学出版社,2011.

[87] 许兆义、李进.环境科学与工程概论(第2版)[M].北京:中国铁道出版社,2010.

[88] 杨雪锋,徐萌,洪洁.循环经济学[M].北京:首都经济贸易大学出版社,2009.

[89] 姚建.环境规划与管理[M].北京:化学工业出版社,2009.

[90] 杨志峰,刘静玲.环境科学概论(第2版)[M].北京:高等教育出版社,2010.

[91] 叶文虎,张勇.环境管理学(第2版)[M].北京:高等教育出版社,2010.

[92] 叶文虎.可持续发展的新进展(III)[M].北京:科学出版社,2009.

[93] 于秀娟,孙晓君,田禹,等.工业与生态[M].北京:化学工业出版社,2003.

[94] 约翰·格拉森,里基·泰里夫,安德鲁·查德威克.环境影响评价导论[M].北京:化学工业出版社,2007.

[95] 张承中.环境规划与管理[M].北京:高等教育出版社,2007.

[96] 张镜湖.世界的资源与环境[M].北京:科学出版社,2004.

[97] 张小平.固体废物污染控制工程[M].北京:化学工业出版社,2003.

[98] 赵宏图.气候变化"怀疑论"分析及启示[J].现代国际关系,2010(4):56-63.

[99] 张坤民,潘家华,崔大鹏.低碳经济论[M].北京:中国环境科学出版社,2008.

[100] 赵敏,周广胜,2004,中国森林生态系统的植物碳贮量及其影响因子分析[J],地理科学,24(1):50-55.

[101] 自然之友.2008年环境绿皮书[M].北京:社会科学文献出版社,2008.

[102] 中国环境与发展国际合作委员.中国发展低碳经济途径研究[R].北京:中国环境与发展国际合作委,2009.

[103] 中国科学院可持续发展战略研究组.2005中国可持续发展战略报告[M].北京:科学出版社,2005.

[104] 中国科学院可持续发展战略研究组.2008中国可持续发展战略报告——

政策回顾与展望[M].北京:科学出版社,2008.

[105] 中国科学院可持续发展战略研究组.2009中国可持续发展战略报告——探索中国特色的低碳之路[M].北京:科学出版社,2009.

[106] 周晨.环境库兹涅茨曲线不适合中国国情[J].吉林建筑工程学院学报,2010,27(3):87−91.

[107] 周宏春,刘燕华.循环经济学[M].北京:中国发展出版社,2005.

[108] 周玉容,于振良,赵士洞.我国主要森林生态系统碳贮量和碳平衡[J].植物生态学报,2000,24(5):518−522.

[109] 左玉辉.环境学(第2版)[M].北京:高等教育出版社,2010.

[110] 朱世云,林春绵.环境影响评价[M].北京:化学工业出版社,2007.

[111] 庄贵阳.低碳经济:气候变化背景下中国的发展之路[M].北京:气象出版社,2007.

[112] Chapin F S,Matson P A,Mooney H A. Principles of Terrestrial Ecosystem Ecology[M]. New York:Springer,2002.

[113] Costanza R, Arge R, Groot R, et al. The Value of the World's Ecosystem Services and Natural Capital [J]. Nature, 1997, 387(6630):253−260.

[114] Cserny A, Kovács Z, Domokos E, et al. Environmental Information System for Visualizing Environmental Impact Assessment Information [J]. Environmental Science and Pollution Research, 2009, 16(1):36−41.

[115] Daniel A V. Fundamentals of Air Pollution(4th ed)[M]. New York: Academic Press, 2008.

[116] Falkowski P, Scholes R J, Boyle E, et al. The Global Carbon Cycle : a test of Our Knowledge of Earth as a System [J]. Science, 2000 (290): 291−296.

[117] Harris F. Global Environmental Issues[M]. New York:John Wiley & Sons Ltd, 2004.

[118] Masters G M, Ela W P. Introduction to Environmental Engineering and Science(3rd ed)[M]. Englewood Cliffs, N J: Prentice Hall, 2007.

[119] Atkinson G, Dietz S, Neumayer E, et al. Handbook of Sustainable Development[M]. Northampton: Edward Elgar Publishing, Inc. , 2007.

[120] de Groot R S, Wilson M A, Boumans R M J. A Typology for the Classification, Description and Valuation of Ecosystem Functions, Goods and Services [J]. Ecological Economics, 2002, 41(3):393−408.

[121] Harris P J, Harris E, Thompson S, et al. Human Health and Wellbeing in Environmental Impact Assessment in New South Wales, Australia: Auditing Health Impacts Within Environmental Assessments of Major Projects [J]. Environmental Impact Assessment Review, 2009, 29(5): 310−318.

[122] Janick F, Artiola, Ian L, et al. Environmental Monitoring and Characterization [M]. New York: Academic Press, 2004.

[123] Withgott J H, Brennan S R. Environment: The Science Behind the Stories(4th ed) [M]. New York: Addison Wesley Longman, Inc. , 2010.

[124] Boersema J J, Reijnders L. Principles of Environmental Sciences[M]. Berlin: Springer, 2008.

[125] Manahan S E. Environmental Chemistry. Boston[M]: Boston: Willard Grant Press, 1984.

[126] Hill M K. Understanding Environmental Pollution [M]. Cambridge: Cambridge University Press, 2010.

[127] Theodore M K, Theodore L. Introduction to Environmental Management[M]. Florida: CRC Press, 2009.

[128] Miller G T, Spoolman S. Living in the Environment: Principles, Connections, and Solutions (17th ed)[M]. California: Brooks-Cole, 2011.

[129] Millennium Ecosystem Assessment. Ecosystems and Human Well-being: Biodiversity Synthesis[R]. Washington D C: World Resources Institute, 2005.

[130] Pimental D, Wilson C, McCullum C, et al. , Economic and Environmental Benefits of Biodiversity[J]. BioScience, 1997, 47(11): 747−757.

[131] Wright R T, Boorse D F. Environmental Science: Toward a Sustainable Future (11th ed)[M]. New York: Addison Wesley Longman, Inc. , 2010.

[132] Stern N. Stern Review on the Economics of Climate Change[M]. London: Cambridge University Press, 2006.

[133] Department of Trade and Industry. Energy White Paper 2003: Our Energy Future: Creating a Low−carbon Economy[R]. Norwich: TSO(the Stationery Office), 2003.

[134] UNEP. GEO5: Environment for the future we want[R]. New York: UNEP, 2012.

[135] UNEP. Towards a Green Economy: Pathways to Sustainable Develop-

ment and Poverty Eradication[R]. New York: UNEP, 2011.

[136] UNDP China, Renmin University of China. China Human Development Report. 2009/10: China and a Sustainable Future: Towards a Low Carbon Economy and Society[M]. Beijing: China Translation and Publishing Corporation, 2010.

[137] Wiersma G B. Environmental Monitoring [M]. Florida: CRC Press, 2004.

[138] Cunningham W P, Cunningham M A. Environmental Science: A Global Concern (11th ed)[M]. New York: McGraw Hill Higher Education, 2009.

[139] World Wildlife Fund(WWF). Living Planet 2012: Biodiversity, Biocapacity and Better choices[R]. Gland: WWF, 2012.